美国反托拉斯手册

（第四版）

美国司法部反托拉斯局 编

文学国 黄 晋 等译

杨丽君 文学国 校

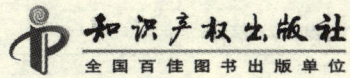

全国百佳图书出版单位

内容提要

美国司法部反托拉斯局精心编辑的《美国反托拉斯手册》(第四版),是美国反托拉斯局律师与工作人员从事反托拉斯执法必备的工具书。该手册内容包括:美国反托拉斯局的机构设置与分工、反托拉斯执法机构依据的法律法规、案件调查程序、诉讼程序、反托拉斯局的执法支持系统、反托拉斯局与其他政府规制部门和公众之间的关系等,全面反映了美国自《谢尔曼法》颁布以来反托拉斯局的执法经验与法院判例,是学习与研究美国司法反托拉斯执法情况的必备参考书。

读者对象:法学研究人员、教师、大专院校师生、反垄断执法工作人员

责任编辑:李 琳 龚 卫　　　　责任校对:董志英
装帧设计:张 冀　　　　　　　　责任出版:卢运霞

图书在版编目(CIP)数据

美国反托拉斯手册:第4版/美国司法部反托拉斯局编;文学国等译. —北京:知识产权出版社,2012.5

ISBN 978 - 7 - 80247 - 437 - 6

Ⅰ.①美… Ⅱ.①美…②文… Ⅲ.①反垄断法 - 美国 - 手册 Ⅳ.①D971.222.9 - 62

中国版本图书馆 CIP 数据核字(2012)第 025010 号

美国反托拉斯手册(第四版)
MeiGuo FanTuoLaSi ShouCe
美国司法部反托拉斯局 编
文学国 黄 晋 等译
杨丽君 文学国 校

出版发行:	知识产权出版社		
社　　址:	北京市海淀区马甸南村1号	邮　编:	100088
网　　址:	http://www.ipph.cn	邮　箱:	bjb@ cnipr.com
发行电话:	010 - 82000860 转 8101/8102	传　真:	010 - 82005070/82000893
责编电话:	010 - 82000860 转 8120	责编邮箱:	gongwei@ cnipr.com
印　　刷:	北京紫瑞利印刷有限公司	经　销:	新华书店及相关销售网点
开　　本:	720mm×960mm　1/16	印　张:	23.5
版　　次:	2012年5月第1版	印　次:	2012年5月第1次印刷
字　　数:	425 千字	定　价:	58.00 元

ISBN 978-7-80247-437-6/D·1409 (2462)

出版权专有　侵权必究
如有印装质量问题,本社负责调换。

序　　言

　　美国反托拉斯法是第二次工业革命浪潮中在美国政治力量的推动下产生的，其产生的标志就是美国国会于 1890 年颁布的《谢尔曼法》。《谢尔曼法》是美国也是世界上第一部系统的、由国家强制力为实施后盾的现代反垄断法。由于该法当时主要是针对托拉斯而制定的，因此反托拉斯法成为美国全部反垄断法的统称。美国反托拉斯法从产生至今已经走过了 120 多年的历程，这其中经历了立法和执法机构的不断完善、执法理念的不断变化、经济学理论对立法和执法日益发生重大影响等历史演进。

　　自 1890 年《谢尔曼法》颁布实施以来，美国开始政府规制垄断的时代。但是从《谢尔曼法》颁布到"二战"后初期的五十多年里，政治因素主导着美国的反托拉斯政策。《谢尔曼法》颁布的早期，联邦政府的反托拉斯执法活动并不积极，也很少受理反托拉斯案件。为了执行《谢尔曼法》，美国总统西奥多·罗斯福和司法部长费南德尔·诺克斯于 1903 年 3 月在司法部设立了一名部长助理，协助部长并负责所有的反托拉斯法和州际贸易法律的实施工作。1914 年美国国会又颁布了《克莱顿法》和《联邦贸易委员会法》。至此，美国反托拉斯政策的法律框架基本成型。但是由于受到"一战"和经济危机的影响，反托拉斯执法活动进入了"休眠期"。

　　富兰克林·罗斯福总统上台后对反托拉斯执法采取积极态度，美国反托拉斯执法活动走出了"休眠期"。20 世纪 30 年代，随着经济的发展和企业数量的增多，反托拉斯案件也越来越多；司法部必须要有一个自己的专业机构执行反托拉斯法，以适应日益复杂的反托拉斯执法要求。在 1933 年，富兰克林·罗斯福总统和司法部长霍默·卡明斯设立了反托拉斯局，意味着美国政府开始在反托拉斯领域富有成效的执法。1938 年罗斯福总统向国会提出了通过反托拉斯法实现经济民主的设想：国家应当以法律为手段，对垄断力量予以有效控制，以保障经济民主。纵观美国反托拉斯政策早期的历史，存在两种相互对抗的力量：一方面是基于保卫经济自由和政治民主而形成的反对大企业的政治力量；另一方面则是工业化所推动的企业不断向大型化发展的趋势。因此，为了保护小企业的"经济自由"，罗斯福政府推动出台了《罗宾逊—帕特曼反托拉斯法》，扩大了《克莱顿法》中禁止价格歧视条款的适用范围。

"二战"后美国经济开始走向繁荣，经济学开始对反托拉斯政策产生影响。在立法上的表现就是国会通过《塞勒—凯弗维尔法》以弥补《克莱顿法》的缺陷，从而扩大对企业合并的控制权限；同时执法进入以严厉著称的结构主义时代，如1962年布朗鞋案。进入20世纪70年代，随着美国经济的长期不振以及来自日本和西欧企业的激烈竞争，芝加哥学派呼吁，效率应该得到高度重视。尼克松政府认为，干预主义的反托拉斯政策被视为导致美国经济下滑和企业竞争力下降的重要原因，1974年的通用动力公司案放松了"高的市场集中度具有反竞争效果的假定"。1977年的西尔维尼亚案是美国反托拉斯历史上的一个重要转折。最高法院放弃无视甚至敌视效率的立场，使美国反托拉斯分析方法和政策目标产生深刻的变化；最高法院提出后来为许多国家的反垄断理论所接受并广为流传的反托拉斯法"保护竞争而非竞争者"的名言。20世纪80年代，奉行新自由主义的里根政府上台后，美国的反托拉斯政策由严厉彻底转变成最低限度的干预，并因此引发美国历史上第四次企业合并浪潮，不仅在数量上远远超过前三次，而且在交易金额上更是达到空前的高度。

在美国反托拉斯法发展过程中，既集中了政府以及法学家的智慧，反映了美国每个历史阶段的政治、经济变化情况；也融合了法学和经济学的思维方式，即美国反托拉斯法的目标是维护竞争，这一目标的设定正是源于经济学对自由市场的追求。因此，经济学对美国反托拉斯立法与执法发挥重要影响，先是哈佛学派，后是芝加哥学派，又有新产业组织理论等，适用于具有无限创造力和想象力的市场竞争。同时，美国作为一个判例法国家，司法判例也是反托拉斯法的一个重要法律渊源。如1904年北方证券公司案、1911年标准石油公司案、1957年杜邦案、1974年通用动力案等，这些判例既丰富反垄断执法实践，也推动这一领域的立法。美国反托拉斯法是建立在本国经济基础上，适应本国经济发展水平而制定，而且又根据经济变化的情况进行了多次修改完善，如《谢尔曼法》《克莱顿法》和《联邦贸易委员会法》等的陆续颁布；同时反托拉斯执法机关也根据不同时期经济社会情况对法律予以解释和确定不同的执法重点，如美国司法部、联邦贸易委员会从1968年起制定合并指南，到目前为止已经历1982年、1984年、1992年、1997年、2010年五次修订等，都充分反映这一点。奥巴马政府上台后，提出增强美国企业全球竞争力的目标，反映在企业并购反垄断执法上，是对美国企业大幅放宽执法尺度。由此可见，在经济繁荣时期和经济萧条时期，反托拉斯案件的数量和执法的严厉程度就会出现相应的变化，以适应政府宏观经济政策的变化。

司法部反托拉斯局在积累了六十多年的执法经验后，于1979年编辑了供反托拉斯局工作人员执法参考的工具书《美国反托拉斯手册》第一版。随后，根据反托拉斯立法的变化、执法的需要以及反托拉斯局自身机构的调整，先后于1987年和1998年对手册进行了修订。由文学国博士等学者翻译的这个版本是美国司法部反托拉斯局于2008年发布的第四个版本。这个新版本也一如以前的版本，既反映反托拉斯立法的新变化，也反映美国政府进入21世纪以来在反托拉斯政策和执法理念上的变化，如随着经济分析在反托拉斯案件中的新发展以及信息技术对反托拉斯诉讼的证据发现和案件管理发挥越来越重要的作用。应该说，《美国反托拉斯手册》反映了司法部一百多年来的反托拉斯经验。美国司法部当初编辑这本手册，一方面是为了培训反托拉斯执法官员；另一方面也是使反托拉斯执法更具确定性，为执法人员提供案件审查的操作规程，保证审查标准的一致性，提高审查的透明度。

我国《反垄断法》于2008年8月1日起施行，目前法律体系还在完备过程中，执法实践经验也有待于进一步积累，反垄断法律制度逐步被社会各界所了解和认同。市场经济发达国家的历史表明，国家经济的持续繁荣与竞争力的提高，离不开反垄断法的有效实施。至今已有一百二十多年历史的美国反托拉斯立法和执法经验，值得我国在实施反垄断法过程中学习与借鉴。毫无疑问，在经济全球化的今天，反垄断执法往往涉及多个司法管辖区域，加强国际交流与合作，有助于广泛吸收国外成功立法和执法经验。

文学国博士在反垄断法研究领域学有专长，曾出版专著《滥用与规制——反垄断法对企业滥用市场优势地位行为之规制》。我相信，《美国反托拉斯手册》（第四版）的翻译出版，对反垄断法研究人员具有重要参考价值，对反垄断立法、执法部门也将是一个有益的借鉴，同时也会对律师、企业法务工作者有所裨益。

是为序。

吴振国

2012年1月4日

前　言

我很高兴向各位读者介绍反托拉斯局的新版工作手册，新版本是检察官、经济学家和其他的反托拉斯专业执法人员执行国家反托拉斯法时经常使用的资料。此次修订，主要集中在一些法律、指南、规则的变化和其他有关规范反托拉斯局的文献方面，也反映反托拉斯局现行的做法和程序。新版本是反托拉斯局全体员工耗费无数工作时间的结果；没有他们的辛苦付出，新版本的修订是不可能的。

1998年《美国反托拉斯手册》（第三版）出版以来，由反托拉斯局实施的法律和法规发生许多变化，反托拉斯局实施法律和法规的途径也发生了变化。反托拉斯局对自身的结构进行了重组，在华盛顿特区设立新的诉讼部门；加强对违反《谢尔曼法》的刑事处罚力度，量刑指南在决定怎样适用这些处罚规则方面所扮演的角色也发生很大的转变。针对公司和个人因报告刑事违法行为获得的刑事宽大项目有进一步的精确界定。当经济学在调查和诉讼中扮演了一个更关键的角色时，民事诉讼案件的数量出现了不可思议的增长。在这些变化中，数据文献成果和证据发现对反托拉斯局产生一些新的变化与机会；它们不仅带来了更加复杂的数据分析，而且也增加了新的后勤保障负担。

对于每位反托拉斯的执法人员来说，本手册是一本重要的工具书，是反托拉斯领域里经验丰富的律师们多年实践的总结；对于那些刚走出校门的实习律师来说，也是不可多得的参考书。根据问答式方式提供的资料，包括我们看似神秘的每日工作内容，甚至包括正在进行的调查或者案件诉讼。发布在网上的版本，主要是让执法人员提高搜索文献的能力，发现有关反托拉斯实体与程序的答案。这一新的形式也将允许反托拉斯局继续更新手册内容，以反映反托拉斯局所执行法律的实体规定与程序规则的变化。

十分感谢那些为新版本的修订作出贡献的所有反托拉斯局的同事们。此外，也特别感谢那些为本书中所描述的实体规定与诉讼程序提供了宝贵经验的人们。

部长助理兼反托拉斯局局长　托马斯·O. 巴内特
2008年9月

目 录

序 ……………………………………………………………………（1）
前　言 ………………………………………………………………（1）

第一章　反托拉斯局的机构与职能 ………………………………（1）
　一、设立 ……………………………………………………………（1）
　二、目的 ……………………………………………………………（1）
　三、机构 ……………………………………………………………（2）
　　（一）部长助理办公室 ……………………………………………（2）
　　（二）执行办公室 …………………………………………………（3）
　　（三）设在华盛顿地区的工作部门 ………………………………（4）
　　（四）地区办公室 …………………………………………………（5）
　　（五）经济分析组 …………………………………………………（6）
　　（六）专门机构 ……………………………………………………（6）
　　（七）反托拉斯局图书馆系统 ……………………………………（7）

第二章　反托拉斯局执行的法律法规与指南 ……………………（8）
　一、由反托拉斯局实施的法律法规 ………………………………（8）
　　（一）《谢尔曼反托拉斯法》（《美国法典》第15卷
　　　　　第1~7条）…………………………………………………（8）
　　（二）《威尔逊海关法》（《美国法典》第15卷第8~11条）……（10）
　　（三）《克莱顿法》（《美国法典》第15卷第12~27条）………（10）
　　（四）《反托拉斯民事程序法》（《美国法典》第15卷
　　　　　第1311~1314条）…………………………………………（32）
　　（五）1994年《国际反托拉斯执行协助法》（《美国法典》
　　　　　第15卷第6201~6212条）…………………………………（41）
　二、反托拉斯调查和控告中使用的刑事法规 ……………………（49）
　　（一）反托拉斯局提起的有关刑事犯罪诉讼 ……………………（50）

（二）反托拉斯局保护调查和诉讼真实的刑事法规 …………（ 56 ）
　　（三）程序法令 ………………………………………………（ 63 ）
　　（四）受害人和证人的权利 …………………………………（ 73 ）
三、影响反托拉斯局维护竞争的法令 ……………………………（ 86 ）
　　（一）法定反托拉斯豁免 ……………………………………（ 86 ）
　　（二）与反托拉斯局管制产业行为相关的法令 ……………（ 89 ）
　　（三）关于与联合研究与开发、生产和开发标准相关的法令 …（ 95 ）
四、反托拉斯局的指南 ……………………………………………（ 95 ）
　　（一）合并指南 ………………………………………………（ 96 ）
　　（二）知识产权许可的反托拉斯指南 ………………………（ 96 ）
　　（三）国际业务的反托拉斯执法指南 ………………………（ 96 ）
　　（四）与卫生保健和反托拉斯有关的反托拉斯执行政策和分析
　　　　　原则的声明 ……………………………………………（ 96 ）

第三章　调查与案情发展 ……………………………………（ 97 ）
一、查明与评估反托拉斯指控 ……………………………………（ 97 ）
二、建议进行初步调查 ……………………………………………（ 98 ）
　　（一）批准初步调查的标准 …………………………………（ 98 ）
　　（二）请求授予初步调查权 …………………………………（ 99 ）
　　（三）联邦贸易委员会许可程序和初步调查备忘录的简易形式 …（101）
　　（四）向其他检察机关移送案件 ……………………………（101）
三、实施初步调查 …………………………………………………（102）
　　（一）调查计划 ………………………………………………（102）
　　（二）获得协助 ………………………………………………（104）
　　（三）通过自愿请求获得信息 ………………………………（105）
　　（四）调查的情况报告 ………………………………………（107）
　　（五）决定是否通过民事或者刑事调查提起诉讼的标准 …（108）
　　（六）评估初步调查结果 ……………………………………（109）
　　（七）结束调查 ………………………………………………（109）
四、合并调查 ………………………………………………………（110）
　　（一）合并前申报法律与规则的基本指南 …………………（110）
　　（二）审查合并前申报 ………………………………………（119）
　　（三）合并调查概述 …………………………………………（123）
　　（四）建议提起诉讼的程序 …………………………………（129）

五、签发民事调查令 …………………………………………………… (129)
　（一）民事调查令的作用 ……………………………………………… (129)
　（二）反托拉斯民事程序法及修正案的立法史 ……………………… (132)
　（三）民事调查令的类型 ……………………………………………… (133)
　（四）签发民事调查令的程序 ………………………………………… (141)
　（五）民事调查令的送达 ……………………………………………… (142)
　（六）保密与民事调查令材料的许可使用 …………………………… (144)
　（七）民事调查令管理人与副管理人 ………………………………… (150)
　（八）异议理由及民事调查令的司法程序 …………………………… (150)
　（九）调查结束后民事调查令材料的归还 …………………………… (161)
　（十）刑事处罚 ………………………………………………………… (161)

六、进行大陪审团调查 ………………………………………………… (162)
　（一）请求大陪审团调查 ……………………………………………… (162)
　（二）选任和安排大陪审团 …………………………………………… (164)
　（三）规则第6条e款第3项B目通告 ……………………………… (164)
　（四）签发大陪审团传票 ……………………………………………… (164)
　（五）搜查令 …………………………………………………………… (168)
　（六）大陪审团开庭程序 ……………………………………………… (170)
　（七）法定豁免请求 …………………………………………………… (171)
　（八）非正式豁免 ……………………………………………………… (173)
　（九）企业及个人的宽大政策（"特赦"） …………………………… (173)
　（十）大陪审团调查期间请求国内税务署信息 ……………………… (179)
　（十一）某些类型调查的通知或者批准程序 ………………………… (180)
　（十二）调查相关的刑事活动 ………………………………………… (182)

七、完成调查和建议进行民事或者刑事诉讼 ………………………… (183)
　（一）准备案件的建议 ………………………………………………… (183)
　（二）案件建议程序 …………………………………………………… (186)
　（三）案件建议的审查程序 …………………………………………… (194)

八、其他调查功能 ……………………………………………………… (195)
　（一）企业审查程序 …………………………………………………… (195)
　（二）1993年《国家合作研究与生产法》 …………………………… (199)
　（三）出口贸易许可证 ………………………………………………… (204)
　（四）监督判决、JTS系统及判决执行 ……………………………… (209)
　（五）判决的修改及终止 ……………………………………………… (212)

第四章　诉讼 …… (216)

一、民事诉讼程序的开始 …… (216)
（一）准备起诉材料 …… (216)
（二）起诉后的程序 …… (217)

二、获得初步救济：临时禁止令和预防性禁止令 …… (218)
（一）程序性规定 …… (219)
（二）同意颁发预防性禁止令的标准 …… (224)
（三）应用问题和程序 …… (235)

三、《联邦民事诉讼规则》中的证据发现 …… (241)
（一）初步的证据出示与证据发现程序的日程安排 …… (242)
（二）使用庭外取证 …… (242)
（三）询问的使用 …… (252)
（四）出示文件的请求 …… (253)
（五）自认要求书 …… (255)
（六）专家证言的披露 …… (256)
（七）证人和物证的披露 …… (257)
（八）随时补充及纠正证据披露的义务 …… (257)
（九）申请强制 …… (257)

四、磋商和作出双方同意判决 …… (258)
（一）《反托拉斯程序和处罚法》 …… (258)
（二）内部程序 …… (262)
（三）双方同意判决书的清单 …… (263)
（四）双方同意判决书的标准条款 …… (264)
（五）符合《反托拉斯程序和处罚法》规定的证明书 …… (264)
（六）在某些民事诉讼活动中收集纳税人身份证号码 …… (265)
（七）撤诉 …… (265)

五、进行民事案件诉讼活动的程序和建议 …… (266)
（一）简化和加速民事诉讼的推荐程序 …… (266)
（二）简易判决 …… (267)
（三）反托拉斯民事审判的方法和程序 …… (267)

六、刑事诉讼 …… (268)
（一）起诉书的起草 …… (269)
（二）起诉书的退回 …… (269)
（三）传讯 …… (269)

（四）审前证据发现及提出申请 …………………………………（270）
　　（五）与刑事审判程序相关的问题 ………………………………（276）
　　（六）量刑建议 ……………………………………………………（280）
　　（七）受害人和证人的权利保护 …………………………………（284）
　七、上诉程序 …………………………………………………………（287）
　　（一）反托拉斯局在地区法院败诉后的上诉程序 ………………（287）
　　（二）反托拉斯局胜诉情况下的上诉程序 ………………………（288）
　　（三）准备上诉法院辩论摘要 ……………………………………（288）
　　（四）通过反托拉斯局参与法庭之友活动 ………………………（289）
　　（五）最高法院的审查 ……………………………………………（289）

第五章　维护竞争 ………………………………………………………（290）
　一、反托拉斯局作为竞争维护者的角色 ……………………………（290）
　　（一）反托拉斯局的分析模式 ……………………………………（290）
　　（二）维护竞争的方法 ……………………………………………（291）
　二、影响规制部门的程序 ……………………………………………（294）

第六章　信息服务 ………………………………………………………（295）
　一、反托拉斯局可提供的信息与技术服务 …………………………（295）
　　（一）部门和地区办公室的资源 …………………………………（295）
　　（二）刑事执行办公室 ……………………………………………（295）
　　（三）《信息自由化法》组 ………………………………………（295）
　　（四）图书馆系统和服务 …………………………………………（296）
　　（五）合并前申报工作小组 ………………………………………（297）
　　（六）经济分析工作组 ……………………………………………（297）
　　（七）信息系统支持工作组 ………………………………………（299）
　　（八）培训 …………………………………………………………（304）
　二、在反托拉斯调查中获取和使用信息与文献 ……………………（306）
　　（一）最初的信息来源 ……………………………………………（307）
　　（二）在调查过程中获取和使用信息与文献 ……………………（310）
　　（三）诉讼阶段可获得的信息服务和技术支持 …………………（316）

第七章　反托拉斯局与其他政府部门以及公众的关系 ………………（319）
　一、联邦贸易委员会 …………………………………………………（319）

（一）核准 …………………………………………………………（319）
　　（二）刑事介入 ……………………………………………………（323）
　　（三）信息交换和查看申请 ………………………………………（323）
二、联邦检察官 …………………………………………………………（324）
三、州检察长 ……………………………………………………………（325）
　　（一）通过州检察长实施反托拉斯法 ……………………………（325）
　　（二）寻求州检察长的援助 ………………………………………（327）
　　（三）向州检察长提供帮助和信息 ………………………………（327）
　　（四）来自州检察长的指派与对州检察长的指派 ………………（333）
　　（五）与各州检察长在合并调查中的合作 ………………………（333）
　　（六）与各州检察长在民事非合并调查中的合作 ………………（336）
　　（七）在刑事调查方面与州检察长的合作 ………………………（337）
四、外国政府、国际组织及负责国际事务的行政部门 ………………（341）
　　（一）背景与程序 …………………………………………………（341）
　　（二）与国务院的联络 ……………………………………………（343）
　　（三）与国土安全部的联络 ………………………………………（343）
　　（四）双边合作的法律协助协议 …………………………………（343）
　　（五）与外国政府的双边反托拉斯合作及磋商 …………………（344）
　　（六）与国际组织的合作 …………………………………………（344）
　　（七）在美国国际贸易政策与法规中倡导竞争 …………………（345）
五、联邦机构可能成为反竞争行为的受害者 …………………………（346）
　　（一）概述 …………………………………………………………（346）
　　（二）国防工业的合并调查 ………………………………………（346）
六、国会和诸机构之间关系 ……………………………………………（347）
　　（一）立法项目 ……………………………………………………（347）
　　（二）证言和书面的立法报告 ……………………………………（347）
　　（三）跨机构的核准和审批程序 …………………………………（348）
　　（四）与国会的通信 ………………………………………………（348）
　　（五）非正式的国会询问 …………………………………………（349）
　　（六）资源 …………………………………………………………（349）
七、《信息自由化法》的要求和程序 …………………………………（350）
　　（一）组织 …………………………………………………………（350）
　　（二）程序 …………………………………………………………（350）
　　（三）豁免 …………………………………………………………（350）

（四）其他记录 …………………………………………（354）
　（五）反托拉斯局记录的维护及程序 …………………（355）
八、新闻媒体 ……………………………………………………（355）
　（一）新闻稿 ………………………………………………（355）
　（二）新闻界质询及向新闻界发表评论 …………………（356）

后　记 ……………………………………………………………（358）

第一章　反托拉斯局的机构与职能

一、设立

反托拉斯局的设立最早可以追溯到 1903 年 3 月司法部设立了一名部长助理，负责所有反托拉斯法和州际贸易法律的实施并协助部长和总检察长处理部内一般行政管理工作。该职位是由特奥多·罗斯福总统和司法部长费南德尔·诺克斯设立的。

20 世纪早期，随着经济的发展和企业数量的增多，毫无疑问，司法部要有一个自己的专业机构执行反托拉斯法，以适应日益复杂的反托拉斯执法要求。随后，在 1933 年，富兰克林·D. 罗斯福总统和霍默·卡明斯（Philander Knox）司法部长设立了反托拉斯局。设立之时，反托拉斯局雇用了 16 名律师，预算经费是 142 000 美元。

哈罗德·M. 斯蒂芬（Harold M. Stephens）被任命为首任司法部长助理，负责反托拉斯局。在反托拉斯局的早期历史上，担任局长的有约翰·洛德·奥布赖恩（John Lord O'Brian）、威廉·多诺万（William Donovan）、罗伯特·H. 杰克逊（Robert H. Jackson）、瑟芒德·阿诺德（Thurmond Arnold）和汤姆·克拉克（Tom Clark）。

二、目的

反托拉斯局的任务是促进与维护美国经济的竞争。私人的反竞争行为将依据《谢尔曼法》和《克莱顿法》，限制贸易的共谋、试图垄断和反竞争合并等行为依法受到民事或者刑事方面的法律起诉。反托拉斯局通过参与行政机构的行为、规制和立法程序，寻求确保政府提起的反托拉斯诉讼是有利于竞争或者规避限制竞争的。

反托拉斯局通过提起诉讼，向法院提交法庭之友的材料以及通过其他各种各样的公共论坛，努力推进反托拉斯的法学研究。

反托拉斯局的主要职能与目标包括：

（1）负责联邦反托拉斯法和其他与保护竞争有关的法律、禁止限制贸易和试图垄断的法律的普通刑事和民事执法，包括对可能违反反托拉斯法的调查,指导大陪审团审理案件,发布和执行民事调查要求,以及基于这样的民事和刑事调查而提起的诉讼。

(2) 在需要考虑反托拉斯法或者竞争政策要求的诉讼案件中,在行政管理机构全部或者部分实施监管之前,反托拉斯局进行干预或者参与案件的诉讼,除了所涉案件是通过联邦法院作为附带诉讼由司法部内部的其他局监管负责之外,都由反托拉斯局负责。

(3) 在政府其他机构发挥作用之前维护竞争政策,包括:①为司法部起草和提交与反托拉斯法及竞争政策有关的立法建议,答复来自国会和其他政府机构关于反托拉斯法和竞争政策方面提出建议和评论;②向总统、司法部和其他政府执行机构就政府提起的反托拉斯诉讼中包含的竞争意见提供建议;③应国会或者司法部长的要求,就联邦法律或者政策在维持和保护自由企业制度下竞争所产生的实际效果,收集相关信息和准备报告。

三、机构

反托拉斯局的机构由国会和司法部长批准设立。尽管临时性的机构如工作组可以按照司法部长的意图批准设立,但要对机构作永久性的调整则需要经过国会的同意。反托拉斯局局长由部长助理兼任。部长助理由总统提名,参议院批准。部长助理下面有5个副部长助理,他们既可以是职业的,也可以是非职业的雇员;其中至少有一位(负责刑事执法的副部长助理)在传统上是一位职业雇员。每一个部门、工作组、地区办公室都向各自分管的副部长助理报告工作。合并处处长、刑事处处长、民事非合并处处长对他们各自的项目负有额外的管理职责,他们都是职业雇员。

反托拉斯局目前由14个诉讼机构组成:在华盛顿有7个部门和工作组,在全国不同城市有7个地区办公室。每个机构的主要雇员都是律师,还有各种各样的辅助执法人员,包括律师助理和秘书。每个部门、工作组和地区办公室的负责人是主任和主任助理,这些机构执行大多数的反托拉斯局的调查和诉讼业务。反托拉斯局还有几个执行特殊任务的机构——3个经济部、上诉部、法律政策部、对外贸易部和执行办公室。

(一) 部长助理办公室

1. 部长助理

负责反托拉斯局的部长助理领导和管理反托拉斯局的所有计划和政策,是反托拉斯局的行政首长,有5位副部长助理协助其工作。另外,部长助理办公室主任协助部长助理工作,负责管理部长助理办公室。部长助理办公室主任为部长助理在制定和实施对国家经济的重要性具有高度敏感的反托拉斯政策时提供建议,在政策制定方面协调其他联邦机构和州政府机构。部长助理可聘任几位高级或者特别顾问。

2. 副部长助理

5位副部长助理的级别是一样的。当部长助理不在岗位时,部长助理可以指定其中的一位副部长助理履行部长助理的职权。在某些情况下,其中的一位副部长助理获得授权成为"首席代表"。实际上,首席代表就是副部长助理中最重要的那位,当部长助理不在时,首席代表自然就代行部长助理职权。如果部长助理的职位出现空缺,其中的一位副部长助理被指定为代理部长助理,直到新的部长助理产生时为止。

每位副部长助理都会有许多由他负责的部门向他报告工作,本手册的机构章节会作介绍。特别需要说明的是,其中一位副部长助理负责监督与管理3个经济部门——经济诉讼、经济规制和竞争政策的执行。这位副部长助理应是经济学家,要对案件进行经济分析。负责刑法执行的副部长助理对国家刑事执行部和所有反托拉斯局的地区办公室进行全面监督与管理,主要职责是负责反托拉斯局的刑法执行项目,这位副部长助理是一位职业雇员。民事执行的职责在负责规制事务的副部长助理和负责民事执行事务的副部长助理之间分担。

在某些特殊情况下,反托拉斯局某一部门负责处理的事务,由其他部门的副部长助理负责处理而不是由负责该部门的副部长助理负责。这样的事情一般发生以下的情况:需要处理的事项更接近另一位副部长助理的专业领域,或者负责该部门的副部长助理提出了要求调换的要求。另外,根据部长助理的建议,这些副部长助理的职责有时会发生变化。

3. 执行处长

两位执行处长——民事业务执行处长与刑事执行处长——和一位业务副处长都是职业雇员。执行处长对许多部门和地区办公室的行为有直接的监督权力;处长们在监管反托拉斯局的行为方面与5位副部长助理密切合作。每位执行处长都负责其特定的领域及与之相对应的反托拉斯局机构的有关事务。4位任期为两年的特别助理协助两位执行处长工作。这4位特别助理分别负责被指派的几个部门和地区办公室,在这些部门和执行处长之间扮演联络角色,另外还担负由执行处长指派的其他工作。

(二) 执行办公室

除了担负支持执行处长和业务副处长的工作外,业务办公室协调影响反托拉斯局日常运营的管理政策与程序,包括4个行政和辅助单位:合并前申报组/FTC联络办公室、《信息自由化法》组、律师助理组、培训组。这些单位向执行处长(他也是其中的一位执行处长)和业务副处长报告工作。

合并前申报组/FTC联络办公室的职能将在第七章第一部分进行描述。《信息自由化法》组接收、评估和处理所有的《自由信息和隐私法》所要求的应由反托拉斯局负责的信息；根据《克莱顿法》第4条F款规定的，该机构为州司法部长准备有关材料。参见第七章第三部分。《信息自由化法》组也为反托拉斯文献资料小组保管和卷辑案件，商业审查信函和其他的日常使用文件。（参见第五章第一部分对《信息自由化法》组的描述：参见第七章第七部分对《信息自由化法》程序的描述）。法律助理组应华盛顿的反托拉斯机构和分布在全美的地区办公室请求派遣法律助理。培训组为反托拉斯局的执法人员提供培训机会。（参见第六章第一部分对反托拉斯局培训项目的描述）。

（三）设在华盛顿地区的工作部门

反托拉斯局的许多民事调查行动、诉讼和一些刑事执法行动，由华盛顿特区的7个诉讼部门承担。以下对这些部门的工作做一些简单的描述。

1. 诉讼一部（LitI）

诉讼一部负责评估非放松管制产业领域里的被提议合并的经济影响以及为被提议合并采取辩护行动，通过谈判修改合并方案，或者提起诉讼阻止合并。在被指定的商品领域，诉讼一部负责民事非合并案件的调查与控告，这些领域包括卫生保健、保险、纸浆、造纸、木材、摄影、电器、食品和化妆品。

2. 诉讼二部（LitII）

诉讼二部负责一般产业领域里的民事执行事务。它的工作主要是针对合并的调查和诉讼，但它也处理指定领域里的民事非合并事务，包括金属、银行、国防和产业装备。诉讼二部进一步发展与联邦储备委员会、国防部之间的关系。

3. 诉讼三部（LitIII）

诉讼三部在指定的产业领域里负责广泛的民事合并和非合并事务。它处理的事务涉及众多部门，但是它主要侧重于娱乐和无线传媒领域，主要集中在电影、音乐、出版、广播、电视、报纸、广告、体育、玩具和游戏领域。诉讼三部的管辖权也及于大量其他服务和产品，包括信用卡、储蓄卡和不动产。

4. 国家刑事执行部（NCES）

国家刑事执行部是华盛顿特区部门中惟一和反托拉斯局地区办公室一起负责从事刑事调查和诉讼的部门。国家刑事执行部处理许多产业领域里的刑事调查。

5. 网络和技术执行部（NET TECH）

网络和技术执行部负责计算机硬件和软件，具有高技术成分的制造业、电子商务、金融服务业和证券业等领域里的反托拉斯和竞争政策的执行。该部实际上在执行合并时也从事广泛的民事行为的调查。该部也在继续负责监督和执行微软公司的双方同意的判决。该部进一步发展与众多的联邦机构和部委的关系，包括证券交易委员会、商务部（互联网域名）、商品期货交易委员会。该部还与发布有关法律实施的规章的州机构一起，从事维护竞争的工作。

6. 电信和媒体执行部（TEL）

该部负责在通讯产业领域里执行反托拉斯法律和维护竞争。该部与联邦通讯委员会一起参与诉讼，并与联邦电信委员会的执法人员一起协调对合并的审查。

7. 交通、能源和农业部（TEA）

交通、能源和农业部负责在交通、能源和农业食品领域实施反托拉斯法，促进竞争，调查和起诉这些领域内违反反托拉斯法的行为。该部也参与以下联邦机构的案件诉讼：联邦海事委员会、联邦能源管制委员会、环境保护局、农业部。该部也积极推动在交通、能源和农业产业里的放松管制，为国会和与这些产业有关的政府机构颁布相关政策提交大量的报告。

（四）地区办公室

反托拉斯局在全国设有7个地区办公室，负责处理刑事调查与诉讼。地区办公室根据自身的资源和特殊的专业知识也处理一些民事合并和非合并事务，它们与设在华盛顿的诉讼部门担负同样的职能。地区办公室在反托拉斯领域也担当与美国司法部长、州司法部长和其他法律执行机构之间的联络工作。

下面是地区办公室所设地点及管辖的范围：

亚特兰大办公室：阿拉巴马州、佛罗里达州、乔治亚州、密西西比州、北卡罗莱纳州、南卡罗莱纳州、田纳西州、波多黎各、美属维尔京群岛。

芝加哥办公室：科罗拉多州、伊利诺伊州、印第安那州、爱荷华州、堪萨斯州、密歇根州西区、明尼苏达州、密苏里州、内布拉斯加州、北达科他州、南达科他州、威斯康星州。

克利夫兰办公室：肯塔基州、密歇根州东区、俄亥俄州、西维吉尼亚州。

达拉斯办公室：得克拉斯州、俄克拉荷马州、路易斯安那州、新墨西哥州、阿肯色州。

纽约办公室：康涅狄格州、缅因州、马萨诸塞州、新罕布什尔州、北新泽西州、纽约州、罗德岛州、佛蒙特州。

费城办公室：特拉华州、马里兰州、南新泽西州、宾夕法尼亚州、维吉尼亚州。

旧金山办公室：阿拉斯加州、亚利桑那州、加利福尼亚州、夏威夷、爱达荷州、蒙大拿州、内华达州、俄勒冈州、犹他州、华盛顿州、怀俄明州。

（五）经济分析组（EAG）

经济分析组由3个部门组成：经济诉讼部（ELS）、经济规制部（ERS）、竞争政策部（CPS）。经济分析组不具有与其他法律部门密切相关的调查职责。相反，经济学家管理者所担任的主要工作与他们在相关产业里积累的经验有关，这些管理者都是从其他部门中抽调来专门从事经济分析工作的。因此才出现：在一个部门以管理者的身份从事经济监管工作，但在其他的两个部门则是以经济学家的身份从事经济分析工作的情况并不少见。

所有3个部门经常分析的经济问题涉及合并和收购的竞争效果，各种受到指控的贸易限制以及拟议的监管措施变化的竞争效果，反托拉斯局努力进行竞争维护的经济效果。作为竞争维护效果的一部分，经济学家与对外贸易部的律师在许多国际事务方面密切配合。近年来，该组最引人注目的工作是，在起草反托拉斯法、培训反托拉斯官员、评估特定的竞争问题方面为许多外国政府提供了巨大的帮助。在所有的民事执行、管制程序、竞争维护事务中，经济学家们从开始调查阶段到最后的解决，都全程参与。经济学家们还在法庭和执法机构的程序中担当专家证人。

经济诉讼部还设有公司财务组，它为垂危公司抗辩、资产剥离和效率抗辩提供财务分析；对罚款提出建议；审查公司的财务报表，包括损失分析和其他需要报送的财务、会计和公司分析信息。一旦需要，金融分析专家经委派会马上会投入工作。第六章第一部分将完整介绍公司财务组的工作情况。

（六）专门机构

1. 上诉部

上诉部代表反托拉斯局在所有联邦上诉法院提起上诉，并与司法部总检察长办公室合作，经委派到最高法院出庭上诉。工作职责包括：在对挑选的私人反托拉斯诉讼案件以及反托拉斯局认为维护竞争适当的其他案件向法院提供非当事人意见陈述；除了从事反托拉斯事务外，该部门在审查多个联邦机构的命令的诉讼中，代表政府作为诉讼中的法定被告，如陆地交通委员会和联邦电讯委员会。反托拉斯局的上诉程序问题将在第四章第七部分进行介绍。

2. 对外贸易部

对外贸易部在国际事务方面协助其他的部门，主要职责是：在执法人员的层面上，发展反托拉斯局在国际反托拉斯执法和竞争问题，包括国际贸易和投资问题方面的政策。该部门还负责处理反托拉斯局和国际组织和外国反托拉斯执法机构之间的关系与合作，包括履行美国政府与外国政府之间签订的双边或者多边协议中约定的通知和其他义务。有关内容将在第七章第四部分进行介绍。对外贸易部代表反托拉斯局履行《1982年出口贸易公司法》中的相关职责，有关内容将在第三章第八部分进行介绍。

3. 法律政策部

法律政策部对司法部和反托拉斯局复杂的反托拉斯政策事务进行分析，并将分析结果提交给国会。该部门也协调反托拉斯局的立法项目，处理长期计划项目和对部长助理具有特殊利益的项目。法律政策的含义很宽泛，包括为反托拉斯局的执行政策进行研究和提供建议，从立法和政策的角度审查调查和对在审案件提供建议，开发和研究有利于反托拉斯局的立法建议。该部门的立法组主要负责协调反托拉斯局与国会之间的关系，答复国会的要求和反托拉斯局的质询。法律政策部也负责所有的包括伦理和职业责任的事务，也负责其他的与法律有关的问题。

4. 行政办公室

行政办公室制定和管理反托拉斯局的预算和财务，管理反托拉斯局的报告和档案，处理执法人员的事务，协调采购和签订合同，管理设备和服务，为反托拉斯局的工作提供信息系统方面的服务。信息系统服务组（ISSG）设在行政办公室内，为反托拉斯局的律师、经济学家和管理者在处理信息问题时提供自动化服务和所需要的资料。该机构在三个领域内运用自动数据处理技术：自动化的诉讼支持与经济分析、管理信息系统以及办公自动化系统。该部门通过政府与合同制员工提供支持服务。信息系统服务组广泛使用计算机与数据库系统。第六章第一部分将对该部门进行详细介绍。

（七）反托拉斯局图书馆系统

反托拉斯局在华盛顿和其他七个地区的办公室设有图书馆。反托拉斯局的图书馆与司法部的主图书馆之间保持合作关系。在向图书馆管理人员作出信息请求后，图书馆管理人员将有权进入图书馆的数据库自动检索系统进行检索，并协助复印资料和进行馆间借阅。

第二章　反托拉斯局执行的法律法规与指南

一、由反托拉斯局实施的法律法规

（一）《谢尔曼反托拉斯法》（《美国法典》第 15 卷第 1~7 条）

第 1 条，《美国法典》第 15 卷第 1 条（由 2004 年《反托拉斯刑事处罚加强和改革法》修正）

托拉斯的形式；非法限制贸易；处罚

使用任何合同、以托拉斯形式或其他形式的联合、共谋，目的是用来限制洲际或与外国之间的贸易或商业，是非法的。任何人签订上述合同或从事上述联合或共谋，是严重犯罪。如果参与人是公司，将处以不超过 1 000 万美元的罚款；如果参与人是个人，将处以不超过 35 万美元的罚款，或 3 年以下监禁或由法院酌情并用两种处罚。

第 2 条，《美国法典》第 15 卷第 2 条

垄断贸易构成重罪；处罚

任何人垄断或企图垄断，或与一人或者数人联合、共谋垄断州际间或与外国间的商业和贸易，是严重犯罪。如果参与人是公司，将处以不超过 1 000 万美元的罚款；如果参与人是个人，将处以不超过 35 万美元的罚款，或 3 年以下监禁，或由法院酌情并用两种处罚。

第 3 条，《美国法典》第 15 卷第 3 条

在美国准州❶或者哥伦比亚特区的非法托拉斯；构成重罪

用任何合同、以托拉斯形式或其他形式的联合、共谋、用来限制美国准州内、哥伦比亚特区内，准州之间、准州与各州之间、准州与哥伦比亚特区之间，哥伦比亚特区同各州间，准州、州、哥伦比亚特区与外国间的贸易或商业是非法的。任何人签订上述契约或从事上述联合或共谋，是严重犯罪。如果参与人是公司，将处以不超过 1 000 万美元的罚款；如果参与人是个人，将处以 35 万美元以下的罚款，或 3 年以下监禁，或由法院酌情并用两种处罚。

---

❶ 准州，美国建国初期，一些地方还没有建立州的资格，以准州作为过渡，以便在适当时候正式建立州政府。

第4条，《美国法典》第15卷第4条

法院管辖；美国检察官的职责；程序

授权美国几个地区法院具有防止、限制违反本法的司法管辖权；各区的检察官，依司法部长的指示，在其各自区内提起衡平诉讼，以防止和限制违反本法的行为。针对上述案件的起诉可以诉状形式，要求禁止或者限制违反本法的行为。当诉状已送达被起诉人时，法院要尽快对案件进行审理。在诉状审理期间和禁令发出之前，法院可随时发出被认为是公正的暂时禁止令或限制令。

第5条，《美国法典》第15卷第5条

其他人参与诉讼

依据《谢尔曼法》第4条提起的诉讼尚在审理中时，若该案的公正判决需其他人出庭时，不论其他人是否居住在该法院的管辖区内，法院都可对其传讯，传票由法院执行官送达。

第6条，《美国法典》第15卷第6条

没收运输中的财产

依据《谢尔曼法》第1条的契约、联合、共谋所拥有的财产，若正由一州运往另一州或运往国外时，将予以没收，收归国有，并可予以扣押及没收，其程序与没收、扣押违法运入美国的财产的程序相同。

第7条，《美国法典》第15卷第6条a款

与外国进行的贸易与商业行为

《谢尔曼法》不适用于与外国进行的贸易或者商业行为（除了进口贸易或者进口商业外），除非这样的行为具有直接的、实质上的和可合理预见的效果：

A. 该贸易或者商业不是与外国进行的贸易或者商业，或者与外国所进行的不是进口贸易或者商业；

B. 与外国进行的是出口贸易或者出口商业，从事这样贸易或者商业的人居住在美国；

C. 这样的效果是《谢尔曼法》第1~7条所致，而不是《谢尔曼法》其他条款引发的诉讼导致。

如果《谢尔曼法》第1~7条应用于这样的行为，仅仅是因为应用上述第（2）款，那么，该第1~7条仅应用于美国的出口商业的损害行为。

第8条，《美国法典》第15卷第7条

"人"或者"数人"的定义

本法提到的"人"或者"数人"，包括依据美国联邦法律、州法、准州法或外国法律授权成立的公司及联合会。

(二)《威尔逊海关法》(《美国法典》第 15 卷第 8~11 条)

第 73 条,《美国法典》第 15 卷第 8 条

非法限制进口贸易的托拉斯;处罚

公司间、个人间或公司与个人间旨在限制合法贸易或合法贸易及商业中的自由竞争,或者是增加进口商品或提高进口商品的市场价格,凡是上述目的的联合、共谋、托拉斯、合同都是违背公共政策的,是非法的、无效的。任何进口商违反上述规定,或联合共谋违反,将被判为轻罪处以 100~5 000 美元的罚金,并由法院酌情处以 3~12 个月的监禁。

第 74 条,《美国法典》第 15 卷第 9 条

法院管辖;美国检察官的职责;程序

授权美国司法区法院防止和限制上述违法行为,并且依据司法部长的指示,在其司法区内提起诉讼是美国检察官的职责,该诉讼以起诉状形式提出,要求禁止当事人的违法行为。一旦通知送达被起诉人后,法院应尽快予以受理、听证,并作出判决,在诉讼中及最后禁止令作出之前,法院可随时发出暂时的限制令或禁止令。

第 75 条,《美国法典》第 15 卷第 10 条

诉讼中的其他人

根据《美国法典》第 15 卷第 9 条进行诉讼需要其他人出庭时,法院可予以传唤,而不论其他人是否居住在法院管辖地,传票可由执行官送达任何司法区。

第 76 条,《美国法典》第 15 卷第 11 条

运输中的财产的没收

依《威尔逊海关法》第 8 条,因契约、联合、共谋所拥有的财产,或正由一州运往另一州,或进口到美国内,或从准州、哥伦比亚特区运到其他州的,将被没收,收归国有,其没收与定罪的诉讼程序可与法律规定的因违法进口到美国的财产而进行的没收、扣押及定罪的程序相同。

(三)《克莱顿法》(《美国法典》第 15 卷第 12~27 条)

第 1 条,《美国法典》第 15 卷第 12 条

定义;法律简称

(a) 这里所使用的"反托拉斯法律"是指:①1890 年 7 月 2 日通过的《保护贸易和商业免于非法限制和垄断法》;②1894 年 8 月 27 日通过的《为了政府收入和其他目的减少税收法》第 73 条和第 77 条;③1894 年 8 月 27 日《为了政府收入和其他目的减少税收法第 73 条和第 76 条修正案》;④本法。

这里的"商业"是指洲际间或与外国的商业和贸易或哥伦比亚特区、美

国准州同其他州的商业和贸易或哥伦比亚特区内、准州内、美国司法管辖权下的任何属地及其他地区内的商业和贸易。

本法不适用于菲律宾群岛。

这里的"人"包括依据美国联邦法律、州法、准州法或外国法成立的或经上述法律授权成立的公司或者协会。

(b) 本法名为《克莱顿法》。

第2条,《美国法典》第15卷第13条

在价格、服务以及提供设施方面存在的歧视

(a) 价格、选择消费者。

从事商业的人在其商业过程中,直接或间接地对同一等级和质量的商品的买者实行价格歧视,如果价格歧视的结果实质上减少竞争或旨在形成对商业的垄断,或妨害、破坏、阻止同那些准许或故意接受该歧视利益的人之间的竞争,或者是同他们的顾客之间的竞争,是非法的。这里歧视所涉及的购买是在商业过程中,商品是为了在美国内、准州内、哥伦比亚特区内或美国司法管辖权下的属地及其他地域内的使用、消费和销售。

本规定不适用于那些因制造、销售、运输成本不同所做的合理补贴。

联邦贸易委员会认为某商品或某类商品中,大量购买者是如此少,以至于根据购买数量提出价格差异是歧视性的或旨在促成商业垄断时,经过对所有利益各方当事人的适当调查和审理后,可确定一数量标准,并在必要时予以修改。

前款不适用于超过联邦贸易委员会规定的数量标准的数量差异所准许的差价。

本规定不限制销售商在真正的私人财产交易中,不限制贸易地挑选顾客。

本规定不限制随着影响市场的条件的变化而产生的价格变化,也不限制容易变质的商品、易腐烂的商品、司法扣押品以及停业中善意销售的商品。

(b) 反驳初步证明存在歧视的案件的责任。

在对依据《克莱顿法》第2条提起的价格歧视诉讼,如果证据确凿,经过听审之后,就可以判定已经实施的价格或者服务或者提供的设施存在价格歧视,根据初步证明存在价格歧视违反了本条规定而受到指控的一方,应承担反驳初步证明的责任,并且除非这种辩解能得到肯定的认同,否则,委员会有权发布终止歧视令。

本规定并不限制卖者通过证明,他的低价或服务及设施的提供是以良好信誉,平等地同竞争者竞争而导致的低价或由与竞争者提供的服务、设施的低价相适应,来对初步立案加以辩驳。

(c) 支付或者接受佣金、回扣或者其他的补偿。

从事商事活动的任何人在其商业过程中,支付、准许、收取、接受佣金、回扣或其他补偿是非法的。但同商品购销相关的,提供给另一方当事人或代理机构或代表人或其他中间机构的劳务除外。这里的其他中间机构是事实上代表该交易的一方或服从于该交易一方的直接或间接控制,而不是受准许支付回扣或支付回扣一方所控制。

(d) 为了处理或者销售的目的为服务或者设施付费。

任何人在商业经营中,支付或者以签订合同方式支付相同价值的东西,或者其他对其顾客有利的方式,或者通过与加工、处理、销售有关联的顾客提供其生产、销售的商品或者产品,作为为该商人提供服务或者设施利用而获得的补偿或者报酬,都是非法的,除非这样的支付或者报酬是在竞争性地销售这些产品或者商品的过程中,其他的所有顾客能够在平等的条件下得到相同的待遇。

(e) 为了加工或者处理等提供服务或者设施。

任何人作出的只有利于一个购买者而不利于其他的购买者,或者不利于这样的购买者:购买商品是为了转售、经过加工销售或者不经过加工销售、通过合同销售或者不通过合同销售,或者通过供应与加工、处理、销售有关的服务或者设施,或者为了销售而提供这些产品,对所有的这些购买者不是按照相同的条件对待的歧视,都是非法的。

(f) 故意引诱或者接受歧视价格。

从事商事活动的任何人,在经营过程中,故意引诱或接受本节禁止的价格歧视,是非法的。

以回扣、折扣或者广告服务费方式进行的歧视;在特定的销售地点以低于市场价格销售。

处罚,《美国法典》第 15 卷第 13 条 a 款

从事商事活动的任何人,在经营过程中,作为交易中的一方,或者为了促成一项交易,或者作为合同中的卖方,有意以某种歧视方式对付购买者的竞争者,这样的方式有折扣、回扣、补助或者广告服务费,购买者得到授权后,在折扣、回扣和补助费或者广告服务费方面得到优惠,而这样的交易对于其他的竞争者而言,购买的产品在质量、等级和数量上没有差别;为了破坏竞争的目的,或者在美国的某个地区消除竞争的目的,在美国的某个地区出售或者通过合同出售产品的价格低于在美国其他地方出售的同样产品的价格;或者为了破坏竞争或者消灭竞争者的目的,以不合理的低价出售或者通过合同出售产品,都是非法的。

任何违反本条规定的人将会因此而获罪，对其处以不超过5 000美元的罚款，或者不超过1年的监禁，或者两种惩罚并处。

第3条，《美国法典》第15卷第14条

销售等，不使用竞争者产品的协议

从事商事活动的任何人，在经营过程中，不管商品是否被授予专利，商品是为了在美国内、准州内、哥伦比亚特区及美国司法管辖权下的属地及其他地域内使用、消费或零售、出租、销售或签订销售合同，销售货物、机器、器具、日用品等，是以承租人、购买者不使用其竞争者的商品作为条件，予以固定价格，给予回扣、折扣，这些行为实质上减少竞争或旨在形成商业垄断，是非法的。

第4条，《美国法典》第15卷第15条

受害人提起的诉讼

（a）损失的数量；预判利益。

除了本条（b）款外，任何人因为反托拉斯法所禁止的事项而受到了经营上或者财产上的损害，可以向被告或者其代理人所在的美国联邦地区法院提起诉讼，不论所争议的损害数量是多少，受害人可获得损失的3倍赔偿，还包括诉讼成本、合理的律师费用。法院可以根据本条之规定，考虑原告的动议迅速地作出判决。原告根据反托拉斯法从提出诉讼开始到判决结束这一期间的实际利益损失，或者是更短期间内的利益损失，如果法院发现对这一期间的利益损失给予补偿是公正的，法院将会作出这样的判决。决定根据此条判决对这一期间的利益损失进行补偿是否公正，法院仅仅考虑：

（1）不管是原告还是相对方，或者任一方的代表，作出的动议或者提出的请求或者抗辩没有什么价值，从而显示原告或者其代表是为了故意拖延才提起的诉讼，或者恶意进行的诉讼；

（2）在诉讼过程中，不管是原告还是相对方，或者任何一方的代表，违反了正在适用的规则、法令，或者法院发布的对拖延的行为进行制裁的指令，或者迅速地进行审判的指令；

（3）不管原告还是相对方，或者任何一方的代表，一开始就从事了拖延诉讼或者增加诉讼成本的行为。

（b）支付给外国损失的数量与支付方式。

（1）除了以下第（2）段外，外国不可能根据本条（a）款得到超过实际损失和诉讼成本之上的赔偿，包括合理的律师费用。

（2）如果符合下列情况，外国不适用第（1）段。

①根据《美国法典》第28卷第1605条a款（2）项，建立在商事行为之

上的诉讼外国不应得到豁免，或者根据该条规定提出的诉讼请求，外国提起的诉讼将会被拒绝；

②作为外国的诉讼地位与身份，该国放弃所有的抗辩；

③该国主要从事的是商事行为；

④至于商业行为，或者以自己的名义或者以其他国的名义作为一个采购实体提起诉讼请求，该国没有这个职能。

(c) 定义。

为了本条的目的——

(1) "商事行为"一词与《美国法典》第 28 卷第 1603 条 d 款的意义相同；

(2) "外国"一词与《美国法典》第 28 卷第 1603 条 a 款的意义相同。

第 4 条 A 款，《美国法典》第 15 卷第 15 条 a 款

美国提起的诉讼；赔偿数量；预判利益

美国因为根据反托拉斯法禁止的行为受到损害，美国政府可以在联邦法院管辖范围内对该管辖区内的被告或者其代理人提起诉讼，无论损失的数量是多少，原告将获得损失的 3 倍赔偿和诉讼成本的赔偿。法院可以根据本条之规定，考虑美国的动议迅速地作出判决。美国根据反托拉斯法从提出诉讼开始到判决结束这一期间的实际利益损失，或者是更短期间内的利益损失，如果法院发现对这一期间的利益损失给予补偿是公正的，法院将会作出这样的判决。决定根据此条判决对这一期间的利益损失进行补偿是否公正，法院仅仅考虑：

(1) 是否美国或者相对方，或者任一方的代表，作出的动议或者提出的请求或者抗辩缺乏价值，仅证明当事人或者其代表是为了故意拖延才提起的诉讼，或者恶意进行的诉讼；

(2) 在诉讼过程中，不管是美国还是相对方，或者任何一方的代表，是否违反了适用的规则、法令，或者规定制裁拖延行为或者规定加速审判的法院令；

(3) 是否美国或者相对方，或者任何一方的代表，一开始就从事拖延诉讼或者增加诉讼成本的行为；

(4) 是否对这样的利益诉求作出判决，对美国遭受的损害进行充分赔偿是必要的。

第 4 条 B 款，《美国法典》第 15 卷第 15 条 b 款

诉讼时效

任何依据《美国法典》第 15 卷第 15 条 a 款、第 15 条 c 款提起的诉讼，必须在诉讼事由产生后的 4 年内提出，否则，法院一律不予受理。

第 4 条 C 款,《美国法典》第 15 卷第 15 条 c 款
州司法部长提起的诉讼
(a) 国家监护人;金钱救济;损失;预判利益。
(1) 州司法部长作为州政府的监护人,代表其州内自然人的利益,可以本州的名义,向对被告所在地的美国联邦地区法院提起民事诉讼,以确保其自然人因他人违反《谢尔曼法》所遭受的财产损失而获得金钱救济。法院将从该诉讼获得的金钱救济中,排除下列部分:
①多出已经获得的损害赔偿部分 2 倍。
②下面的部分要进行适当的分配:
i. 归于自然人的部分,该自然人依据本条第 (a) 款 (2) 项已放弃权利;
ii. 归于任何商业实体的部分。
(2) 法院根据本款第 (1) 项描述的授予州 3 倍损失的金钱救济,以及诉讼成本,包括合理的律师费用。法院可以根据本条之规定,考虑州的动议迅速地作出判决。州根据反托拉斯法从提出诉讼开始到判决结束这一期间的实际利益损失,或者是更短期间内的利益损失,如果法院发现对这一期间的利益损失给予补偿是公正的,法院将会作出这样的判决。决定根据此条判决对这一期间的利益损失进行补偿是否公正,法院仅仅考虑:
①是否州或者相对方,或者任一方的代表,作出的动议或者提出的请求或者抗辩缺乏价值,显示原告或者其代表是为了故意拖延才提起的诉讼,或者恶意进行的诉讼;
②在诉讼过程中,不管是州还是相对方,或者任何一方的代表,违反了适用的规则、法令,或者规定制裁拖延行为或者规定加速审判的法院令;
③是否是州或者相对方,或者任何一方的代表,一开始就从事拖延诉讼或者增加诉讼成本的行为。
(b) 通知;终止选择;终审判决。
(1) 在根据本条 a 款 (1) 项提起的诉讼中,州司法部长要按照法院指定的时间、方式、内容,公开发布通知。若法院认为公开发布的通知违反了法律对当事人的正当程序,法院可视案件的情况,对当事人直接发布通知。
(2) 任何人对其在依本条 a 款 (1) 项提起的诉讼中的利益,可按照该款 (1) 项制作的通知中规定的时间内,向法院提出选择通知,要求州司法部长所请求的金钱救济中归本人的那部分,免于判决。
(3) 任何人为其自己的利益,依据《美国法典》第 15 卷第 15 条提出诉讼,却没有在本条 a 款 (1) 项制作的通知中规定时间内提出选择通知的,依据本条 a 款 (1) 项提起的诉讼的最终判决,将是对其任何相关诉讼请求的最

终判决。

（c）撤诉或者和解。

任何依据本条 a 款（1）项提起的诉讼，未经其法院批准，不能撤诉或和解，上述撤诉或和解的通知，要按照法院规定的方式由法院直接作出。

（d）律师费用。

在任何依据本条 a 款提起的诉讼中：

（1）原告的律师费将由法院决定；

（2）法院在其自由裁量权内，经查明州司法部长有恶意诉讼、缠讼、肆意行为以及压制对手行为时，判令给予明显占优势的被告合理的律师费。

第 4 条 D 款，《美国法典》第 15 卷第 15 条 d 款

损失的计算

在依据《美国法典》第 15 卷第 15 条 c 款第（1）项第 1 目提起的任何诉讼中，要计算被告违反《谢尔曼法》而固定价格造成的损失，可通过统计的或抽样的方法累计计算，计算非法的过度收费，或采用法院在其自由裁量权内准许的、其他合理的估计总损失的方法，不必单独证明个人请求的损失数量。

第 4 条 E 款，《美国法典》第 15 卷第 15 条 e 款

损失的分配

依据《美国法典》第 15 卷第 15 条 c 款第（1）项第 1 目提起的诉讼，获得的金钱救济将——

（1）按照法院在其自由裁量权内授权的方式分配；

（2）由法院判定为民事处罚，作为一般收入由州存储；

上述每种情况所采用的分配方式要使每个人都有合理的机会，以确保其能获得金钱净救济额的适当部分。

第 4 条 F 款，《美国法典》第 15 卷第 15 条 f 款

司法部长提起的诉讼

（a）州司法部长的通知。

无论何时，美国司法部长根据反托拉斯法提起诉讼，并有理由确信州司法部长有权依据本法，实质上基于已宣布的违反反托拉斯法的行为提起诉讼时，要立即向州司法部长发出书面通知。

（b）文件和其他资料的获取。

为支持州司法部长对通知进行评估和依据本法提起诉讼，美国司法部长应州司法部长的要求，在法律准许的范围内，有效地提供同该诉讼实际或潜在原因相关的调查性文件及其他材料。

第4条G款，《美国法典》第15卷第15条g款
定义
根据《美国法典》第15卷第15条c款、第15条d款、第15条e款、第15条f款的目的，下列术语的意思是：

（1）"州司法部长"是指州里的首席法律官员，或由州法律授权可以依据《美国法典》第15卷第15条c款提起诉讼的其他人，包括哥伦比亚特区的公司法律顾问，下列人员不包括在内：

①用根据本节获得的金钱救济比例确定的额外费用所雇佣、聘请的人。

②除去由法院根据《美国法典》第15条c款（d）（1）决定的，对明显占优势的原告的合理律师费外，根据其他的额外费用所雇佣或聘请的人。

（2）"州"是指美国各州、哥伦比亚特区、波多黎各公共福利区、美国的准州及属地。

（3）"自然人"不包括私营业主和合伙人。

第4条H款，《美国法典》第15卷第15条h款
国家监护人诉讼的适用
除非州法规定本法在该州不适用外，《美国法典》第15卷第15条c款、第15条d款、第15条e款、第15条f款、第15条g款适用于每个州。

第5条，《美国法典》第15卷第16条（塔尼法）
裁决
（a）初步的证据；间接再诉禁止。

依据被告违反反托拉斯法的后果，由美国或代表美国根据反托拉斯法提起的民事、刑事诉讼中，是由任何其他一方当事人对上述被告依据上述法律提起的诉讼中的初步证据而作出的最终判决或禁令，当事人对上述判决或禁令的各方面不能翻供。

本节不适用在初审以前作出的一致判决或禁令。

本节不能解释为对间接再诉禁止的适用强加了一些限制，除非根据反托拉斯法提起的诉讼，间接再诉禁止的效果将不会被联邦贸易委员会根据反托拉斯法或者《美国法典》第15卷第45条提起诉讼，根据反托拉斯法，这一诉讼将产生赔偿救济问题。

（b）一致判决和竞争影响陈述；在《联邦登记》上刊发；公众获取复印件。

根据反托拉斯法，在由美国提起或代表美国提起的民事诉讼中，美国向民事诉讼参加者提出的一致判决建议，应当在该判决生效日60日前，送至正在审理该案的联邦地区法院，并在《联邦登记》上公布，任何对该建议的书面

评论和美国对此评论作出的反应，也要送达至联邦地区法院，在该60日内，在《联邦登记》上予以公布。该建议的副本和其他材料以及美国认为对形成该建议有决定性作用的文件，该联邦地区法院管辖区内的公众可以利用，或者其他法院管辖区的公众随后也能直接利用。随着建议的送达，除非有法院的其他指示，美国将向联邦地区法院送达竞争影响说明书，并在《联邦登记》上予以公布，并应任何人的要求，提供竞争影响说明书。该说明书的内容包括：

（1）诉讼的性质、目的；

（2）导致被指控违犯反托拉斯法的事件及行为；

（3）对一致判决建议的解释，包括导致该建议的非正常情况，或者所涉及的法律条款的内容，由此所获得的救济，以及该救济对竞争产生的预期性影响等所作的解释；

（4）这样的一致判决建议使案件判决后，因受到指控的违法行为而遭受损害的潜在私人原告可获得的救济；

（5）纠正上述建议的有效程序说明；

（6）由美国实际考虑的、对提出该建议的方法的评价和说明。

（c）案情摘要在报纸上的发表。

根据本条b款所述的至少在判决的生效日60日前，美国应公开发布相关案件内容，在案件管辖区内、哥伦比亚特区、其他地区法院管辖区普遍发行的报纸上，集中在2周后的7日内刊发，内容包括：

（1）根据一致判决建议形成的摘要；

（2）依据本条b款提出的竞争性影响陈述的摘要；

（3）依据本条b款由美国能够使公众进行有意义的评论的材料及文件以及公众能够获得这些文献和材料的公共场所。

（d）司法部长对公众评论的考量和案件公开后的反应。

在本条b款规定的60日内及美国要求和法院准许的时间内，美国将接受和考虑任何以书面形式提出的同本条b款规定的一致判决建议有关的评论。司法部长或其助理将确定执行本节规定的程序，60日的期间不能被缩短，但联邦地区法院依据下列情况发布命令除外：

（1）特别情形要求缩短时间；

（2）缩短时间同公众利益不矛盾。

期限结束之后，美国将收到的评论送达联邦地区法院，并在《联邦登记》上公布对这些评论的反映。

（e）公共利益决策。

在作出由美国依据本节提出的一致判决之前，法院要决定该判决的出发点是为了公众的利益。在作这样的决策时，法院可考虑：

（1）该判决对竞争产生的影响，包括中止已受指控的违法行为、执行和修正条款、已完成的救济和救济期间、实际考虑过的救济方法的预期效果、基于判决的充分性而做的其他考虑；

（2）该判决的发布对一般公众的影响，对诉状中宣布的违法行为而遭受特定损害的个人的影响，包括对公众利益的考虑，如果有影响，法庭审理时将不发布法院的决定。

（f）公共利益决策的程序。

在作出根据本条 e 款规定的决策时，法院可以：

（1）应当事人、参加者及法院的要求，法院如果认为合适，可获取政府官员、专家及其他证人的证词；

（2）法院如果认为合适，可以指定一专门负责人或专家和法院外的顾问，按照法院认定的适当方式、要求，获得任何人、集团、政府机构对上述判决及判决影响的各方面的观点评估及建议；

（3）授权利益相关的个人、机构全部或限制性地参与诉讼，包括以法庭之友的名义出现，作为《联邦民事诉讼规则》规定的一方当事人的干预，对证词或者文件材料进行检查，或由法院认定的以其他为公共利益服务的方式参与诉讼；

（4）复审评论，包括对美国根据本条 d 款的规定提出的相关判决建议的反对意见以及美国对这些评论和反对意见的反应；

（5）为了公众利益提起由法院认为合适的其他诉讼。

（g）联邦地区法院之间书面和口头的通信的归档。

根据本条 b 款的规定，不迟于作出一致判决建议提出后 10 日内，每一被告要向联邦地区法院提供其本人或代表本人，同与该建议有关或负责该建议的美国官员及职员的通信说明（包括口头交换意见说明），但对由书记员单独同司法部长及司法部职员的通信除外。在根据反托拉斯法的一致判决作出之前，每一被告要向联邦地区法院证明根据该条要求起草的说明书已经完成，而且是被告已知或应该知道的通信内容的真实的和完整的说明。

（h）作为联邦地区法院诉讼和竞争影响陈述不认可的证据。

根据本条 e 款、f 款，在联邦地区法院进行的诉讼和根据本条 b 款提出的竞争影响陈述，既不能用来反对任何其他当事人依据反托拉斯法提起的诉讼中的被告，或由美国根据《美国法典》第 15 卷第 15 条 a 款提起的诉讼中的被告，也不能用作反对该被告的初步证据，从而形成一致判决产生的基础。

（i）时效中止。

无论何时，美国提起防止、限制、惩罚违反反托拉斯法行为的民事、刑事诉讼，但不包括依据《美国法典》第 15 卷第 15 条 a 款提起的诉讼，在诉讼期间及其后 1 年，关于私人诉权或者州诉权的法定诉讼时效将中止。该诉权是基于上述反托拉斯法形成的，部分的或者全部的基于上述诉讼而产生的。

但是，无论何时，在依据《美国法典》第 15 卷第 15 条或者第 15 条 c 款的原因产生的诉讼时效的中止，除非在中止期间或诉因产生后的 4 年内，任何要求执行诉因的起诉将不予受理。

第 6 条，《美国法典》第 15 卷第 17 条

反托拉斯法不适用于劳工组织

人的劳动不是商品或者商业交易对象。反托拉斯法不禁止劳动、农业或者园艺组织的存在与经营，这些机构存在的目的是为了互助，没有股本加入与营利行为，也不禁止或者限制这些组织的个体成员合法地实现该组织的合法目的。依据反托拉斯法，这些组织或成员，也不能成为限制贸易的非法联合或共谋的主体。

第 7 条，《美国法典》第 15 卷第 18 条

一家公司收购另一家公司的股票

从事商业或从事影响商业活动的任何人，不能直接或者间接占有其他从事商业或影响商业活动的人的全部或部分股票或其他资本份额。联邦贸易委员会管辖权下的任何人，不能占有其他从事商业或影响商业活动的人的全部或一部分资产，如果该占有实质上减少竞争或旨在形成垄断。

如果拥有股票、占有资产，或通过拥有股票而形成的投票权，或者股票所有人授权的投票权，这些权利的行使与运用，实质上会减少竞争或旨在形成垄断，则任何人不得直接或间接地占有其他从事商业或影响商业活动的人（一人或一人以上）的股票或资本份额。联邦贸易委员会管辖权下的任何人，不能直接或间接地占有其他从事商业或影响商业活动的一人或数人的资产。

对于仅为了投资购买股票，而不是通过投票或其他方式使用该股票造成或企图造成竞争的实质性减少，本节不予适用。一家合法经营的公司通过设立子公司的形式从事商业或者影响商业的活动，或者它自身形成的合法的分支机构，或者公司扩大经营的范围，或者拥有或者持有其子公司的全部或者部分股票，当这种经营形式造成的影响没有实质上减少竞争时，不适用本条的规定。

商业经营受到法律规制的公共运输企业，设立分支机构或者短线，以使公司的支线和主线的位置连接起来，如果公司收购或者拥有全部或者部分支线公司的股票，不适用本条规定。该公共运输企业获得或者拥有分支机构或者独立

的短线公司的全部或者部分股票，拥有支线的公司与收购产权或者因此获得利益的主线公司之间不存在实质上的竞争，不适用本条规定。公共运输企业通过收购股票或者其他公共运输企业的方法扩大其线路，这种情况下，扩大线路的公司与它拥有股票、产权或者因此而获得利益的公司之间不存在实质上的竞争，不适用本条的规定。

本节不影响或侵害依法获取的其他权利。本节不能用来将从前由反托拉斯法禁止或定为非法的变为合法，也不能使任何人免于反托拉斯法的处罚或获得民事救济。

对于基于下列委员会（局）授权完成的交易，本节不适用：交通部、联邦动力委员会、水陆运输局、证券交易委员会根据《美国法典》第15卷第79条j款规定行使管辖权，美国海运委员会或者农业部根据授权性的法律规定。

第7条a款，《美国法典》第15卷第18条a款

合并前的公告和等待期

（a）提交文件。

除本条c款规定的豁免外，除非任何人（在合并要约的情况下，合并方）依据本条d款（1）项规定的准则提出文件公告并且本条b款（1）项规定的等待期已过外，没有人能够直接或者间接地获得其他人的具有投票权的证券或者资产，如果：

（1）收购人或拥有的投票权证券、资产被收购的人是从事商业或从事影响商业的活动；

（2）收购的结果，收购人拥有了被收购人拥有的全部具有投票权的证券与资产：

①超过2亿美元（这一标准根据2004年9月之后以每个财政年度公布的数字进行调整，若根据本法第8条a款（5）项规定，以同样的方法来反映每一个财政年度国民生产总值与2003年9月之后国民生产总值变化的百分比）；或者

②（i）超过5 000万美元（这一标准将根据每年发布的数字进行调整）但是不超过2亿美元（这一标准将根据公布的数字进行调整）；（ii）（Ⅰ）一个从事制造业的生产者拥有的具有投票权的证券和资产为年度净销售额或者总资产为1 000万美元（根据公布的数字进行调整）或者比这更多，被另一个拥有总资产或者年度净销售额为1亿美元（根据公布的数字进行调整）或者比这更多的生产者所收购；（Ⅱ）一个不是从事制造业的拥有具有投票权的证券或者资产之人，其总资产为1 000万美元（根据公布的数字进行调整）或者比这更多，被另一个拥有总资产或者年度净销售销售额为1亿美元（根据公布

的数字进行调整）或者比这更多的人所收购；（Ⅲ）一个拥有投票权的证券或者资产为年度净销售额或者总资产为1亿美元（根据公开的数字进行调整）或者比这更多，被一个拥有总资产或者年度净销售额为1 000万美元（根据公布的数字进行调整）或者比这更多的人所收购。

在合并要约中，一人的投票权证券被另一人（依据本款需进行公告的人）占有，被占有方应根据本条d款（4）项的要求进行公告。

（b）等待期；公布；投票权证券。

（1）本条a款规定的等待期：

①从联邦贸易委员会和负责司法部反托拉斯局的部长助理（以下简称"部长助理"）收到：（i）根据本条a款（1）项已完成的公告；（ii）如果该公告没有完成，也要公告已经完成的情况和未完成的原因，参与合并的双方都要这样做。在合并要约的情况下，收购方要这样做。

②在收到上述公告后的13日（现金收购情况下为15日）结束，或根据本条e款（5）项或g款（7）项确定的推迟日期结束。

（2）在个人案件中，联邦贸易委员会和部长助理可以中止本款第1项规定的等待期。准许个人对本节规定的收购问题提出诉讼，并迅速地在《联邦登记》上发布通知，说明对于这一收购，双方都不打算采取行动。

（3）本条所使用的术语：

①"投票权证券"是指在目前或将来变化后，赋予证券所有人、持有人，有权选举发行者的董事，或非公司发行者的董事，或选举执行相同职能的人。

②被收购人或者被他人持有的资产或投票权证券的数量、比例，通过对投票权证券或者资产累计的数量或者比例来确定被他人所持有或者收购所增加的数量与比例。

（c）豁免的交易。

本节不适用下列交易：

（1）收购货物或者可以在商业领域转让的不动产；

（2）收购股票、抵押权、信托契约或其他非投票权证券债务；

（3）收购发行人的投票权证券，在收购之前，至少该投票权证券的50%由该收购人所有；

（4）与联邦机构或州及其政治性分支机构进行的转让交易；

（5）联邦反托拉斯法豁免的交易；

（6）联邦反托拉斯法豁免的交易，如果经联邦机构批准，提供给该机构的所有信息文件资料的副本，要同时提交给联邦贸易委员会和司法部部长助理；

（7）根据《美国法典》第 12 卷第 1467 条 a 款（e）项、第 1828 条 c 款或者第 1842 条之规定，要求机构批准的交易；

（8）根据《美国法典》第 12 卷第 1843 条或者 1464 条之规定，至少在该交易完成日前 30 天，如果向批准机构提交所有信息和文献资料，同时要向联邦贸易委员会和司法部部长助理提交副本；

（9）仅为了投资而收购投票权证券，如果收购的结果并未使收购的证券超过发行者所拥有的投票权证券的 10%；

（10）投票权证券收购的结果，并不直接或间接地增加收购人占有发行者投票权证券数额的百分比的交易；

（11）仅为了投资而进行的收购，由银行、银行协会、信托公司、投资公司或保险公司进行：①依据重组或者解散计划收购投票权证券；②按照普通方式的资产交易；

（12）依据本条 d 款（2）项②目之规定，其他的收购、转让或交易可以得到豁免。

（d）委员会规则。

联邦贸易委员会协同司法部部长助理，依据《美国法典》第 5 卷第 553 条确定的原则，使之与本条规定相一致。

（1）为了使联邦贸易委员会和司法部部长助理能够决定，上述占有是否违反反托拉斯法，依据本条 a 款要求，通知必须提出相关收购建议的文件资料和信息的形式、内容；

（2）可以：

①决定使用本条规定的术语的含义；

②使那些不可能违反反托拉斯法的交易、转让、占有及个人免于本节的管辖；

③实现本节的目的，制定必需的和适宜的其他规则。

（e）附加说明书，延长等待期。

（1）①美国联邦贸易委员会或司法部部长助理，在 30 日的等待期之前（在现金收购要约情况下，15 天的等待期），根据本条 b 款（2）项所规定的，要求对被提议的收购需要提交附加说明书和其他文件材料。提交这些材料的人，根据该条的规定，可以是收购方的任何人，包括董事、合伙人、代理人或收购方的雇员。

②（i）司法部部长助理和联邦贸易委员会将各自指定一名不直接负责审查与本条有关交易的执法建议的高级官员，对申请人的申请进行听证、决定：

（Ⅰ）要求申请人提交附加说明书或者文件资料是否是不合理的累赘，是否是一种过重的负担，或者是否是一种重复劳动；

（Ⅱ）要求申请人提交附加说明书或者文件资料，申请人是否已经充分地做到了。

（ⅱ）根据条款（ⅰ），这些申请的内部审查程序应包括加快审查这些申请的合理的最后期限，与执法人员进行合理的谈判之后来决定这个期限，以避免对合并的审查程序造成不必要的延误；

（ⅲ）这项法令颁布之后的90日之内，司法部部长助理和联邦贸易委员会应进行内部审查和实施合并审查程序的改革，以消除不必要的负担，消除重复成本，并消除无故拖延，以便实现更有效的合并审查程序；

（ⅳ）此法颁布之后的120天之内，司法部部长助理和联邦贸易委员会应发布或者修改各自的产业指南、规章、操作手册和有关政策文件，在适当范围内，以执行根据本段规定而进行的改革；

（ⅴ）本法颁布之后的180天之内，司法部部长助理和联邦贸易委员会应将下列情况向国会报告：

（Ⅰ）根据本段规定每个机构所进行的改革；

（Ⅱ）执行每项内部改革所采取的步骤；

（Ⅲ）这一改革所产生的影响。

（2）根据本条b款（1）项之规定，过了法定期限之后，在不超过30日（现金收购情况下，不超过10日）的附加期限内，联邦贸易委员会或者司法部部长助理，在其自由裁量权内，根据该项要求收到申请人的请求之后，或者在现金收购的情况下，收到收购人的申请后，可以延长30日的等待期（或者在现金收购的情况下，延长15日的等待期）。现金收购人的情况包括：①所有的信息及根据要求需要提交的文件资料，或者②如果所要提供的信息和材料没有卷宗，也要提交这些未完成的信息、文件资料及未完成的原因说明。这一附加期限只有在联邦贸易委员会或者司法部部长助理根据本条g款（2）项规定，向美国地区法院提出申请并获同意后才能再次延长。

（f）初步禁止令；听证会。

如果联邦贸易委员会起诉，指控上述收购违反了《美国法典》第15卷第18条或者第45条规定，或者美国起诉指控上述收购违反了《美国法典》第15卷第18条和第1条或第2条规定，联邦贸易委员会和司法部部长助理将：（1）在待决诉讼期间，发布初步禁止令，阻止该收购的完成；（2）向被告人居住、经营或诉讼发生地的美国地区法院证明，在待决诉讼期间，公众利益需要救济。该美国地区法院的首席法官应该立即通知对该地区具有管辖权的美国联邦巡回上诉法院的首席法官，由其指派一名美国地区法院法官审理该案。

（g）民事处罚；守法；法院权力。

（1）任何人、官员、经理、董事、合伙人等，若不遵守本规定，对其违反本法的每一天罚以1 000美元以下的罚金，该处罚可由美国以民事诉讼方式提起。

（2）如果任何人、官员、经理、合伙人、代理人或雇员等，实质上不遵守本条a款规定的说明的要求，或其他依据本条e款（1）项，在本条b款（1）项特别规定的等待期内提供附加信息及文件资料的要求，以及在延长等待期后又不能的，美国法院：

①命令服从；

②依据本条b款（1）项延长等待期，或根据本条e款（2）项规定予以延长等待期，直到实质性地完成上了上述要求。但是在现金收购中法院不能根据被收购方不能实质性地完成（规定的）说明或要求，而予以延长等待期；

③根据联邦贸易委员会或者司法部长助理的申请，法院依据其需要或者适当地行使自由裁量权，准许其他方式的衡平救济。

（h）披露豁免。

根据本节由联邦贸易委员会或司法部部长助理提供的任何信息、文件资料，依据《美国法典》第5卷第552条免于披露、公开，与行政诉讼或司法诉讼相关的部分除外。该规定不限制将上述材料向国会、国会下属委员会及完全授权的委员会公布。

（i）其他法律的解释。

（1）联邦贸易委员会和司法部部长助理依据本节提起诉讼与否，并不限制依据本法的其他条款或其他法律的规定，随时对该收购提起的诉讼。

（2）本节规定不限制联邦贸易委员会或者司法部部长助理随时依据《反托拉斯民事诉讼法》《联邦贸易委员会法》或其他法律规定，向任何人随时获取文件资料、口头证据或其他信息。

（j）向国会报告；立法建议。

从1978年1月1日始，联邦贸易委员会经司法部部长助理同意后，每年向国会报告本节的执行情况。该报告包括对本节效果的估计、依据本节制定的规则的目的、效果及必要性，修改本节的其他建议。

（k）如果本节所说的期限的最后一天是星期六与星期日，或者法定的公众假期（由《美国法典》第5卷第6103条a款所定义），那么，此期限将延长至周末或者法定的公众假期结束后的第二天。

第 8 条，《美国法典》第 15 卷第 19 条
连锁董事或者连锁官员
（1）任何人不得同时任两家或多家公司的董事或者官员（银行、银行协会和信托公司除外）。此情况包括：

①从事全部或者部分商业；

②考虑公司的性质、经营位置、竞争者数量，那么公司间的任何消灭竞争的协议，都违反反托拉斯法的规定；

根据本款第（5）项的规定，如果其中任何一家公司其资产、盈余、未分配的利润累计超过 1 000 万美元，均适用上述条款的规定。

（2）尽管上述条款的规定，但在下列情况下，如果一名董事或者公司官员同时在任何两家公司里任职，则不受禁止：

①根据本款第（5）项所调整的情况，其中一家公司的竞争性销售小于 100 万美元；

②其中一家公司的竞争性销售小于该公司的总销售的 2%；

③任何一家公司的竞争性销售小于该公司的总销售的 4%。

此段的目的，"竞争性销售"是指一家公司与另一家公司竞争时销售的所有的产品与服务的总收入，是以该公司最终的财政年度所销售的产品和服务的总收入为基础来决定的。"总销售"是指一家公司最终完成的财政年度销售的所有产品和服务的总收入。

（3）根据本款第（1）项之规定，董事或者官员的合适人选应当由上述公司的会计年度末累计的资本、盈余、未分配的利润来决定，已宣布却未支付给股东的红利除外。

（4）本条所谓"官员"，意思是由董事会选举或者选择的官员。

（5）每个财政年度从 1990 年 9 月 30 日后开始，本条规定中 1 000 万美元和 100 万美元的标准，在每年的 10 月 1 日根据国民生产总值的增加（或者减少）的百分比相应地增加（或者减少），这由商务部或者它的继任者根据 1989 年 9 月 30 日年度终了时建立起来的标准来决定每年的标准。一旦行得通时，但是不能迟于每年的 1 月 31 日，联邦贸易委员会将根据本段的要求发布调整后的数量。

（6）根据该条的规定，任何人当选或者被选择作为公司的董事或者官员时，他随时当选或者选择担任这个的公司职务都是合格的，也具备这样的能力，他具备担当公司职务的能力不受该条款的影响，由于公司资本、剩余和未分配的利润的变化，或者无论什么原因导致的公司事务的变化，他将一直担任公司职务直到他不适合担任公司职务的原因发生之后满 1 年为止。

第 11 条，《美国法典》第 15 卷第 21 条

执行条款

（a）授权执行法律的委员会、局、部。

根据本法第 13 条、第 14 条、第 18 条和第 19 条的规定，授权水陆运输局有权根据《美国法典》第 49 卷第 4 副标题之规定，对公共运输业进行管辖；授权联邦通信委员会对从事有线或无线通信或无线传输的能源的公共运输业进行管辖；授权交通部部长对航空公司和外国航空公司根据《1958 年联邦航空法》进行管辖；授权联邦储备理事会对银行、银行协会和信托公司进行管辖；授权联邦贸易委员会对其他商业领域进行管辖。

（b）对违法行为提起诉讼；听证；干预；证词的归档；报告；停止令；重开和变更报告或者命令。

根据本法的授权，委员会、局、部对自己所管辖的领域，有理由相信有人正在违反或者已经违反《美国法典》第 15 卷第 13 条、第 14 条、第 18 条和第 19 条的规定，应该提起诉讼，并将传票送达违法者，同时向司法部部长递交一份控告说明书，传票里应包括起诉书送达后至少 30 日内在固定的地点进行为期 1 天的听证的通知。被告人有权在固定的时间与地点出席听证会，并有权向提起诉讼的委员会、局和部说明不执行因其违反法律而向其发出的禁止令的理由。司法部部长有权干预该诉讼，也有权出席听证会，被告也可以提出申请，在委员会、局和部的许可下，陈述其善意的理由，被告本人或者代理人也可以参与或者出席该案的诉讼。该案的证词形成书面文件后由委员会、局或者部长办公室归档。如果委员会、局或者部长举行的听证会，证明该案正在违反或者已经违反了上面所说的法律规定，应该形成书面报告，报告中要陈述已经发现的事实，向被告发布禁止令，要求被告停止违反法律的行为，要求被告退还所拥有的股票或者其他的股份资本或者资产。因违反《美国法典》第 15 卷第 18 条和第 19 条之规定，在法律规定的期限之内，按照固有的惯例，根据禁止令的要求，被告应辞去所担任的董事职务。直到被允许提出审查的申请期限届满，如果在这段时间内没有人提出申请，或者在这段时间内有人提出了审查申请，审查申请也被美国联邦上诉法院记录在案，那么，委员会、局、部随时可以发布这样的通知，以自己认为合适的方式，全部或者部分修改或者取消根据此条规定发布的报告或者命令。被允许提出审查申请的期限过后，如果在这段时间内没有人提出申请，委员会、局、部可以在通知和听证会之后随时重开和改变，修改或者取消全部或者部分根据此条发布的报告或者命令。无论什么时候，依委员会、局或者部看来，事实或者法律要求改变这一诉讼，或者公共利益要求改变这一诉讼，根据本条第（3）项之规定，被告可以在接到传票之

后的60天之内，或者上述报告和命令重作之后，可以获得在美国联邦上诉法院审查的机会。

（c）审查命令；管辖权；申请和案件记录的归档；确定性裁决；附加证据；裁决的改判；终局裁决。

《美国法典》第28卷第2112条的规定，委员会、局或者部因被告违反本法向其发出禁止令后，被告可以在违法行为地、发生地、被告居住地或者被告营业所在地的美国联邦上诉法院提出对禁止令的审查。向法院提出申请审查的时间，应在该禁止令送达之后的60天内，书面申请委员会、局或者部取消其发布的禁止令。法院的执法人员应立即将申请书的复印件转交给委员会、局或者部，委员会、局或者部将向法院提起该案的诉状。法院受理申请之后，将根据案件的管辖权限和对该案已经作出决定的问题，与委员会、局或者部进行协商，直到这些机构向法院提交诉状，法院将有权作出确认、变更或者取消委员会、局或者部发布的禁止令，也可以确认在同样的范围内执行这样的禁止令，在其司法权限内发布辅助性的书面命令，或者根据法院的判断认为在诉讼中这样做是必要的，可以防止损害公共利益或者竞争者的利益。

委员会、局或者部根据事实作出的裁决，如果有实质证据的支持，这一裁决将得到确认。在此意义上，委员会、局或者部发布的命令得到了确认，法院将发布自己的命令要求服从委员会、局或者部发布的命令。如果任何一方向法院提出附加证据的举证要求，而且令法院满意的是这样的附加证据是重要的，之前没有向受理该案的委员会、局或者部提交这些证据有合理的理由，那么法院可以发布命令在委员会、局或者部之前提交附加证据，根据法律规定的方式、期限和条件，法院可以以适当的方式在听证会上出示这些证据。委员会、局或者部可以根据事实修改作出的裁决，或者根据提交的附加证据作出新的裁决，修改后的裁决或者新裁决，如果得到了实质性证据的支持，裁决将得到确认，若法院还有退回案件需要提交这样的附加证据的建议的话，是为了对原来的禁止令进行修改，或者取消原来的禁止令。法院的裁决将是终局的，除非最高法院根据《美国法典》第28卷第1254条，通过调卷令对案件进行审查。

（d）上诉法院的专属管辖权。

诉状提交给具有司法管辖权的上诉法院后，法院确认、执行、修改或者取消委员会、局或者部的禁止令是法院的专属管辖权。

（e）反托拉斯法的责任。

委员会、局、部或者法院法官发布的禁止令撤销后，无论如何都要宣布解除或者免除被告所承担的反托拉斯法的责任。

（f）诉讼传票；命令或者其他的程序。

根据本条规定，诉状、命令和委员会、局、部发出的其他传票，可以由委员会、局、部授权的任何人送达，可以以下列任何方式送达：

（1）将副本送达到被送达人，或者合伙企业的成员，或者总裁、秘书，或者公司的其他执行官或者公司的董事。

（2）将副本送达至被送达人的住所，或者其营业总部所在地。

（3）通过挂号邮寄或者担保邮寄的方式，将副本送达到被送达人的住所或者营业总部所在地。收到后，被送达人会在确认回执上填写收到了诉状、命令或者其他传票，那么邮局执法人员会将这样的回执收据取回，以证明通过这样的邮寄方式，被送达人收到了邮局寄出去的这些东西。

（g）终局裁决。

根据本条 b 款第（2）项规定所发布的禁止令是终局的：

（1）所允许的申请审查的期限届满，如果在期限届满前没有人提出申请；但是根据本条 b 款（2）项最后一句假定的条件，委员会、局或者部可以变更或者取消发布的禁止令；

（2）所允许的法院调卷令期限届满，如果委员会、局或者部发布的禁止令被确认，或者审查的申请被上诉法院拒绝，以及没有适时地提出调卷令申请；

（3）调卷令申请被拒绝，如果委员会、局或者部的禁止令被确认，或者审查的申请被上诉法院驳回；

（4）最高法院发布命令后的 30 天期限届满，如果最高法院直接裁决确认了委员会、局或者部的禁止令，或者最高法院驳回了审查申请。

（h）被最高法院改判的终局裁决。

如果最高法院直接裁决委员会、局或者部发布的禁止令需要修改或者取消，委员会、局或者部作出的命令要与最高法院的命令相一致，所作出的裁决在 30 天期限届满后成为最后的裁决，除非 30 日内任何一方提起诉讼，修正发布的命令以使与最高法院的命令一致，在这种情况下，委员会、局或者部修正后的命令将是最终的裁决。

（i）被上诉法院改判的终局裁决。

委员会、局或者部的命令被上诉法院修改或者取消，如果：

（1）允许申请调卷令的时间已经过期，没有人适时地提出申请；

（2）调卷令申请被拒绝；

（3）法院的判决得到了最高法院的确认。

那么，委员会、局或者部作出与上诉法院一致的命令的 30 日期限届满之后，除非 30 天内任何一方提起诉讼修改了这一命令，以便其与法院的命令一致，在这种情况下，委员会、局或者部的裁决命令就是终局的。

（j）上诉法院或者最高法院复审后发布的终局命令。

最高法院命令复审，或者案件被上诉法院驳回给委员会、局或者部复审，如果：

（1）允许申请调卷令的时间已届满，没有人适时地提出申请；

（2）调卷令申请被拒绝；

（3）法院的判决得到了最高法院的确认；

那么，委员会、局或者部复审后作出的命令同样是终局性的，即使委员会、局或者部之前没有作出这样的命令。

（k）"命令"的定义。

本条前面所用术语"命令"，以及前面所述30天期限届满情况下发布的命令，意味着是最终的命令。

处罚

根据本条b款（2）项之规定，任何人违反了委员会、局或者部发布的成为终局的有效的命令，由美国提起的民事诉讼胜诉之后，违法者将被罚款，每次违法行为向美国支付不超过5 000美元的民事罚款。每一个单独的违法行为将被单独起诉，下面的这种违法情况除外，通过持续的疏忽大意没有遵守委员会、局或者部的最后命令，并且每天持续这样的疏忽大意，被认为是一个单独的诉讼。

第12条，《美国法典》第15卷第22条

被起诉公司的地区

根据反托拉斯法，针对任何一个公司提起的诉讼，不仅可以在公司所在地的司法区内起诉，也可以在行为发生地或者交易地的司法区内起诉；这些案件的所有传票送达到公司居所地，或者发生违法行为的任何一个地方。

第13条，《美国法典》第15卷第23条

美国提起的诉讼；证人传票

由美国或者代表美国提起的反托拉斯诉讼中，无论是民事诉讼还是刑事诉讼，被要求在美国法院出庭的证人的传票，都可以由受理案件的法院将传票送达到任何司法区。在任何民事诉讼中，经过首次的适当申请和原因陈述后，在没有得到审案法院同意的情况下，不能向居住在司法区100英里以外的证人发传票。

第14条，《美国法典》第15卷第24条

董事和公司代理人的责任

一家公司无论何时违反反托拉斯法的刑事条款，授权、命令或者直接作出这种违法行为的公司董事、官员或者代理人，无论是参加全部还是部分的违法行为，都被认为犯有轻罪，将被处以5 000美元以下的罚款，或者1年以下的监禁，或者根据法院的自由裁量，两者并处。

第15条，《美国法典》第15卷第25条

抑制违法行为；程序

授权美国地区法院具有管辖防止和限制违反本法的司法权，各地区的检察官，依据司法部部长的指示，在其各自辖区内提起衡平诉讼，以防止和限制违反本法的行为。起诉可以诉状形式，要求禁止违反行为。当诉状已送达被起诉人时，法院要尽快予以审理和判决。在诉状审理期间和判决作出之前，法院可随时发布暂时停止令或暂时限制令。双方当事人出庭参加审理，才会有公正的判决结果，在审理期间，当事人无论何时出庭，不管当事人是否在审理法院辖区内居住，法院都应传唤他们到庭，传票可由法院执行官送达任何一个司法区。

第16条，《美国法典》第15卷第26条

诉讼一方为私人的禁止令救济；除外；代价

对违反反托拉斯法（包括《美国法典》第13条、第14条、第18条和第19条）造成的威胁性损失或损害，任何人、商号、公司、协会都可向对当事人有管辖权的法院起诉和获得禁止令救济。当作为反对威胁性行为的禁止令救济条件、原则，由衡平法院准许时，依据进行此类诉讼的原则，依据保证人对上述损害的请求和证明不可弥补的直接损害很快发生，法院可签发预先禁止令。

本规定并不授权个人、商号、公司、联合会（美国除外），根据《美国法典》第49卷第4小节规定，提起的针对水陆运输局管辖的公共运输行业的禁止令救济。

依据本条提出的任何诉讼中，若原告实质上占有优势，法院将对原告诉讼成本进行补偿，包括合理的律师费。

第26条，《美国法典》第15卷第26条a款

限制购买酒精－汽油混合燃料和合成汽车燃料

（a）限制使用信用工具；销售，转售，运输。

除了本条b款（2）项规定之外，任何人在从事商业期间直接或者间接地强加以下的条件、限制、协议或者谅解，是非法的：

（1）在销售、转售或者运输酒精－汽油混合燃料或者其他的合成汽车燃料的交易中限制使用信用工具，而在其他的日常的汽车燃料交易中没有这样的限制；

（2）在销售、转售或者运输酒精-汽油混合燃料或者其他的合成汽车燃料的交易中进行其他的不合理的歧视或者不合理的限制，出售这样的合成汽车燃料或者传统的汽车燃料的目的是为了在美国使用、消费或者转售。

（b）信用费用；传统的汽车燃料销售的替代物；油泵标签；产品责任放弃；广告支持；供应设施。

（1）本条和1980年12月2日生效的其他法律条款规定，明确不适用成品油的销售，除非本条a款所指的任何人在销售、转售或者运输本条a款（1）项所指的酒精-汽车混合燃料或者其他合成汽车燃料时增加的信用费用是合理的，即增加的这些费用与此人扩张其信用的实际成本相同。

（2）本条款的限制不适用于这样的人，他可以得到酒精-汽油混合燃料或者其他的合成汽车燃料的充足供应，能够满足其顾客对这些产品的需求，即获得酒精-汽油混合燃料和其他的合成燃料供应的期限和条件与此人平常供应这些产品的期限和条件是一样的。

（3）此条不适用以下情况——

①除非本条a款所指的任何人，要求根据合理的油泵标签以适当的方式分配本条a款所指的酒精-汽油混合燃料或者其他的合成汽油燃料，这样的酒精-汽油混合燃料或者其他的合成燃料不是由该人制造、分销或者出售；

②除非此人以适当的方式拒绝承担因使用酒精-汽油混合燃料或者其他的合成汽车燃料造成了损害后果后的产品责任；

③要求此人为酒精-汽油混合燃料或者其他合成汽车燃料提供广告支持；

④要求此人自己出资供应或者提供附加的油泵、油罐或者其他相关设施，以满足酒精-汽油混合燃料或者其他合成汽车燃料的销售。

（c）"美国"的定义。

本条所使用"美国"一词，包括美国的州、哥伦比亚特区、美国的领土以及美国管辖之下的海岛或者其他的地方。

第27条，《美国法典》第15卷第27条

部分无效的效果

如果任何一个条款、句子、段落或者本法的某部分，因为任何一个原因，被具有管辖权的法院判决为无效，这一判决将不影响、不损害其他部分，或者使其他部分条款无效，但是这些被判决为无效的条款、句子、段落或者本法的某部分因为陷入争议而其使用会受到限制。

（四）反托拉斯民事程序法，《美国法典》第15卷第1311~1314条

第2条，《美国法典》第15卷第1311条

定义，为了本章目的：

（a）"反托拉斯法"包括：

（1）《美国法典》第15卷第12条反托拉斯法所界定的每一个法律条文；

（2）1962年9月19日之后国会颁布的任何禁止托拉斯的法令，或者关于任何限制或者垄断州际或者外国贸易或者商业的行为，在美国的任何一家法院都可以获得民事救济。

（b）"反托拉斯禁止令"是指根据反托拉斯法对任何一个案件或者诉讼适当地作出的任何最后的命令、判决或者美国任何一家法院作出的裁决；

（c）"反托拉斯调查"是指反托拉斯的调查者为了确定是否有人正在或者已经从事违反托拉斯法的违法行为，或者为了实施合并、收购、合资或者同样的交易而做准备行动，如果这些行为已经完成了，可能会构成违反托拉斯法的违法行为；

（d）"反托拉斯违法行为"是指任何作为或不作为而违反了反托拉斯法、反托拉斯禁止令，或者根据1994年颁布的《国际反托拉斯执行协助法》所涉及的任何外国的反托拉斯法；

（e）"反托拉斯调查者"是指从事反托拉斯调查的检察官或者受雇于司法部的调查者，职责是执行反托拉斯法；

（f）"人"是指自然人、合伙、公司、协会，或其他法律实体，包括根据州法授权的任何代理人；

（g）"书面材料"包括原件或书籍、档案、报告、备忘录、文件、通信、制表、图表，或其他文件的副本，以及发现成果；

（h）"保管人"是指根据《美国法典》第28卷第1313（a）条指定的保管人或保管人代理人；

（i）"发现程序成果"包括但不限于书面证词的原件或副本、质询、文件、物品、检查土地或其他财产的结果，通过在司法诉讼或者行政诉讼的对抗性性质的发现方法而获得的检查结果或者供认结果；判例摘要、案情分析、筛选方案、资料汇编，或者由此派生出来其他任何证物；任何索引或者获得这些东西的方式；

（j）"代理人"包括由司法部聘用的执行反托拉斯法的任何人；

（k）"外国的反托拉斯法"的含义，由1994年颁布的《国际反托拉斯执行协助法》第12条（《美国法典》第15卷第6211条）给出相应的定义。

第3条，《美国法典》第15卷第1312条

民事调查令

（a）发布；送达；实物成果；证词。

司法部部长或者负责司法部反托拉斯局的司法部部长助理，任何时候都有

理由相信有人占有、保管或者控制文件资料，或者拥有与反托拉斯民事调查有关的信息，或者根据1994年《国际反托拉斯执行协助法》第3条授权的调查权，他可以先于美国提出民事或者刑事诉讼，发布令状，并根据此理由给此人发传票，发出民事调查令，要求此人将这些文件资料制作副本，以备检查，回答书面质询，制作与文献资料或者信息有关的口头证词，或者一并提供这些资料、答复或者证词。民事调查令无论什么时候都会对证据发现程序的成果提出明示要求，司法部部长或者负责司法部反托拉斯局的司法部部长助理根据此条授权的任何方式，将指令的副本发给此人，让其知道证据发现程序，通知此人该指令发出的日期、该指令的副本已经送达。

（b）目录；证据发现程序成果指令的返回日期。

每一个这样的指令将：

（1）根据国家的立法目的：

①受到指控的行为构成违反反托拉斯法的违法行为；

②准备合并、收购、合资或者类似的交易行为，如果已经完成的话，可能导致违反反托拉斯法的后果。

（2）如果它是一个出示文件资料的指令：

①描述要求出示的文件资料的种类，这一描述要具有明确性与确定性，以便准确地鉴别这样的资料；

②标明返回的日期，这一期间要包括合理的收集、检查和复制资料所需要的时间；

③确认获得这些资料后的保管人。

（3）如果它是一个答复书面质询的指令：

①提出需要答复的书面质询要具有明确性与确定性；

②标明答复书面质询的时间与提交的日期；

③确认提交答复的保管人。

（4）如果它是一个制作口头证词的指令：

①标明制作口头证词的日期、时间和地点；

②确认从事检查行为的反托拉斯调查者和提交这样的检查文本的保管人。

任何一个证据发现程序成果的指令都是明示要求，这一要求直到得到提供证据发现程序成果的人收到该指令的传票副本20天后才被要求返回。

（c）受保护的资料和信息；除非是为审判准备资料，证据发现程序成果指令替代披露限制。

（1）如果资料、答复或者证词受到保护，不能披露，则该指令不能要求制作文件资料、提交书面质询的答复、制作口头证词：

①此标准也适用于由美国法院颁布的协助大陪审团调查的传票或者携证出庭传票；

②此标准也适用于《联邦民事诉讼规则》规定的证据发现程序要求，扩大这一标准的适用范围也是合适的，以保持与法律规定的一致，也符合本章的目的。

（2）任何一个针对明示要求证据发现程序成果的指令，可以替代与此要求不一致的命令、规则或者法律规定（除本章之外），以防止或者限制对任何人披露这一证据发现程序的成果，根据这样的明示要求，披露证据发现程序成果不构成放弃权利或者特权，包括没有限制任何人为审判准备资料而抵制证据发现程序的权利或者特权，此人有这样的披露权利。

（d）送达；管辖权。

（1）反托拉斯调查员、美国司法执行官或者代理执行官，可以向美国法院管辖的任何地方发出这样的指令；

（2）根据《美国法典》第15卷第1314条规定，这样的指令或者诉状，可以发给不在美国司法管辖权之内的任何人，此种情况，可按《联邦民事诉讼规则》关于向外国发送传票的规定办理。在美国法院的管辖范围之内，根据正当程序，法院对任何人具有管辖权，美国地区法院包括哥伦比亚特区法院，也具有同样的管辖权，可以针对其辖区内的人遵守本章规定的情况采取行动。

（e）送达给法人和自然人。

（1）根据《美国法典》第15卷第1314条的规定，这种指令或者诉状的传票，可以通过以下方式送达给合伙企业、公司、协会或者其他法人实体：

①将签名后的指令或者诉状的副本交付给合伙人、执行官、管理代理人或者总代理，或者通过任命授权或者通过法律授权的代理人，他们可以代表合伙企业、公司、协会或者法人接收传票；

②将制作好的指令或者诉状副本送达给合伙企业、公司、协会或者法人实体的主要办公地点或者营业地点；

③书面证据的副本适时地在美国国内可以通过邮寄或者挂号邮寄的方式，送达给合伙企业、公司、协会或者法人实体的主要办公地点或者营业地点，并要求收到后寄回回执。

（2）根据《美国法典》第15卷第1314条的规定，这种指令或者诉状的传票，可以通过以下方式送达给自然人：

①将签名后的指令或者诉状副本适时地交付给自然人；

②将签名后的指令或者诉状副本适时地在美国国内通过挂号邮寄的方式寄

给自然人的住所、主要办公地或者营业所在地,并要求收到后寄回回执。

(f) 送达的证据。

直接送达给个人的传票,接受人在传票回执上签名即可认可该人收到了传票。如果是通过邮寄或者挂号邮寄的传票,邮局送达后会在邮寄回执上签字即可证明该传票已经送达。

(g) 宣誓证明书。

根据本条规定,出示文件资料的指令送达后,根据宣誓证明书,按照指令指定的形式,此人要出示文件资料。如果是自然人,则按指令他要亲自出示,如果是非自然人,由知道事实与情况的人出示,所要达到的结果是,指令所需要的所有资料,由占有、保管或者控制这些资料的人按指令要求直接出示,并由他们作为这些资料的保管人。

(h) 质询。

根据本条,按照送达的指令传票,每一个质询要得到单独的答复,并在宣誓之后完全作出书面答复,除非指令遭到了拒绝。拒绝的理由陈述可作为对质询的答复,需在作出宣誓证明书后提交,收到指令的人作出拒绝答复的方式由指令指定,如果是自然人,根据其收到的指令直接作出,如果是非自然人,由一人或者数人负责答复每一个质询,达到的结果是,所有指令所需要的信息,由被指令所直接要求的占有、保管、控制或者了解情况的人,直接提交上来。

(i) 口头询问。

(1) 根据本条,依送达到的口头证词指令询问任何一个人,在得到了美国法律认可的情况下,可以在授权监视的官员面前进行,或者这样的询问也可以在美国法律认可的地方进行。检查这一证词的官员将亲自确认宣誓的证人,或者他在现场的情况下,由他指定的代理人进行确认,并记录下证人的证词。证词将以速记和转录的形式记录。当证词完全被转录后,检查证词的官员迅速地将抄本的副本移交给证词的保管人。

(2) 反托拉斯调查员或者进行询问的调查员,在进行询问时,除了被询问人和他的律师、记录证词的官员、证词的速记员,其他人员不得在询问现场。《美国法典》第 15 卷第 30 条不适用这样的询问。

(3) 根据本条指令的要求,任何人作出的口头证词的地点,可以是该人的住所地、行为发生地,或者商业交易地,或者进行询问的反托拉斯调查员和该人同意的其他地方,凡是在美国司法区内进行均可。

(4) 当证词完全被转录后,除非证人放弃检查与阅读,反托拉斯调查员或者官员要给证人(可以是在其律师的陪同下)一个合理的机会检查证词抄本;证人也可以阅读证词。证人如果有合理的理由,反托拉斯调查员或者官员应允许证人对证词作一些形式上或者实质上的修改。除非证人生病、拒绝签名或者放弃签名的权利，证词抄本要由证人签名。如果证人在30天内没有在证词抄本上签名，还应给他一个合理的机会对证词进行检查，反托拉斯调查员或者官员将在上面签名，并将证人放弃签名、生病、找不到证人或者证人拒绝签名，如果还有其他原因的话，一起集中起来，将这些事实记录在案。

（5）官员应保证证词抄本是证人经过宣誓后所作，抄本是证人证词的真实记录，官员或者反托拉斯调查员应迅速地通过挂号邮寄的方式发送或者交付给保管人。

（6）因此，反托拉斯调查员需要支付一笔合理的费用，为证人提供复制的设备，除非负责反托拉斯局的司法部部长助理因为善意的原因限制该证人检查官方作出的其证词抄本。

（7）根据本条口头证词指令的规定，证人可以在其律师的陪伴、代表或者建议下出来提供证词。律师可以私下为此人提出建议，无论是此人的要求还是律师自己主动提出的建议，无论此人被问及何种问题，此人或者律师可以拒绝全部或者部分记录任何问题。因为拒绝的结果，此人可能只会为记录提供一份简单的陈述。这一拒绝行为可以适当地被制作、接受和记录下来，因为宪法上的或者其他法律上的权利，包括有权反对自证其罪，此人有权拒绝回答问题。此人将不会以别的方式反对或者拒绝回答任何问题，也不会自己或者通过其律师干预口头询问。如果此人拒绝回答任何问题，执行检查的反托拉斯调查员根据《美国法典》第1314条之规定，在美国联邦地区法院提起诉讼，强迫命令此人回答这些问题。

（8）如果此人根据反对自证其罪的权利拒绝回答任何问题，根据《美国法典》第18卷第五部分的条款规定，强迫此人作证。

（9）根据本条规定，根据送达的指令而出庭作口头询问的任何人，将有权得到美国地区法院支付给证人的同样的费用和按英里计算的旅费津贴。

第4条，《美国法典》第15卷第1313条
文献保管人；答复和抄本
（a）指定。
负责司法部反托拉斯局的司法部部长助理指定一名反托拉斯调查员保管文件资料、质询答复和口头证词的抄本，他将随时决定其他的调查员是否有必要担任他的代表。

（b）资料成果。
根据《美国法典》第15卷第1312条规定，已经按照指令适时地出示了文件资料的任何人，在指令规定的返回日期（或者在保管人书面同意迟延后

的日期），将这一文件资料复制后留在保管人指定的此人的主要营业场所（或者根据《美国法典》第15卷第1314条d款规定，保管人指定的其他地方和此人后来同意和书面文件指定的地方，或者法院直接指定的地方），此人可以与保管人之间签订书面协议，用副本代替所有的或者部分原件资料。

（c）为资料承担的责任；披露。

（1）根据本章规定，文件资料、质询答复或者口头证词的抄本的保管人，在实物上占有它们，对它们的使用负责，并负责归还文件资料。

（2）保管人可以根据需要准备这些文件资料、质询答复或者口头证词的抄本的副本，满足官方提出的使用要求，这些要求可以通过司法部部长颁发的规章获得授权的官员、雇员或者司法部的代理人提出。尽管本条第（3）项规定，这些资料、答复和抄本可能被这些官员、雇员或者代理人根据本章用于与获取口头证词有关的用途。

（3）本条不适用于以下情况：在保管人所拥有的资料中，没有文件资料、质询答复或者口头证词抄本或者这些东西的副本，所以要通过询问获得这些东西，在没有获得出示这些资料、答复或者抄本的人同意的情况下，根据得到这些资料的明示要求，在证据发现程序的成果被出示的情况下，此人是通过本人的发现所得，而不是从经过司法部授权的官员、雇员或者代理人处所得。本条不打算阻止向国会或者授权的委员会或者国会的分委员会披露这些资料。

（4）当保管人拥有这些资料时，在合理的条件下，司法部部长会指示：

①文件资料和质询答复因询问出示此资料或者答复的人而获得，或者通过此人代理人的适当授权而获得；

②口头证词的抄本通过出示该证词之人的询问或者他的律师的询问而获得。

（d）调查文件的使用。

（1）在任何案件或者诉讼中，无论什么时候，当司法部的律师被安排在法院、大陪审团或者联邦行政机构或者监管机构出庭时，涉及与该案件、大陪审团或者诉讼有关的官方用途，当律师决定要求得到这些东西时，文件资料、质询答复或者口头证词抄本的保管人可以将这些资料、答复或者抄本转交给司法部的律师。当这一案件诉讼完成后，律师应将这些资料、答复或者抄本归还给保管人，通过这样的转交，这些资料没有通过案件的介绍而进入到此案或者诉讼的记录中，因此法院、大陪审团或者政府机构没有控制这些资料。

（2）根据联邦贸易委员会的书面要求，文件资料、质询答复或者口头证词抄本的保管人，可以将这些资料、答复或者抄本的副本移交给联邦贸易委员会，用于与委员会管辖的调查或者诉讼相关的用途。根据本章的规定，在司法部的要求之下,这些资料、答复或者抄本只能被联邦贸易委员会以这样的方式和目的使用。

(e) 将资料归还给出示者。

根据本章指令的要求,在反托拉斯调查过程中,如果任何人出示文件资料,以及:

(1) 因为涉及这些资料的调查而提交给法院或者大陪审团的任何案件或者诉讼,或者提交给联邦行政机构或者监管机构的案件,已经审结;

(2) 在此调查过程中,有关此文件资料的使用,在完成询问、分析所有的文件资料和收集到了其他的信息之后的合理时间内,不会有案件或者诉讼再使用它。

保管人根据出示此资料之人的书面申请,将资料归还给此人(而不是根据本条 b 款保管人提供的副本,或者根据本条 c 款司法部制作的副本),此资料没有通过该案的介绍进入到这一案件或者诉讼的记录中,因而没有被法院、大陪审团或者政府机构的控制。

(f) 任命继任保管人。

根据本章规定发出的指令出示的文件资料、质询答复或者口头证词的保管人,如果发生死亡、残疾或调离司法部的情况,或者官方免除了该保管人管理与控制这些资料、答复或者抄本的责任,负责反托拉斯局的司法部部长助理应立即:

(1) 指定另一名反托拉斯执法人员担任该资料、答复或者抄本的保管人;

(2) 以书面形式转交给出示该资料、答复或者证词的人,再根据通知提供的身份和地址,转交给指定的继任者。

根据本章本段的规定,任何指定的继任者将担负起他的前任对于该资料、答复或者抄本的责任,除非他在被指定担任保管人之前,他不愿意履行责任或者主动放弃承担责任。

第 5 条,《美国法典》第 15 卷第 1314 条

司法诉讼

(a) 执行申请;审判地点。

根据《美国法典》第 15 卷第 1312 条之规定,收到送达的民事调查令的任何人,没有遵守该指令,或者收到此指令的人,没有提供满意的指令所要求的资料副本,以及此人拒绝提供这些资料,司法部部长通过指定的官员或者律师,可以向此人的居住地、被查明的传票送达地或者营业地的美国地区法院提起诉讼,该法院为了执行本章的规定,将法院执行的命令诉状送达此人。

(b) 请求法庭修改或者不执行指令;请求时间;请求待决期间中止遵守

指令所允许的时间；请求该救济的理由。

（1）该指令传票送达到接受人后的20天内，或者在指令明确要求返回的日期之前的任何时间内，在任何一个短于此期间的时间内，或者在传票送达之后超过20天的期间内，或者超过了书面指定的返回日期，根据指令指定的反托拉斯法执法人员迟延送达传票，传票中对获得证据发现程序成果的人有明示要求，此人可以起诉反托拉斯法执法人员，请求法庭修改或者不执行该指令：

①在此人居住地、被查明的传票送达地或者营业地的美国司法区内的美国地区法院提起申诉；

②在对任何一个有明示要求证据发现程序成果请求的情况下，只有向美国司法区内的美国地区法院提起诉讼，获得此证据发现程序成果的诉讼是或者曾经是待决案件。

（2）根据法院的指令或者法院认可的适当方法，为了全部或者部分地遵守指令所允许的时间，该请求在法院的待决期间不予计算在内，除非此人部分遵守了指令，不寻求修改或者不执行该指令。根据本章的规定，请求要详细说明请求人寻求救济的每一个理由，以及不能履行指令的原因，或者陈述此人享有的宪法上的或者其他法律上的权利或者特权。

（c）请求法庭命令修改或不执行要求出示证据发现程序的成果的指令；请求该救济的理由；要求暂不执行该要求出示证据发现程序的成果的指令或停止限时执行该指令的时间计算。

只要是涉及明文要求出示证据发现程序的成果的指令，经该证据发现程序而由其处得到有关证据（即证据发现程序的成果）的当事人就可以在服从该指令前的任何时间，到在取得该证据的原有关案件正在进行审理或被最终审理的有关辖区的联邦区法院提出请求，并将该请求送达到该指令中指明的反托拉斯法执法人员，并且在送到该指令时，请求该法院修改或不执行该指令中有关要求出示证据发现程序的成果的部分。这类请求必须具体说明请求人赖以寻求该救济的理由，而且可以基于有关要求的某些部分不符合本章的规定，或基于请求人的任何宪法权利或其他合法的权利和特权。在该请求待决期间，法院如认为适当，可以命令暂不执行该要求出示证据发现程序的成果的指令或停止限时执行该指令的时间计算。

（d）请求法庭命令保管人履行职责；审判地点。

保管人在保管或者控制被保管人遵守指令要求所获得的文件资料或者质询答复，或者口头证据的抄本的任何时候，在对证据发现程序有明示要求的情况下，获得该证据发现程序成果的人可以向保管人办公地点所在地的美国司法法院提起诉讼，请求法庭向保管人送达命令传票，要求该保管人履行本章赋予他的职责。

(e) 管辖权；上诉；藐视法庭。

根据本条规定，无论什么时候向美国联邦地区法院提出请求，法院都有权审理或者决定请求所提出的事项，根据请求发布命令，执行本章条款。根据《美国法典》第 28 卷第 1291 条的规定，法院发出的任何一个最终命令，都可以成为上诉的对象。根据本条规定，如果不遵守法院发出的最终命令，将以藐视法庭罪给予惩罚。

(f)《联邦民事诉讼规则》的适用性。

在与本章规则不发生冲突的情况下，《联邦民事诉讼规则》对于本章的请求，在多大程度上可以适用。

(g) 揭露豁免。

根据本章要求发布的文件材料、书面质询答复或者口头证词抄本，根据《美国法典》第 5 卷第 552 条的规定免于揭露。

(五) 1994 年《国际反托拉斯执行协助法》,(《美国法典》第 15 卷第 6201 ~ 6212 条)

第 2 条,《美国法典》第 15 卷第 6201 条

向外国反托拉斯机构揭露反托拉斯证据

根据本章规定生效的反托斯互助协议，若与《美国法典》第 6207 条的规定相符，与第 6204 条的规定不同，美国司法部部长和联邦贸易委员会根据该协议向外国反托拉斯机构提供反托拉斯证据：

(1) 决定此人是否违反或者将要违反由外国反托拉斯执行机构执行的反托拉斯法律；

(2) 执行该外国反托拉斯法律。

第 3 条,《美国法典》第 15 卷第 6202 条

为了获得反托拉斯证据，协助外国反托拉斯机构进行调查

(a) 调查协助请求。

根据本条规定，外国反托拉斯机构提出的调查协助请求，应提交给司法部长，他可以否决全部或者部分请求。对于司法部部长否决的部分请求，他不需采取进一步的行动。

(b) 授权调查。

根据本章规定生效的反托拉斯互助协议，若符合《美国法典》第 15 卷第 6207 条的规定，并与第 6204 条规定相左，司法部部长和联邦贸易委员会可以行使他们的相关权力，对可能违反联邦法律的行为进行调查，进行调查所获得的可能违反了应由外国反托拉斯机构执行的反托拉斯法律的证据，可以将此反

托拉斯证据提供给外国反托拉斯机构，协助外国反托拉斯机构：

（1）决定此人是否违反了或者将要违反外国反托拉斯法律；

（2）执行该外国反托拉斯法律。

（c）特别授权范围。

根据本条第 2 节规定所进行的调查，通过此调查所获得的反托拉斯证据，在不用考虑所进行调查的违法行为是否违反了联邦反托拉斯法的情况下，应提交给外国反托拉斯机构。

（d）受保护的权利和特权。

根据本条规定，任何人不应被强迫接受调查、提供证词或者陈述，或者出示文件或者其他物品，因为这样的强迫行为侵犯了受法律保护的权利和特权。

第 4 条，《美国法典》第 15 卷第 6203 条

联邦地区法院的管辖权

（a）地区法院的权力。

根据本章规定生效的反托拉斯互助协议，由司法部部长提出申请，联邦地区法院对其辖区内的居民、查明后确认在其辖区内的居民或者营业地在其辖区内，可以命令此人提供证词或者陈述，或者出示文件或者其他物品给司法部部长，由司法部部长根据本章生效的协议提供给外国反托拉斯机构，协助外国反托拉斯机构：

（1）决定此人是否违反或者将要违反由该外国反托拉斯机构执行的反托拉斯法；

（2）执行该外国反托拉斯法。

（b）命令内容。

（1）通过被委托人接收证据。

①根据本条第 1 款规定可以直接颁发命令，将获得的证词或者陈述、出示的文件或者其他物品，提供给由司法部部长推荐的人或者法院任命的人。

②上述被任命的人将有权力执行必要的宣誓，并获得该证词或者该陈述。

（2）惯例和程序。

①根据本条 a 款规定颁发的命令，可以描述为为了得到证词和陈述、出示文件或者其他物品所遵循的惯例和程序。

②该惯例或者程序，可能与根据司法部部长在此命令中要求的由外国反托拉斯机构代表的外国、区域经济一体化组织的惯例与程序全部或者部分相同。

③在一定程度上讲，此命令不用描述其他的方面，与《联邦民事诉讼规则》一致就行，说明白按要求获取应该获取的证词或者陈述，出示按要求应该出示的文件或者其他物品即可。

(c) 受保护的权利和特权。

根据本条第 1 款规定颁发的命令，不能强迫人提供证词或者陈述、出示文件或者其他物品，此种违法行为侵犯了受法律保护的权利和特权。

(d) 自愿行为。

本节规定并不妨碍在美国居住的任何人，以其可以接受的方式自愿提供证言或陈述、出示文件或其他物品，以供外国反托拉斯机构在调查中使用。

第 5 条，《美国法典》第 15 卷第 6204 条

限制权力

《美国法典》第 6201 条、第 6202 条和第 6203 条将不适用于下面的反托拉斯证据：

（1）根据《美国法典》第 15 卷第 18 条 a 款的规定，是由 1976 年颁布的《哈特—斯科特—罗迪诺反托拉斯促进法》第 2 条附加的条款，由司法部长或者联邦贸易委员会接收反托拉斯证据。此规定不影响司法部部长或者联邦贸易委员会除本条第 18 条 a 款规定之外的披露给外国反托拉斯机构反托拉斯证据的能力。

（2）反托拉斯证据提供给大陪审团，有关联邦法律禁止披露这些证据，除非是为了适用《联邦刑事诉讼规则》第 6 条 e 款第 3 项 C 目之 iv 规定的目的，则可例外：

①外国反托拉斯机构为反托拉斯证据提出了详细需求后，被几个国家视为正式的官方要求予以考虑；

②通过外国反托拉斯机构执行的外国反托拉斯法被认为是一个国家的刑事法律。

（3）由美国总统第 12356 号行政命令，或者此命令之后其他命令建立的标准予以特别授权而获得的反托拉斯证据，涉及国家的国防或者外交政策利益而保密：

①根据这一总统行政命令或者其后的其他命令，此证据是机密的；

②根据此命令或者其后的其他命令，关于证据的密级分类还没有最后决定。

（4）根据《美国法典》第 42 卷第 2162 条规定，反托拉斯证据应保密。

第 6 条，《美国法典》第 15 卷第 6205 条。

某些披露限制的豁免

《美国法典》第 15 卷第 1313 条和第 46 条 f 款和第 57 条 b 款（2）项，不适用于阻止司法部部长或者联邦贸易委员会根据本章生效的反托拉斯互助协议和根据本章的其他条件，向外国反托拉斯机构提供反托拉斯证据。

第 7 条,《美国法典》第 15 卷第 6206 条
发布适用反托拉斯双边互助协议的条件
(a) 发布拟议的反托拉斯互助协议。

在反托拉斯互助协议签订之前的至少 45 天内,司法部部长经过联邦贸易委员会同意之后,将其发布在《联邦登记》之上:

(1) 发布该协议的拟议文本和对该拟议文本的修改稿;

(2) 视具体情况而定,发布有关对该拟议文本或者修改文本进行公众评论的要求。

(b) 发布拟议的生效的反托拉斯互助协议修改稿。

在对反托拉斯互助协议的修改稿签订之前的 45 天内,司法部部长经过联邦贸易委员会同意后,将其发布在《联邦登记》上:

(1) 发布拟议的修改稿文本;

(2) 发布关于对该修改稿进行公众评论的要求。

(c) 发布反托拉斯互助协议、修改稿和定稿。

在对反托拉斯互助协议进行磋商或者定稿之后,或者对反托拉斯互助协议修改之后的协议进行磋商之后至少 45 天内,司法部部长经过联邦贸易委员会同意后,将在《联邦登记》上发布:

(1) 视其情况而定,发布反托拉斯互助协议文本或者修改稿文本,或者最后定稿的日期;

(2) 在该协议是经过修改之后发布的情况下,通知包括:

①在《联邦登记》上发布的反托拉斯互助协议,要将协议修改的地方标示出来,并标示出历次的修改;

②在《联邦登记》上描述从司法部部长和联邦贸易委员会处获得反托拉斯互助协议的副本和修改稿的方式。

(d) 合法性条件。

反托拉斯互助协议,或者修改后的反托拉斯互助协议,根据本章上述第 1、2、3 之规定,不公开发布则无效。

第 8 条,《美国法典》第 15 卷第 6207 条
使用反托拉斯互助协议的条件
(a) 决定。

无论是司法部部长还是联邦贸易委员会,都不能根据《美国法典》第 15 卷第 6202 条实施调查,或者根据第 6202 条申请颁发命令,或者根据反托拉斯互助协议向外国反托拉斯执行机构提供证据,除非司法部部长或者联邦贸易委员会视其情况,在特定情况下,依据请求进行调查、颁布命令或者提供证据:

(1) 外国反托拉斯机构:

①满足根据《美国法典》第 15 卷第 6211 条 b 款第①②⑤项所描述的保证、期限和条件;

②能够遵守和将遵守根据反托拉斯互助协议对反托拉斯证据予以保密的要求。

(2) 提供所要求的反托拉斯证据不会违反《美国法典》第 15 卷第 6204 条规定。

(3) 进行调查、申请颁发命令或者提供所要求的反托拉斯证据,要符合美国的公共利益,还要考虑其他的因素,即外国反托拉斯机构所代表的外国或者区域经济一体化组织是否代表私人利益,上述行为对他们是否有利或者他们的利益是否会受到影响。

(b) 限制披露某一反托拉斯证据。

如果联邦法律对反托拉斯证据的披露有特别的要求,无论是司法部部长还是联邦贸易委员会,根据该协议,不能将他们收到的违反反托拉斯互助协议的反托拉斯证据披露出来,除非该协议没有阻止因为违反了联邦法律,在由司法部或者联邦贸易委员会提起的诉讼中将反托拉斯证据披露给被告。

(c) 收到要求披露的通知。

如果司法部部长或者联邦贸易委员会收到根据《美国法典》第 15 卷第 6211 条 b 款描述的通知,司法部长或者联邦贸易委员会将此通知转交给通知中要求提供证据的人。

第 9 条,《美国法典》第 15 卷第 6208 条

限制司法审查

(a) 决定。

根据《美国法典》第 15 卷第 6207 条 a 款第 (1)(3) 项作出的决定不受司法审查。

(b) 引用保密法的规定。

反托拉斯互助协议是否符合《美国法典》第 15 卷第 6211 条 b 款③项规定,不受司法审查。

(c) 解释规则。

(1) 行政程序法。

根据《美国法典》第 15 卷第 6206 条要求,关于发布公告和公众评论的要求不能被解释为创设了《美国法典》第 5 卷第 7 章规定的司法审查的可适用性。

(2)《美国法典》第 15 卷第 6204 条所参考的法律。

该条也不能被解释为影响了《美国法典》第 15 卷第 6204 条参考法律的司法审查的可适用性。

第 10 条,《美国法典》第 15 卷第 6209 条

维护现有权力

(a) 一般规则。

通过本章赋予的权力是一种补充,而不能代替通过司法部部长、联邦贸易委员会或者其他的联邦官员授予的权力。

(b) 司法部部长和联邦贸易委员会。

本章不能被解释为修改或影响了司法部部长和联邦贸易委员会在执行联邦法律方面二者之间的责任分配。

第 11 条,《美国法典》第 15 卷第 6210 条

向国会报告

在 1994 年 11 月 2 日之后第 3 年的 30 天内,经过联邦贸易委员会同意后,司法部部长将下面的报告提交给众议院和参议院议长:

(1) 描述通过实施本章的规定如何影响了联邦反托拉斯法律的执行;

(2) 描述外国反托拉斯执行机构在何种程度上遵守了根据本章生效的反托拉斯互助协议的保密要求;

(3) 单独详细说明加入该协议的美国之外的国家、区域经济一体化组织和外国反托拉斯机构的身份,以及加入该协议的有关这些国家和这些组织的反托拉斯机构的身份;

(4) 详细说明对于与本章有同等法律效力的每一个国家、每一个区域经济一体化组织的身份;

(5) 为了进行反托拉斯调查或者为了获得反托拉斯证据,由司法部部长和联邦贸易委员会根据此协议,向外国反托拉斯机构提出这方面大致的请求数量;

(6) 根据此协议,司法部部长和联邦贸易委员会根据《美国法典》第 15 卷第 6202 条进行调查,第 6203 条发布命令和获得证据,由外国反托拉斯机构提出大致的请求数量;

(7) 描述一些重要的问题或者司法部部长在实施本章过程中所关心的问题。

第 12 条,《美国法典》第 15 卷第 6211 条

定义

下面是本章有关术语的意义:

(1) "反托拉斯证据" 是指根据联邦法律或者任何其他国家的法律,在进

行反托拉斯调查或者诉讼期间，按照人们的预期所获得的信息、证词、陈述、文件或者其他物品。

（2）"反托拉斯互助协议"是一个书面协议，或者书面的谅解备忘录，由美国和其他国家或者区域经济一体化组织签订的（根据下面①项描述的提供协助规定，有必要由司法部部长和联邦贸易委员会共同决定，向该国或者该组织的反托拉斯机构，以及该国或者该组织的其他政府机构提供协助）或者通过司法部部长、联邦贸易委员会和外国反托拉斯机构，为了执行《美国法典》第15卷第6202条规定的调查目的、第6203条发布命令的目的或者提供反托拉斯证据的目的，签订的一个互惠基础协议，包括以下内容：

①保证外国反托拉斯机构向美国司法部部长和联邦贸易委员会提供的协助，与根据该协议或者该备忘录中美国司法部部长和联邦贸易委员会提供的协助相当。

②保证外国反托拉斯机构遵守法律和程序规定，为根据《美国法典》第15卷第6201条、第6202条或者第6203条的规定提供的保密性证据提供充分的安全保护，保护标准不低于根据美国法律对该反托拉斯证据所提供的保护标准。

③根据该协议或者备忘录对反托拉斯证据提供的保密保护，引用对美国法律、外国反托拉斯机构代表的国家或者区域经济一体化组织的法律的描述摘要。根据该法，该引用和描述摘要将包括执行机制和惩罚措施的适用，对于组成区域经济一体化组织的国家，该引用和描述摘要包括该法的适用性、执行机制和惩罚措施。

④根据该协议或者备忘录进行申请，引用美国联邦反托拉斯法律和外国反托拉斯法律。

⑤根据该协议或者备忘录，要详细说明要求使用、披露或者允许使用、披露对收到的反托拉斯证据的期限和条件：

（i）为了执行外国反托拉斯法的目的；

（ii）根据外国反托拉斯机构提出的详细披露或者使用要求，实质上也是一个重要的法律执行对象，要与前面的司法部部长和联邦贸易委员会的书面同意相一致，视其具体情况，在下列情况发生之后提供反托拉斯证据：

Ⅰ. 决定对于该法律执行对象的反托拉斯证据不容易获得；

Ⅱ. 根据《美国法典》第15卷第6207条a款第（2）（3）项所描述的，作出关于披露和使用的决定；

Ⅲ. 根据《美国法典》第15卷第6207条a款第（1）项规定，作出可适用于外国反托拉斯机构的决定（不是本段第①项所描述的有关保证的决定），即在披露和使用期间，要求其他的政府机构提供反托拉斯证据，政府机构收到了充分的书面保证后才能提供。

⑥根据《美国法典》第 15 卷第 6201 条、第 6202 条或第 6203 条，从司法部部长或者联邦贸易委员会那里得到反托拉斯证据的保证，外国反托拉斯机构拥有和控制此证据的所有副本，得返还给司法部部长或者联邦贸易委员会，相应地，外国反托拉斯机构根据得到的证据进行调查得出的结论或者调查程序，要反馈给司法部部长或者联邦贸易委员会。

⑦该协议或者备忘录要对终止的期限和条件作详细说明，如果：

（i）违反了该协议或者备忘录对反托拉斯证据的保密性条款；

（ii）当保密性条款被违反后，违约者没有采取充分的措施将危害结果所带来的损失降到最低，并保证根据该协议或者备忘录所要求的不再违反保密性条款。

⑧如果根据该协议或者备忘录对相关的反托拉斯证据提出了保密性要求，要对违反该保密协议的期限和条件进行详细说明，并将发布违反协议的通知：

（i）由外国反托拉斯机构立即将通知分别发给提供相关反托拉斯证据的司法部部长或者联邦贸易委员会；

（ii）由司法部部长或者联邦贸易委员将通知发布给向他们提供此证据的人（如果有的话）。

（3）"司法部部长"是指美国司法部部长。

（4）"委员会"是指美国联邦贸易委员会。

（5）"联邦反托拉斯法"是指《美国法典》第 15 卷第 12 条 a 款，但是不包括《美国法典》第 15 卷第 45 条，该条适用于不公平的竞争方法。

（6）"外国反托拉斯机构"是指美国之外的国家或者区域经济一体化组织的政府机构，由该国或者区域经济一体化组织授权执行该国或者该组织的反托拉斯法律的执法机构。

（7）"外国反托拉斯法"是指美国之外的国家或区域经济一体化组织颁布的法律，类似于美国联邦反托拉斯法律，禁止类似于联邦反托拉斯法律所禁止的行为。

（8）"人"是指该卷第 12 条 a 款所给定的含义。

（9）"区域经济一体化组织"是指由美国之外的国家所组成的，由组成该组织的国家授权以国家主权名义作出决定，该决定对授权国家有约束力，直接约束该国的人，包括下面的相关决定：

①实施或者执行该组织的外国反托拉斯法；

②限制或者规制披露通过该组织在实施或者执行该法律期间获得的信息。

第 13 条，《美国法典》第 15 卷第 6212 条

获得补偿的权力

司法部部长和联邦贸易委员会获得授权接收来自外国反托拉斯机构，或者来自该反托拉斯机构代表的国家或者区域经济一体化组织，要求司法部部长或者联邦贸易委员会根据《美国法典》第 15 卷第 6202 条规定，应该国反托拉斯机构要求进行调查产生的成本所提供的补偿；根据《美国法典》第 15 卷第 6203 条规定，应该国反托拉斯机构发布的协助命令，或者根据本章生效的反托拉斯互助协议所要求的应该国反托拉斯机构要求提供反托拉斯证据，为满足外国反托拉斯机构要求所为行为而发生的成本所提供的补偿。

二、反托拉斯调查和控告中使用的刑事法规

除了根据《谢尔曼法》规定的反托拉斯局的刑事执法活动涉及的刑事法规之外，还有大量的与反托拉斯法的刑事执法有关的刑事法规。这些法规包括因违反《谢尔曼法》时所违反的刑事法规，包括：

第一组涉及违反《谢尔曼法》的行为所引起的犯罪，包括：
①合谋诈骗政府（《美国法典》第 18 卷第 371 条）；
②对政府机构和官员所作的虚假陈述（《美国法典》第 18 卷第 1001 条）；
③针对政府的重大诈骗（《美国法典》第 18 卷第 1031 条）；
④邮件诈骗（《美国法典》第 18 卷第 1341 条）；
⑤电报诈骗（《美国法典》第 18 卷第 1343 条）；
⑥反勒索及受贿组织法（《美国法典》第 18 卷第 1961 条）；
⑦涉税违法行为（《美国法典》第 26 卷第 7201 条）。

第二组刑事法规目的是为了保护调查程序的完整性。这些法规包括：
①妨碍司法公正（《美国法典》第 18 卷第 1503 条）；
②妨碍部门、机构、委员会的程序（《美国法典》第 18 卷第 1505 条），此条常常应用于妨碍反托拉斯民事程序法规定的程序；
③妨碍刑事调查（《美国法典》第 18 卷第 1510 条）；
④证人的不正当行为（《美国法典》第 18 卷第 1512 条）；
⑤伪证和虚报（《美国法典》第 18 卷第 1621～1623 条）；
⑥刑法上的藐视（《美国法典》第 18 卷第 401、402、3691 条）。

第三组程序上的法规包括：
①1970 年制定的《有组织犯罪控制法》规定的证人豁免条款（《美国法典》第 18 卷第 6001 条等）；
②《詹克斯法》（《美国法典》第 18 卷第 3500 条）；

③《快速审判法》(《美国法典》第 18 卷第 3161 条等);

④与拘留未决上诉有关的法规(《美国法典》第 18 卷第 3143 条);

⑤刑法的法定时效(《美国法典》第 18 卷第 3282、3285、3288、3289、3292 条)。

第四组是与受害人和证人权利有关的资料。这是最后一组,是与量刑有关的法规。下面是这些法规的所有内容。

(一) 反托拉斯局提起的有关刑事犯罪诉讼

1. 主犯(帮助和教唆)(《美国法典》第 18 卷第 2 条)

①无论是谁,只要实施了针对美国的犯罪,或者对这一犯罪予以帮助、教唆、建议、指使、引诱或者诱使犯罪,作为主犯受到惩罚。

②无论是谁,如果通过他或者其他人直接蓄意地实施针对美国的犯罪行为,作为主犯受到惩罚。

2. 共谋针对美国的刑事犯罪或者诈骗(《美国法典》第 18 卷第 371 条)

如果两人或者多人针对美国实施犯罪行为,或者诈骗行为,或者他们的代理人以任何方式,或者为了何种目的,其中一人或者多人实施了任何一个影响共谋的行为,根据本条规定,每个人都将被处以罚金,或者不少于 5 年的监禁,或者两者并处。

但是,如果共谋所实施的犯罪行为仅仅构成轻罪,对此共谋的惩罚将不会超过对该轻罪的最高惩罚。

3. 陈述(虚假陈述)(《美国法典》第 18 卷第 1001 条,1996 年《虚假陈述责任法》)

(a) 除非与本条规定相反,无论是谁,对于美国政府的行政、立法或者司法机构管辖之内的任何事情,有意地和蓄意地:

(1) 通过欺骗、隐瞒,或者通过欺骗、阴谋的方式掩盖重要的事实;

(2) 制作实质上是虚假的、编造的或者欺骗性的陈述或者表述;

(3) 制作或者使用虚假的笔迹或者文件,明知包含实质上是虚假的、编造的或者欺骗性陈述还予以制作或者使用。

根据本条规定将处以罚金或者不超过 5 年的监禁,或者两者并罚。

(b) 上述不适用于司法程序中的一方当事人或者当事人的法律顾问,在这一程序中,通过该当事人或者法律顾问提交给法官或者执行官的陈述、表示、笔迹或者文件。

(c) 在立法机关管辖权内的有关事务,上述 a 款仅适用于以下情况:

(1) 行政性事务,包括赔偿的支付,与采购财产或者服务有关的事务,人事或者雇用事务,或者支持服务,或者由法律、规则或者法规要求向国会、办公室、立法机关官员提交的文件；

（2）调查或者复审，根据委员会、分委员会或者国会办公室授权而进行的行为，要与参议院或者众议院适用的规则相一致。

4. 针对美国的重大诈骗（《美国法典》第18卷第1031条）

（a）无论是谁，有意地实施或者试图实施任何有目的计划或者方法：

（1）诈骗美国；

（2）通过虚假的或者欺骗的主张、表示或者承诺的方法获得金钱或者财产。

与美国签订合同的总承包人，或者与美国签订合同的总承包人的转包人或者供应商购买财产或者服务，如果为得到该财产或者服务，合同、转包合同或者其中一部分标的价值是100万美元，或者更多，将适用本条第3款规定，处以不超过100万美元的罚金，或者不超过10年的监禁，或者两者并罚。

（b）根据本条规定，违法行为应受到的罚款数额可以超过法律规定的最高限额，如果这一处罚不超过500万美元的话：

（1）政府的总损失或者被告的总收益是500万美元，或者更多；

（2）违法行为包括有意识的或者不计后果的严重的个人损失风险。

（c）起诉被告时，对其可以施加的最大罚款数，包括在诉讼中根据本条所进行的翻倍计算，将不超过1 000万美元。

（d）以下情况不适用本条规定，法院根据本条施加其他的刑罚，包括根据违反《美国法典》第3571条d款的行为的处罚，无限制地将罚金数量增加至总损失或者总收益的两倍。

（e）在决定罚金的数量时，法院将考虑《美国法典》第18卷第3553和第3572条所阐明的因素，这些因素在美国量刑委员会的指南和政策陈述中进行了阐明，包括：

（1）需要考虑违法行为的严重程度，包括受害人受到的损害或者损失，以及被告所获得的利益；

（2）被告是否因同一违法行为受到过处罚；

（3）其他衡平法上需要考虑的相关因素。

（f）根据本条规定对违法行为提起的诉讼，要在该违法行为发生之后7年之内进行，还可以加上其他法律允许的附加时间。

（g）（1）根据本条规定，在特殊情况下，由司法部部长决定，他有权从基金中拨款给司法部，由司法部支付给提供了可能引发诉讼的有关信息的人。该支付款的总量不得超过25万美元。根据本条规定，由司法部部长申请，法院可以命令司法部从刑事犯罪的罚款中补偿所支付的款项。

(2) 如果发生以下情况，个人没有资格获得此笔款项：

①提供信息或者给予服务的人是官员或者政府机构的雇员，他们的行为是履行公务职责；

②该人没有向其雇主提供信息，而是先向法律执行机构提供了该信息，除非法院决定该人没有提供该信息有公正合理的理由；

③该人所提供的信息是基于公众主张的发现，或者是在刑事、民事或者行政诉讼中进行的交易，根据国会、行政机关或者美国总审计局的报告、听证、审计或者调查，或者从新闻媒体所得，除非该人提供的是信息的原始资料。根据此款的目的，"原始资料"是指某人所主张的信息是直接或者独立地了解到的信息，自愿地将此信息提供给了政府；

④该人参加了本条所规定的违法行为，因此应该受到惩罚。

(3) 司法部长没有批准此笔款项将不会受到司法审查。

(h) 任何个人：

(1) 根据本条规定，因为代表雇员或者其他人为了促进诉讼的进行而实施了合法的行为（包括在该诉讼中提供的调查、动议、证词或者协助），因此受到雇主在雇用过程中实施的解雇、降职、怀疑、威胁、骚扰或者其他方式的歧视；

(2) 没有参与上述诉讼中所指的非法活动，此人在民事诉讼中可能获得所有的救济。该救济将包括恢复此人没有受到歧视时同样应该获得的资历地位，支付所欠其薪水两倍的薪酬、所欠薪酬的利息，对因歧视所遭受的损失予以赔偿，包括诉讼成本和合理的律师费用。

5.《反勒索及受贿组织法》(《美国法典》第 18 卷第 1961~1968 条)

定义，《美国法典》第 18 卷第 1961 条

本章所使用的术语：

(1) "有组织敲诈勒索行为"是指：

①包括谋杀、绑架、赌博、纵火、抢劫、行贿、敲诈、交易淫秽物品、交易管制物品或者法律明令禁止的化学药品（《管制物品法》第 102 条所定义）的行为或者威胁，根据州法进行控告，处以 1 年以上的监禁。

②根据《美国法典》第 18 卷下列相关条款可以提起诉讼的行为：

第 201 条（涉及贿赂）

第 224 条（涉及体育贿赂）

第 471、472 和 473 条（涉及假冒）

第 659 条（涉及盗窃州际轮船上的货物），如果根据本条起诉的行为是严重的

第 664 条（涉及挪用养老基金和福利基金）

第 891~894 条（涉及敲诈信用交易）

第 1028 条（涉及诈骗和鉴定公文有关的行为）

第 1029 条（涉及诈骗和欺骗有关的行为）

第 1084 条（涉及赌博信息的传播）

第 1341 条（涉及邮件诈骗）

第 1343 条（涉及电报诈骗）

第 1334 条（涉及金融机构诈骗）

第 1461~1465 条（涉及淫秽物品）

第 1503 条（涉及妨碍司法公正）

第 1510 条（涉及妨碍刑事调查）

第 1511 条（涉及妨碍州及地方法律的实施）

第 1512 条（涉及贿赂证人、受害人或者告密者）

第 1513 条（涉及报复证人、受害人或者告密者）

第 1542 条（涉及在申请和使用护照过程中的虚拟陈述），如果根据本条提起诉讼的违法行为的目的是为了获得金钱

第 1543 条（涉及使用伪造或者假造的护照），如果根据本条提起诉讼的违法行为的目的是为了获得金钱

第 1546 条（涉及在签证、执照和其他文件时的诈骗和滥用），如果根据本条提起诉讼的违法行为的目的是为了获得金钱

第 1581~1588 条（涉及劳役抵债和苦役）

第 1951 条（涉及干涉商业、抢劫或者敲诈）

第 1952 条（涉及敲诈勒索）

第 1953 条（涉及州际运输中的随身物品下赌注）

第 1954 条（涉及非法的福利基金支付）

第 1955 条（涉及禁止非法的赌博经营）

第 1956 条（涉及洗钱工具）

第 1957 条（涉及从事源自于特定的非法行为的财产方面的现金交易）

第 1958 条（涉及为了雇凶杀人而使用州际商业设施）

第 2251、2251A、2252 和 2260 条（涉及未成年人的性广告）

第 2312 和 2313 条（涉及盗窃州际运输中的交通工具）

第 2314 和 2315 条（涉及盗窃州际运输中的财产）

第 2318 条（涉及交易假冒的唱片、计算机程序或者计算机程序文件、电影的包装和拷贝或者其他的视听作品）

第 2319 条（涉及侵犯版权的犯罪）

第 2319A 条（涉及未经授权的制作和交易现场音乐表演的唱片和音乐录像）

第 2320 条（涉及假冒标记的物品与服务的交易）

第 2321 条（涉及某机动车辆或者机动车辆配件的交易）

第 2341～2346 条（涉及走私香烟的交易）

第 2421～2424 条（涉及白人奴隶的买卖）

③根据《美国法典》第 29 卷第 186 条提起诉讼的行为（涉及限制劳工组织的报酬和贷款），或者第 501③条（涉及从工会挪用公款）。

④根据《美国法典》第 11 卷与诈骗行为有关的案件（与本卷第 157 条规定有关的案件除外），在销售证券时的诈骗，或者根据美国法律犯有严重罪行而应惩罚的制造、出口、接收、隐藏、购买、出售其他受管制物品或者法律所列出的化学品的交易行为（《管制物品法》第 102 条定义）。

⑤根据《现金和对外交易报告法》提起诉讼的行为。

⑥根据《移民和归化法》第 274 条提起诉讼的行为（涉及外国人进入时的介绍人和到达的港口）、第 277 条（涉及进入美国后外国人得到的帮助与协助）、第 278 条（涉及以不道德的目的引进外国人），根据本法之规定，实施这些行为的目的是为了获取金钱。

（2）"州"是指美国的州，哥伦比亚特区，波多黎各，属于美国的领土、政治上供出卖而分成的小块土地，或者部门、机构因工作职能而划分的区域。

（3）"人"包括在所有权方面能够拥有合法的或者受益人的权益的个人或者实体。

（4）"企业"包括个人、合伙、公司、协会或者其他的法人实体，以及工会或者虽然不是一个法人实体但事实上由个人组成的团体。

（5）"有组织敲诈勒索行为模式"要求至少有两个诈骗行为，其中一个发生在本章生效之后，另一个是在前一个诈骗行为发生之后 10 年内发生的诈骗行为（监禁期间不计算在期间之内）。

（6）"非法债务"意味着债务：

①违反美国领土上的法律的赌博活动发生的或者约定的债务，或者因为涉及高利贷有关的法律规定，根据州法或者联邦法律不能执行的全部或者部分本金或者利息。

②违反美国领土上的法律与从事赌博经营有关而发生的债务，或者从事金钱借贷业务，或者典当业务，根据州法或者联邦法律，利率或者价格达到高利贷的标准，此标准至少是法律规定能够执行的利率或者价格的两倍。

（7）"有组织敲诈勒索罪调查人"是指由司法部部长任命的律师或者调查人，其职责是实施本章规定，对违反本章规定的行为进行控告。

（8）"有组织敲诈勒索罪调查"是指为了确定某人是否违反了本章规定、最后的命令、判决或者美国法院作出的衡平法上的判决，根据本章的规定适当地参与案件的诉讼，由有组织敲诈勒索罪调查人进行的调查行为。

（9）"文件资料"包括书籍、文件、文献、记录、档案或者其他的资料；

（10）"司法部部长"包括：

①美国司法部部长

②美国司法部代理部长

③美国司法部副部长

④美国司法部部长助理

⑤由司法部部长任命的、根据本章规定执行司法部部长授权的美国司法部的雇员、其他部门或者机构的雇员

上述由司法部部长指定的部门或者机构可以行使根据本章授权的调查权，既可以根据本章规定的调查条款进行调查，也可以根据由法律授权给该部门或者机构的调查权进行调查。

禁止行为，《美国法典》第 18 卷第 1962 条

（1）任何人从事以下行为是非法的：直接或者间接地接收来自于有组织敲诈勒索行为模式获得的收入，或者此人作为主要责任人通过收讨非法债务获得的收入，关于主要责任人的界定，依据《美国法典》第 18 卷第 2 条规定而确定；为了使用或者投资，直接或者间接地将此收入的一部分，或者此收入产生的收益、利息所得，用于企业经营的行为或者用于影响州际或者外国商业的行为。如果发行人的证券被购买者、购买者的家庭成员、他或者他们的同伙所持有，购买证券之后，此人实施任何一种行为，或者有组织敲诈勒索行为，或者收讨非法债务，只要购买的总量没有达到所发行证券的任何种类的 1%，无论是法律上，还是事实上，购买者都没有权利选举 1 名或者 1 名以上的发行人为董事，显然，这在一个公开的市场购买证券的行为是为了投资的目的，购买者没有打算控制或者参与控制证券发行人，或者协助其他人这样做，根据本款规定，此行为不是非法行为。

（2）任何人从事以下行为是非法的：通过有组织敲诈勒索行为模式或者收讨非法债务，直接或者间接地获得或者维持利益，或者控制他所经营的企业，或者影响企业、州际商业或者外国商业的行为。

（3）任何人从事以下行为是非法的：对所在企业或者所经营的企业进行联合，或者影响企业、州际商业或者外国商业的行为，通过有组织敲诈勒索行

为模式或者收讨非法债务,直接或者间接地进行或者参与该企业的事务的行为。

(4) 任何人从事以下行为是非法的:共谋违反本条第1、2、3款规定的行为。

6. 企图规避税金(税务诈骗)(《美国法典》第26卷第7201条)

任何人蓄意企图以任何方式规避本条征收的税或者应该支付的薪金,除了法律规定的其他惩罚之外,如被宣告有罪时将处以重罪,还将处以不超过10万美元的罚金(若是公司,处以不超过50万美元的罚金),或者不超过5年的监禁,或者两者并罚,此外,还要支付诉讼成本。

(二) 反托拉斯局保护调查和诉讼真实的刑事法规

1. 妨碍司法公正 (《美国法典》第18卷第1501~1511条)

影响或者损害官员或者陪审员的一般条款(《美国法典》第18卷第1503条)

(a) 无论谁,通过收买贿赂,通过威胁恐吓或者施加压力,通过威胁信件、信息,努力影响、胁迫或者阻止大陪审团或者小陪审团、美国法院里的官员、为美国治安法官或者其他的刑事司法官提供各种各样检查或者程序服务的官员履行他们的职务;损害大陪审团或者小陪审团成员的人身或者财产,因为陪审团成员同意法院对他进行裁决或者控告,或者该陪审员正在或者曾经作出过这样的同意裁决;损害其他的官员、治安法官或者从事刑事案件的司法官的人身或者财产,由于其履行了应该履行的职责;通过收买或者通过威胁恐吓、施加压力,通过恐吓信件、信息,影响、妨碍或者阻止,或者努力影响、妨碍或者阻止正当的司法管理,将根据本条第2款规定进行惩罚。如果根据本条发生的与刑事案件的审判有关的违法行为,包括以体力威胁或者通过体力违反本条的行为,对该违法行为可能判决监禁的最高期限将高于其他法律规定的最高期限,也可以在该案中针对此违法行为应该判决的最高期限的监禁提起控告。

(b) 针对违反本条的违法行为进行的处罚是:

(1) 在致人死亡的情况下,根据第1111条和第1112条进行惩罚;

(2) 在企图杀人的情况下,或者在针对小陪审团的刑事违法行为的情况下,该违法行为将受到A级或者B级重罪的控告,处以不超过20年的监禁,并根据本卷的规定处以罚金,或者两者并罚;

(3) 在其他情况下,处以的监禁不超过10年,根据本卷的规定处以罚金,或者两者并罚。

妨碍部门、机构或者委员会的诉讼(包括《反托拉斯民事程序法》的要求)(《美国法典》第18卷第1505条)

以下情况将根据本卷的规定处以罚金或者不超过5年的监禁,或者两者并罚：

无论谁，打算消除、逃避、防止或者妨碍适时地和适当地遵守根据《反托拉斯民事程序法》发出的全部或者部分民事调查令，有意地保留、误传、转移地点、隐藏、掩盖、破坏、损毁、改变，或者以其他的方法伪造指令所要求的文件资料、书面质询的答复或者口头证词；或者企图这样做或者诱使他人这样做；

无论谁，通过收买，通过威胁恐吓或者施加压力，通过威胁信件、信息，影响、妨碍或者阻止或者努力影响、妨碍或者阻止被提交给美国的政府部门或者机构之前的待决案件进行适当的和正当的法律管理，或者适当的或者正当的履行调查权力，该权力是众议院，或者众议院的委员会，或者国会的联合委员会要求进行质询或者调查的权力。

妨碍刑事调查（《美国法典》第 18 卷第 1510 条）

（a）无论谁，通过贿赂的方法，有意地努力妨碍、拖延或者防止违反美国刑事法律之人与刑事调查人进行有关的信息的交流，根据本卷规定，将被处以罚金，或者不超过 5 年的监禁，或者两者并罚。

（b）（1）无论谁，只要他是金融机构的官员，意欲妨碍司法诉讼，直接或者间接地将调阅金融机构档案的传票的情况与内容告知他人，或者根据传票要求将已经提供给了大陪审团的信息告知其他人，根据本卷将处以罚金，或者处以不超过 5 年的监禁，或者两者并罚。

（2）无论谁，只要他是金融机构的官员，直接或者间接地告知：

①被大陪审团传票寻找其档案的金融机构的客户；

②传票上列有名字的其他人。

告知的内容是传票存在的事实及传票的内容，根据传票的要求已经提供给了大陪审团的信息，将根据本卷的规定，处以罚金，或者处以不超过 1 年的监禁，或者两者并罚。

（3）在此款中使用过的术语：

①"金融机构的官员"是指官员、董事、合伙人、雇员、代理人、该机构或者为该机构服务的律师；

②"调档传票"是指为了调阅客户档案由联邦大陪审团发出的传票，或者由司法部发出的传票（依据是《美国法典》第 18 卷第 3486 条），为了调阅客户档案而已经送达的传票，涉及违反或者共谋违反了下列法律：

（i）《美国法典》第 31 卷第 215 条、656 条、657 条、1005 条、1006 条、1007 条、1014 条、1344 条、1956 条、1957 条，或者第 53 章。

(ii) 影响金融机构的第 1341 条或者第 1343 条。

③本条所使用过的术语"刑事调查人",是指通过部门、机构或者美国军队的适时授权,对违反美国刑事法律的行为进行调查或者起诉的个人。

(d) (1) 无论谁:

①担任或者成为官员、董事、代理人或者某人的雇员,从事保险业的经营,他的行为影响了州际商业;

②从事保险业的经营,他的行为影响了州际商业,或者从事(不是作为一名保险政策里的被保险者或者受益人)与该营业事务有关的交易,其意欲妨碍司法诉讼,直接或者间接地将关于调档传票存在的事实或者传票内容告知其他人;根据传票要求,该人所从事的营业或者已经提供给了联邦大陪审团的信息,告知其他人,将根据本卷规定处以罚金,或者不超过 5 年的监禁,或者两者并罚。

(2) 上述术语"调档传票"的意思是,由联邦大陪审团因调档而发出的传票,该档案记录了与《美国法典》第 31 卷第 1033 条有关的违法行为或者共谋行为。

2. 证人不正当行为(《美国法典》第 18 卷第 1512~1515 条)

证人、受害人、检举人的不正当行为(《美国法典》第 18 卷第 1512 条)

(a) (1) 无论谁杀害或者企图杀害另一个人,其目的是:

①防止该人在正式的诉讼中出席或者作证;

②防止该人在正式的诉讼中出示记录、文件或者其他物品;

③防止该人与法律执行机构的官员或者美国法官进行信息交流,这些信息涉及因违反联邦法律而犯罪的佣金或者可能的佣金,或者违反了在未决的司法诉讼中实行缓刑、假释或者释放的条件;

这些行为将根据第 2 项的规定受到处罚。

(2) 根据本款规定应受到惩罚的犯罪是:

①在谋杀的情况下(第 1111 条定义的谋杀),处以死刑或者终身监禁,在其他杀人情况下,根据第 1112 条的规定进行惩罚。

②在企图杀害的情况下,处以不超过 20 年的监禁。

(b) 无论谁,有意地使用胁迫或者体罚、恐吓,或者通过收买另一人,或者企图这样做,或者针对另一人实行了误导的行为,目的是:

(1) 影响、拖延或者防止此人在正式的诉讼中作证;

(2) 促使或者导致此人:

①从正式的程序中扣留证词,或者扣留记录、文件或者其他东西;

②修改、破坏、损毁、隐藏目标,目的是削弱在正式的诉讼中目标的真实

性或者用途的有效性；

③在正式的程序中，规避召集证人出庭作证，或者制作记录、文件或者其他的东西的合法程序；

④通过法律程序召集此人，但他却在正式程序中缺席。

(3) 阻碍、拖延或者防止与美国的法律执行官员或者法官进行有关佣金或者可能佣金信息的交流，这些将涉及联邦犯罪，或者违反了未决司法诉讼的缓刑、假释或者释放的条件。

(c) 无论谁，故意骚扰另外一个人，因此而阻碍、拖延、防止或者劝阻此人：

(1) 在正式的程序中出席或者作证；

(2) 向美国法律执行官员或者法官报告涉及联邦犯罪的佣金或者可能佣金，或者违反未决司法诉讼的缓刑、假释或者释放的条件；

(3) 逮捕或者寻求逮捕与联邦犯罪有关的另一个人；

(4) 促成刑事控告，或者假释或者缓刑的撤回程序，寻求或者提起诉讼，或者在该诉讼或者程序中予以协助；或者试图这样做，将根据本卷规定处以罚金或者处以不超过1年的监禁，或者两者并罚。

(d) 根据本条因为犯罪而提起的控告中，有一个得到赞同的辩护理由：因被告拥有证据方面的优势，所以被告负有举证的责任，这一行为独立地由法律许可的行为组成，被告的惟一意图是鼓励、劝诱或者促成其他人诚实地作证。

(e) 本条的目的：

(1) 正式的程序不必是未决的案件或者不必打算在犯罪之时就提起诉讼；

(2) 证词、记录、文件或者其他的物品不一定是可采信的证据，或者主张有权免费得到这些东西。

(f) 根据本条规定对犯罪提起的诉讼中，在下列情况下人员的精神状态不用证明：

(1) 由法官、法院、司法官、大陪审团或者政府机构在正式的程序之内处理案件，是美国法官或者美国法院、美国司法官、破产法官、联邦陪审团、联邦政府机构权限范围内的事情；

(2) 裁判官是美国的法官，法律执行官员是联邦政府的官员或者雇员，或者授权代理或者代表联邦政府的人，或者以顾问者或者咨询者的身份为联邦政府提供服务的人。

(g) 根据本条规定，联邦司法机构对于犯罪具有域外管辖权。

(h) 根据本条或者第1503条提起的诉讼，可以是在联邦地区法院进入正式的程序（无论是尚未决定或者是已经决定提起诉讼），被确定为受到了影响而提起的诉讼，或者是在地区法院对该已发生的构成犯罪的行为进行指控。

（i）如果根据本条发生的与审判刑事案件有关的犯罪，此犯罪受到监禁的最高期限将高于其他法律规定的期限，或者高于已经判决的受到刑事指控的类似犯罪的最高期限。

某些条款的定义；一般条款（《美国法典》第 18 卷第 1515 条）。

（a）在第 1512 条和第 1513 条及本条使用过的术语：

（1）"正式程序"是指：

①由以下人员或者机构处理的程序：美国的法院或者法官、美国司法官、破产法院法官、美国税务法院法官、税务法院特别法庭法官、美国索赔法院法官或者联邦陪审团；

②由国会处理的程序；

③由法律授权的联邦政府机构处理的程序；

④包括影响州际商业的保险业在内，由保险业官员或者机构任命的保险规制官员、代理人、代理商、检查人，检查从事保险业者影响州际商业的行为而处理的程序。

（2）"身体暴力"是指针对另一个人的身体行为，包括监禁。

（3）"误导行为"是指：

①有意地进行虚假陈述；

②故意地在陈述中遗漏信息而导致该陈述的一部分被误解，或者有意地隐瞒重要事实，通过该陈述给人树立了一个虚假的印象；

③为了有意误导，有意地提供虚假的、伪造的、修改的或者其他缺乏真实性的作品或者记录；

④为了有意误导，有意地提供在重要方面引人误解的样品、样本、图纸、照片、边界标志或者其他的东西；

⑤有意地使用诡计、阴谋或者意在误导的方法。

（4）"法律执行官"是指联邦政府的官员或者雇员，代表联邦政府或者获得联邦政府授权代理的人，或者以顾问或者咨询者的身份为联邦政府提供服务的人：

①法律授权从事于或者监督犯罪的预防、侦察、调查或者起诉的人；

②根据本卷规定为鉴定或者审前提供服务的服务官员。

（b）在第 1505 条使用过的术语，"腐败堕落"是指为了不正确的目的，亲自或者通过影响其他人实施的行为，包括进行错误的或者误导的陈述、扣留、隐瞒、修改或者破坏文件或者其他信息。

(c) 本章不禁止或者惩罚与正式程序有关或者预期的法律许可的、善意的行为。

3. 伪证（《美国法典》第 18 卷第 1621~1623 条）

伪证的一般规定（《美国法典》第 18 卷第 1621 条）

无论任何人，发生以下情况：

(1) 根据美国法律规定执行宣誓行为，在担任案件审理的法官、官员或者其他人面前进行宣誓，证明提交的任何一个书面证词、声明、书面证明或者通过他签名的证明是真实的，他是有意地作此宣誓声明，但真实的情况与此宣誓相反，或者他不相信所作的实质性陈述是真实的；

(2) 根据《美国法典》第 28 卷第 1746 条规定对伪证的惩罚，他所作的任何一个声明、证明、确认或者陈述，其实他不相信这一实质性的陈述是真实的，但是故意地当作真实的实质陈述在上面签名的；

犯伪证之罪，除非法律有其他的明文规定，将根据本卷规定处以罚金，或者处以 5 年以下的监禁，或者两者并罚。无论这一陈述或者签署的声明发生在美国之内还是美国之外，均可适用。

唆使作伪证罪（《美国法典》第 18 卷第 1622 条）

无论谁，诱使另一个人去犯伪证罪，构成唆使作伪证罪，将根据本卷规定处以罚金，或者处以 5 年以下的监禁，或者两者并罚。

在大陪审团或者法官面前作虚假声明（《美国法典》第 18 卷第 1623 条）。

(a) 无论谁，根据在美国法院或者大陪审团受理或者附属的任何一个程序所进行的宣誓（或者根据《美国法典》第 28 卷第 1746 条许可的伪证处罚的声明、证明书、确认、陈述），故意地作出实质性声明，或者作出或者使用其他的信息，包括书籍、报纸、文件、档案、记录或者其他资料，知道同样包含虚假的实质声明，将根据此卷规定处以罚金，或者处以 5 年以下的监禁，或者两者并罚。

(b) 上述行为不管是发生在美国国内还是之外，均适用本条规定。

(c) 被告受到的控告或者因违反本条规定所受到指控的起诉信息，在美国法院或者大陪审团受理或者附加的任何程序之中，被告宣誓时故意作出了两个或者两个以上的声明，这些声明在一定程度上不一致，其中之一必然是虚假的，至于哪个是虚假的，不必作出详细的说明，如果：

(1) 每一个声明都实质性地切中了问题的要害；

(2) 每一个声明都是在本条规定违法行为受到控告的时效期间之内作出的。

根据本条所提出的控告，在法院或者大陪审团受理或者附加的程序中，在控告中提出声明的虚假，或者获得了宣告有罪证据的充分信息，被告在宣誓的时候作出了自相矛盾的声明，实质上切中了问题的要害。被告将根据本款第一句的规定对其提出的控告或者受到指控的起诉信息进行辩护，他在作出每一个声明时相信该声明是真实的。

（d）在同一法院或者大陪审团的程序中作出这一声明，作出此声明的人承认此声明是虚假的，如果在作出承认的时候，声明没有对程序产生实质性的影响，或者声明没有成为已经或者将要被披露出来的虚假证据所证明，根据本条规定，这一承认将被禁止起诉。

（e）根据本条规定，排除合理怀疑的证据足以定罪。此证据无需通过许多证人，或者通过文献资料或者其他类型的证据进行证明。

4. 藐视法庭罪

法院的权力（《美国法典》第18卷第401条）

美国法院根据自由裁量权具有通过处以罚金或者监禁的方式，对藐视法院的行为进行惩罚的权力，主要指下面的行为：

（1）妨害法院的公正执法；

（2）法院的官员在处理正式的官方事务中有不当行为；

（3）不遵守或者抵制法院的合法令状、传票、命令、规则、判决或者指令。

藐视法庭构成犯罪（《美国法典》第18卷第402条）。

任何自然人、公司或者协会，故意不遵守美国联邦地区法院或者哥伦比亚特区法院的合法令状、传票、命令、规则、判决或者指令，表现为在法庭里所做的任何行为或者举动，受到法庭的禁止，如果所做的行动或者举动的特征，构成美国联邦法律或者州法律所规定的刑事犯罪行为，此藐视行为将根据《美国法典》第18卷第3691条之规定受到控告，并根据本卷的规定受到罚金或者监禁、或者两者并罚。

该罚金将支付给美国、原告或者因此藐视行为受到损害的其他当事人，在受害者不止一个的情况下，罚金将由法庭直接在他们中间进行分配，但决不能将超出部分的罚金支付给美国，在被告是自然人的情况下，罚金总额不超过1 000美元，监禁不超过6个月。

本条将不能被解释为与法庭出现的藐视法庭的违法行为有关，或者与此接近的妨害公正执法行为，也不能解释为违抗合法的令状、传票、命令、规则、判决或者指令等藐视法庭的违法行为，或者以美国名义或者代表美国提起或者参加针对该违法行为的诉讼。但是，同样地，其他的藐视法庭案件，没有明确地包含在本条的规定之中，因此依据现行法律不能受到惩罚。

根据本条的立法目的,"州"包括美国的州、哥伦比亚特区、任何联邦领土美国的领地。

陪审团审理藐视法庭罪(《美国法典》第18卷第3691条)。

无论什么时候,受到指控的藐视法庭行为,构成故意违抗美国地区法院的合法的令状、传票、命令、规则、判决、指令,该行为是通过主动实施或者疏忽大意造成的行动或者举动违反了本法规定,这些所主动实施或者疏忽大意造成的行动或者举动也构成违反国会通过的法律或者州法的违法犯罪行为,被告根据此条的要求,将有权利申请陪审团审理,其审理时将遵循与此案最相近的其他案件的先例。

本条不适用于法庭出现的藐视法庭的违法犯罪案件,或者与此相近的妨害法庭公正执法的行为,也不适用以美国名义或者代表美国提起的或者参加的,针对违抗合法的令状、传票、命令、规则、判决或者指令行为的诉讼。

藐视法庭罪(《联邦刑事程序规则》第42页)。

(a)简易裁决。如果法官证明他看见或者听到藐视法庭的行为,而且这种行为在法庭里当场实施的,可以对藐视法庭罪进行简易裁决而使其受到惩罚。藐视法庭的命令将陈述有关事实,由法官签名,并将记录予以登记。

(b)对通知和听证的裁决。藐视法庭罪除了在第1款规则里的相关规定之外,将以通知的方式进行起诉。通知里陈述听证的时间与地点,允许被告在一个合理的时间内作应诉的准备,陈述与描述构成藐视法庭罪的基本事实。该通知由法官在被告在场的公开法庭里口头告诉被告,或者应美国检察官的申请,或者为了此目的法庭任命的律师的申请,通过表示诉因的命令或者逮捕令通知被告。国会通过的法律规定,被告有权要求陪审团审理。被告有权根据这些规则要求,为了获得保释而承认。如果受到指控的藐视法庭行为包括不尊重或者批评法官,那么该法官在审判或者听证时要回避,除非被告同意该法官审判或者听证。通过陪审团裁决或者有罪判决,法院正式提出确定惩罚的命令。

(三)程序法令

1. 证人豁免(《美国法典》第18卷第6000~6004条)。

《有组织犯罪控制法》,1970年修订。

定义:《美国法典》第18卷第6001条

本章使用的术语:

(1)"美国机构"是指《美国法典》第18卷第101条定义的行政部门、军事部门、原子能管理委员会、联邦储备系统董事会;根据《美国法典》第15卷第143条任命的《中国贸易法》登记员、商品期货贸易委员会、联邦通讯委员会、联邦存款保险公司、联邦海事委员会、联邦动力委员会、联邦贸易委员会、水陆运输局、铁路退休职工委员会；根据《美国法典》第45卷第157条规定成立的仲裁委员会、证券交易委员会和根据《美国法典》第15卷第715条d款成立的委员会；

（2）"其他信息"包括书籍、报纸、文件、记录、档案或者其他资料；

（3）"美国机构在职权范围内受理案件的程序"是指该机构关于根据授权发出传票，获取证词或者根据证人的宣誓从证人处接收其他的信息所进行的程序；

（4）"美国法院"是指下列法院：美国联邦最高法院、美国联邦上诉法院、根据《美国法典》第28卷第五章设立的美国联邦地区法院、根据《美国法典》第28卷第6章设立的美国破产法院、哥伦比亚特区上诉法院、哥伦比亚特区高等法院、关岛地区法院、维尔京群岛地区法院、美国联邦索赔法院、美国税务法院、国际贸易法院、军事上诉法院。

一般豁免（《美国法典》第18卷第6002条）

基于反对自证其罪的特权，证人无论什么时候在下列机构职权范围内受理案件的程序或者附属的程序中拒绝作证，或者提供其他的信息：

（1）美国法院或者陪审团；

（2）美国机构；

（3）国会参议院或者众议院、国会两院的联合委员会、委员会或者国会议院的分委员会。

根据本条规定，主持程序的人与证人沟通后发出命令，证人基于他的反对自证其罪的特权可能不会拒绝遵守此命令；在刑事案件中，在此命令的强迫下没有证词或者其他的信息（或者信息直接或者间接地来源于此证词或者其他信息）可能被用来反对证人，除非诉讼是因为伪证、提供虚假陈述或者其他的没有遵守此命令而提起。

法院和大陪审团程序（《美国法典》第18卷第6003条）

（a）在个人已经被或者可能被美国法院或者美国大陪审团召集，要求其在他们的职权范围内受理案件的程序或者附属程序中作证或者提供其他的信息的情况下，在司法区内进行此程序的美国地区法院或者可能被要求根据本条第2小段规定，按照该地区的美国检察官的要求，裁决发出命令，要求此人提供基于反对自证其罪的特权而拒绝提供的证词或者其他的信息，此命令根据《美国法典》第18卷第6002条规定是有效的命令。

（b）在司法部长、代理司法部长、司法部副部长、指定的司法部长助理或者代理司法部长助理的同意下，美国检察官根据其判断，可能根据本条第1小段之规定，要求发出命令：

(1) 对于公共利益来说，从此人处获取证词或者其他信息是必要的；

(2) 该人基于他的反对自证其罪的特权，已经拒绝或者可能会拒绝作证或者提供其他的信息。

某些行政程序（《美国法典》第 18 卷第 6004 条）。

(a) 在个人已经或者可能被美国机构召集，要求其在该机构的职权范围内作证或者提供其他的信息的情况下，经过司法部长的同意，该机构可能按照本条第 2 小段规定，发出命令要求此人提供他基于反对自证其罪而拒绝提供的证词或者其他信息，此命令根据《美国法典》第 18 卷第 6002 条的规定是有效的。

(b) 美国机构仅仅在其判决中根据本条第 1 小段的规定可以签发命令：

(1) 为了公共利益从此人处获得证词或者其他信息是必需的；

(2) 此人基于反对自证其罪的特权已经拒绝或者可能会拒绝作证或者提供其他信息。

2.《詹克斯法》（修订本）（《美国法典》第 18 卷第 3500 条）。

要求出示证人的陈述和报告的指令（《美国法典》第 18 卷第 3500 条）

(a) 美国提起的刑事诉讼，美国不拥有由政府证人或者预期的政府证人所作的陈述或者报告（不是被告），将成为传票、发现或者检查的对象，直到上述证人在案件审理时根据直接询问作证完了时为止。

(b) 证人被美国召集到庭通过直接询问作证完之后，法院根据被告的动议，命令美国出示美国所拥有的证人陈述（在下文中定义），该证词与证人已经作证的对象有关。如果此陈述的全部内容与证人证词的目标有关，法院将命令美国将该证词直接转交给被告，以用作对他的询问和使用。

(c) 如果美国根据本条规定所发出的命令要求出示的陈述，所包含的内容与证人证词的相关事项没有关系，为了让法院对此进行秘密检查，法院将命令美国移交此陈述。陈述移交后，法院将删除陈述中与证人证词的相关事项没有关系的部分。此资料经过删除之后，法院直接将此陈述移交给被告，供被告使用。根据此程序，被告可以保留该部分陈述，如果被告反对保留，法院将继续审理，判决被告有罪，此陈述的全部文本将由美国保存。如果被告上诉，为了决定初审法院裁决结果的正确性，上诉法院可以得到此陈述文本。无论什么时候，根据本条规定，陈述移交给被告后，法院将对上述被告提出的申请进行自由裁量，当法院决定上述被告询问此陈述的要求具有合理性时，在审理过程中可以进行休庭，以便被告在法庭审理时为使用该陈述做准备。

(d) 如果美国选择不执行法院根据上述第 2 或者第 3 小段的规定发出的将此陈述移交给被告的命令，或者当法院可以直接将其中那部分移交给被告时，法院将删除证人证据的记录，法庭将继续审理，除非法院根据其自由裁量权，决定按照公正的利益要求此审判是一个无效审判。

（e）"陈述"概念，在本条第 2、3、4 小段中使用过，与美国所召集的证人有关，是指：

（1）由上述证人提供，由其签字或者通过其他的方式采用或者核准的书面陈述；

（2）速记稿、机器打印稿、电子文稿或者其他形式的记录，或这些东西的抄本，它们是完全由上述证人逐字朗读进行口述，根据其口述同时制作的记录；

（3）即便是已经制作或者已经记录好的文稿，或者它们的抄本，也要通过上述证人制作好后，由其提供给大陪审团。

3.《1974 年迅速审判法》（修订版）（《美国法典》第 18 卷第 3161~3162 条）。

期限与除外（《美国法典》第 18 卷第 3161 条）

（a）在指控被告人犯罪的任何案件中，有关司法官员应尽早与被告人的律师或者检察官协商后，确定该案审判的日期，或者将该案列入司法区内的法院一周内或者其他短期的待审案件日程表内，以保证该案能够得到迅速审判。

（b）任何检察官起诉书或者控告个人犯罪的大陪审团起诉书，自此人被逮捕之日起，或者与该控告有关的传唤传票送达之日起 30 日内，由检察官或者大陪审团提出。如果个人在地区法院因重罪被起诉，在开庭前 30 日内，大陪审团还没有组成，起诉书的提出时间期限将延长 30 日。

（c）（1）在诉讼中被告提出无罪答辩的情况下，检察官起诉书或者大陪审团起诉书对被告犯罪行为进行指控的审判，将从检察官起诉书或者大陪审团起诉书提出的立案之日起 70 日内开始，或者从被告已经在法院的司法官员受理案件程序中出庭之日开始，该控告提出后该案就是待决案件，不管最后提出的日期是哪一天。如果被告同意以书面形式向治安法官提交诉状，审判将从被告同意之日起 70 日内开始。

（2）除非被告不同意以书面形式提出诉状，审判将不会从被告首次通过律师出庭之日，或者明确表示放弃聘请律师选择自己亲自出庭之日起少于 30 日的时间内开始。

（d）（1）根据被告的动议，即便大陪审团起诉书或者检察官起诉书被驳回，或者任何一个针对个人进行控告的刑事控告书被驳回或者被搁置，从此以后，针对该被告或者个人的刑事控告书提出，或者根据同样的犯罪行为针对他个人提出的控告，或者基于同样行为或者源于同样的犯罪情节的犯罪，或者检察官起诉书或者大陪审团起诉书以同样的犯罪或者基于同样行为的犯罪或者源于同样犯罪情节的犯罪，控告该被告，本条第 2 和第 3 项可适用于这些情况，关于该后面的刑事控告书、大陪审团起诉书或者检察官起诉书，将根据情况而定。

（2）如果被告因大陪审团起诉书或者检察官起诉书而受到审判，审理之后，对被告的起诉被初审法院驳回，随后的上诉又恢复了诉讼，审判将在 70 天内开始，时间从提起诉讼开始一直到审判结束为止，除非法院再审此案，如果证据的无效或者其他的因素导致时间的消耗，案件要在 70 日内审结是不现实的，可以将审理期限延长至不超过 180 日。延期审理的情况已经在第 3161 条 h 款中进行了列举，本条也将排除时限的计算进行了详细说明。第 3162 条的制裁也适用于此段的规定。

（e）如果被告根据初审法官作出无效审判的宣告，或者根据该法官发出的进行新的审判的命令，被告将接受再审，审理期间为 70 日，时间从提起诉讼开始计算，到审理结束时止。如果被告根据上诉的提起或者间接攻击而受到再审，审理期间是 70 日，除非法院再审此案，如果证据的无效或者其他的因素导致时间的消耗，案件要在 70 日内审结是不现实的，可以将再审期间延长至 180 日，从诉讼提出开始到诉讼结束时为止。延期审理的情况已经在第 3161 条 h 款中进行了列举，本条也将排除的时限的计算进行了详细说明。第 3162 条的制裁也适用于此段的规定。

（f）尽管有本条第 2 项之规定，但本条的生效期是本章第 3163 条 a 款规定的，在逮捕和大陪审团提起诉讼之间的期限，在第一个年度是 60 日，在第二个年度是 45 日，在第三个年度是 35 日。

（g）虽然有本条第 3 项之规定，但本条的生效期是本章第 3163 条 b 款规定的，在传讯和审判之间的期限，在第一个年度是 180 日，在第二个年度是 120 日，在第三个年度是 80 日。

（h）下列延迟期间不计算在必须提出检察官起诉书或者大陪审团起诉书的时间内，或者不计算在必须开始的审判此犯罪行为的时间内：

（1）任何源自于与被告有关的其他程序的迟延，包括但不限于以下情况：

①因为程序而导致的迟延，包括决定被告的意识能力或者身体状况的检查；

②因为程序而导致的迟延，包括根据《美国法典》第 28 卷第 2902 条规定对被告进行的检查；

③因为根据《美国法典》第 28 卷第 2902 条规定延期起诉而导致的迟延；

④因为对被告的其他控告而导致的迟延；

⑤因为中间上诉而导致的迟延；

⑥因为审前动议，将听审结果归档的动议，或者其他的即时裁决的动议而导致的迟延；

⑦因为有关案件移送程序，或者根据《联邦刑事诉讼规则》将被告移送至其他地区法院而导致的迟延；

⑧因为将被告交付其他地区法院，或者将其交付检查的地方或者住院治疗而导致的迟延。以下时间不计算在内：从移送命令或者直接移送的命令下达之日起超过了 10 日的时间，被告到达目的地后被推定为所花时间是不合理的；

⑨因为法院考虑由被告与检察官达成的控辩协议草案而导致的迟延；

⑩迟延的期间实际上是在法院的建议下，有关被告程序的期间没有超过 30 日的合理期间。

（2）为了允许被告证明他的善良行为的目的，法院同意检察官根据与被告达成的书面协议延迟起诉而迟延期间。

（3）

①因为被告或者关键证人的缺席或者不可获得而导致的迟延；

②为了上述目的，被告或者关键证人因其行踪未被发现而缺席，另外，他试图逃避拘捕、起诉，或者经过合法而适当的努力后仍然不能确定他的行踪。为了上述条款规定的目的，考虑被告或者关键证人的行踪无论什么时候都难以被发现，但是通过合法而适当的努力不能使他出庭，或者他抵制出庭，或者不愿意因为受审返回而导致的迟延。

（4）因为基于被告没有意识能力或者其身体状况不能出庭的事实而导致的迟延。

（5）根据《美国法典》第 28 卷第 2902 条规定，被告因治疗而导致的迟延。

（6）根据检察官的动议，如果检察官起诉书或者大陪审团起诉书被驳回，从此以后，针对被告的同一行为提起的诉讼，或者对按照要求与这一行为合并诉讼的其他犯罪行为提起的诉讼，从控告被驳回的日期到与此前诉讼不同的后续诉讼被开始提起所经过的时限日期而迟延。

（7）当被告与共同被告一起出庭时，他们没有延续审判时间，也没有得到允许将诉分离的动议而迟延的合理期间。

（8）

①以下情况所导致的迟延期间：根据法官自己的动议，被告或者被告的律师的要求或者检察官的要求允许诉讼程序延期进行，如果法官基于他的裁决允许诉讼程序延期进行，通过采取该行动而得到的公正结果大于公众和被告在快

速审判下的最佳利益。不包括通过法院按照本段规定允许的诉讼程序延期进行而导致的迟延期间，除非法院宣布，将案件的口头证据或者书面证据记录在案，裁决理由是，允许延期进行审判产生的公正结果大于公众和被告在快速审判下的最佳利益。

②法官决定根据上述规定是否同意诉讼程序延期进行，其中考虑以下因素：

（ⅰ）是否在程序中不同意此程序延期进行，将导致该程序的延期进行，或者导致审判不公的结果；

（ⅱ）是否案件与众不同或者复杂繁琐，由于被告的数量、诉讼的性质、事实或者法律存在新的问题，在根据本条设定的期限之内，期待为审前程序或者审判作充分的准备是不切实际的；

（ⅲ）在一个案件中，在大陪审团起诉之前逮捕了被告，是否延期提起诉讼的原因是在某时发生了逮捕，期待在第3161条b款详细说明的期限内回呈和提起大陪审团诉讼是不切实际的，或者因为大陪审团必须基于作出决定的事实是与众不同或者错综复杂的。

（ⅳ）作为整体考虑，是否不同意该程序延期进行，对属于条款（ⅱ）的情况不是那样的与众不同或错综复杂，拒绝被告获得辩护律师的合理时间，不合理地拒绝被告或者政府律师工作的连续性，或者拒绝被告律师与政府律师作有效准备需要的合理时间，都要慎重考虑，尽职调查。

③根据本段第①段的规定不同意程序的延期进行，原因是法院的审案日程表基本排满，或者缺乏细心的准备，或者检察官没有找到相关的证人。

（9）迟延的期间，不能超过1年，由地区法院根据一方当事人的申请发布命令，通过证据优势进行裁决，如本卷第3292条所定义的，法院为了获得该犯罪行为的证据而提出了正式要求，证据适时地出现了，或者在提出要求的那个时候该证据适时地出现了，此证据现在或者以前存在于外国。

（ⅰ）因为被告在法庭上已经作了有罪答辩或者作了不辩护也不认罪的答辩，随后撤回了在检察官起诉书或者大陪审团起诉书中的所有控告，如果审判在第3161条规定的时限内没有开始，使被告相信关于起诉书中的所有控告都得到了指控，这些控告包括在第3161条的规定之中，法院发出允许撤诉命令的那天就是诉讼结束的时间。

（j）（1）如果检察官知道因犯罪行为受到控告的某人正在监禁期间，在惩罚机构里服刑，他将立即：

①保证囚犯在审判时出庭；

②向羁押服刑囚犯的人提交指控服刑犯的通知，要求通知囚犯以及通知囚

犯有要求审判的权利。

(2) 如果羁押该囚犯的人收到了指控服刑犯的通知，应当立即通知囚犯其受到了指控，并通知囚犯享有要求审判的权利。囚犯告知看管者他要求进行审判，看管者将该通知立即告知发出指控服刑犯通知控告该囚犯的检察官。

(3) 收到此通知后，检察官应立即安排囚犯出庭。

(4) 检察官可以要求在审判期间看管该囚犯（争议的问题是，在看管权进行移交的情况下，对囚犯的移交的合法性所涉及的囚犯的权利问题引起了争论）。

(k)(1) 如果被告在确定的审判之日不能出庭（根据第 8 段 (3) 定义的原因），在此事发生之后的 21 日之内，经过法庭的批准，或者经过其他的程序同意，或者被告向法庭自首，被告随后出席法庭的审判，法院的司法官员确认这是被告第一次出庭，根据第 3 段的规定确认被告随后出庭的日期，在确认之前，检察官起诉书或者大陪审团起诉书对被告提出的控告日期待定。

(2) 如果被告在确定的审判之日不能出庭（根据第 8 段 (3) 定义的原因），之后的 21 日之内，经过法庭的批准，或者经过其他程序同意，或者被告向法庭自首，被告可以在根据第 3 段要求的期限内出庭，根据第 8 段的规定，期限可再延长 21 日。

制裁，《美国法典》第 18 卷第 3162 条

(a)

(1) 如果任何人以违法为由对某人提起诉讼，提交起诉状或控告的时间不超出本章第 3161 条 b 款及第 3161 条 h 款延长的时间限制，起诉书中对此人的指控如超出时限将被驳回或不予受理。不管是否带有偏见，在决定是否驳回案件时，法院应考虑下列因素：违法的严重性、导致驳回的案件事实和情节、起诉对本章涉及的行政部门和司法行政的影响。

(2) 如果被告没有在第 3161 条 c 款及第 3161 条 h 款延长的时限内被审判，对被告动议的控告或起诉书应予以驳回。被告应承担举证责任支持这些议案，但政府应提供进一步的证据，排除下段第 3161 条 h 款第 3 项规定的时间。在决定是否驳回案件时，法院应考虑下列因素：违法的严重性、导致驳回的案件事实和情节、起诉对本章涉及的行政部门和司法行政的影响。在审判前如果被告的案件没能被驳回或成为有罪请求或无罪申诉（译者注：nolo contendere，被告不认罪但又放弃申辩），根据本条应构成放弃权利。

(b) 在以下情况下，被告的律师或政府的律师将被处罚：

(1) 明知允许透露确定审判的时间，但没有透露审判时间，导致必要的证人将无法出庭作证；

（2）文件的一项动议，完全是为了拖延，而他知道是完全无意义的和没有法律依据；

（3）作出了声明的目的是能够持续，他知道是虚假的，这对于获得该种持续是关键的；或

（4）否则如果不符合本章第3161条的正当理由，就不能任意地继续审判。

法院可处罚任何此类辩护律师（counsel）或政府律师（attorney），具体情况如下：

①如属委任辩护律师，通过减少本来应支付给律师的赔偿数额，依据第3006A条其数额不超过25%；

②在案件中保留一名律师给被告辩护，可处罚款不超过他有权为他的被告辩护补偿的25%；

③任何政府的律师，可处罚款不超过250美元；

④否认任何这类政府律师的权利，法院考虑此类案件，为期不超过90日；或

⑤提交一份报告给适当的纪律委员会。

本款规定的惩罚，应是任何其他权威或权力提供给该法院之外的。

（c）本法院应依照本条遵循联邦刑事诉讼程序规则处罚任何为政府工作的律师。

4. 羁押被告等待上诉，《美国法典》第18卷第3143条

有关释放或羁押待判决或上诉的被告人，《美国法典》第18卷第3143条……

（b）释放或拘留等待上诉的被告

（1）除本条第2段，司法人员应命令拘留被发现犯罪、判处有期徒刑的人，或提出上诉或申请令状的人，除非他们认为：

①有明确和令人信服的证据，证明该人是不可能逃离、不可能危及他人或社区安全的，如果根据第3142条b款或c款；

②上诉的目的不是为了拖延，并且引起了大量的法律或事实问题，从而可能会导致：

（i）推翻（撤销）；

（ii）新审判令；

（iii）不包括监禁的判决；

（iv）减刑后的有期徒刑少于总的已经服刑时间加上预计上诉程序期限。

如果司法人员作出这样的结果，此类司法人员应按照第3142条b款或c款的规定下令释放该人，除了第b款第（iv）项的情形，司法人员责令在可能

减刑结束时终止拘留。

法院可惩罚任何此类辩护律师或政府律师,具体情况如下:

司法人员应根据3142条f款下的(A)、(B)或(C)项命令拘留在案件中被裁定犯了罪的人及提出上诉或申请令状的人。

(c)释放或拘留等待政府上诉

按照第3142条,司法人员须根据《美国法典》第3731条对待已经被上诉的被告,除非被告被释放或有拘留令。除本条b款的规定外,司法人员根据第3742条,在上诉案件中须:

(1)如果此人被判处有期徒刑,命令拘留他;

(2)在任何其他情况下,根据第3142条释放或拘留该人。

5. 法定时效(刑事)

非死刑犯罪,《美国法典》第18卷第3282条

除非法律另有明文规定死刑以外,如果针对某一犯罪的起诉或知悉已逾5年,任何人不得被起诉、审判或受到惩罚。

刑事藐视,《美国法典》第18卷第3285条

在本标题下第402条范围内,除被诉行为实施起1年内的行为外,刑事蔑视程序不能针对任何人、公司或协会;对于任何刑事起诉的类似行为,此类程序不应成为阻碍。

时效期间后驳回起诉和控告,《美国法典》第18卷第3288条

由于成文法适用的法定时效已过,针对重罪的起诉书或控告被驳回后,在适当的管辖范围内6个月,或者如果上诉、起诉或控告被驳回生效之日起60日内,或者当起诉或控告被驳回时,如果没有召开常规的大陪审团会议,那么,在6个月内召开下一个常规的大陪审团会议,在此期间,提出新的控告不受任何有关法定时效的限制。如果驳回的原因是他们没有在成文法时效内起诉或控诉,或其他一些将禁止新的起诉的原因,本条不允许提出新的起诉或控告。

时效期间前驳回起诉和控告,《美国法典》第18卷第3289条

在可适用的法定时效届满之前,不论针对重罪的起诉或控告因何理由被驳回,此期间将在驳回起诉或者控告的6个月内届满,新的起诉在适用成文法时效结束的6个月内退回,或者,上诉的在驳回起诉或控告生效之日起60日内,或者在时效期间辖区没有召集常规的大陪审团时,则从下一次召集大陪审团的6个月内,然而,新的起诉不能被成文法时效阻止。当驳回的原因是没有在成文法时效内起诉或控诉,或其他一些阻碍新的起诉的原因,本条不允许提出新的起诉或控告。

允许美国获得外国证据的时效中止,《美国法典》第 18 卷第 3292 条

(a)

(1) 返回起诉书,表明违法的证据在国外。如果法院认定的官员需要的优势证据表明,这些证据合理地出现在国外或者在合理的时间提出要求时出现在国外,大陪审团被挑选出来调查违法之前,巡回法院应对违法行为中止法定时效。

(2) 法院作出裁决不得迟于提交申请后的 30 日。

(b) 除本条 c 款规定,根据本条中止的期限开始于正式提出要求的日期,结束于外国法院或当局对该请求采取最后行动之时。

(c) 根据本条对于违法的所有时效中止:

(1) 不得超过 3 年;

(2) 如果所有的外国当局在此时效之前未考虑此条,不得超过一定期限,其中刑事案件不得超过必须开始之日起 6 个月。

(d) 作为本条中所用的术语"正式要求"是指调查委托书,根据条约或公约的要求,或有刑事执行责任的美国法院、当局向外国法院或其当局提出的其他证据请求。

(四) 受害人和证人的权利

《公平对待受害人和证人指南》。总检察长根据《1982 年受害人和证人保护法》《1990 年犯罪控制法》《1994 年暴力犯罪控制和执行法》,颁布《协助受害人和证人总检察长准则》,以根据犯罪受害人和证人的需要,建立应由联邦刑事司法系统遵循的程序。《总检察长准则》作为包括反托拉斯局在内的司法部的首要根据,根据这些法律,来对待和保护违反联邦法犯罪时的受害人和证人。反托拉斯局负责刑事执行责任的律师可以通过本部门或外地办事处的"受害人-证人协调员"索取最新版本的《总检察长准则》,反托拉斯局备忘录确定了执行《总检察长准则》和与《总检察长准则》及前面提及的法律相关材料的政策。

恢复原状令,《美国法典》第 18 卷第 3663 条

(a)

(1)

①法院在判决被告在本项下违法犯罪,违反《受控物法》第 401 条、第 408 条 a 款、第 409 条、第 416 条、第 420 条、第 422 条 a 款(《美国法典》第 21 卷第 841 条、第 848 条 a 款、第 849 条、第 856 条、第 861 条、第 863 条)(但在任何情况下本条中违法行为的参与者决不能被视为违法行为的受害人),或第 49 项下第 46312 条、第 46502 条、或第 46504 条,而不是第 3663 条 A 款

c项所描述的违法,除此之外,在轻罪的情况下,可以发布命令,替代法律授权的其他惩罚,被告为遭受此违法行为的受害人恢复原状,或者如果受害人已死亡,则返还受害人的遗产继承人。如果双方当事人约定协议解决,法院也可以命令向受害人以外的人恢复原状。

②(i) 法院在决定是否根据本条命令恢复原状,应考虑:

Ⅰ. 违法行为引起受害人损失的数额;

Ⅱ. 被告和被告家属的财源、财政方面的需要和赚钱能力,以及法院认为适当的其他因素。

(ii) 法院可认定,如果判决过程的复杂性和长期性产生于本条恢复原状的命令,这超出给被害人提供的恢复原状的需求,法院可以拒绝作出该项命令。

(2) 为本条的目的,"受害人"是指违法行为导致的某人直接或间接的伤害的后果,可命令恢复原状,包括违法行为如果包含计划、共谋或模式因素,任何人在计划、共谋或模式中受到被告人犯罪行为的直接损害。案件的受害人是18岁以下、无行为能力的,丧失行为能力或死亡的,受害人的法定监护人或代表人,其他家庭成员,或任何其他被法院认为合适而指定的人,根据本条可承担受害人的权利,但在任何情况下,被告都不能被任命为代表人或监护人。

(3) 法院也可以根据各方协议命令一定程度的刑事案件恢复原状。

(b) 该命令可能需要这种被告:

(1) 在被告的违法行为造成损坏或遗失或财产毁坏:

①返回财产给所有者或其指定的人;

②如果按照①项归还财产是不可能的、不切实际的或不充分的,支付相当于更大数额的:

(i) 损害、损失或破坏之日的财产价值;

(ii) 判决之日的财产价值。

部分返还的财产价值减少(在财产返还之日时)。

(2) 违法造成受害人身体伤害的:

①支付相当于成本的必要的医疗费和相关的专业服务和与身体、精神和心理护理有关的设备费,包括治疗地的法律所认可的公认的愈合方法、非医疗护理和治疗;

②支付相当于成本的必要的身体和职业治疗和康复费;

③补偿受害人由于此类违法行为导致的收入损失。

(3) 在案件的违法造成身体伤害,也造成受害人死亡的,支付相当于成本的必要丧葬费和相关服务费；

（4）在其他情况下，补偿违法行为所需调查或指控而产生的受害人的收入损失，必要的儿童看护费，交通费和其他相关费用；

（5）在任何情况下，如果受害人（受害人死亡，受害人的财产继承人）同意，以服务代替金钱的方式返还，或者对受害人或其遗产继承人予以返还。

（c）（1）尽管任何其他法律条文［但须符合规定的第（a）（1）①（i）（Ⅱ）及（ii），当宣判被告人被判违反《受控物法》第 401 条、第 408 条 a 款、第 409 条、第 416 条、第 420 条或第 422 条 a 款［《美国法典》第 21 卷第 841 条、第 848 条 a 款、第 849 条、第 856 条、第 861 条、第 863 条）］，其中没有任何可识别的受害人，法院可命令被告根据本款恢复原状。

（2）
①根据本条恢复原状的命令应基于违法行为引起的公众损害的金额，由法院根据美国量刑委员会颁布的准则决定；
②在任何情况下，根据本项归还的数额不能够超过对违法行为下令罚款的数额。

（3）根据本款恢复原状应作如下分配：
①归还总额的 65% 应支付给犯罪发生地的州管理，用于对受害人提供援助；
②归还总额的 35% 应支付给犯罪发生地的州，用于联邦药物滥用大额补助基金。

（4）法院不得根据本条作出裁决，如果根据《受控物法》（《美国法典》第 21 卷第 801 条等）第 46 章或第 96 章这种裁决可能会干扰没收。

（5）尽管第 3612 条 c 款或任何其他的法律规定，根据第 3013 条罚款评估或第 227（C）章应优先于恢复原状的命令。

（6）根据本款为社区归还可被视为美国谈判的诉辩交易。

（7）
①美国量刑委员会应颁布指南，以协助法院确定恢复原状的数额；
②根据本款直至量刑委员会依照本款颁布指南才能下达恢复原状令。

（d）根据第 3664 条，恢复原状的命令应签发、执行。

强制向某些罪行的受害人恢复原状，《美国法典》第 18 卷第 3663 条第 a 款

（a）（1）尽管有其他的法律规定，被告触犯（c）项所描述的犯罪判决时，法院应命令被告应对其违法行为向受害人作出赔偿，如果受害人死亡则向受害人的遗产继承人赔偿，但轻罪或其他经法律授权的刑罚除外。

（2）为本条的目的，"受害人"是指违法行为导致的某人直接或间接伤害，可命令恢复原状，包括违法行为如果包含计划、共谋或模式因素，任何人在计划、共谋或模式中受到被告人犯罪行为的直接损害。案件的受害人18岁以下、无行为能力的，丧失行为能力或死亡的，受害人的法定监护人或代表人，其他家庭成员，或任何其他被法院认为合适而指定的人，根据本条可履行受害人的权利，但在任何情况下，被告都不能被任命为代表人或监护人。

（3）如果双方当事人同意约定的协议，本法院还应命令向受害人以外的人恢复原状。

（b）该命令应要求被告恢复原状：

（1）在案件的违法造成受害人财产损坏或遗失或毁坏：

①返还财产给指定的财产所有人；

②如果①项归还财产规定是不可能的，不实际的，或不充分的，支付相当于：

（i）更大的：

Ⅰ.财产损害、损失或毁坏之日起的价值；或

Ⅱ.财产在判决之日起的价值，或许更少。

（ii）任何归还部分的财产价值（截至财产归还日）。

（2）案件的违法造成受害人身体伤害的：

①支付相当于成本的必要的医疗费和相关的专业服务和与身体、精神和心理护理有关的设备费，包括治疗地的法律所认可的公认的愈合方法、非医疗护理和治疗；

②支付相当于成本的必要的身体和职业治疗和康复费；

③补偿受害人由于此类违法导致的收入损失；

（3）违法造成身体伤害，也造成受害人死亡的，支付相当于成本的必要丧葬费和相关服务费；

（4）在其他情况下，补偿违法行为所需调查或指控而产生的受害人的收入损失、必要的儿童看护费、交通费和其他相关费用。

（c）（1）本节适用于与违法行为有关的所有定罪判刑的程序，或诉辩交易：

①那就是：

（i）第16条暴力犯罪；

（ii）包括欺诈和诈欺在内的针对财产的违法；

（iii）第1365条描述的违法（包括篡改有关消费品）；和

②可识别的受害人或遭受了人身伤害或金钱损失的受害人。

（2）第（1）段所述的违法达成的诉辩协议，仅在本段所述的犯罪导致该协议时予以适用。

（3）本条不适用于（1）①（ii）的违法，如根据事实记录法院认定：

①可识别的受害人数目众多使恢复原状不切实际的；

②量刑过程的负担，根据相关事实的原因或受害人损失金额的数量将使恢复原状更加复杂或延长，超出给受害人恢复原状的需求。

（d）按照第 3664 条恢复原状的命令应被签发和执行。

签发和执行恢复原状命令的程序，《美国法典》第 18 卷第 3664 条

（a）对于恢复原状的命令，法院应命令查验官员在法院所要求的陈述报告或独立报告中取得或包含充足的信息以使法院能够签发此令。在切实可行范围内，报告应包括，对受害人的一个完整损失计算，达成的恢复原状的协议，以及与每名被告人的经济状况相关的信息。如果受害人的人数和身份不能合理确定，或其他情况存在，使这一要求显然不切实际，查验官应将此情况告知法院。

（b）法院应向被告律师和政府律师披露所有本条（a）项陈述报告或其他有关报告的相关事项。

（c）本章、第 227 章和《联邦的刑事诉讼程序规则》第 32（c）条应只适用于本条法律程序。

（d）（1）根据查验官的要求，最初定判刑日 60 日前，政府律师应在切实可行范围内，向查验官告知所有确定的受害人，根据名单应及时提供恢复原状的数额。

（2）查验官应根据（a）在可行范围内事先提交陈述报告：

①通知所有已查明的受害人：

（i）被告的违法行为；

（ii）递交给查验官的需归还数额；

（iii）根据受害人的损失数额提交给查验官信息，告知受害人的机会；

（iv）预定的日期、时间和判决地点；

（v）受害人根据（m）（1）（b）项支持受害人的可行性；

（vi）使受害人有机会向查验官递交独立的有关归还数额的陈述。

②根据①（vi）段给受害人提供陈述表格。

（3）每名被告应准备并向查验官递交报告，全面阐述其收入来源，包括下列完整的清单，所有拥有的资产，或截止被告人被逮捕日能控制的财产，被告和被告家属的经济需要和收入能力，以及与此类因素有关该法院认为适当而要求的其他资料。

（4）查验官审阅报告后，法院可要求额外的文件或听取证词。任何存档记录、证词，应按照本条要求最大限度地保护隐私，这些记录或证词可拍摄。

（5）如果受害人的损失在判决前10日不能确定，政府律师或查验官应通知法院，法院应设定一个时间，最后确定受害人的损失，不超过判决之日起90日。如果受害人后来发现进一步的损失，受害人应在发现这些损失60日内，请求法院予以签发恢复原状命令。该命令仅在有合理理由且不包含在最初救济时适用。

（6）根据最初确定这个问题的法院的意见，法院可参照治安法官作出的恢复原状的命令或特殊所有者提出的认定事实和处置建议事项。

（e）根据恢复原状的适当数量或类型的任何争议，应由法院通过优势证据解决。作为违法结果，受害人承受的损失数额的举证应置于政府律师。被告人和被告人家属收入来源的举证，应在被告。法院认为适当的其他事项的举证，应根据正义的要求决定。

（f）（1）①对每个恢复原状的命令，法院应决定全额赔偿每个受害人的损失，不必考虑被告的经济状况。

②在任何情况下受害人可以接受或有权获得保险公司或任何其他来源赔偿的被视为确定的损失。

（2）法院应依据第3572条确定归还每个受害人的数额，命令恢复原状，恢复原状的时间表要考虑：

①被告的经济来源和其他财产，包括这些资产财产是否属于共有；

②被告的预计收入和其他收入；

③被告的经济义务，包括对其家属。

（3）

①恢复原状令可直接要求被告一次性总额付款、在指定的时间分期付款、实物支付或结合分期付款和实物支付。

②如果法院发现被告的经济状况不允许被告支付令要求的某一数额，或不允许在可预见的将来在任何合理的付款时间支付全款，恢复原状令可要求被告作出名义上的定期付款。

（4）第（3）段所说的实物支付可以是：

①归还财产；

②更换财产；

③如果受害人同意，向除受害人以外的个人或组织提供服务。

（g）（1）受害人无须参加任何阶段的恢复原状。

（2）受害人可以在任何时候将赔偿支付捐给"财政部犯罪受害人基金"，

而不以任何方式阻止被告进行此类支付的义务。

（h）如果法院认定，超过一个以上被告造成受害人损失，法院可要求每个被告有义务支付全额或可分摊被告的赔偿责任，以反映受害人的损失水平和每名被告人的经济状况。

（i）如果法院认定，超过一个以上受害人遭受了损失，要求被告恢复原状的，法院可提供不同的付款时间表，依据受害人的类型、损失数额和经济情况。在任何情况下，美国作为受害人时，法院应确保在美国得到任何赔偿前所有其他受害人获得全额赔偿。

（j）（1）如果受害人得到保险或其他来源的赔偿，法院应命令支付给保险机构或有义务向受害人提供赔偿的人，但赔偿命令应规定，受害人所要求的恢复原状的赔偿，此类赔偿机构已经支付给了受害人。

（2）根据恢复原状令，如果获得了损害赔偿，任何支付给受害人的款项应相应减少：

①任何联邦民事法律程序；

②任何州民事程序，在州法提供的范围内。

（k）恢复原状命令应要求在被告发生任何可能导致支付困难的经济情况变化时通知法院和总检察长。法院也可以从美国或从受害人处接受被告经济情况重大变化的通知。总检察长须向法院确认被告的情况变化已经通知了受害人。一旦收到通知，法院应本着公正的要求，可根据自己的动议，或任何一方包括受害人的要求，调整付款时间表，或者要求立即全额支付。

（l）被告的违法行为及引起恢复原状的命令，应使被告不再受到其后受害人请求的任何联邦民事法律程序或州民事程序的追究。

（m）（1）①（i）第227章C和第229章B规定的恢复原状的命令可由美国强制执行。

（ii）所有其他现有的和合理的手段。

②应被害人恢复原状命令的要求，该法庭书记员须发出一个抽象的判断，证明判决已进入有利于在这些受害人中所要求的归还数额。根据巡回法院所在的州法院的规则和要求，一经登记、记录、摘要或索引此类摘要，抽象的判决就应当在被告所在的州以同样的方式、同样的程度和同样的条件，同该州普通管辖法院所作出的判决一样执行被告的财产。

（2）查验官以服务的形式执行实物归还命令。

（n）如果一个人有义务恢复原状或支付罚款或在被监禁期间从任何来源收到大量的资源，包括继承、转让财产或其他判决，该人应将这些资源用于仍然拖欠的恢复原状或罚款。

（o）恢复原状判决的命令是最终判决，尽管事实上：

（1）此类判决其后：

①根据《联邦刑事诉讼规则》35卷和第235章3742条的规定予以纠正；

②根据《联邦刑事诉讼规则》第3742条上诉和修改；

③根据第3664条（d）款（3）项修补；

④根据第3664条（k）款，3572条，或3613A调整。

（2）根据第3565条或3614条，被告可能被重新审判。

（p）除了本条及第2248条、第2259条、第2264条、第2327条、第3663条和第3663条A款的情况和产生于这些条款的申请书，必须解释为非经授权支持任何人反对美国或任何政府高级官员及美国政府雇员引起原告的起诉缘由。

判决前的报告书的内容，《联邦刑事诉讼规则》第32条b款4项之D

（4）判决前的报告书的内容。

判决前的报告书须包括：

经证实的证据，辩论中的陈述，包括与已经完成违法行为的任何个人有关的财政的、经济的、社会的、心理的及药物的影响。

5. 判决

相关判决的法定条款过长，因此只有本章节才能被重复适用，除了一部经常查阅的法规《美国法典》第18卷第3571条。（另外，《美国法典》第18卷第3663条、第3663条A款、第3664条（赔偿）被安排在上述本条B.4。）执行这些法定条款依据应连同本法定条款一起阅读判决指南。虽然有可供参考的常用判决条款索引，但律师通常应熟悉由很多与其他相互关联的条款构成整体的指南。

a. 下面是有关量刑条款

（i）总则，《美国法典》第18卷

第3013条　被判有罪的人的特别捐税

第3551条　权威判决

第3552条　审前报告书

第3553条　处以判决

第3554条　没收违法所得的程序

第3555条　通知受害者的程序

第3556条　赔偿程序

第3557条　判决评注

第3558条　判决执行

第 3559 条　违法的判决种类

(ii) 缓刑,《美国法典》第 18 卷

第 3561 条　缓刑

第 3562 条　缓刑的处罚

第 3563 条　缓刑的条件

第 3564 条　缓刑期间的运行

第 3565 条　缓刑的撤销

第 3566 条　缓刑的执行

(iii) 罚金（《美国法典》第 18 卷）。

第 3571 条　罚金刑

第 3572 条　罚金刑的处罚及相关问题

第 3573 条　为了更改或减轻的政府请愿书

第 3574 条　罚金刑的执行

(iv) 监禁（《美国法典》第 18 卷）。

第 3581 条　监禁刑

第 3582 条　监禁刑的处罚

第 3583 条　包括监禁后的狱外执行期间

第 3584 条　各种监禁刑

第 3585 条　计算监禁刑的刑期

第 3586 条　监禁刑的执行

(v) 附加刑（《美国法典》第 18 卷）。

第 3661 条　证据使用

第 3663 条　责令赔偿

第 3663 条第 A 款　对某些犯罪的受害者强制赔偿

第 3664 条　发布实施赔偿命令的程序

第 3673 条　判决条件的说明

第 3742 条　判决评论

b. 罚金判决（《美国法典》第 18 卷第 3571 条）。

（a）总则。被发现有违法行为的被告可能被判处支付一定金额的罚金。

（b）对个人的罚金。除了如本章节中本条（e）的情况，被发现有违法行为的个人可能被处以最多不超过：

（1）违法行为发生前制定的相关法律设定的数额；

（2）根据本章节本条（d）的适当数额；

（3）重罪，不超过 $250 000；

（4）致人死亡的不当行为，不超过＄250 000；

（5）未导致死亡的 A 级不当行为，不超过＄100 000；

（6）未导致死亡的 B 级或 C 级不当行为，不超过＄5 000；

（7）一般违法行为，不超过＄5 000。

（c）对机构的罚金。除了如本章节中本条（e）的情况，被发现有违法行为的机构可能被处以最多不超过：

（1）违法行为发生前制定的相关法律设定的数额；

（2）根据本章节本条（d）的适当数额；

（3）重罪，不超过＄500 000；

（4）致人死亡的不当行为，不超过＄500 000；

（5）未导致死亡的 A 级不当行为，不超过＄200 000；

（6）未导致死亡的 B 级或 C 级不当行为，不超过＄10 000；

（7）一般违法行为，不超过＄10 000。

（d）基于损益变动的罚金。如果一个人从违法行为中得到财产收益，或违法行为导致被告人以外的人的财产损失，被告可能被处以不超过违法所得或造成损失的 2 倍的罚金，除非处以本条所规定的罚金将使审判过程变得复杂或拖延审判时间。

（e）低于本条实际规定的罚金的特别规定。如果违法行为发生前的一部法律规定不处以罚款或低于本条所规定的罚金，除依据本法本条的罚款以外适当的、明确规定的，豁免被告的本罚金条款的适用，即不适用该罚金条款，被告不被处以可能不超过违法行为发生前制定的法律规定的数额。

c. 判决常用条款指南

第 1 章——引言和总则

A 部分——引言

1. 权力

2. 法定职责

3. 基本方法

4. 解决主要问题的指南

a. 现实违法比较控告违法判决

b. 违反

c. 请求协议

d. 缓刑和分歧判决

e. 数罪并罚

f. 违法监督

g. 量刑幅度
h. 各种判决
5. 结语
B 部分——总则
§ 1B1.1. 适用说明
§ 1B1.2. 适用的指南
§ 1B1.3. 相关行为（影响准则幅度变化的因素）
§ 1B1.4. 审判中使用的证据（选择一个要点在指南范围里或违背指南）
§ 1B1.5. 对其他的违法指南解释的引文
§ 1B1.6. 准则的结构
§ 1B1.7. 重要的评注
§ 1B1.8. 某些证据的使用［被告同意与政府合作的情况，通过提供他人违法行为的相关证据……］
§ 1B1.10. 修订的指导准则幅度的重复适用（政策规定）
§ 1B1.11. 使用指南手册对宣判日期的效果（政策规定）
第 2 章——违法行为
R 部分——反托拉斯的违法行为
§ 2R1.1. 垄断，固定价格或者竞争者间的市场分配协议
第 3 章——调节
B 部分—— 对违法行为的作用
§ 3B1.1. 恶化作用
§ 3B1.2. 缓和作用
§ 3B1.3. 滥用职责地位或利用特殊技能
C 部分——障碍
§ 3C1.1. 阻碍或妨碍司法行政
D 部分——数罪
§ 3D1.1. 裁定数罪的违法等级的程序
§ 3D1.2. 相关罪状形成的各种数罪
§ 3D1.3. 各个符合相关罪状形成的数罪的违法等级
§ 3D1.4. 裁定各个犯罪的违法等级
§ 3D1.5. 裁定总刑罚
E 部分——承担责任
§ 3E1.1. 承担责任
第 5 章——量刑

A 部分——各种刑罚

B 部分——缓刑

§ 5B1.1. 判处一定期限的缓刑

§ 5B1.2 缓刑的期限

§ 5B1.3. 缓刑的条件

§ 5B1.4. 被推荐缓刑的条件及保释（政策规定）

C 部分——监禁刑

§ 5C1.1. 判处一定期限的监禁刑

D 部分——保释

§ 5D1.1. 处以一定期限的观察期

§ 5D1.2. 保释的期限

§ 5D1.3. 保释的条件

E 部分——赔偿，罚金，捐税，没收财产

§ 5E1.1. 赔偿

§ 5E1.2 对个人被告的罚金

§ 5E1.3. 特别捐税

F 部分——可选择刑

§ 5F1.1. 公共活动限制

§ 5F1.2. 监视居住

§ 5F1.3. 公共服务

G 部分——执行的总的监禁刑

§ 5G1.1. 简单罪状的定罪的判决

§ 5G1.2. 数罪的判决

H 部分——具体的违法者特征

§ 5H1.1. 年龄（政策规定）

§ 5H1.2. 教育和职业技能（政策规定）

§ 5H1.3. 精神和情绪状况（政策规定）

§ 5H1.4. 生理状况，包括依赖或滥用药物或酒精（政策规定）

§ 5H1.5. 工作履历（政策规定）

§ 5H1.6. 家庭关系和职责，和社会关系（政策规定）

§ 5H1.7. 职位（政策规定）

§ 5H1.10. 种族，性别，国籍，宗教信仰和社会经济地位（政策规定）

§ 5H1.11. 军事的，城市的，慈善的，或公共服务；相关职业贡献；以前的工作履历（政策规定）

K 部分——违反

1. 对官方大量援助

§ 5K1.1. 对官方大量援助（政策规定）

2. 违反的其他理由

§ 5K2.0. 违反理由（政策规定）

§ 5K2.16. 自愿公开违法行为（政策规定）

第 6 章——判决程序和申请仲裁

A 部分——判决程序

§ 6A1.1. 审判公告（政策规定）

§ 6A1.2. 公开审判；辩论（政策规定）

§ 6A1.3. 争议因素的解决（政策规定）

B 部分——申请仲裁

§ 6B1.1. 申请仲裁的程序（政策规定）

§ 6B1.2. 受理申请仲裁的标准（政策规定）

§ 6B1.3. 驳回申请仲裁的程序（政策规定）

§ 6B1.4. 约定（政策规定）

第 8 章——审判机构

A 部分——普遍应用准则

§ 8A1.1. 第 8 章的适用

§ 8A1.2. 机构运行守则

B 部分——犯罪行为造成的损害的补救

§ 8B1.1. 赔偿——机构

§ 8B1.2. 补救的——机构（政策规定）

§ 8B1.3. 公共服务——机构（政策规定）

C 部分——罚金

2. 裁定罚金——其他机构

§ 8C2.1. 罚金准则的适用

§ 8C2.2. 初步确定无力支付罚金

§ 8C2.3. 违法等级

§ 8C2.4. 基础罚金

§ 8C2.5. 有罪的程度

§ 8C2.6. 最小和最大倍数

§ 8C2.7. 罚金范围准则——机构

§ 8C2.8. 裁量罚金数额（政策规定）

§ 8C2.9. 归还赃物
3. 执行罚金刑
§ 8C3.1. 判处罚金
§ 8C3.2. 支付罚金——机构
§ 8C3.3. 因无力支付减少罚金
§ 8C3.4. 实际控制机构的所有者支付罚金
4. 违反罚金幅度的准则
§ 8C4.1. 对官方的大量援助——机构（政策规定）
§ 8C4.5. 威胁市场（政策规定）
§ 8C4.9. 倾销（政策规定）
§ 8C4.10. 强制程序是为了防止和查明违法行为（政策规定）
§ 8C4.11. 例外的机构的有罪性（政策规定）
D 部分——机构缓刑
§ 8D1.1. 判决缓刑——机构
§ 8D1.2. 缓刑的期限——机构
§ 8D1.3. 缓刑的条件——机构
§ 8D1.4. 被推荐缓刑的条件——机构（政策规定）
§ 8D1.5. 违反缓刑条件——机构（政策规定）
E 部分——特别捐税，违约金，和损失
§ 8E1.1. 特别捐税——机构

三、影响反托拉斯局维护竞争的法令

（一）法定反托拉斯豁免

1. 农业豁免

《克莱顿法》第 6 条，《美国法典》第 15 卷第 17 条

除非有其他原因，该法允许，农业或园艺操作互助组织可以没有股本存量或不进行营利性的行为。

《卡珀－沃尔斯特农业生产者协会法》，《美国法典》第 7 卷第 291~292 条

该法允许从事农产品生产且共同生产的目的是"集中生产、准备销售、处理和营销"产品，并允许合作社有"共同的销售代理"。该法律还授权农业部长对合作社的商业垄断或在某种程度上限制物价以致农业商品的价格"不适当地提高"有起诉的权利。

《1926 年卡珀－沃尔斯特联合销售法》，《美国法典》第 7 卷第 451～457 条

该法授权农业生产者和协会，可以获得和交换过去、现在和未来的价格、生产和销售的数据。

《1937 年农业营销协议法》，《美国法典》第 7 卷第 601～627，671～674 条

该法规定，农业部长有权与生产者一起参与签订加工的农商品的销售协议。这些规定是明文适用反托拉斯法的豁免。根据该法律，除牛奶外，农业部长也参与订货、控制农产品数量进入市场，从而有助于控制产品价格。牛奶销售订单不同于其他的产品订单，因为它们提供了一种为建立一个最低价格的牛奶机制，而不是建立最高价格的产品输出机制。

b. 出口贸易豁免

《1982 年的出口贸易公司法》，《美国法典》第 15 卷第 4001 条以及以下各条

该法规定了对出口贸易有限的反托拉斯豁免，出口贸易行为和运作方式证书需经商务部长同意后才颁发。要获得该证书的人行为必须：

（1）不会大幅减少竞争或限制美国贸易，也不能不断地限制任何竞争对手出口贸易的申请；

（2）在美国申请者不能随意提高、稳定或压低一类商品或服务出口价格的；

（3）申请者不能通过不正当的竞争方法应对从事出口类商品或服务出口的竞争对手；

（4）在美国申请人的任何行为不包括可能致使买卖的交易或转售的货物或服务出口。

如果部长或司法部长认定申请人如有上述不规范的行为，证书会被商务部长宣告无效。如果证书有效，申请人便可以免除联邦政府或者是州政府的反托拉斯责任。然而，当事人也可能因为其不按照法令实施的行为而招致控告。此外，司法部长可根据《克莱顿法》第 15 条"实施的行为使国家利益遭受了不可弥补的损失"对当事人提起诉讼。

《韦伯－波默出口贸易法》，《美国法典》第 15 卷第 61～66 条

该法规定协会的构成及其他竞争的企业从事集体出口贸易的豁免情况。根据该法规定所授予的豁免不适用于以下行为：在美国产生反竞争的影响或伤害国内竞争对手的出口协会成员。

c. 保险豁免

《麦卡伦－弗格森法》，《美国法典》第 15 卷第 1011～1015 条

该豁免法律来自于反托拉斯法的"商业保险"，在某种程度上受州法律所

调节。《谢尔曼法》继续适用于所有的协议或那些从事"商业保险"的行为，以抵制胁迫或恐吓。

d. 劳动豁免

《克莱顿法》第 6 条，《美国法典》第 15 卷第 17 条

该法规定，人类的劳动不是一种商品也不能用来进行商品的交易。该法允许工会组织履行其合法的目的。

《克莱顿法》第 20 条，《美国法典》第 29 卷第 52 条

一般说来，该法通过雇员所描述的雇用期限和条件而使公司豁免。

《1932 年诺里斯－拉瓜迪亚法》，《美国法典》第 29 卷第 101～115 条

该法规定，美国法院对限制订单或禁止某些工会基于非法集合或蓄意反托拉斯法的行为没有管辖权。

e. 渔业豁免

《渔民的集体销售法》，《美国法典》第 15 卷第 521～522 条

该法允许从事渔业的渔民采取共同行动，目的只能是捕鱼、生产、准备投放市场、加工处理、处理和销售其产品。这种豁免是在《卡珀－沃尔斯特德法》颁布后所产生的。该法还规定，如果州或外国企业抑制或垄断任何相关的人从事渔业，司法部长将停止签发其从业许可证书。

f. 国防储备

《1950 年国防产品法》，《美国法典》第 50 卷第 2158 条

该法规定，总统或其委派的代表，同司法部长一起可通过协议拟订各工业组织的发展准备计划的，以应付国家可能出现的紧急情况。参加者之所以签订这样的协议是由反托拉斯法中的诚信原则所开展的活动，以履行自己的职责。

g. 报纸同盟联合会

《1970 年报纸保护法》，《美国法典》第 15 卷第 1801～1804 条

该法规定联合经营的报纸有限的豁免权，此种经营只是在分享生产设备同自己的商业活动相结合之间。报纸必须有独立的卷辑和报告执法人员并确定他们的卷辑纲要也是独立的。

h. 职业体育

《体育广播法》，《美国法典》第 15 卷第 1291～1295 条

该法律的豁免是有一定的限制的，电视台如果购买联赛的转播权需要经过职业足球队、职业棒球队、职业篮球队及职业曲棍球队的一致同意。

i. 小型合资企业

《小型企业法》，《美国法典》第 15 卷第 631～657 条 f 款

好 该法第 638 条第 4 款第 2 项授权小企业管理局长，在与司法部长和联

邦贸易委员会主席协商后,事先在司法部长书面批准的情况下,如果管理局长发现小企业之间的研究和开发的合资项目有利于保持和加强自由企业制度和国家的经济,他会同意小企业之间的这种合作项目。根据该条第4款第3项规定,小企业管理局长可以据此批准同意的反托拉斯豁免,可以在协议的范围之内或者针对提出的项目,小企业可以付诸相应的行动和免于相应的法律责任。小企业管理局长或者司法部长可以提前撤销或者修改此同意批复。

据第640条第2款,为了进一步实现小企业法的目标,如果总统发现这个批准同意的项目有利于公共利益,比如有利于国防利益,小企业根据自愿的协议回应总统的要求或者总统批准的项目,关于由小企业从事的合资研发协议因获得同意批准而得到反托拉斯的豁免,总统关于此问题要求的复印件送至司法部长和联邦贸易委员会主席。根据第640条第3款规定,通过参议院的正式任命,允许总统委派代表授权提出这样的要求,在此情况下,该官员提出此要求之前要得到司法部长的同意。如果根据需要,这一要求或者司法部长的同意可以被撤销。

j. 地方政府

《1984年地方政府反托拉斯法》,《美国法典》第15卷第34~36条

该法规定的反托拉斯的豁免是针对当地政府官员及以官方身份行事的雇员而为的,关于这方面的行动所遭受的损失,费用或花销见该法律第15条第15款。该法规定类似的豁免也针对第15条12款所提及的受地方政府官员所操纵的人。

(二) 与反托拉斯局管制产业行为相关的法令

以下法律是有直接影响的反托拉斯管理活动。虽然列举的并不详尽,但它表明了主要地区的联邦法规,在某些行业,我们应该特别予以关注。

1. 银行

《银行合并法》,《美国法典》第12卷第1828 (c) 条

该法创设了一个针对银行合并审查的特别程序,由适当的银行机构进行审查——货币监理官、联邦储备委员会、联邦存款保险公司或者储蓄监管局。包括银行或者储蓄协会(包括获得资产或者假定的债务)的所有申请都要提交给司法部长,由他在银行机构所要求的30日期间内将拟议的合并对银行业的竞争影响报告给银行机构。银行机构必须经过30日的期限,或者直到收到了司法部长的报告之后,才能审查申请。在发生紧急情况需要采取快速行动的情况下,通过司法部长的通知,银行机构能够缩短批准前的等待期的时间为10日;为了预防银行或者储蓄协会其中之一的失败,如果必要,银行机构也可以在没有报告的情况下立即采取行动。在此情况下,当合并获得批准后,银行机

构立即通知司法部长。

该法也强调了一个批准后的等待期,要求被相关的银行机构批准日期之后的第 30 日后合并才能持续进行。如果银行机构没有收到来自司法部长的相反的竞争影响报告,经过司法部长同意后,该 30 日的等待期可以缩短至不少于 15 日;如果银行机构已经通知了司法部长,存在紧急情况要求采取快速的行动,等待期可以缩短至 5 日;如果银行机构已经决定它必须立即采取行动,以防止银行或者储蓄协会的任何一家陷入可能的合并失败,在这样的情况下,在批准之前无需提交竞争影响报告。如果在 30 日的期限(或者缩短的期限)内,没有发生根据反托拉斯法提起的诉讼,合并可以继续进行,并可以得到《谢尔曼法》第 2 条的反托拉斯诉讼豁免(这意味着为了防止可能的银行经营失败而立即予以批准的合并根本不会成为反托拉斯控告的对象)。

如果在申请期间提出了诉讼,其结果是合并自动停止。此种诉讼存在一个特殊的抗辩,如果法院发现被合并之后的实体为社区提供的便利和为满足社区的需要所带来的效果要明显大于合并带来的反竞争效果,法院会允许这种反竞争的合并继续进行。

《银行合并法》要求合并进行之前要进行竞争审查和批准,此要求根据《克莱顿法》第 7 条第 1 款第 3 项第 7 目的规定,可以得到 HSR 法规定的报告与等待期的豁免。

《银行控股公司法》,《美国法典》第 12 卷第 1841~1850 条、第 1971~1978 条

该法第 3 条规定,联邦储备委员会必须建立与《银行合并法》同样的竞争标准适用《银行合并法》,以审查银行控股公司收购其他的银行控股公司、银行或者银行资产。审批前的等待期不包括向司法部长发出法律规定的通知的时间,实际的情况是储备委员会向司法部长发送通知,司法部长向联邦储备委员会提交竞争影响报告。同样的标准适用于《银行合并法》第 3 条规定的以下申请:发给司法部长批准通知、批准后的等待期、一旦期限过期之后反托拉斯的豁免、自动停止合并、便利和需要抗辩。根据《银行合并法》第 3 条的规定,收购或者部分收购行为,是银行机构审查的对象,并得到 HSR 法规定的报告和等待期要求的豁免。

《银行控股公司法》第 4 条,《美国法典》第 12 卷第 1843 条

该法规定银行控股公司收购非银行或者储蓄机构事项。这种情况不需向司法部长通告。一般而言,该法第 4 条所说的收购不是联邦储蓄委员会批准的对象,是 HSR 法报告和等待期要求的对象;但是如果它是根据第 4 条规定需要联邦储蓄委员会批准(或者不批准)的那种类型的收购,根据《克莱顿法》

第 7 条第 1 款第 3 项第 8 目的规定，如果由联邦储蓄委员会提交的所有信息和文献资料的复印件，也由司法部和联邦贸易委员会至少在继续收购前的 30 日时间里提交，那么它就可以得到 HSR 法要求的豁免。第 4 条所要求的收购常常成为反托拉斯法实施的目标。

《格兰门－利奇－比利利法》（1999 年金融服务现代化法），对《银行控股公司法》进行了修正，根据第 4 条第 11 款创设一个新的"金融控股公司"，允许该公司从事某些金融行为，包括保险业、证券保险业、保险代理，这些都是以前的银行控股公司禁止进入的领域。在那时，第 7 条第 1 款第 3 项第 7 目和第 8 目被修正，使下面的情况变得很清楚，如果收购的部分根据第 4 条第 11 款没有成功，不是联邦储蓄委员会根据第 3 条或者第 4 条审批的对象，也不是 HSR 法规定的报告和等待期要求的豁免。像其他的第 4 条所涉及的收购和第 4 条第 11 款规定的收购，都是反托拉斯法常常适用的目标。

2. 通讯

《1934 年通讯法》，为《1996 年电讯法》所修正，《美国法典》第 47 卷第 151~161 条、第 201~231 条、第 251~261 条、第 271~276 条、第 301~339 条、第 351~363 条、第 381~386 条、第 390~399b 条、第 401~416 条、第 501~510 条、第 521~522 条、第 531~537 条、第 541~549 条、第 551~561 条、第 571~573 条、第 601 条、第 604~615b 条。

该法设立了联邦通讯委员会，负责管制"通过有线和无线通讯进行的州际和外国商业"。《美国法典》第 47 卷第 151 条。FCC 的职权包括通讯公共运营商、无线和电视广播、有线通讯。根据该法第 402 条第 1 款（《美国法典》第 28 卷第 2341~2351 条），在上诉法院中，在审查 FCC 发布的大多数命令时（经营执照和经营执照转让命令除外），反托拉斯局代表联邦政府，FCC 是另一方当事人。

1996 年《电讯法》所述的立法目的是"促进竞争和减少规制，确保电讯业为美国的电讯消费者提供更低的价格和更高的质量服务，鼓励快速开发新的电讯技术。"在本条最后，《电讯法》规定了开放地区电讯市场以促进竞争，废止了《通讯法》明确规定的通过 FCC 同意后的电话公司的合并适用反托拉斯豁免的条款。1996 年法律也包括一个明确的反托拉斯保留条款，第 601 条第 2 款第 1 项，《美国法典》第 47 卷第 152 条注释，规定很明确，在所有的其他方面，在 1996 年法律没有"修改、削弱或者替代反托拉斯法的任何适用性"。

1984 年《有线通讯政策法》，为 1996 年《电讯法》所修正，《美国法典》第 47 卷第 521－573 条。这些法律降低了在有线电视产业里的管制水平。法律授权 FCC 批准转让有线电视服务许可证。虽然双方都没有得到反托拉斯法控告的豁免，但在 1992 年 10 月 2 日后，政府企业在涉及有线电视服务监管行为时根据联邦法律规定免于损害赔偿请求。

3. 对外贸易

1930 年《税法》第 337 条，《美国法典》第 19 卷第 1337 条

根据该法律，如果出现不公平贸易行为包括进口到美国的商品（主要是有关知识产权），国际贸易委员会要对其进行评估。国际贸易中心在作出决定前必须征询国际贸易委员会的意见。该部也组织机构小组，由小组的主席来决定是否接受国际贸易中心所作出的裁决和建议。

1974 年《贸易法》第 201 条，《美国法典》第 19 卷第 2252 条规定，美国企业声称所受到的严重损失是由于进口增加所引起的，企业可能在所谓的"免责条款"下请求国际贸易委员会的关税和配额相应的减免。一旦国际贸易委员会作出认定这种损失已经发生的断定，并采取适当的补救措施，国际贸易委员会便会成立机构小组，由组长决定是否需要建立或采取适当的措施减少由国际贸易中心发起的进口货物。

第 301 条，《美国法典》第 19 卷第 2411 条，总统可以采取行动，包括限制进口，在贸易协议中加强美国的权利或对外国政府限制美国商品的不公平的行动中予以还击。有关各方向通过美国商务代表提出这样的要求。该部可建立机构委员会，向主席提出建议应采取什么行动。

第 406 条，《美国法典》第 19 卷第 2436 条规定，企业在这种所谓的扰乱市场的法令下，声称由于共产主义国家的商品进口而遭受损失时，也可以恳请国际贸易中心给予帮助。该部可组建机构委员会，建议主席是否应建立或者通过国际贸易中心减少进口商品。

《1962 年贸易扩张法》第 232 条，《美国法典》第 19 卷第 1862 条

根据该法律，总统和商务部长如果认为进口的商品威胁到国家安全或与国防有关的国内生产者，总统应立即采取行动，控制进口。有关各方可通过商务部长提出申请采取行动。该部参加了机构间委员会，委员会在必要时会建议总统采取何种行动。

《反倾销关税》，《美国法典》第 19 卷第 1671 条

该法规定，美国的制造商、生产商、批发商、工会和行业协会可申请由于外国进口的关税补贴。如果商务部认为国外的产品向美国进口是由于本国的资助时，美国会强制增加其关税，这适用于如果美国国际贸易委员会认定国内产业受到外国商品的威胁和损失的所有情况。虽然法律允许反托拉斯局将国际贸易委员会控告到法院，但反托拉斯局已经好多年没有作出这种选择了。有时，反托拉斯局会按照商务部的要求提交非正式的建议。

《征收反倾销税》,《美国法典》第 19 卷第 1673 条

本法规定,反倾销税应针对"正在或将来,在美国销售的'低于公平价值'的外国商品",如果商务部认定此销售已经或将要发生或国际贸易委员会认定由于外国商品的进口对国内产业的产生实质性伤害或威胁,将对其征收反倾销关税。虽然法律允许反托拉斯局将国际贸易委员会控告到法院,但反托拉斯局已经好多年没有作出这种选择了。有时,反托拉斯局会按照商务部的要求提交非正式的建议。

4. 能源

《能源部组织法》,《美国法典》第 42 卷第 7101 条及以下各条

该法规定了能源部的组织机构和向其他部门的代理机构转让的职责。该法证明,这是用国家利益来满足消费者的利益,提供充足和可靠的能源供应,用最低的合理费用,促进和保证竞争各方参与能源供应和燃料供应。

该法设立了联邦能源管理委员会(简称"FERC")作为能源部一个独立的管理委员会,联邦能源管理委员会规定了能源的传输率、销售电力、运输及销售天然气的相关内容,还规定了天然气和石油管道等内容。联邦能源管理委员会的权力是根据联邦电力法和天然气法,规范除收购的天然气公司有价证券外的合并和收购。

反托拉斯局常常以维护竞争的名义,对联邦能源管理委员会的诉讼和其他涉及能源部的诉讼进行干预。

《1954 年原子能法》,《美国法典》第 42 卷第 2135 条

根据该法令、在与反托拉斯法一致的情况下,该部向核管理委员会建议,是否颁发营业执照或保证周围植物或建筑物维持现状的保证书。如果该部采取听证会,该部可作为一方当事人参与其中。

《1976 年联邦煤矿租赁法修正案》,《美国法典》第 30 卷第 181 条及以下各条

该部审查发布、补充或修改联邦煤炭租赁法以确保该法符合反托拉斯法。见《美国法典》第 30 卷第 184(1)-(2)条。根据该法令,该部要求卷写一份关于煤炭业国家竞争的年度报告。见《美国法典》第 30 卷第 208-2 条。

《1978 年外大陆架陆地法修正案》,《美国法典》第 43 卷第 1331.1337(c)条以及以下各条

该法规定,该部门内部、能源部与司法部长一起,就海上租赁、入海的管道权、租赁转让的审查、审查监管和该部门内部和能源部制订的海上租赁计划可能影响竞争的收购和海上租赁转让等问题进行协商。

《1996 年海上石油储备生产法》，《美国法典》第 10 卷第 7430（g）（h）（i）、第 7431（b）（2）条

这些修正案要求能源部长与司法部长一起协商，关于在签订源于海上石油原油储备的石油产品买卖合同或协议及制定规章制度前要先考虑监管措施、发展计划及修正案。如果司法部长建议秘书长在 15 日内可以审查任何拟议的合同或协议，该协议或合同违反反托拉斯法的话，那么，秘书长审查终止。司法部长还需要竞争力影响报告，该报告包括正在进行的勘探、开发、生产的海上石油和原油储备计划或重大修改的计划。

《阿拉斯加州的国家石油储备》，《美国法典》第 42 卷第 6504（d）、6506 条

该法规定，如果司法部长建议内政部长，在 30 日的时间内审查阿拉斯加州的国家石油储备勘探合同，若该合同没有不适当地限制竞争，或者与反托拉斯法没有不一致则内政部长可以签署该合同。司法部长还须就新的勘探计划，或者对正在实施的勘探计划进行实质性的修改，对竞争产生的效果提交报告。随之而来的发展导致了石油生产的授权，详见《美国法典》第 10 卷第 7430（g）、（h）和（i）的适用。

《深水港口法》，《美国法典》第 33 卷第 1501-1524 条

美国政府授权交通部长颁发深水港许可证。在颁发此证之前，交通部长必须听取司法部长和联邦贸易委员会，关于颁发许可证是否会影响竞争或者是否与反托拉斯法不一致的意见。在许可证修改、转让、更新之前，交通部长仅需通知司法部长和联邦贸易委员会即可。

5. 运输

《州际贸易委员会终止法》，Pub. L. No. 104-88, 109 Stat. 803

直到 1976 年，该法解散了州际贸易委员会，规范了监管入境、费用、路线、类别、合并和集体发展的行为，这些行为需经州际贸易委员会批准及免于受反托拉斯法的约束。《州际贸易委员会终止法》将其部分职能转移给运输部的水陆运输主席和运输部部长。虽然大部分以前在州际贸易委员会管辖的地区权现在解除了管制，但在这些区域中反托拉斯的豁免权限还是非常有限的。参见，1976 年《铁路振兴和管理改革法》（4R Act），《美国法典》第 45 卷第 801~836 条。

航空业。1958 年《美国联邦航空法》，截至 1978 年，民用航空委员会对航空公司的设立、经营、合并、董事会任命和签订协议等进行严格的监管。1978 年，国会通过了 1978 年《放松航空管制法》，Pub. L. No. 95-504, 92 Stat. 1705，随后逐步淘汰了民用航空委员会及其相应的职能。像其他领域的产业一样，反托拉斯局现在根据反托拉斯法审查美国国内的航空合并、收购和联锁董事。对于美国与外国航空公司之间签订的协议，由运输部批准以及给予反托拉斯的豁免。

1984 年《海运法》，《美国法典》第 46 卷第 1701–1721 条

该法规定，由国际海运船舶会议提出海运费率，并规定了如果联邦海事委员会提出了反托拉斯诉讼，其他的在国际海域从事海运的承运人之间协议可以得到反托拉斯豁免。

（三）关于与联合研究与开发、生产和开发标准相关的法令

《国家合作研究和生产法》，《美国法典》第 15 卷第 4301–4306 条

《国家合作研究和生产法》（简称"NCRPA"），实质上就是用美国反托拉斯法去解决联合研究和开发（简称"研发"）和联合生产活动。此法被 2004 年通过的《开发组织标准促进法》（Pub. L. No. 108–237，118Stat. 661）所修正。符合标准开发组织的行为才能从事标准开发活动。起初起草该法律的目的是，通过研发合资提供一个专门的反托拉斯制度，鼓励研究和开发。《国家合作研究和生产法》要求美国法院对控告研发的竞争影响力或联合生产的风险或两者中一种的结合行为，在有理有据的标准下给予恰当的判断。章程规定，该行为"应基于其合理性判断，并考虑到所有影响竞争相关因素，包括但不限于对竞争有影响的恰当定义，相关的研究、开发、生产、加工和服务市场。"《美国法典》第 15 卷第 4302 条。

《国家合作研究和生产法》创设一个自动程序，依照此程序司法部长和联邦贸易委员会可以通报联合研发或生产的风险。该法限制了货币救济可能提起秘密的私人民事诉讼，如果受到质疑的行为在通告的范围内，会对参与者通报实际遭受的损害而不只是 3 倍的损失。就合资企业而言，根据 1993 年的国家合作生产修订案，对于通报所致范围内的行为不可能受到赔偿，除非（1）用于生产的主要设备位于美国领土范围内；（2）"此合资中控制任何一方的当事人是美国人（包括当事人自己），或如果当事人是外国人，在参与联合投资进行生产方面，根据其所在国的反托拉斯态度的法律记录，对待本国人优于对待美国人"。

1993 年《国家合作生产修正案》也排除了该法的调整范围，这样远离了反托拉斯法正常适用的目标，其目的是为了某种产品的生产、加工或者服务而通过合资使用现有的设施，除非这样的使用包括生产新的产品或者技术。

四、反托拉斯局的指南

反托拉斯局发布了几个正式的指南。这些指南在下面的内容中进行了描

述,反托拉斯局也于1985年发布了非价格垂直限制指南,但是这些指南不再反映反托拉斯局的政策。

(一)合并指南

《横向合并指南》,1992年4月2日由反托拉斯局及联邦贸易委员会(简称"FTC")联合发行,在很大程度上取代了1984年6月14日颁布的指南。《非横向合并指南》来自于1984年的《合并指南》第4条,保留了非横向合并指南的有效。(垂直合并,排除潜在竞争者的合并)横向合并指南的订立标准是根据《克莱顿法》第7条,决定是否反对合并或收购的横向重叠。1997年4月8日,反托拉斯局及联邦贸易委员会发布了包括对待效率在内的指南的修订版。

(二)知识产权许可的反托拉斯指南

《知识产权许可的反托拉斯指南》(简称"知识产权指南"),于1995年4月6日由反托拉斯局及联邦贸易委员会联合颁布的。知识产权指南阐述了双方的代理机构需在专利权、著作权及商业秘密法的保护下加强许可的执法政策。

(三)国际业务的反托拉斯执法指南

《国际业务的反托拉斯执法指南》,(简称"国际指南")于1995年4月由反托拉斯局及联邦贸易委员会联合颁布,并取代了1988年颁布的国际指南。国际指南规定了反托拉斯的准则,即从事国际业务的涉及这两个代理机构企业要执行的国际政策。国际指南也适用于美国之外的行为及企业,执行国际反托拉斯援助的企业以及国外包括私营企业的反托拉斯责任的外国政府影响。

(四)与卫生保健和反托拉斯有关的反托拉斯执行政策和分析原则的声明

《与卫生保健和反托拉斯有关的反托拉斯执行政策和分析原则有关的声明》("卫生保健政策声明"),于1996年8月28日由反托拉斯局及联邦贸易委员会联合颁布。1994年9月27日颁布的修订版本是对1993年9月15日版的修订和补充。卫生保健政策声明由9部分组成,是关于增强医疗保健业的反托拉斯政策法规。多数陈述包括反托拉斯安全区的指南,这说明各机构的行为将不会挑战反托拉斯法的规定,也不会产生特殊情况。

第三章 调查与案情发展

一、查明与评估反托拉斯指控

反托拉斯局的调查由多种信息来源所引起，包括：

（1）接受来源于公民或企业的控告，当他们相信某些企业或者个人从事了非法行为时提起的控告；

（2）根据《1976年哈特—斯科特—罗迪诺反托拉斯改进法》合并前申报条款对提起的申请进行分析与评估；

（3）通过监控报纸、杂志和行业刊物获得引起反托拉斯局关注的不同行为的新闻报道；

（4）从检举者、个人或者申请赦免的企业那里获得"内部"信息；

（5）接受其他政府部门或者机构的控告和信息；

（6）接受美国司法部长及州司法部长的控告及移交来的举报；

（7）反托拉斯局律师和经济学家对特殊产业条件的分析，包括系统性的行业筛选；

（8）指导私人反垄断诉讼，决定反托拉斯局调查事务。

分配给反托拉斯局各部门和地区办公室的特别职责是帮助揭露可疑的违法行为。每个部门和地区办公室负责识别各自负责区域内的违法行为。此外，执法人员收到的一般性控告应相应地移交给各部门或者地区办公室。

接受控告的律师、经济学家或者律师助理应从控告人、贸易出版物、其他公开消息源以及政府机构获得信息。见下文第六章第二部分。除了要求相关的执行处长批准的特殊情形外，律师、经济学家或者律师助理基于以下三项理由不得与行业内其他人或者涉嫌参与违法行为的个人或者企业进行交流：①在作出有关调查应当进行以及反托拉斯局应当投入相应人力和物力的政策和事实决定前，反托拉斯局将不会开始正式调查。②在反托拉斯局和联邦贸易委员开始各自的公开调查前，他们会相互通告拟议的调查。这种通告程序的目的是确保两机构不会调查同一行为，并避免在调查时给当事人带来过重负担以及对潜在证人施加双重要求。见下文第二条第三部分、第七章第一部分。③接触有可能过早地警告已着手或者即将着手审查的调查对象。

二、建议进行初步调查

（一）批准初步调查的标准

一般来讲，如果存在以下四种情况，那么反托拉斯局将授权进行初步调查：(1) 存在有足够的反托拉斯违法行为的象征性证据；(2) 一定数量的商业受到实质性的影响；(3) 调查不需要重复或者干扰反托拉斯局、联邦贸易委员会、联邦检察长或者州总检察长的其他努力；(4) 可以获得相关资源投入调查。虽然在以民事调查令、二次要求书或者大陪审团传票形式签发强制程序前，调查不会正式成为"民事"或者"刑事"调查，但是在提交有关所从事的调查是具有民事还是刑事内容的初步调查请求时，反托拉斯局通常可以作出初步决定。一般而言，行为类型对民事（或刑事）决定有着决定性的影响（例如，合并事务执行民事调查，本身违法的固定价格执行刑事调查）。见下文第三部分（讨论确定是否进行民事或者刑事调查的标准）。

在民事案件中，注意力从开始就应集中于法律原理、相关经济知识、强调可能抗辩的效力、政策含义以及问题潜在的原则意义。潜在意义越大，请求就越可能获得批准。

受到质疑的行为可能满足反托拉斯局刑事诉讼标准的争议事项中，是否开展调查的决定将依赖于以下三个问题。第一个问题是，刑事违法指控或者嫌疑是否足够可信或者可靠从而适合采取刑事调查。这是控方的自由裁量权问题，且基于批准调查的执法官员的经验，没有法律标准。第二个问题是争议事项是否"意义重大"。确定争议事项"意义重大"具有灵活方式，并就个案进行分析，包含许多因素，包括受影响商业的数量、受影响的地理范围（包括争议事项是否是国际性的）、从某一特定地域和行业的调查或者控告扩大到对其他地域或者行业进行调查或者控告的潜在性、调查和（或者）控告的威慑性影响及可见性、共谋者的可归责程度（如共谋的持续期间、过高要价的金额、欺诈者胁迫或者惩罚的行为）以及有关计划是否涉嫌欺骗联邦政府。由于反托拉斯局的使命要求其对任何牺牲联邦政府以及由此损害美国纳税人的反托拉斯刑事共谋寻求救济，这一最后因素潜在地胜过其他因素。第三个问题，需要什么样的资源调查和控告争议事项——只是在所评估的问题被视为不重要时才要求，反托拉斯局致力于控告所有严重性问题。

基于这些一般性方针，初步调查请求应由适当的执行处长进行审查。如果请求得以批准，且获得了联邦贸易委员会的许可，那么应当授权进行初步调查。

(二) 请求授予初步调查权

一旦检察官获得足够的事实和法律根据从而相信，争议事项符合正式调查的要求，那么检察官应当准备简要事实备忘录，描述行为的性质和范围。对于所有的民事事项，在准备初步调查备忘录期间，检察官必须就拟议的调查与经济分析组的经济学家协商。所有的该初步调查请求备忘录应在首页阐明以下信息：

(1) 需调查的商品或者服务。

(2) 有嫌疑的非法行为（如果可行，应概括特定的行为，如固定价格、联合抵制、垄断、非法收购——不仅仅是"限制贸易"）。

(3) 所有的相关法律（如《谢尔曼法》第1条）。

(4) 有关当事人（说明已知企业的完整名称、所在地及母公司，也包括相关自然人）。

(5) 以年度为基础所统计的受影响商业的数量（如果信息不可知，提供合理评估）。

(6) 相关地理范围（如全国、世界、东弗吉尼亚）。

(7) 调查是否涉及国际事项。国际事项的定义很宽泛，涉及对美国国内或者外国商业有可能的不利影响中的任何一项均可，只要满足下列标准之一即可：①当事人一方或者证人不是美国公民或者企业；②当事人一方或者证人在美国之外；③相关的信息来自于美国之外；④根据美国法律，发生在美国之外的行为潜在地非法；⑤存在与外国政府进行实质性的协商或者合作的可能性。

(8) 对于民事事项，如果要调查，要在调查中明确哪些州表达了利益。

(9) 对于民事事项，为了进行调查同样要与经济分析组接触，并决定是否与经济分析组同时进行调查。

(10) 对于涉及《哈特—斯科特—罗迪诺合并前电子文档系统法》（Hart - Scott - Rodino Premerger Electronic Filing System Act）的事项，日期为初始的等待期期满之后。

(11) 对于刑事事项，看执行人员是否正在要求进行快速的审查；如果是，需要一个简单的解释理由。

这些详细的信息对于评估该请求、获得联邦贸易委员会的许可以及确定任何其他反托拉斯局部门是否正在调查或者已经调查相同行为来说都是必要的。这些信息也有助于反托拉斯局监控它所进行的调查和维持它与其他的反托拉斯执法人员之间的关系。执法人员必须只从公开的公共资源、联邦政府机构或者控告人中为它的初步调查备忘录寻找所有的信息，因为执法人员在提出批准要求和联邦贸易委员会通告之前不能接触当事人或者其他的私人机构。当事人开始联系反托拉斯局的程序，参见本章第四部分。

在提出这些基本信息后，执法人员应提供支持请求的信息事实概要。初步调查备忘录不同于基于拟议的调查类型。

对于拟议的合并调查，执法人员应该讨论交易本身（包括任何控告人认可的或者利益相关方在媒体上表达的）、竞争损害的理论、可能的产品市场、可能的地域市场、市场份额的最佳评估、市场进入的难易和潜在的障碍、可能的效率、问题的重要性（包括源于它或者不源于它的任何非正常的理由）、初始的调查方法、在该产业里任何过去的调查结果。

对于拟议的民事非合并调查，形式灵活，但是公开的标准是不同的。一般而言，执法人员应该用简单的描述支持潜在反托拉斯违法的证据以及任何相反证据。还有特别需要考虑的事项，例如私人诉讼的存在、可能存在的先例或者事情产生的威慑影响或者与作出决策过程相关的其他的法律上的或者事实上的情况。执法人员应该识别潜在的抗辩，概括出相关的经济问题。执法人员应该认识到这些给定因素的效果的有效性和行政救济。备忘录也应当简要描述拟议的调查过程，包括估计持续的期间、预期发展以及重要（或者甚至是决定性）的问题。

对于拟议的刑事调查，执法人员应该告知背景情况和提交信息的来源、受指控的行为、问题的重要性、拟议的调查方法以及过去的调查。执法人员也应该讨论特殊的因素，如法定时效问题、政府机构作为潜在受害者的可能、可能存在的先例、问题的威慑影响或者其他的与作出决策的过程相关的法律上的或者事实上的情况。在一些情况下，执行人员可能已经提供了充分的信息，要求授权大陪审团进行调查。在这些情况下，执法人员可能迂回行使初始调查职权，直接要求大陪审团授权。关于要求大陪审团授权的过程的更多的信息，参见本章第六部分。

执法人员应该将其完成的初步调查备忘录提交给反托拉斯局的有关部门或者地区办公室主任进行审查。如果部门主任或者地区办公室主任同意后，相关部门或者地区办公室会通过电子邮件，将初步调查备忘录发到 ATR – Premerger – PI Requests 邮箱和相关的特别助理的邮箱。如果可能涉及刑事问题，部门或者地区办公室也应该通过电子邮件将初步调查备忘录发至 ATR – CRIM – ENF 邮箱。在转发初步调查请求备忘录的同时，"反托拉斯管理信息系统新事项表"（ATR 141）也应发给合并前申报小组（以电子邮件方式发至反托拉斯管理信息系统的邮箱）。见司法部指令 ATR 2810.1 有关填写该表格的"反托拉斯管理信息系统（AMIS）"操作指南。

收到初步调查备忘录或者大陪审团要求备忘后，申报小组要求合并前联邦贸易委员会予以批准（更加详细的讨论，参见第七章第一部分），通过电子邮件方式将备忘录的复印件发给所有的部门主任和主任助理（"许可要求"电子邮件）。当民事非合并的许可问题得到解决后，合并前申报小组通过电子邮件将初步调查备忘录的复印件（标明许可结果与解决日期）发给所有的主任和主任助理（"许可解决"电子邮件）。当最终的初步调查授权得到许可后，合并前申报小组通过电子邮件将初步调查备忘录（标明许可结果、解决的日期、授权初步调查的个人名字、授权日期、调查文件的数量）发给所有的主任和主任助理（"初步调查已经解决"电子邮件）。不存在特殊情况时，如通过某个部门或者地区办公室的特殊专家，或者精通资源配置问题的特殊专家接受这一委托，正在寻求初步调查的反托拉斯局部门或者地区办公室在收到联邦贸易委员会许可后将接受委托。对于所有的民事问题，相关的经济分析组的主任将安排一名经济学家协助工作。这位被指派的经济学家在调查所要求进行的经济学和统计学的分析部分，与法律执法人员一起工作。

（三）联邦贸易委员会许可程序和初步调查备忘录的简易形式

所有请求当局签发新调查的请求必须由联邦贸易委员会批准。当初步调查备忘录提交到初步调查请求邮箱时，合并前申报组为每个新的调查请求联邦贸易委员会批准。据此情况，执法人员可能被要求提供更加详细的信息，以利于批准程序的进行。

当时间有着决定性作用时，如果某部门或者地区办公室想要进行调查，那么提交初步调查请求是非常重要的。例如在合并事件中的现金收购或者潜在刑事调查中进行双方合意监控的即将到来的机会等特殊情况下，主任或者主任助理应立即以电话、电子邮件或者亲自联系适当的特别助理，以便能够请求联邦贸易委员会加速批准。在受限制的情况下，一个民事调查的批准请求可能被要求以简易形式提出。这些条件包括：批准请求与联邦贸易委员会的HSR合并请求撞车；合并包括现金收购或者破产；在寻求批准之前，作为HSR问题的重要部分等待期已经期满了或者作为HSR的批准问题在开始时就会与联邦贸易委员会的批准问题撞车。除了相关的执行处长批准外，简易形式批准将不会被使用在民事非合并调查中。当简易形式批准请求已经被提交后，执法人员必须在48小时内提交一个完整的初步调查备忘录。

根据联邦贸易委员会有关批准的要求，执法人员应该与联邦贸易委员会的执行办公室保持联络。反托拉斯局的批准和与联邦贸易委员会联络程序在本书第七章第一部分有详细的描述。

（四）向其他检察机关移送案件

有时候，特别事务由其他联邦机构或者州或地方检察机关而非反托拉斯局展开调查更加合适。如果该事务涉及与反托拉斯无直接重大关系的问题,那么可以提交给相关的州或者地方机构如州消费者保护机构。

如果该事务是地方性反托拉斯事务,或者涉及相对少许商业,反托拉斯局可以将该争议事件移交给相关的州总检察官办公室反托拉斯处。当这种移送正在考虑时,有关人员应请教相关的执行处长及副总检察官的特别顾问。更多的有关移送信息,参见本书第七章第三部分。

三、实施初步调查

在请求初步调查职权时,执法人员经与主任协商,应安排顾及时限的调查。尽管各个调查都不相同,然而某些一般原则适用于帮助执法人员:(1)有效分配资源;(2)获得实用的书证及证人证言;(3)使用反托拉斯局的服务和技术资源。见本书第六章第二部分。

（一）调查计划

在任何调查开始时,执法人员应迅速确定其调查努力的范围和侧重点。调查计划会议应在起草初步调查备忘录时进行,初步调查备忘录应该描述开始调查的方法。在此开始阶段,主任及法律和经济职员应确定计划,详述做什么、怎样做、何时做以及谁将执行每一项任务。所有的调查计划应该至少阐述竞争损害的备用理论;支持每个理论的证据,这些证据是从调查中获得的证据;为了获得必需的证据所要实施的特殊任务;执法人员计划完成这些任务的时间;哪些执法人员将主要负责完成这些任务。最有效的调查常常是调查计划周详的结果;调查计划有良好的开始,调查过程就会顺利进行。

执法人员应该以在调查开始阶段获得的信息为基础,对调查计划进行修改。如执法人员常常能够很快地作出决定,拟议的合并很少或者不会引起对竞争产生影响。在这些情况下,执法人员应该尽可能快速地和有效地工作,查明对竞争的影响和解决此问题。执法人员可以提供一些事实,记下需要解决的一些问题;在这些情况下,执法人员的调查计划应该集中解决这些问题。当执法人员所提出的竞争关注获得了进行更深入调查的授权,执法人员应该快速地修改其调查计划,以获得解决此问题所要求的其他信息。

例如,在民事调查中,应考虑怎样才能更好地得到不同类型的必需信息(从谈话、书面证词、文书或者质询书中)以及需要哪些经济证据和来自经济分析组的支持。这种调查安排也应规定需要依赖的法律和经济理论的早期发展以及确定所需寻求的救济。调查计划的关键前提是,从提出调查开始,执法人员对案件所涉及的理论已经确定好了,虽然因为发现其他事实或者分析的可能性获得一些灵活性的授权,执行人员会发现前面没有充分考虑到的理论。

在大多数情况下，这种计划安排应包含起草的证据概要。证据概要是具有法律和经济背景的执法人员共同准备的动态文件，应当在实际问题的结构逐渐清晰时定期予以修订。对于民事非合并案件，这种概述通常从建议概述开始，以查明事实结束。在合并案件中，概述应当从最佳文书、书面证词或者宣誓陈述书中为合并指南的各个基本要素提供证据。概述也应包含对被告证据的评估，包括他们的法律和经济理论以及支持他们的首选证据。

对于合并调查，执法人员必须意识到时间的限制。执法人员必须依据时间的机会成本来对每一个拟议的任务的有效性进行平衡，拟议的任务将消耗在等待期或者协议的时间过期之前剩下的部分时间。例如，执法人员希望获得大量的数据，将会对拟议的交易进行全面的评估，但是应该意识到应用这一方法带来的潜在的后果；寻找重要的大量数据需要很长的时间，执法人员应该在很短的时间内处理这些信息，否则，执法人员完成更为基础的任务的剩余时间是不充分的。另一方面，如果执法人员获得的信息太少，反托拉斯局没有足够的事实充分分析拟议的交易和作出执法决策。执法人员对竞争关注得越多，所形成的对此问题的评估将导致更广泛的调查，执法人员对于那些繁多的信息要求所分配的时间和资源就越适当。

对于民事非合并调查，反托拉斯局的政策要求执法人员在初步调查刚刚公开之后，一般情况是在1周之内，提交一份调查计划给相关的特别助理。这份调查计划应该建立目标日期：建议日期、颁布日期、收到发现证据日期、状态会议日期、是否提出民事诉讼建议和决定日期。每一个计划应该根据调查进行仔细的修改，目标日期应该建立在对每个案件分析的基础上。每一个计划必须要得到执行办公室和相关的副司法部长助理的批准。另外，执行人员对所有的调查计划的修改也要得到他们的同意。相关的特别助理予以协助。

对反托拉斯的违法行为的调查是一个由多阶段组成的过程，执法人员的调查计划应该是一份"活生生"的文献资料。执法人员应该确保在调查过程的每一个阶段，随着调查计划侧重点的变化而对调查计划进行更新。随着调查的进行，执法人员应该扩大其调查计划，以便于更加完全地明确所有的潜在的相关问题，如执法人员队伍的扩大、是否雇用技术专家或者经济学家以及可能的救济途径。另外，执法人员应该确保其调查计划是通过执法人员之间正在进行的讨论和部分管理人员根据执法人员的当前的实质分析而形成的。对于民事问题，执法人员应该与从事调查的经济学家协商，在进行调查时应该考虑经济分析组的观点。同时，对于民事问题，执法人员应该促使当事人参加调查早期阶段的讨论，获得当事人对问题的实质性评价，与当事人分享执法人员对问题的实质性评价。正在进行的对拟议交易的关键分析和对交易的公开透明的讨论，能够导致达到最终执法决定的过程更快和更有效。

在着手开始调查时执法人员可以利用的资源会在本书第六章第二部分反托拉斯调查指南中予以概述。本书详细分析和解释了反托拉斯局的调查方法和程序，包括使用经济资源、数据处理和其他信息检索方法以及在调查和诉讼中经常会发现能够使用的其他资料。

（二）获得协助

1. 联邦机构

在初步调查期间，执法人员在与产业主管部门的官员进行面谈、找到行踪不定的个人所处的位置、汇编统计数据或者履行各种各样的其他的调查职能时可以提出协助的要求。当这些协助是必需时，执法人员应该考虑要求其他的联邦机构予以帮助。

（1）联邦调查局

为获得联邦调查局的协助，执法人员经主任同意后，应当准备一份《FBI 协助申请》，这一申请可以通过电子邮件的方式发送至 ATR – CRIM – ENF 信箱，发给相关的特别助理。甚至当 FBI 的地区办公室认为应该协助执法人员进行调查或者当执法人员计划使用 FBI 的地区办公室协助进行详细的调查时，执法人员必须向 FBI 提交一份协助申请。

当备忘录发送给 FBI 总部之前，由反托拉斯局的刑事执行处长审查和批准该备忘录。一旦 FBI 总部审阅了该申请，将其安排给相关的 FBI 办公室负责（一般的申请批准需要 10 个工作日的时间），被安排负责协助调查的 FBI 机构直接与执法人员联系并开始调查。申请提出和机构被安排之后，执行人员进一步的需要可以直接向负责调查的 FBI 机构提出。

如果执法人员要求 FBI 协助执行与审判准备有关的刑事案件调查，而 FBI 又没有参加前期对该案的调查，那么，来自反托拉斯局刑事执行处长的备忘录必须发送给政府的公共廉洁及民权部门、司法部刑事调查局、FBI 的首长以及引起政府的公共腐败及政府的欺诈部门的首长的注意。备忘录应包括下列内容：

①引言。陈述在从事刑事案件检查与审判有关的被告和潜在证人时需要提供的协助。陈述应该包括下列信息：案件名称、刑事案件卷号、管辖区、预期开始审理的日期、FBI 检查结果所需要的日期和反托拉斯局联络人的姓名和电话号码。

②起诉书。包括在起诉书中对指控事项的简单陈述以及起诉书返还的时间。

③确认信息。首选是被告名单，然后是证人名单（均以字母表为顺序），并对下列信息进行确认：姓名、地址、居民的国籍、社会保障号和出生日期。

如果被告是家公司，将公司高级管理人员的姓名列于公司名称之后（包括所有人、总裁、CEO），确认的信息列在这些人的名字之前，也要列出以上人员的确认信息。

（2）其他联邦机构

如果调查涉及联邦机构如国防部的采购，执法人员应考虑寻求代表特别机构的监察长办公室的协助。在过去，监察官员在搜集和分析投标或者价格数据、会见潜在证人以及帮助反托拉斯局检察官了解特别机构的采购制度和规章等方面被证明是非常有用的。获得监察官员的协助并不要求特别的反托拉斯程序，并且各部门或者地区办公室应作出直接适合代表有关机构的监察长办公室的安排。然而，如果出现问题或者困难，执法人员应与相关处长或者副司法部长助理讨论争议事项。

执法人员在与其他机构联络之前，反托拉斯局与该机构存在日常的联络关系，执法人员应该与反托拉斯局的相关部门联络，请相关部门协商联络相关机构。例如，如果在民事问题上要与国防部进行联络，应该通过反托拉斯局的诉讼二部与国防部进行联络。与国防部联络处理其他的信息，参见本书第七章第五部分。在与外事部门联络之前，执法人员应该先请反托拉斯局的外贸部门进行联系。例如，如果执法人员想与外国或者公司进行一个三方会谈，执法人员应该首先联络反托拉斯局的外贸部门以获得批准。

2. 非联邦机构和其他机构

反托拉斯局与许多托拉斯执行机构以及遍布美国和世界的其他机构建立了密切的关系。对于与非联邦机构和其他机构之间的其他信息的协商，参见本书第七章。

（三）通过自愿请求获得信息

在初步调查阶段，反托拉斯局执法人员经常会依靠自愿请求获得信息（以会谈和请求文书等两种方式）从潜在的调查对象、行业内的其他企业、消费者、贸易协会以及其他消息来源处获得。自愿请求有益于使交流以不太正式的形式进行、避免通过使用强制程序增加对抗性气氛以及加速有效信息的搜集。尽管1976年《反托拉斯民事程序法》授权反托拉斯局通过颁发民事调查令具有进行强制调查的广泛权力，但是通过自愿申请方式获得文献资料证据仍是执法人员在加强和执行其调查策略时所考虑。参见第三章第五部分。

1. 自愿请求和合并审查程序的申请

反托拉斯局2001年的《合并审查程序申请》鼓励执法人员积极地行动，针对每个拟议的交易修正调查计划和策略，更快地达到确认关键性的法律上、事实上和经济学上问题的目标，为评估相关证据提供了一个更有效的程序。这一申请鼓励执法人员在开始的等待期间尽可能地采取积极的行动。这一积极行动将允许执法人员更快地接近那些应该接近的调查，缩小和精炼调查事项的问题，以便他们获得授权进行更重要的调查。

申请的特别之处在于，在开始的等待期间只要有可能，执法人员应该联络当事人，要求他们自愿提供相关的文献资料和信息。这样的要求包括：

（1）所有交叉和潜在的相关产品的名单和描述；

（2）产品或营销宣传册；

（3）商业计划、市场研究、策略计划和市场份额信息和竞争的市场地位；

（4）竞争者、供货商和顾客的名单；

（5）与销售和产出有关的实际可获得的数据；

（6）与交易有关的分析和研究。

申请也具有以下的特别之处：在开始的等待期间只要有可能，执法人员要求与当事人进行协商，讨论他们对交易和其他的重要问题的看法。执法人员可以要求当事人的相关从业人员参与协商，在协商之前自愿提供相关的文献资料与信息。另外，2006年《合并审查程序申请》修订版试图大量减少反托拉斯局的保管人员，他们管理的文献档案必须被研究之后才能对一个协议作出回应。这是保证反托拉斯局获得相关的证据发现成果的能力，这些证据发现可以在法庭上进行控告时起关键作用。

2. 使用自愿信息请求时需要考虑的事项

尽管没有固定规则指导反托拉斯局检察官在寻找文件和其他信息时决定是否使用自愿请求或者民事调查令，然而某些指南仍可以提供帮助。在事关HSR事项时，在开始的30日等待期内，自愿请求一般发送给正在合并的当事人，以收集信息帮助决定是否将按要求发送第二次请求。但是，在查找大量文件时，最好通过强制程序进行。强制程序较好地被制定用于确保完全和及时地顺应某种广泛性的请求，而不是自愿请求所不太正式的程序。此外，当调查引起申请预防性禁止令时，民事调查令的使用通常应当用于避免自愿合作可能终止或者长时间推迟提供被请求文件以至妨碍反托拉斯局提出使用初步救济有力理由的能力的可能性。

3. 保密性考虑

《信息自由化法》（FOIA）不要求披露通过民事调查令获得的资料（如文献资料、质询回复和口头证词的抄本），或者作为HSR程序部分获得的资料。参见《美国法典》第552条第2款第3项规定（授权保留的信息是通过法令特别豁免的，而不是FOIA）、《美国法典》第15卷第1314条第7款（CIDs）、《美国法典》第15卷第18条第1款第8项（HSR程序）。关于对民事调查令的保密性保护进行深入的讨论,参见本书第三章第五部分。信息为适应民事调查令或者作为 HSR 程序的一部分(包括代替民事调查令书面证词),而没有提出的信息不能受到民事调查令或者 HSR 法律的保护。因此,当事人常常寻求书面保密保证,保护他们提交的信息免于根据《信息自由化法》(FOIA)进行披露或者如果考虑进行此种披露时给予事先通知。对于反托拉斯局而言,为加速调查,经当事人请求提供"保密信"并不罕见,特别是在会见时。执法人员在起草这样的信件时,应该参考反托拉斯局的《自愿制作保密信》模式。

执法人员在没有提前与《信息自由化法》组和相关的执行处长协商的情况下,不能提供比那些在反托拉斯局的模式信件所涵盖的范围更宽的保密保证。相关的保密保证和通告通常不应超越司法部规章所设立的范围,参见《联邦法典》第 28 卷第 16.8 条。任何保密性保证或者通告应仅包含提交者善意指定保密的信息,且应限于合理期间。此外,保证绝不应承诺绝对保密,而只应是约束反托拉斯局按照其对《信息自由化法》要求的最初反应采取行动。司法部主导的非民事调查令、非 HSR 保密的商业信息由《联邦法典》第 28 卷第 16.8 条调整,以及根据 FOIA 第 4 条、《美国法典》第 5 卷第 552 条第 2 款第 4 项关于豁免的规定。参见 Critical Mass Engery Project v. Nuclear Rfgulatory Commission, 975 F. 2d 871 (D. C. Cir. 1992)。为适用规章和豁免,当事人应请求保密处理,并确认为机密文件。关于《信息自由化法》程序和豁免的详细描述,参见本书第七章第七部分。

多年以后,有时与遵守非法定机密保证或者事先通知有关的管理成本并不容易得到控制,特别是在涉及文书时。基于此原因,在涉及文书的情况下,执法人员应仔细考虑是否使用保密信。民事调查令通常更受偏爱(在任一案件中,当事人应对适当文件标明"保密",并简要说明请求保密处理的期间;期间如果超过 10 年,应认识到这些标注对法院没有约束力)。

当事人经常想提出讨论调查问题的"白皮书"。如果他们要求民事调查令保护,反托拉斯局或者在书面询问征求他们在白皮书中包含什么意见时签发民事调查令,或者在确定白皮书名字和日期的个别文件请求时签发民事调查令。在访谈过程中,民事调查令不可能没有将访谈转变成书面证词——这些不可能是令人满意的。因此,保密信在某些情况下可能是唯一的选择。

最后,如果自愿请求的接受者在缺乏通常的保密保证时拒绝提供信息,那么对于执法人员来讲,较好的做法经常是准备强迫提供所要求文书或者信息的民事调查令。

(四)调查的情况报告

每个调查进展的定期更新应提交给由相关的副司法部长助理和执行处长主

持召开的部门或者地区办公室的定期情况通报会。这些情况会议旨在监控每个调查的进展,并讨论调查隐含的法律和经济理论。除了这些会议,在关键问题上为个别调查也会举行特别情况会议。对于民事非合并调查,执法人员常常在任命潜在的出庭律师或者雇用证明专家之前计划一个或更多情况会议报告。一般地,执法人员应该为这样的会议准备一个更新指令或证据概述。参见本书第三部分。

(五)决定是否通过民事或者刑事调查提起诉讼的标准

反托拉斯局从事的许多调查按照其性质来说是民事调查,如合并调查。尽管如此,也存在通过刑事或民事调查作出起诉决定要求大量审议的一些情况。一般来说,当前的反托拉斯局政策是在涉及横向本身违法协议如固定价格、串通招投标以及横向划分顾客和地域的案件中通过刑事调查和起诉进行法律诉讼。如果有必要,民事程序和民事起诉被用于涉及其他具有嫌疑的反托拉斯违法,包括要求根据合理原则进行分析的那些违法以及法院在历史上就将其归类为"本身"违法的一些违法行为。这里有许多行为尽管可能是本身违法,然而刑事调查或者控告可能认为这样的定性是不合适的。这些情况可能包含在某些案件中:(1)判例法未处理过或者不确定;(2)确实提出了新颖的法律或者事实问题;(3)合理的混淆可能是由于过去的起诉决定所引起;(4)存在明显证据调查对象没有意识到或者没有察觉他们行为的结果。

在初步调查阶段期间,执法人员对是否着手将剩余调查作为大陪审团、民事调查令或者二次要求书调查作出决定。然而,一般来说,有嫌疑的重要行为的性质决定了调查的性质。因此,当争议行为看来可能是反托拉斯局一般在刑事案件中提起诉讼的行为时,当缺乏提出可能使案件不适合刑事起诉的某种复杂因素的明显证据时,调查应作为刑事调查开始。当不清楚有问题的行为是否是民事或者刑事违法时,在作出有关调查性质的决定前应与有关执行处长进行协商。除其他方面的因素外,早期参与的地区办公室可能会得出某些行为不适合刑事起诉的决定。作为另外一种替代选择,执法人员可能奉命继续其初步调查,但侧重点在于确定是否应召集大陪审团可能相关的事实方面。

召集大陪审团的决定有几种结果,包括在大陪审团调查进展期间对政府如何使用某些已收集证据的限制。例如,在美国诉赛乐工程案〔United States v. Sells Engineering, Inc., 463 U.S. 418(1983)〕与美国诉拜格特案〔United States v. Baggot, 463 U.S. 476(1983)〕中,最高法院限制了政府在大陪审团调查期间使用已收集证据的权利。在塞乐案中,法院认为,《联邦刑事程序规则》第6条第5款禁止向不参与大陪审团程序的司法部律师披露大陪审团材料,除非政府依据特别需要的证据说明获得法院令。然而,法院明确拒绝处理

"自己着手进行刑事起诉的律师在争议的民事阶段连续使用大陪审团证据的任何问题"。(463 U. S. at 430 n. 15.) 但是法院在美国诉约翰·多伊公司案中解决了这个问题。参见 United States v. John Doe, Inc. I, 481 U. S. 102 (1987)。在该案中,法院认为,参与了刑事控告的律师可以在民事争议阶段,无须得到法院命令或者符合《刑事诉讼程序规则》第 6 条第 5 款的要求,可以继续使用大陪审团的资料。法院认为,"规则第 6 条第 5 款没有要求律师接触大陪审团的详细资料之前要获得法院命令"。关于对该规则涉及的问题的更进一步的讨论,包括对赛乐案和多伊案的讨论,参见美国司法部美国检察官执行办公室、法律教育办公室编辑的《联邦大陪审团惯例(2000 年)》。

(六) 评估初步调查结果

要求着手进行初步调查的一般期间从几周到几个月不等。在这期间以后,执法人员应通过进一步自愿请求、民事调查令、二次要求书以及大陪审团继续进行调查或者结束调查。

在作出决定时,执法人员应与部门或者地区办公室的主任以及相应的经济组主任协商讨论调查结果。在许多调查中,调查的下一个步骤是相对清楚的。然而,在其他调查中,是否继续进行调查的决定需要考虑和协商。如果仍然存在需要解决的问题,那么部门或者地区办公室主任在作出建议前可能希望与相应的执行处长进行非正式协商。

根据大陪审团调查或者民事调查令进行法律诉讼的执法建议必须通过相关的执行处长和相关的副司法部长助理进行处理,并且这些调查要求经部长助理批准。案件建议程序在本书第三章第七部分讨论。

(七) 结束调查

如果在行为分析或者交易发生后,执法人员和主任相信,不应对争议事项作进一步调查,执法人员应准备备忘录建议结束调查。如果被指派负责此事项的经济学家没有提交单独备忘录,那么法律职员的备忘录应当说明经济学家在建议中是否同意结束。如果主任同意,那么建议应至少通过电子邮件发送到负责该部门的特别助理。相关的执行处长将审查备忘录,并与相关的 DAAG 商量:要么结束调查,要么要求提供补充信息或者补充调查。

在作出结束调查的决定后,部门或者地区办公室将得到来自相关的特别助理的调查事项结束的通知,并收到一个确认的电子邮件,调查事项已经结束,结束备忘通过电子邮件发送至反托拉斯局的内网。当调查事项结束时,执法人员应通知调查对象调查事件已经结束,终止此事件的案卷,并根据反托拉斯局指令 ATR 2710.1 "处理反托拉斯局文件程序"的规定处理在调查期间收到的所有文件材料。如果执法人员需要迅速了解事件何时结束,他应电话咨询相关的特别助理或者合并前申报组或联邦贸易委员会联络办公室。《哈特—斯科特—罗迪诺法》提前结束的其他程序,参见本书第三章第四部分。在刑事案件中,执法人员应该提供结束的书面通知给调查产业的任何一家公司,这些公司根据大陪审团传票提供相关的资料给反托拉斯局,或者根据搜查令这些公司的资料被没收;同时,公司或者个人接到了反托拉斯局的通知后,这些公司或者个人成为调查的"目标"。根据执法人员的自由裁量权,其他的相关人员,如进行合作的证人或者受害人,也可能接到通知。

四、合并调查

反托拉斯局调查拟议的合并与收购以确定它们是否严重影响了竞争,违反《谢尔曼法》第1条或者第2条(《美国法典》第15卷第1~2条)或者《克莱顿法》第7条(《美国法典》第15卷第18条)。在确定合并是否反竞争时,执法人员应适用反托拉斯局规定的合并实施政策。关于横向合并的反托拉斯局实施政策由司法部和联邦贸易委员会共同制定的横向并购指南具体说明,该指南于1992年公布,在1997年进行了修订,且再次刊印在第二章中。反托拉斯局关于纵向合并的政策以1984年美国司法部合并指南为准。反托拉斯局政策的其他来源是主管官员的公开声明。

大多数合并与收购并不会提出引起严重的竞争问题,且执法人员应尽力从速审查这些交易。在调查引起严重竞争问题的交易时,执法人员应牢记其双重作用:执法人员必须确定合并或者收购是否严重影响竞争,并且也必须获得充足证据成功地反对反竞争的交易;如果反托拉斯局最后决定提起诉讼时,执法人员作为控告人要寻找必需的证据支持诉讼。

大多数有着重要影响的合并与收购必须在其发生前向司法部和联邦贸易委员会报告。《克莱顿法》第7条第1款(《美国法典》第15卷第18条第1款)合并前通知条款,规定为1976年《哈特—斯科特—罗迪诺反托拉斯改进法》的一部分,要求超过一定标准的企业向反托拉斯局和联邦贸易委员会申报其拟议的交易,向审查交易的机构提交文件和其他信息,并限制在特别等待期届满前结束交易。既然大多数反托拉斯局的合并调查根据法律条款进行,那么该法律体系为合并调查提供了基本结构,且律师应熟悉合并前申报规定以及实施规则。

(一)合并前申报法律与规则的基本指南

本部分描述了反托拉斯局与联邦贸易委员会所使用的合并前申报程序。1976年《哈特—斯科特—罗迪诺反托拉斯改进法》(HSR)第二章,修订为《美国法典》第15卷第18条第1款,要求某些合并或者收购的当事人在完成拟议交易前向反托拉斯局和联邦贸易委员会申报,并向两机构提交某些信息。在申报后,当事人必须在交易完成前等待特定时间,通常为 30 日(现金收购或者破产出售时为 15 日)。法律也允许执法机构请求补充信息,延长等待期。

该法授予联邦贸易委员会制定规则的广泛权力。联邦贸易委员会经司法部同意后实施 HSR 第二章。根据 1976 年《哈特—斯科特—罗迪诺反托拉斯改进法》,有关 HSR 规则、条例、声明及解释被编入《联邦法典》第 16 卷第 801~803 条(16 C. F. R. §§ 801-803)。合并前申报组法律政策部或者相应的特别助理会对规则方面的特殊问题给予权威性指示。与 HSR 相关的法律、规则、正式的解释、其他的即时信息可以在联邦贸易委员会合并前申报办公室的网页上找到,也可参见美国律师协会反托拉斯部编辑的《合并审查程序》(2005 年第 3 版)。

本部分阐明了着手进行合并调查的律师所应熟悉的基本规则。为检索特定信息,有关人员应参考法律及规则的完整文本。执法人员通常不应尝试回答公众提出的特定交易的申报、申报机制以及申报费用的疑问。这些问题应该直接咨询联邦贸易委员会合并前申报办公室。

1. 确定法律的适用性

(1) 检验标准

申报交易必须满足"商业标准":收购或者被收购当事人必须从事商业或者影响州际商业的任何活动。如果交易满足商业标准,且由于此项收购,收购当事人持有总价值超过 2 亿美元的表决权股或者资产,那么该交易需要进行申报。然而,如果收购当事人持有的表决权股或者资产总价值少于 2 亿美元,那么交易除了满足以上所述商业标准后,还必须满足以下两种标准:

① 当事人规模标准——交易一方当事人年销售额或者资产至少为 1 亿美元(可调整),且另一方当事人年销售额或总资产至少为 1 000 万美元(可调整)。参见《美国法典》第 15 卷第 18 条第 1 款第 1 项第 2 目(ii)。当被收购方从事的不是制造业,不够至少 1 亿美元的销售额或者资产,那么,它必须有至少 1 000 万美元的资产(可调整)。参见《美国法典》第 15 卷第 18 条第 1 款第 1 项第 2 目(ii)(II)。

② 交易规模标准——由于此项收购,收购当事人持有总价值超过 5 000 万美元的表决权股或者资产(可调整)。参见《美国法典》第 15 卷第 18 条第 1 款第 1 项第 2 目(i)。

因此,5 000 万美元(可调整)是申报的绝对最低基数——如果收购当事人由于收购原因持有的表决权股或者资产总价值并没有远远超过 5 000 万美元,那么此项收购不需要进行申报。

注意到 2000 年修订的 HSR，要求对这些交易标准进行年度调整，并从 2005 年财政年度开始，以适用上年度国民生产总值的变化。联邦贸易委员会将通过媒体发布每年的变化情况。

（2）定义

规则第 801 部分解释了这些标准的法定术语以及计算是否满足"当事人规模"和"交易规模"的方法。《联邦法典》第 16 卷第 801.1（a）条中的"当事人""企业"和"最终的母公司"、第 801.1（b）条对"控制"的界定以及第 801.1（c）条对"持有"的界定在反托拉斯执法机构作出决定时极为重要。

（3）计算门槛

《联邦法典》第 16 卷第 801.1（a）条对怎样计算是否符合"当事人规模"标准进行了解释。为确定是否符合"交易规模"标准目的，规则第 801.10 条和第 801.13 条对如何确定由于收购而持有表决权股或者资产价值进行了说明。

（4）交易的特殊类型

第 801 部分也包含了处理特殊类型交易的一系列规则。第 801.4 条解释了"二次收购"的概念。不论何时由于收购（"首次收购"）引起收购当事人获得了对一家企业的控制，该企业持有另一家企业的表决权股，但没有对其进行控制，那么，根据第 801.4 条，收购的第二种情况（二次收购）单独受法律及规则的调整。

第 801.30 条规定，在收购当事人提出申报时，某些类型的收购等待期将开始计算。在此交易中的被收购方要求在 15 日内申报（在现金收购的情况下是 10 日）。根据第 801.30 条，给予这种特别处理的七种类型的交易是：（1）在国内证券交易所或者"场外"收购表决权股；（2）以股权收购方式收购表决权股；（3）从他人而不是从发行人或者相关企业获得表决权股的收购（不同于合并与联合）；（4）二次收购。对于所有其他收购而言，等待期从所有需要申报的当事人都进行申报后开始计算。

第 801.32 条明确规定，可转换表决权股的转换根据法律规定属于潜在需要申报的收购。第 801.40 条确立了设立新公司的申报机制，特别是新设立的法人性质的合营企业。根据第 801.40（a）条，法人性质的合营企业的各出资人均视为收购当事人，且公司本身被视为被收购当事人。

为了达到实践操作上的协调一致，对于规则规定的法人企业与非法人企业（如合伙企业和有限责任公司）的不同标准，2005 年对 HSR 规则进行修订。尤其需要说明的是，规则修订了非法人企业的表述形式和这些企业进行的利益收购。规则修订的中心意思是,反托拉斯的审查应该发生的时间点是一个非法人企业控制权的变化时。非法人企业控制权的变化被定义为占有非法人企业50%或者更多的利润,或者企业解散时占有50%或者更多的资产。HSR规则如何对待合伙企业或者有限责任公司的问题,直接由法律政策部门掌握。

2. 申报要求的免除

《克莱顿法》第7条A款(c)项规定了申报豁免方案,参见《美国法典》第15卷第18条a款(c)项。这些法定豁免包括:

(1)正常交易范围内购买商品及不动产;

(2)取得非表决权股;

(3)完全为投资目的,取得表决权股,如果由于此项收购,收购当事人没有持有超过发行人10%的表决权股;

(4)根据有关法令如银行持股公司法要求联邦机构批准的交易(在某些情况下,提交给该机构的材料必须在完成前30日向联邦贸易委员会和反托拉斯局申报);

(5)向联邦机构或者州或者政治分支机构转让,或者联邦机构或者州或者政治分支机构转让;

(6)明确豁免适用于反托拉斯法的交易;

(7)如果经联邦机构批准,且提交给这些联邦机构的所有材料都同时向联邦贸易委员会与反托拉斯局申报,那么交易明确豁免适用于反托拉斯法。

规则第802条解释了这些豁免以及所包含的补充规定。法律授权联邦贸易委员会,经过司法部的同意后,有权对合并前报告的不可能违反反托拉斯法的交易类型予以豁免。参见《美国法典》第15卷第18条第1款第4项第2目(B)。例如,第802.2~3条豁免了某些不动产的收购,如购物中心、旅馆和汽车旅馆、农业资产以及除非满足更高的门槛,石油、天然气和煤矿的收购。如果没有满足或者超过申报门槛,第802.21条豁免了对表决权股的收购〔第801.1(h)条对申报门槛进行了解释〕。第802.23条涉及更新以及修订后的股权收购;第802.30条豁免了企业内部交易;第802.50~53条豁免了许多涉及外国资产或外国人类型的交易,这些交易通常以与美国商业存在有限连接点为基础。特别是,第802.51条豁免了某些外国发行人的收购。第802.63~64条也豁免了破产债权人、保险公司以及机构投资者发起的某些收购。

3. 申报机制

第803部分概述了申报程序。申报表(规则803部分的附录)必须根据第803.1条并在第803.2条及申报表本身的指导下完成。根据第803.3条,提起申报当事人无论在何时不能完整提供申报表内的任意一项内容,必须陈述无法完成的原因。根据规则第 803.5~6 条，各申报表必须附加一份或者多份宣誓书，且每份表必须经过确认。

在收购外国资产的当事人拒绝申报的特殊情况下，第 803.4 条得以适用。

第 803.7 条规定，申报交易必须在等待期届满之日起 1 年内完成。如果申报的交易没有在 1 年内完成，那么在交易完成前，必须进行补充性申报且应遵守等待期。

第 803.8（a）条的规定，要求现在的所有或者部分文件的英文翻译提交给通告和报告组，但是翻译文件不需要提交给该组。根据第 803.8（b）条的规定，机构能够要求当事人翻译文件以满足二次申请的要求。

4. 等待期

《克莱顿法》第 7 条 A 款规定，预期收购资产或者表决权股有必要进行申报，除非履行申报且 30 日等待期届满（现金收购或者破产申报时为 15 日），否则该交易在法律意义上没有完成。通过发布补充信息的要求，等待期可以延长。当事人符合这一要求后，一般可以将等待期延长至 30 日（在现金收购或者破产申报的情况下为 10 日）。但是补充信息要求的目标是股权收购（可能是现金收购）或者在破产交易中被收购的一方，《美国法典》第 11 卷第 363 条第 2 款所规定的，不能延长等待期。参见《美国法典》第 15 卷第 18 条第 1 款第 5 项第 2 目，也可参见第三章第四部分。如果等待期过期的那天是周六、周日或者法定休假日期，等待期将延长至下一个工作日。参见《美国法典》第 15 卷第 18 条第 1 款第 8 项。等待期不能仅仅因为联邦政府的办公室不上班而延长，如因为天气恶劣的原因、联邦政府没有上班，等待期也过期。

在一些情况下，当事人希望给予执法机构额外时间以供后者决定是否签发补充信息的书面要求。在某些情况下，这种目的可以通过撤销并立即重新提交收购当事人 HSR 申报表而实现。关于当事人如何能够在不用重新支付额外申报费并以此方式重新开始计算等待期的问题，联邦贸易委员会合并前申报办公室提供了详细指导。

规则第 803.10（a）条对等待期何时开始起算进行了解释，而第 803.10（b）条对等待期届满作了说明。该条也对不足申报进行了解释。如果申报当事人对初次申报或者二次要求书的答复没有遵守规则，那么当事人应迅速被通知申报不完整。联邦贸易委员会决定申报规则是否得到了遵守，发布通知给任何没有遵守规则的当事人。在收到遵守规则的申报时，申报视为完整性申报，启动连续等待期。《克莱顿法》第 7 条 A 款（b）项（2）目允许联邦贸易委员会及反托拉斯局在某些案件中等待期届满前终止等待期。

5. 等待期的提前终止

《克莱顿法》第7条A款（b）项（2）目，即《美国法典》第15卷第18条a款（b）项（2）目，授权联邦贸易委员会及反托拉斯局批准法令等待期的提前终止。描述提前终止标准的正式解释已经发布。根据正式解释，一般而言，在下面的情况下正式授权提前终止：（1）提出书面请求（如果企业提出提前终止申请，HSR会根据发送到它自己的信箱里的申请进行审查）；（2）所有当事人都要提交其申请及报告表；（3）两执法机构在等待期内都决定不采取执法行动时，通常应授予提前终止。此外，提前终止甚至可以在签发二次要求书时没有提出请求时授予。参见《联邦法典》第803.11（c）条。

所有提前终止，不论何时授予，都必须经联邦贸易委员会批准，并且法令要求授予提前终止的通告必须在《联邦公告》上公布。授予提前终止的通知也可以发布在联邦贸易委员会的网站上，通过联邦贸易委员会通知当事人。

如果没有初步调查机构寻求授权，且特别工作组或者地区办公室主任及执法人员认为提前终止是适当的，那么他们应当立即通知反托拉斯局合并前申报组，以便迅速将请求答复传送给联邦贸易委员会。

如果反托拉斯局已经公布了初步调查，主任与经济分析组均同意根据执法人员的建议授予提前终止并结束调查，执法人员应将一份备忘录通过电子邮件发送给相关的特别助理，建议提前终止并结束调查。参见第三章第三部分。调查结束之后，合并前通告组将立即将提前终止的决定转告给FTC。主任或者执法人员也必须提交一份MTS结束表格通过电子邮件发送至反托拉斯管理信息系统的表格信箱发给合并前申报组。在签发补充信息的要求时，批准授予提前终止所需遵守的程序，不论是否得到遵守，都与上述完全相同。因此，除非反托拉斯局合并前申报组开始提前终止程序，否则执法人员不应撤销未完成的要求。

联邦贸易委员会负责通知当事人，两机构已批准授予提前终止，即调查已经通过反托拉斯局批准。联邦贸易委员会也负责处理其他程序性要求，包括在《联邦公告》发布通知。因此，如果当事人与执法人员进行接触，后者不应告诉前者反托拉斯局乐于授予提前终止，而是应当建议当事人与联邦贸易委员会合并前办公室进行联系以获得进一步信息。

6. 补充信息要求

按照《克莱顿法》第7条A款（e）项、《美国法典》第15卷第18条a款（e）项，反托拉斯局或者联邦贸易委员会可以各自但不能同时提出这样的要求，要求有必要提出申报的当事人（通常称为"二次要求书"）或者这类法人的高级职员、董事、代理人或者雇员补充信息或者书面材料。30日等待期届满前（或者现金收购或者破产申报情况下15日的等待期）必须作出二次要求书。在交易完成前，二次要求书延长等待期30日（股权收购或者从破产债务人处收购情况下为10日），从双方当事人（或者在股权收购或者破产交易中为收购人）充分遵守二次要求书时起算。

在交易是任何一种股权交易的情况下，收购方当事人实质性遵守了二次要求书之后，即使目标没有达到，二次要求书要求被收购的当事人超过了10日期限（现金收购）或者30日期限（其他的收购）之后不能延长等待期。参见《美国法典》第15卷第18条第1款第5项第2目。在一个合理的时间内，目标必须仍然要对二次要求书作出反应。参见《联邦法典》第16卷第803.21条或者是《克莱顿法》第7A（g）条执行程序的目标。为了确保能够以一种即时的方式获得必要的信息，反托拉斯局一般向以股权交易或者破产财产交易的被收购当事人既发布二次要求书，也发布民事调查令（《美国法典》第11卷第363条第2款第2项规定，当现金收购者以两样的方式收购时，等待期能够通过二次要求被延长）。当以这种方式提出时，执法人员应该通知相关的特别助理。

如果申报当事人在初始等待期内收到二次要求书，或者如果签发此类要求的通告在初始等待期提供给当事人，倘若书面要求在初始等待期内邮寄给该当事人（向个人发出的要求必须以保证邮件或者挂号信方式送出），那么二次要求书是有效的。如经请求，签发二次要求书的通知可以通过电话或者亲自送达申报项目名为第1（g）项下的个人，且接受者必须了解日程安排。参见《联邦法典》第803.20条。（在实践上，二次要求书信件和计划常常通过传真或者电子邮件的方式发给当事人，但是根据法律规定，仍然必须要以邮寄的方式发给他们）外国公司根据要求应指定第1（h）项下的个人接受二次要求书的传送。理想的情况是，执法人员应该在等待期的最后一天的下午5：00前以电话方式通知当事人，在午夜之前邮寄出二次要求书。外国公司被要求在项目第1（h）项下签上姓名，安排接收二次要求书的个人。在没有提出二次要求书的情况下，等待期的时间是从等待期开始之日到美国东部时间第30日的上午11：59届满（在现金收购或者收购破产债权人资产的情况下是15日）。参见《联邦法典》第16卷第803.10（b）条。如果等待期的最后一天是周六、周日或者法定的假期日，等待期延长至下一个工作日。参见《美国法典》第15卷第18条第1款第8项。仅仅因为一些联邦政府部门不上班而不能延长等待期，如果联邦政府因为天气恶劣的原因而不上班，等待期也不能延长。

7. 法律和规则的其他规定
（1）预防性禁止令、听证。
《克莱顿法》第7条A款（f）项，即《美国法典》第15卷第18条a款

(f) 项，规定反托拉斯局或者联邦贸易委员会提起预防性禁止令的申请，并向地区法院证明诉讼待决期间公共利益需要救济，那么地区法院首席法官应立即通知上诉巡回法院首席法官，后者应指派地区法官负责该诉讼。

(2) 法律的实施。

《克莱顿法》第7条A款（g）项（1）目及（2）目，即《美国法典》第15卷第18条a款（f）项，规定了法令的实施机制。根据第7条A款（g）项（1）目，未遵守本法规定的任何人（或者高级职员、董事及其合伙人）在其违法期间应承担每日11 000美元的民事罚款（每天11 000美元的最高罚款额因通货膨胀会定期进行调整。1996年《债务追缴改进法》，Pub. L. No. 104 - 134，§31001，110Stat. 1321，修订了1990年的《联邦民事罚金通货膨胀调整法》，因为通货膨胀，该法要求至少每隔4年要对民事罚金进行调整）。一份于1991年由司法部和联邦贸易委员会之间达成的协议备忘录，为了有效促进和有效地处理民事罚金诉讼的目的，备忘录规定，当联邦贸易委员会要求司法部提起一个 HSR 民事罚金诉讼时，联邦贸易委员会的检察官可以被任命为特别检察官，接受司法部长的监督和控制。

根据《克莱顿法》第7条A款（g）项，即《美国法典》第15卷第18条a款（g）项（2）目，如果没有实质性遵守法令和规则的申报要求或者二次要求书，那么任何执法机构都可以寻求禁令救济。根据该条，地区法院可以要求遵守法令，并"延长等待期……直到实质性遵守"。〔本法包括一个例外：当一个人的股票被以股权收购的方式收购（或者是现金或者是非现金）没有实质性地遵守规定时，不可以延长等待期。〕第7条A款（g）项（2）目之（C），即《美国法典》第15卷第18和a款（g）项（2）目之（C），也授权法院"承认法院在其自由裁量权内确定必要或者适当的其他衡平救济"。

(3) HSR 材料的保密。

《克莱顿法》第7条A款（h）项，即《美国法典》第15卷第18条a款（h）项（2）目，规定 HSR 材料（根据 HSR 向反托拉斯局或者联邦贸易委员会申报的"任何信息或者书面材料"）不可以向公众公布，除非它们"可能与行政或者司法诉讼或者诉讼程序相关"。联邦贸易委员会和司法部将这一条款解释为联邦贸易委员会或者司法部为一方当事人的行政或者司法诉讼或者诉讼程序。因此，HSR 材料可以在司法部为一方当事人所提起诉讼的起诉书、辩论意见书、申请或者其他答辩状中披露。根据该法，HSR 材料也可以向国会进行披露。

根据《信息自由化法》，HSR 材料明确适用披露豁免。材料在收集书面证词的听审或者谈话期间未经提供材料的当事人同意不得向州或者外国执法机构或者第三方当事人披露。反托拉斯局坚持除了向联邦贸易委员会本身不向任何其他联邦机构披露 HSR 材料的立场。保密限制不仅适用于 HSR 申报以及对二次要求书进行答复的 HSR 信息,而且适用于作出 HSR 申报、签发二次要求书、等待期届满时的情况。

两家巡回法院将第 7 条 A 款（h）项条解释为禁止执法机构向州司法部长办公室披露 HSR 信息。参见李伯曼诉联邦贸易委员会 [Lieberman v. FTC, 771 F. 2d 32 (2d Cir. 1985)]、马特奥克斯诉联邦贸易委员会 [Mattox v. FTC, 752 F. 2d 116 (5th Cir. 1985)]。这种机制被国家检察官协会（NAAG）、反托拉斯局以及联邦贸易委员会所发展,以鼓励当事人在某些情况下向州执法官员提供 HSR 材料,并允许调查同一合并的联邦与州当局在更大程度上进行协调。NAAG 的合并前主动披露协议允许当事人主动向指定州提供一份其 HSR 文件、二次要求书进度表和证物以换取协议签字方在等待期内同意不开始进行他们自身的强制性程序。

为最大可能地在法律约束内推动协调并行的联邦与州合并调查,司法部于 1992 年宣布并实施了修订协议;1998 年 3 月,协议进行了再次修订。根据协议条款,协议适用于交易中的所有收购与被收购人向反托拉斯局提交信函:（1）同意按照 HSR 法律或者根据民事调查令向指定的联络州（由 NAAG 协议确定）提供递交给反托拉斯局的所有信息;（2）在某种程度上放弃 HSR 与民事调查传票的保密条款,有必要允许反托拉斯局与州司法部长之间讨论受保护的材料。当这些要求得到满足时,反托拉斯局将向业务上有联系的州提供二次要求书、民事调查令计划以及 HSR 等待期届满日期。协议进一步规定,"在特定案件情况下,合法、实用及适当程度内,反托拉斯局……及州司法部长在分析合并时将进行合作"。放弃 HSR 和 CID 的保密特权也可以被用于允许与外国反托拉斯机构和其他的联邦机构分享当事人的秘密信息。

执法人员经常可以接受为 HSR 材料提供比法律更大程度保护的请求。作为一个政策问题,反托拉斯局不应对我们使用 HSR 材料给予比法律所包含的更大限制。这种政策的例外只能请教咨询部门主任、《信息自由化法》组以及合并执行处长后作出。

反托拉斯局的政策是,如有可能,在任何行政或者司法诉讼或者程序中将 HSR 材料置于公共记录前,无论材料提交者是否为一方当事人,都设法给提交者 10 日通知的时间。此政策的例外由助理检察官授权,特别是在 10 日通知不可行的案件中,如在寻求临时限制令或者材料属于初始申请文件时。诉讼期间 HSR 材料的使用应当遵守法院所发出的保护令。

根据民事调查令,反托拉斯民事程序法明确允许反托拉斯局使用与取得口头证据有关的民事调查令材料。参见《美国法典》第 15 卷第 1313 条（c）款（2）项。与该法相比，第 7 条 A 款没有明确授权在民事调查令庭审时使用 HSR 材料。因此，在庭审中使用 HSR 材料受第 7 条 A 款要求的调整，不得公开此类信息或者文书材料。因此，当事人提供的 HSR 材料不应在民事调查令或者其他场合向其他当事人或者第三人出示。

（4）合并前申报与其他法律的关系

《克莱顿法》第 7 条 A 款（i）项，即《美国法典》第 15 卷 18 条 a 款（i）项，包含了对本法和反托拉斯局与联邦贸易委员会其他活动之间联系的两种重要解释。根据第 7 条 A 款（i）项（1）目，任一机构依据合并前申报规定采取行动或者未采取行动不会给依据法律其他规定和 HSR 其他规定所进行的程序造成影响。例如，这就意味着即使等待期届满或者反托拉斯局提前终止等待期，反托拉斯局依然可以反对该交易。此外，根据第 7 条 A 款（i）项（2）目，执法机构充分利用反托拉斯民事程序法、联邦贸易委员会法以及"确保在任何时候任何人不会获得书面材料、口头证据或者其他信息"的法律其他规定的能力不会受到合并前申报要求的影响。

（二）审查合并前申报

1. 将合并前申报递交执法人员审查的程序

HSR 要求当事人向联邦贸易委员会和司法部通知某些拟议交易。当事人必须向反托拉斯局合并前申报组提交 3 份合并前申报表（和 1 份附件），且必须向联邦贸易委员会提交另外的 2 份申报表（和 1 份附件）。申报日为邮戳加盖日，并立即登录。联邦贸易委员会合并前办公室为交易分配合并前号码，并估算初始等待期。反托拉斯局通过与联邦贸易委员会电脑数据库直接链接迅速获得这些信息。反托拉斯局合并前申报组以交易涉及的商品和当事人经营场所为基础将申报材料分配给相关处室。包含附件的申报文件应发给相关处室以待审查，而没有附件的申报文件应发给经济分析组。反托拉斯局合并前申报组在申报材料上放置一张材料索引目录以确定当事人，当每项申报提交后，合并申报前号码、处室和地区办公室完成初步审查所需要的日期（"处室主任预期反应过期"日）以及等待期届满时间。

2. 申报的实质审查

通常执法人员在收到 HSR 申报材料后 5 个工作日内（现金收购或者破产申报时为 3 个工作日）应决定申报是否引起需要调查的竞争问题。这种决定的主要基础在于 HSR 申报表及其附件，尽管有大量的其他信息源也可资利用。

（1）申报表的内容。

申请及报告表以规则第 803 部分的附录形式出现。它旨在为执法机构提供对拟议收购竞争影响进行初次评估所需的信息。该表格要求提供下列信息：

当事人及交易的一般性背景出现在第 1～3 项中。第 1 项确定了申报的交易类型及申报人的申报角色（如作为收购人、作为被收购人）；第 2 项和第 3 项确定了所有其他的交易当事人，并要求叙述被收购的资产及（或者）证券。同时要求披露拟议完成的日期，并提交某些构成协议的文件。

该表要求当事人根据各相关标准工业分级代码（NAICS）申报销售额。第 5 项要求根据 6 位数、7 位数和 10 位数为基础的标准工业分级代码提交收入数据。根据基准年度（当前为 2002 年）寻求 6 位数的数据。同时应提交更为详细的基准年度 7 位数产品数据。这些 10 位数数据必须适时更新以反映增加或者删减的产品。7 位数据和 10 位数据是最近几年为制造业所提供的。在非制造业产业，最近几年仅仅提供的只有 6 位数据。

执法人员应当确认所有第 6 位数、7 位数和 10 位数数据的重叠部分，并使用户口普查数据确定市场份额。对大多数的 NAICS 代码而言，户口普查数据显示了公司数量及总销售额。当审查 NAICS 信息时，执法人员应当注意到分级并不打算跟踪反托拉斯产品市场。NAICS 可以用来作为市场的初步代替，但是其经常过于宽泛或者过于狭窄。在审查 NAICS 数据时，执法人员应当谨记，尽管国内生产者根据 NAICS（带有从 2、3 或者 4 开始的代码）申报销售额，然而在国外制造产品并通过营业部或者代理商在美国进行销售的典型性企业应根据 NAICS 申报他们的销售额。结果是，即使 HSR 表格没有显示 NAICS 存在重叠，两家企业仍然互为对方的主要竞争对手。此外，NAICS 的种类并不总是明确的，某些企业可能合法地处于多个类型中。

NAICS 的限制要求执法人员始终审查附随 HSR 表格的第 4 项文件，尽管表格没有显示 NAICS 代码重叠。第 4 项要求申报当事人提供多种文件的复合件。第 4（a）项要求许多证券交易委员会文件，包括代理陈述、10—K 报告、10—Q 报告、8—K 报告以及登记声明；第 4（b）项要求提供年度报告、年度审计报告及资产负债表；关于多角度竞争，第 4（c）项要求提供高级职员或者董事制作的或者为其提供的、以评估或者分析收购为目的的研究、调查、分析以及报告。例如，为答复第 4（c）项内容，所需提交的文件将包括董事会报告和被收购企业为买方制作的销售备忘录。第 4（c）项文件包含企业对受影响市场以及他们感觉从拟议收购中所能获得利益的分析。当事人不要求对第 4 项文件进行翻译，但被要求提交现有的英语提纲、概述或者译本。参见《联邦法典》第 16 卷第 803.8（a）条。

第 6 项征求重要股东（而不是控股）及申报当事人股权的信息。

第 7 项要求在 6 位数的产业重叠存在时提供交易的地理市场数据。这对于审查以地理或者区域市场为特征的产业是重要的。

第 8 项征询出现 6 位 NAICS 代码重复时的合并历史数据。

为答复第 5、7、8 项内容,信息只有涉及企业在美国进行营运时才需要提供。参见《联邦法典》第 16 卷第 803.2(c)。

(2) 信息的其他来源。

如果在审查 HSR 表以及附件时提出了竞争问题,执法人员应着手对公开获得的信息进行研究以决定是否启动调查。除此以外,这些消息来源还包括对有关拟议交易相关产业、企业以及新闻等相关文章的在线研究,对网络消息资源的审查例如公司主页,以及反托拉斯局图书馆馆藏的权威参考书。

3. 申报的完整性评估

除了充分审查每个 HSR 申报材料外,执法人员应当确保 HSR 申报材料是完整的。当 HSR 申报材料不完整或者不准确时,联邦贸易委员会有责任通知当事人。联邦贸易委员会要求当事人提交修正后的申报材料,并提交申报材料完整的新的证明书。在那些材料不足有着重要意义的情况下,等待期从重新提交修正后的申报材料后开始起算。联邦贸易委员会必须在发现申报材料不足后立即通知当事人所报材料不足;在任何时候发现材料不足时,即使已经签发了二次要求书且当事人对二次要求书作出了反应,委员会也可以拒绝接受(或者退回)申报材料。审查申报材料的司法部律师应就有关申报材料准确性或者完整性的问题迅速联系联邦贸易委员会法律政策部。例如,如果二次要求书或者主动提交的文件包含根据第 4(c)项与初次申报材料一起提交的文件,那么司法部律师应迅速通知法律政策部及联邦贸易委员会合并前申报办公室。

4. 建议展开或者不展开调查

一旦对 HSR 申报的完整性进行评估和充分审查,执法官员应确定拟议交易是否可能引起竞争损害或者它会引起非常严重、足以授权进行初步调查的问题。建议开始初步调查的所有决定及不进行初步调查的所有结束决定都应在作出建议前与相关处室主任或者主任助理进行讨论。

(1) 无利害备忘录。

在作出没有理由调查交易的决定时,执法人员必须填写"无利害"表。表格记录了当事人身份、HSR 交易号码、NAICS 代码、产品及地理重叠以及交易概要等信息。在意见部分中,执法人员应当解释为何建议不申请调查。该表以电子方式发给审查官员,通常是主任或者主任助理,或者 HSR 规定的合作者。如果审查人同意有关建议,他或者她应签署"同意"指令,并以电子方式通知反托拉斯局合并前申报组。

（2）展开初步调查。

执法人员在起草寻求初步调查职权决定前应与相关法律部门主任进行讨论。在某部门决定寻求初步调查职权时，执法人员应当起草请求初步调查请求备忘录，使用"请求初步调查职权"宏指令。执法人员与法律部主任在寻求初步调查职权时一般应与指派负责该事务的经济学家进行磋商。建议将受到审查，并且为启动调查将寻求联邦贸易委员会的许可。在部门主任审查备忘录并予以批准后，该部门将通过电子邮件把备忘录发送至"初步调查请求"邮箱和负责此部门的特别助理，从而将备忘录发给合并前申报组。

5. 许可程序

自从联邦贸易委员会与反托拉斯局分担合并与收购的执法责任以来，两执法机构强化了许可程序，为审查各拟议交易分配了它们之间的责任。只有发出许可的机构可以签发二次要求书。为在反托拉斯局启动许可程序，审查交易的部门必须向合并前申报组提交进行初步调查（"初步调查备忘录"）的请求。在受限制的情况下，民事调查的许可要求可以以简易格式的方式提交。这些情况包括许可要求与联邦贸易委员会的 HSR 合并许可要求相冲突，既有现金收购方式的合并也有破产财产收购方式的合并，在寻求许可之前 HSR 事项的重要等待期已经届满了，或者 HSR 事项在许可开始之时就很清楚将与联邦贸易委员会的许可相冲突。除了相关的执行处长同意之外，简易格式方式的许可不应该使用于民事非合并调查。当简易格式许可要求被提交完后，执法人员必须在 48 小时内提交一份完整的初步调查备忘录。

反托拉斯局与联邦贸易委员会同意合并许可程序主要基于过去的经验和专业知识。程序从传送许可请求时开始，请求为列明许可号码、当事人和所调查的行为、地理范围、合并前号码以及等待期结束的电子表格。如果两个机构在许可问题上发生了冲突，每个执法机构有权提出一份书面申请表，说明该机构从事该事项的正当理由，并相互交换此申请表。申请表应该列出每个执法机构在过去 5 年里所进行的调查或者案件，说明自己处理该事项所具有的专业优势；确定这些事件如何涉及争议交易，列出当事人的专业技术，并说明调查是否"充分"（在此情况下，充分意味着强制性证据发现的使用）。在起草请求书时，执法人员应请求反托拉斯局合并前申报组着手对涉及冲突的当事人和 NAICS 代码相关的所有反托拉斯局事务进行调查。许可将授予有着较强正当理由的执法机构。

6. 事先许可与当事人进行接触

为了协助批准程序或者更好地利用初步调查期间，当事人经常请求反托拉斯局给予进行接触的机会，或者在许可被批准前提供书面信息或分析。反托拉斯局与联邦贸易委员会都赞同批准前的接触政策；并且规定，如果当事人开始没有与执法人员接触，执法机构在没有首先通知另一机构并为另一机构提供参与机会前不得与当事人进行接触。如果当事人开始接触执法机构，被联系的执法机构将建议当事人许可尚未作出之前，有关信息应同时向两机构提供。如果被当事人联系的机构认为召开批准前会议是适当的，被联系机构将与另一执法机构进行协调，为当事人请求提供与两机构召开联席会议的机会。如果开始接触的一方当事人向执法人员询问交易是否存在问题时，被联系机构应告知当事人，尚未作出许可决定。被联系机构可以询问后续问题，但是为答复这些问题所提供的书面信息应同时提交给两个执法机构。

7. 保留申报材料

反托拉斯局坚持它可以为未来调查保留 HSR 申报文件的立场。各部门径直设立各自保留 HSR 申报文件的制度，并定期销毁本部分不再感兴趣的申报材料。由于文件有助于未来调查，应为所保留的各种文件提供材料索引目录，确认提交文件的当事人，并注明文件根据法律受到保护、免于披露。

（三）合并调查概述

1. 初步调查

在联邦贸易委员会同意授予调查许可、执法人员获得了初步调查职权时，合并调查的第一阶段开始。执法人员应当使用这一期间，决定拟议交易是否引起严重问题，是否要授权签发二次要求书。为此目的，在获得初步调查权时，执法人员应当概述其临时的反竞争损害理论，并应着手联系消费者、贸易协会、竞争对手以及其他相关当事人，从而确定在相关市场是否存在可能的竞争疑虑。

执法人员应该将经济学家安排到调查涉及的所有相关环节从事调查，如面谈、有关直接调查的团体会议、"棘手"资料的分发。另外，在资产剥离情况下，要考虑可能的救济或者效率问题，或者"倒闭公司"问题，反托拉斯局经济诉讼部的公司财务组应该在较早的可能时间里提出建议。

在调查的早期，执法人员应该与当事人联系，讨论可能的竞争疑虑与所需要的信息。参见第三章第三部分（执法人员应该要求提供详细的信息）。HSR规则特别规定，执法机构要求在初始申报中扩大和优化信息。这些要求是非正式和自愿的，且他们不会延长等待期或者影响反托拉斯局作出二次要求书的权力。反托拉斯局认为这种自愿提供的信息属于《克莱顿法》第 7 条 A 款（h）项即《美国法典》第 15 卷第 18 条 a 款（h）项保密条款的保护范围之内。然而，反托拉斯局应谨慎地通知当事人，自愿要求不是正式的二次要求书。

2. 民事调查令

在合并调查阶段的初步调查早期，执法人员可能发现它具有颁布民事调查令的优势。在初步调查阶段，执法人员发现面谈是其主要可利用的工具，在受限制的情况下，民事调查令（甚至是为了获得口头证词的民事调查令）是合适的工具，对于执法人员为解决重要问题取得显著的进展（如市场的定义、竞争的交叉、进入、效率、受害企业的抗辩）所给予的帮助证明它是必需的。在为提供信息时犹豫不决的第三者或者强迫提供信息的第三人提供保密保护时，为了快速有效地解决调查中的问题，执法人员常常愿意提前使用民事调查令。关于民事调查令的补充信息，参见第三章第五部分。

3. 二次要求书

如果执法人员断定交易可能引起竞争问题，且为评估交易需要更多信息，那么执法人员应起草二次要求书，并在适用的等待期届满前申请批准二次要求书。处长或者执行副处长有权签发二次要求书。提出二次要求书的建议应在初始等待期届满前的3个完整工作日前电邮给相关的特别助理。建议书应包括建议二次要求书的备忘录、向当事人发出的二次要求信函以及开始搜寻文件和信息的计划表。备忘录应该包括以下条款：

- 交易。
- 调查。
- 调查理论。这条应该包括一些下属款项：解释竞争损害理论、可能的产品和地域市场、市场份额和集中度的最佳评估、市场松懈的可能性或者进入困难和进入障碍、可能的效率、在潜在条件下的市场弱化和他们能够克服的方法、其他调查涉及和不涉及的理论。
- 正在进行中的或者列入计划的经济分析组项目（连同经济分析组特别关注的项目）。
- 抗辩的理由和反托拉斯局的初步反应。
- 过去在该产业里的调查结果。
- 最后的可能性或者案件的吸引力。
- 拟议的偏离二次要求书模式的基础。

因为二次要求书可能对当事人的交易产生实质性的后果，执法人员应该仔细评估它的需求与范围。如果二次要求书是必须的，执法人员应该修正其交易和它产生的反竞争可能性后果。

在确认遵守法律规定后，正在合并的当事人同意延长证据发现期限，执法人员可以在一个小的范围内与当事人协商二次要求书的内容。不存在这些条件时，执法人员应该得到获得初步救济的必要信息。

(1) 二次要求书样本。

反托拉斯局与联邦贸易委员会同意"DOJ/FTC 二次要求书样本"时间表一致，增加了机构间的一致性，减少了当事人的合规负担。此外，反托拉斯局为了指导电子证据的发现，修改了二次要求书样本，更新了时间表。二次要求书样本可以在反托拉斯局工作成果库网站中找到。执法人员可以找到对两方都有用的人工制作的二次要求书样本。执法人员应该与其一起工作的经济学家协商，制作特定问题文件和信息的要求书。

(2) 二次要求书的颁布程序。

二次要求书应该直接发给正在提供资料的企业，也可以直接发给企业的特定子公司或者分支机构，或者特定的官员、董事、代理人，或者企业的雇员。参见《联邦法典》第 803.20 (a)(1) 条。正在提供资料的企业的名称与地址在 HSR 表项目 1 (a) 里。

为了二次要求书的效力和延长 HSR 等待期，执法人员必须选择：(1) 给这家企业发送二次要求书的书面通知，使之在开始的 30 日或者 15 日的等待期之内收到；(2) 通过亲自送达或者通过与 HSR 表项目 1 (g) 所列之人进行电话通知 [如果项目 1 (g) 上的人在美国之外，则适用 1 项目 (h)]，如果此人提出要一份可阅读的二次要求书的完全文本，则提供一份可阅读的二次要求书的完全文本给此人。在开始的等待期内，执法人员必须通过美国的邮政，给企业发一份二次要求书的书面信息。参见《联邦法典》第 16 卷第 803.20 (a)(2) 条。在将二次要求书发给自然人（公司董事会的成员）的情况下，书面通知也必须提交给上面 (1) 或者 (2) 中所提到的企业，书面通知的复印件也必须亲手转交或者发送确认的或者登记的邮件寄给此人的家庭地址或者企业地址。

如果执法机构可能发出二次要求书，要求书面确认项目 1 (g) 上的联系人代表企业接受可能发出的二次要求书提供的服务要求，根据上面描述的两种选择，为了确保及时有效地发出二次要求书，执法人员应该在开始的等待期即将过期的几天时间之内，向项目 1 (g) 上面的联系人发送电子邮件。执法人员应该在等待期结束的最后一天的下午 5:00 前以电话方式，或者最后一天的午夜 12:00 之前以邮局寄送邮件方式，并确保邮戳的正确性，以让收件人牢记去邮局领取邮件的时间，将二次要求书的通知发给项目 1 (g) 上的联系人。此外，邮寄书面复印件，执法人员应该在下午 5:00 之前，通过传真或者电子邮件方式，将二次要求书发送至项目 1 (g) 上的联系人，并慎重地将复印件发送至企业的其他相关代表（如平常与执法人员保持联系的企业律师）。

寄送二次要求书的信封上要签上执行处长或者执行副处长的名字。当二次要求书的建议是由特别助理提出时，应该按照标准形式发送给他们一份。一旦收到了项目1（g）的联系人代表企业接受二次要求书需要提供的服务的确认时，这封信应该按照企业的地址（或者收到此信的个人或者企业的子公司）转交给项目1（g）上的联系人。

当二次要求书发给以股权收购方式合并或者出售破产财产的交易的被收购人时（不管是否是现金收购），根据《美国法典》第11卷第363（b）条的规定，不延长等待期，参见《美国法典》第15卷第18a（e）（2）条的规定。发给以股权收购方式或者出售破产财产方式收购的被告收购人的二次要求书信，不包括延长等待期的语言，信中要陈述在遵守已经颁发的民事调查令的同时，也考虑到遵守二次要求书。

拟议的二次要求书时间表和信封应该通过电子邮件，随同建议备忘录，在开始的等待期结束前的3个工作日，发给相关的特别助理。

（3）协商修正。

每次对二次要求书的修改必须要得到相关的反托拉斯局代表的书面同意，没有得到书面同意而进行的修改是无效的。收到二次要求书的当事人被鼓励联系执法人员，协商对二次要求书的限制或者修改。在考虑修改请求时，执法人员应当考虑相关的竞争问题、当事人主张信息和文件的方式、当事人可利用信息的类型以及给提供被要求信息的当事人所带来的相对负担。执法人员必须在5个工作日内以书面方式对所有被要求进行的修改作出答复。

如果在与执法人员进行修改讨论的期间出现问题，当事人应当联系部门主任或者主任助理讨论该事务。这种与部门主任或者主任助理进行的讨论在二次要求书修改程序期间相对普遍。如果在处室层面没有解决任何问题，反托拉斯局会为请求修改二次要求书而采用内部申诉程序。该程序为寻求修改二次要求书的当事人提供了将部门主任的决定申诉至对审查该事务执法建议没有直接责任的高级官员的可能。通常，该官员是不参与案件决策过程的副司法部长助理。执法人员应当与相关的特别助理进行联系，从而决定哪个官员将处理申诉。申诉应当为书面形式，且长度不超过10页纸。申诉书包括简要解释进一步遵守为何成为不适当负担的理由以及与执法人员和部门主任进行合规讨论的报告。复审员可以要求在接到申诉后2个工作日内补充信息，并在收到所有必要信息后7个工作日内作出申诉决定。

（4）遵守二次要求书。

主管调查的检察官有义务保证当事人遵守二次要求书。在送出答复时，应当给予明确指示。在正常工作日的东部时间下午5点后或者除正常工作日以外的任何时间递送的二次要求书答复，应当认为在第二个正常工作日收到。当收到所有被要求的材料且当事人保证遵守二次要求书时，交付在最后一日完成。规则第 803.3 条要求对补充信息要求书应该给予完整答复。参见《联邦法典》第 16 卷第 803.3 条。如果当事人不能提供完整答复，那么他应提供不合规定的理由陈述。

执法人员应确定当事人是否尽快充分遵守二次要求书（通常在二次法定等待期届满前是适当的，即使存在延长等待期或者以其他方式约束当事人延长结束时间的时间安排）。如果当事人完全合规，执法人员应通知当事人，并确认等待期届满的日期。如果提交材料不属于充分合规，那么应当准备材料不足信函。该信函应特别说明提交材料不足的范围以及当事人没有提供不符合规定的解释。材料不足信函由部门主任签署后签发，但当事人可以将部门主任的决定申诉至对审查该事务执法建议没有直接责任的高级官员。通常，该官员是不参与案件决策过程的副司法部长助理。执法人员应当与相关的特别助理进行联系，从而决定哪个官员将处理申诉。与修改争议的申诉相同，该申诉书应为书面形式，且长度不超过 10 页纸。申诉书应包括简要解释为何当事人相信其符合规定以及与执法人员和部门主任进行讨论的概述。复审员可以要求在 2 个工作日内补充信息，并在收到所有必要信息后 3 个工作日内作出申诉决定。

在评估法律遵守状况之时，执法人员应该意识到，根据《克莱顿法》第 7 条第 1 款第 7 项第 2 目的规定，直到当事人已经实质性地遵守法律时止，反托拉斯局可能寻求禁止令以防止当事人结束他们的交易。参见联邦贸易委员会诉布洛克巴斯特公司一案（FTC v. Blockbuster, Inc., Civ. No. 1：05CV00463）（D. D. C. filed March 11, 2005）。

4. 签发二次要求书之后

在签发二次要求书及当事人实质性地遵守了该要求书期间，执法人员应当着手进行全面调查，使他们能够决定交易是否是反竞争的以及是否会被控告至法院。在签发二次要求书不久后，执法人员必须在调查时与各当事人召开"二次要求书会议"，讨论该阶段存在的竞争疑虑。除非合并当事人请求延期召开，否则执法人员必须在签发二次要求书的 5 日内安排这类会议。如果执法人员在任何时候都认为，交易不可能对竞争有不利影响，他可以建议结束调查。关于结束调查的程序，参见第三章第三部分。

在某些调查中，当执法人员相信，通过审查有限的补充信息解决无关联问题足以说服反托拉斯局交易不具有反竞争影响，那么执法人员可以安排"快速查看"（quick look）调查。在某个"快速查看"调查中，当事人避免完全遵守二次要求书，转而提供有限的文件和信息，而执法人员则在特定日期内努力告知当事人完全遵守是否是必要的。在其他调查中，交易引起了只能在全面调查及遵守二次要求书后才能解决的严重问题，从一开始就是清晰的。

具有代表性的完整的二次要求书调查包含：向第三人签发民事调查令以获得计算市场份额的必要信息以及评估相关市场和交易竞争意义的必要文件；收集书面证词和获得启动司法程序的陈述以便在庭审中得以使用；保持并与专家一起开展工作；进行法律研究；完成对审查二次要求书文件的准备工作，并使用诉讼支援系统；确保有关交易竞争影响的经济及其他证据的准备工作。

由于在限定时间内有许多工作需要完成，法律和经济人员应小心谨慎地提出控制调查的详细计划。该计划应包括谁负责实施计划的各个部分以及任务何时完成。焦点侧重在将最具有说服力的证据适用于调查问题，且包括适当的使用证据发现工具。通常，他们会与执行处长及相关副司法部长助理召开一次或多次会议，讨论案件计划、案例理论以及调查的进展。

5. 时间协议

由于当事人希望有比法律中等待期更多的时间与反托拉斯局充分讨论交易的竞争意义。一般而言，在部门的安排下，与相关的副司法部长助理协商后，可以做一个特殊的程序性安排，用于交换当事人关于他们的提供信息和遵守特定的调查要求而实施的特殊行为。时间协议允许依序审查信息，就交易的竞争意义进行对话，如果时间协议对于调查是合适的，为了作出决定，执法人员应该在颁布二次要求书后的 3 日内与当事人联系。在这些协议中，当事人一般会承诺在等待期届满之后的一段时间内不结束交易。这些协议的形式会随交易的不同而改变。一些潜在的义务包括在协议之中，这些义务包括修改和遵守二次要求书和其他的证据发现的义务；如果需要，提前接触当事人的技术人员，当事人的高级管理人员提供书面证词的日期（执法人员应该考虑为提前收到某些书面证词的文件做好条件方面的准备）；经济信息的互相交换和反托拉斯局的经济学家与当事人的经济学家之间讨论的日期；白皮书和执法人员的建议最终完成的日期；当事人与反托拉斯局之间安排的会议日期。关于更加详细的指南，参见《合并审查程序申请》，在时间安排的协商方面，提供了反托拉斯局的政策和实践的更加完备的讨论。另外，2006 年的《合并审查程序申请》修订版，提醒反托拉斯局，保管人员数量的减少要引起重视，他们管理的文件必须要得到检索。作为对协议的反馈，这是保护反托拉斯局获得相关的证据发现的能力，这些证据发现的成果可以在法庭上发起控告。

6. 当事人实质性地遵守二次要求书之后

一旦当事人充分遵守了协议（参见第三章第四部分），等待期在 30 日（或者在现金收购或者破产申报情况下 10 日）后结束。除非当事人承诺把不去结束交易作为时间选择协议的一部分，否则反托拉斯局必须就是否反对交易及诉诸初步救济以阻止交易结束作出决定。

在当事人对二次要求书作出反应,并保证他们会充分遵守二次要求书后,执法人员需充分仔细地审查呈递的材料,评估呈递文件的完整性以及是否应当签发补充材料信,结束仍进行中的宣誓陈述,并且如果可行的话,向执行处长转发建议书(如果适用的话,修订后的举证顺序及任何拟议的答辩书)。合并案件的建议一般应该在全体决策会议召开之前的3个工作日提交给集体决策办公室。

(四)建议提起诉讼的程序

从调查开始,执法人员应该经常评估拟议的交易受到起诉的可能性,应该用一只眼睛盯着调查行为,发现能够在法庭上证明存在违法行为的证据。如果调查中发现了这种可能性,执法人员将在交易完成前建议起诉这一收购,执法人员应该准备证据的顺序、证据的附件、拟议的诉讼中最先可以突破的点。调查完成之后,执法人员应该准备宣誓书和展示调查成果。如果已经提起诉讼,执法人员会计划在其申请文件时补充来自经济学家的声明,指派参与此案件出庭作证的经济学家应着手准备有关声明及伴随的证明。交易完成前起诉收购的法律根据将在第四章第二部分详细阐明,并且那些分析应辅助执法人员准备必要的文件。为在其他问题中提出特别答辩理由可以参考工作成果文件库。

鉴于HSR及合并前申报规则对执法人员设置的时限,执法人员在相信有可能建议提起诉讼时就应立即通知执行处长。执法人员亦应与上诉处进行协调,在有必要寻求临时限制令或者预防性禁止令的情况下,上诉处的帮助是有益的。更多关于对合并案件给予建议的信息,参见第三章第七部分。

五、签发民事调查令

(一)民事调查令的作用

1. 何处使用民事调查令

在反托拉斯局处理的大多数民事事务中,如果反托拉斯局断定自愿请求不充分或者是对其需要是不适当的,那么它可以使用民事调查令迫使当事人提供信息与文件。根据反托拉斯民事程序法,民事调查令可送达给任何自然人或者法人,包括涉嫌违法者、潜在的受害者、证人以及记录管理人,如果"有理由相信"该当事人持有"与民事反托拉斯调查有关的"文书材料或者信息。参见《美国法典》第15卷第1312条第1款。如果"有理由相信"意味着任何发生在反托拉斯局执法范围内的违法行为,反托拉斯局有充分的职权签发民事调查令,甚至在不存在"可能的理由"的情况下,反托拉斯局相信发生了特定的违法行为,也可如此行为。参见澳大利亚及东方美国班轮公会诉美国一案（Australia/Eastern U. S. A Shipping Conference v. United States，1982 – 1 trade Cas. ）。

《反托拉斯民事程序法》对"反托拉斯调查"进行了详细的规定，包括某个"反托拉斯调查者"作出的"反托拉斯调查"以确定是否"任何人正在或者曾经从事任何反托拉斯违法行为，或者正在或者曾经在准备合并、收购、合资或者类似交易时从事任何活动，即，如果完成交易，可能会导致反托拉斯违法行为"。参见《美国法典》第15卷第1311条第3款。一位"反托拉斯调查者"是"被美国司法部启用的律师或者调查者，他担负执行或者实施反托拉斯法的起诉职责。"参见《美国法典》第15卷第1311条第5款。"反托拉斯违法行为"意味着"违反任何反托拉斯法律、反托拉斯命令或者根据1994年《国际反托拉斯执行协助法》所包括的任何外国的反托拉斯法律的行为"。参见《美国法典》第15卷第1311条第4款。

民事调查令是对《谢尔曼法》或者《威尔逊关税法》潜在违法行为进行民事反托拉斯调查以及根据1994年《国际反托拉斯执法协助法》进行民事调查的强制程序的首选工具。民事调查令亦可用于调查违反《克莱顿法》的潜在违法行为，然而在合并调查中，对于从当事人那里获得信息而言，二次要求书通常是强制程序的首选形式。民事调查令的送达并不会延长初始等待期。然而，在破产财产出售和现金收购交易中，向被收购当事人发出二次要求书后收购人不能延长等待期；为确保及时获得必要信息，反托拉斯局通常会向此项交易的被收购当事人签发二次要求书和民事调查令。参见第三章第四部分。此外，民事调查令通常是迫使第三方当事人提交证物的唯一强制程序形式。再者，等待期内调查早期向当事人送达简要的民事调查令有助于允许在某些情况下更精确地起草二次要求书。民事调查令也能送达给当事人以补充二次要求书，尽管及时获得所要求的证物材料被证明是困难的。

尽管民事调查令仅在反托拉斯局启动民事或者刑事诉讼前送达，参见《美国法典》第15卷第1312条第1款，然而，它们可以在反托拉斯局决定提起民事诉讼但事实上仍没有提起诉讼后签发。民事调查令不能在提起控告后实施。民事调查令还可用来调查遵守反托拉斯案件的最终判决和指令，尽管特殊情况下民事调查令通过依靠大多数反托拉斯局民事决定中所包含的"探寻"条款来搜集合规证据可能更为有效。签发民事调查令的决定通常涉及在相当程度上扩大反托拉斯局所掌握的资源，并且只有对该事件的潜在意义作认真审议和深思熟虑的再评估后方可作出。

2. 刑事调查

如果民事反托拉斯调查揭示的证据表明，刑事起诉比民事执法更合适，那么就应当开始大陪审团调查。进一步调查不会由民事调查令引导,而是必须通过大陪审团程序进行。因此,例如,民事调查令不得用于调查违反《罗宾逊—帕特曼法》第3条处以完全刑事处罚的行为,参见《美国法典》第15卷第13条第1款;通过民事调查令取得的证据可以提交给大陪审团,参见《美国法典》第15卷第1313条第4款第1项。

3. 未经授权使用民事调查令的其他事项

反托拉斯局不能向明确豁免反托拉斯法的行为签发民事调查令,但可签发民事调查令用以确定具体行为是否属于豁免类别。为准备答复商业审查信的请求或者调查违反《联邦贸易委员会法》的行为,反托拉斯局不得签发民事调查令。反托拉斯局也不能签发民事调查令用以调查违反1970年《报业保护法》的行为,参见《美国法典》第15卷第1803条第2款。然而,如果司法部长命令对某个案件进行公开听证,那么主持会议的行政法官可允许任何一方当事人(包括反托拉斯局)"按照联邦民事诉讼规则的规定"进行证据发现。参见《联邦法典》第28卷第48.10条第1款第3项。

反托拉斯局也无权签发涉及参与联邦监管机构法律行动的民事调查令,但是以前通过正式签发、用于其他目标的民事调查令所收集到的信息可以在此种程序中得以应用。参见《美国法典》第15卷第1313条第4款第1项。鉴于"反托拉斯调查"的法定定义,参见《美国法典》第15卷第1311条第3款,民事调查令不能在进入双方同意的判决前用来调查可能存在的判决终止或者在《滕尼法》公众评论期内违反规定的情况。

4. 民事调查令的基本特征

民事调查令可要求接受者出示特定的文书材料、对书面质询给予宣誓性回答、提供口头宣誓作证或者提供任意组合性的答复。民事调查令也可要求出示在其他事务中所得到的证据发现成果,参见《美国法典》第15卷第1312条a款,其中包括证言、文书、质询答辩以及在司法或者行政诉讼中通过证据发现获得的"具有对抗性质的"其他项目。参见《美国法典》第15卷第1311条第9款。通过民事调查令要求出示证据发现成果的必要条件在第三章第五部分进行了充分讨论。

通过正在进行的调查违法行为理论得以明确形成之后,反托拉斯局应当准备民事调查令,要求开发必需的信息,根据这一理论证实违法行为。额外的宽度范围通常认为是不必要的,应予以避免,这是由于,如果稍后对补充材料的需要得到认可,那么额外的民事调查令可随后送达给相同的人或其他人。不必要的扩大民事调查令范围会耽搁调查,浪费被告提供材料以及执法人员审查材料的额外时间。这些不可能有助于调查的结果。应当特别注意控制民事调查令送达给尽量小范围的第三方当事人,这符合调查的目标。在某些情况下,苛刻地选择关键性的民事调查令,伴随最小限度的说明和定义以及仅仅是极为有限的要求才能鼓励当事人作出即时的答复。

然而,为满足反托拉斯民事程序法要求之目的所签发的民事调查令必须符合其他所有相关的法律和规定。例如,在向下列自然人或者机构签发民事调查令时,需要作其他的考虑:

- 要求律师提供与客户代表有关的资料。参见《美国司法部律师手册》§9-13.410。
- 要求记者或者新闻媒体组织提供在报道新闻过程中收集的信息。参见《联邦法典》第28卷第50.10条;另见第三章第六部分(讨论在向新闻组织签发大陪审团传票时适用的类似程序)。
- 要求金融机构提供客户交易数据。参见1978年《财务隐私权法》、《美国法典》第12卷第3401~3422条。

(二) 反托拉斯民事程序法及修正案的立法史

1. 1962年法

《反托拉斯民事程序法》起源于1955年总检察官国家委员会研究反托拉斯法的最终报告。报告指出,司法部在有效实施反托拉斯法时面临的一个问题是,从一开始考虑民事诉讼时就缺乏在调查中获得证据的强制性程序。参见《总检察官国家委员会研究反托拉斯法报告》第343~345页(1955年)。正如委员会所指出的,调查工具不足可能会导致调查的不完整,反过来意味着仔细调查和研究的民事法律程序将证明是不正当的。最终的社会成本可能是"耗尽诉讼当事人资源和增加法院案件壅塞的徒劳审判"。参见同上,第344页。为了弥补这一缺陷,委员会建议立法机构授权司法部签发民事调查令,要求提供与民事反托拉斯调查有关的文件。

最高法院在美国诉宝洁公司[United States v. Procter & Gamble Co., 356 U.S. 677, 683 (1958)]一案的判决中支持了这种立法的需要,判决谴责了为得出民事案件证据之目的而使用大陪审团。该判决引起了对这一事实的进一步注意,即反托拉斯局不得不在调查中依赖当事人主动合作进行民事调查。国会为此作出反应,于1962年通过了《反托拉斯民事程序法》。该法颁布后不久,根据《反托拉斯民事程序法》签发的民事调查令受到了来自宪法的挑战,但是所有这些挑战都被法院所拒绝。

正如最初颁布的那样,《反托拉斯民事程序法》授权签发民事调查令,仅向民事调查对象的公司及其他非自然人送达,且只是迫使他们提供文件。1965年,第九巡回法院在美国诉联合石油公司案的判决中对《反托拉斯民事程序法》最初的狭义范围加以认可参见 United States v. Union Oil Co., 343 F. 2d 29, 31 (9th Cir. 1965)。并在该案件中作出判决,民事调查令应"限于查明当事人是否'正在或者曾经从事任何反托拉斯法违法行为'"。此外,法院指出,这并不包括对可能引起的未来违法行为如拟议的收购或者合并的调查活动。

2. 1976 年修正案

1976 年《哈特—斯科特—罗迪诺反托拉斯改进法》对《反托拉斯民事程序法》进行了修订,为反托拉斯局提供了更多的有效管理民事调查的工具。正如所修正的那样,民事调查令允许反托拉斯局签发民事调查令要求获得除文件以外的口头证言和质询答复,并允许向自然人以及公司或者其他法人实体送达民事调查令。修正案也允许使用民事调查令调查如预期合并等可能存在的违法行为,并准许将民事调查令送达给无违法嫌疑的当事人。

3. 1980 年修正案

1980 年《反托拉斯程序改进法》对《反托拉斯民事程序法》进行了补充性修订。这些修正授权反托拉斯局获得经民事调查令而取得的证据发现成果,即使材料受到保护令的调整,限制其披露。参见第三章第 5 条 3 款 1 项 (3) 目及第 5 条 8 款 (5) 目。1980 年的修正案也明确授权反托拉斯局向反托拉斯局"执法官",如精通自动化专业文献检索的独立承包商(谁可以保持索引)或者经济学家或产业专家披露民事调查令材料。

4. 1994 年修正案

1994 年《国际反托拉斯执法协助法》进一步修订了该法。该法授权司法部长及联邦贸易委员会与外国反托拉斯执法当局或者跨国机构达成"反托拉斯互助协议",批准对可能存在的该国家反托拉斯法违法进行互惠性质的证据披露。参见《美国法典》第 15 卷第 6201 条。为此目的,该法对反托拉斯民事程序法中"反托拉斯违法"的界定作了扩大解释,包括"关于 1994 年国际反托拉斯执法协助法和任何外国反托拉斯法"。参见《美国法典》第 15 卷第 6202 条 b 款。

(三) 民事调查令的类型

各个民事调查令都必须确定所调查的行为以及潜在违反的法规,参见《美国法典》第 15 卷第 1312 条 b 款第 1 项,且必须任命保管人及保管人副手,参见《美国法典》第 15 卷第 1313 条 a 款。在起草民事调查令表时,应当注意这些问题。对民事调查令提出指控的部分原因是基于对所述行为不属于反托拉斯违法行为,或者请求与行为不符。如果调查在稍后移交给其他人员,那么执法人员应草拟一封信交司法部长助理签字后发给民事调查令的接受者,通知其将民事调查令材料移交给不同的保管人。此外,各个民事调查令都应写上某个反托拉斯局律师的名字及电话号码，以便能够回答有关民事调查令的询问，并且应提请注意刊印在民事调查令表背面的《美国法典》第 18 卷第 1505 条的内容。

1. 提供书面材料的民事调查令
（1）说明。
《反托拉斯民事程序法》要求，为获得文书材料所签发的民事调查令必须"描述所需提供的文书材料的种类，从而为清楚识别此类材料带来肯定性和确定性"，参见《美国法典》第 15 卷第 1312 条 b 款第 2 项 A 目，且包含一种标准，以区别于民事证据发现中所适用的那种以及大陪审团携证出庭的传票。对该标准司法解释的讨论。

（2）原件及副本。
该法对"书面材料"的界定明确包含了被请求文件的"原始或任何副本"。参见《美国法典》第 15 卷第 1311 条 g 款。实践中，反托拉斯局同意接受材料副本而非文件原件。通过详细说明所需提供的各个被请求文件的"每个不完全相同的副本"，反托拉斯局能够获得广泛流传的书面材料。

（3）证据发现成果。
为获取书面材料所签发的民事调查令可用于迫使当事人提供任何"证据发现成果"，这些成果"通过司法诉讼或者具有对抗性质的行政诉讼中的证据发现方法所获得"，参见《美国法典》第 15 卷第 1311 条（i）款，为民事调查令应答人所拥有、保管或者控制。此外，为获取证据发现成果签发的民事调查令"取代任何矛盾的命令、规则或者法律条文……阻止或限制向任何人披露此类证据发现成果"。参见《美国法典》第 15 卷第 1312 条 c 款第 2 项。因此，民事调查令应答人不可能依据先前在诉讼中达成的保护令抵制提供此期间获得的证据发现成果。《美国法典》第 15 卷第 1312 条 c 款第 2 项也规定，依据对证据发现成果的明确请求向反托拉斯局披露证据发现成果"不构成放弃任何权利或者特权"，如工作成果优先取得权。

为了使提供证据发现的当事人能够保护合法权益，在答复民事调查令时阻止或者对他们所提供的成果附加条件，《反托拉斯民事程序法》要求，反托拉斯局将为证据发现成果签发的民事调查令副本送达给最初提供证据发现的当事人，参见《美国法典》第 15 卷第 1312 条 a 款（最后一句），并要求，在为回应民事调查令而出示证据发现成果前，应答人在送达后应至少等待 20 日，参见《美国法典》第 15 卷第 1312 条 b 款（最后一句）。因此，反托拉斯局必须向其未来的接受者提供民事调查令，向各个当事人提供副本，当事人的文件由接受者提供并附带相应的时间表。反托拉斯局向提供证据发现的当事人送达可以邮件方式送出，并应包含一封密封信。接受民事调查令的当事人及提供证据发现的当事人都有权反对民事调查令。参见《美国法典》第 15 卷第 1314 条 b 款第 1 项 b 目、d 款。

除非特殊情况下，请求提供从特定来源所获得的证据发现成果应当通过单独的民事调查令作出。这一步骤将避免对包括民事调查令在内的其他请求答复的延误，并最大限度地减少与向民事调查令接受者作出请求有关的信息的散播。其他要求包括在 CID 和尽量减少信息的传播有关的要求作出的民事调查令收件人。为响应民事调查令所提出的证据发现成果包括书面证词抄本、质询书、文件、供词、"证物"［thing（s）］、"土地或者其他财产的核查结果"以及"摘要、分析、筛选、汇编或者其他衍生物，以及目录或者获取方式"。参见《美国法典》第 15 卷第 1311 条（i）款。反托拉斯民事程序法对通过民事调查令获得的证据发现成果的界定比其对"书面材料"的解释更为广泛。对比《美国法典》第 15 卷第 1311 条 g 款与《美国法典》第 15 卷第 1311 条（i）款，例如，民事调查令的接受者须提供所获得的"证物"作为证据发现成果，如果民事调查令被告没有通过证据发现获得分类材料，被告不能被强迫要求提供。

（4）提交发现成果的允许时间。

民事调查令必须指定交还发现成果的日期，"为聚集所要求的材料提供一个合理的时间，供查阅和复印或复制"。参见《美国法典》第 15 卷第 1312 条 b 款第 2 项 B 目。在具体案件中允许作出反应的时间长度明显取决于准备应答时所要搜寻的文件数量和地点等情况，其他情况包括与应答（如书面证词）同时发生的情况以及反托拉斯局的需求。民事调查令中规定的交还日期经常必须依据反托拉斯局所了解的不完整的知识来进行选择，决定其合理性因素。因此，民事调查令一般会附带一封简短的说明信，旨在鼓励应答人或者其辩护律师在收到民事调查令后，电话咨询执法人员讨论合理的答复时间。至于在送达民事调查令后与民事调查令接受者进行更为全面的磋商讨论。

如前所述，包含"明确要求证据发现成果"的民事调查令不能在民事调查令副本送达给提供证据发现的当事人前少于 20 日依法交还。参见《美国法典》第 15 卷第 1312 条 b 款（最后一句）。

（5）提交证据发现成果的方式。

除了授权遵守与反托拉斯局协议内规定的替代方法，该法要求被告制作被要求的书面材料，在其主要营业地交还日期内"供查阅和复印或者复制"。参见《美国法典》第 15 卷第 1313 条 b 款。在大多数情况下，民事调查令内附一封简短的说明信，旨在明确说明应答人可以在不迟于交还的日期内凭邮件或者快递将所要求的书面材料副本寄到反托拉斯局指定地点，但同时保留了反托拉斯局随后请求提供正本的权利。对被告和反托拉斯局而言，既然这种替代性的提供证据发现成果的方式一般更为方便，那么要求偿还应答人复印费的请求通常证明是不合理的。此外，反托拉斯局不会授权偿还应答人寻找回复文件的费用，并且也不会达成此类偿还协议。数个民事调查令的接受者请求反托拉斯局分担守法成本的要求为地区法院所拒绝，虽然法院没有讨论反托拉斯局是否应当承担这部分成本。参见 Finnell v. U. S. Dep't of Justice, 535 F. Supp. 415 (D. Kan. 1982)。

如果所提供的文件副本难以辨认，且被告拒绝出示原件，那么司法部长有权请求有关地方法院作出执行指令。参见《美国法典》第 15 卷第 1314 条 a 款。

在没有妥善实施民事调查令表背面的合规证明时，民事调查令的答复是不完整的。参见《美国法典》第 15 卷第 1312 条 g 款。

(6) 提出与接受者讨论民事调查令所产生的问题。

在起草民事调查令时，反托拉斯局执法人员往往缺乏应答人的文件组织方式、地理分布、可获取性以及有关设定合理答复日期的其他因素的信息。因此，反托拉斯局通常为民事调查令提供了一个简短的说明信，鼓励应答人或其律师电话联系信中所确定的反托拉斯调查员，以期解决民事调查令引起的任何可以避免的问题。所邀请的应答人几乎总是答应与执法人员就合规进行磋商，寻求改变请求范围并延长答复的时间。

合规磋商的第一步经常是鼓励应答人的律师提供有关公司职员作的口头概要、公司类型及位置的记录。当存在浩繁的档案是否有助于调查的疑问时，在初始阶段，执法人员可以指定提供示范文件以供检查与评估。在早期谈判中，执法人员应提出与公司电子资料系统有关的证物出示问题，并获得对存储公司文件及信息等方式的解释以及有关电子信息源的可用信息类型。

在反托拉斯局急需满足调查目标的必要信息和证据情况下，应答人缩小请求范围的提议显然必须要得到评估。为支持此类提议，应答人事实陈述的可信度在能够作为缩小民事调查令范围的理由前必须进行仔细检查。在执法人员确信某些请求信息或者文件对满足调查目标并非必要时，执法人员可允许接受者推迟提供此类材料。与推迟提交相比，反托拉斯局不会准许彻底取消部分民事调查令，直到调查进展到能够成立具有说服力的理由而不需要推迟提交材料时为止。

一般来说，如果执法律师最初能缩小所需调查的少数关键人员的文件，那么答复将以更为迅速的方式作出。而且，即使在诉讼中，也不应取消寻找其他职员的档案，而仅仅是推迟这样做，除非明确说明不需要补充材料。通常，缩小请求本身不会节省大量额外时间，这是因为一旦调查个人档案，请求数量或者范围可能不会明显影响着手寻找这些文件所需的时间。

在确定哪些文件首先应该被调查前，执法人员应当确保他们完全理解民事调查令接受者保存的文件、它们位于何处以及所有相关职员的责任范围。在回复民事调查令时，律师的一般性陈述——"我们没有这些文件"，应当是讨论的开始，而不是讨论的结束。如果需要获得重要信息，那么应当签发补充性民事调查令。

在就所有拟定范围的修订达成协议后，反托拉斯局应当充分讨论修订回复日期。错开时间出示证据的商定时间表经常会有利于应答人与反托拉斯局。在制定此类时间表时，提供可能对调查的进一步发展有着关键作用的文件和资料显然应当给予高度重视。

2. 提供书面质询答复的民事调查令

为书面质询答复签发的民事调查令可以要求陈述事实与争论。法律要求，它们要以"肯定性和确定性方式提出"。参见《美国法典》第 15 卷第 1312 条 b 款第 3 项 A 目。应答人须"以宣誓方式独立和充分地书面"回答每个质询，"除非受到反对，结果是反对的理由代替了回答"。参见《美国法典》第 15 卷第 1312 条 h 款。在未提供文件资料的民事调查令的情况下，可以授权进行阶段性的答复，没有适当执行民事调查令表背面的合规证书时的答复是不完整的。参见同上。通常旨在获得事实和数据的质询比旨在获得争论点的质询更为有用，但后者有时也是有益的。

3. 提供口头证词的民事调查令

（1）通告。

为提供口头证词签发的民事调查令必须写明取得证言的日期、时间和地点，并确定一名反托拉斯调查员执行调查。参见《美国法典》15 卷第 1312 条 b 款第 4 项。虽然该法对"反托拉斯调查员"作了广义解释，包括非律师身份的执法人员，参见《美国法典》第 15 卷第 1311 条 e 款，然而，在没有例外的情况下，应当由律师着手进行民事调查令的宣誓作证。此外，虽然法律规定按照民事调查令的字面解释只任命一名反垄断执法人员根据民事调查令进行审查，然而，《美国法典》第 152 卷第 1312 条（i）款第 2 项表明，一名以上的反托拉斯司执法人员可以出席民事调查令的宣誓作证。参议员哈特在参议院就 1976 年《哈特—斯科特—罗迪诺反托拉斯改进法》进行辩论时也对此作了评论，他指出，"口头审查应由反托拉斯调查员（他可能需要助理陪同）进行"。

民事调查令表必须确定一名保管人保管证言笔录。《反托拉斯民事程序法》既没有明确授权也没有禁止公司及其他法人依据程序宣誓作证,该程序可与《联邦民事诉讼规则》第 30 条 b 款第 6 项授权程序进行比较。在适当的情况下,民事调查令能够签发给此类非自然人以代表该法人作证,此人对此指定事项是最具有见解的人。这种民事调查令应当提交给公司或者其他实体,并附随时间表。时间表应查明宣誓作证时涉及的事项,并规定所任命的对这些事项具有见识的人应提供口头证言。ATRnet 中包括民事程序规则第 30 条 b 款第 6 项类型的时间表。另外,尽管存在有一些迟延,然而反托拉斯局可以提供民事调查令质询书,要求确定对特定事项最熟悉的人,然后向该人送达涉及要求提供口头证言的民事调查令。

如果执法人员打算迫使民事调查令的接受者在宣誓作证的时间和地点提供文件,那么类似于《联邦民事诉讼规则》第 30 条 b 款第 5 项所授权的做法,执法人员应当使用提供口头证言及书面材料的民事调查令表。然而,如果证人在宣誓作证前出示文件,那么这种综合表并不合适。如果出示文件的日期不同于宣誓作证的日期,那么执法人员应当签发民事调查令强迫要求提供口头证言,以及签发一个单独的民事调查令迫使其出示书面材料。

(2) 录取证言的地点及程序。

法律规定,证言可以在证人居住的、发现证人的或者证人从事商事交易的联邦司法管辖区内或者反托拉斯局和宣誓作证者共同同意的任何其他地点录取。参见《美国法典》第 15 卷第 1312 条 i 款第 3 项。民事调查令宣誓作证人有权获得与美国地区法院证人相同的报酬以及按里程计算的旅行补贴。参见《美国法典》第 15 卷第 1312 条 i 款第 8 项。付款可以通过美国联邦司法区执政官办公室或者录取证言所在的美国地区检察官办公室进行安排。反托拉斯局律师应与美国联邦检察官办公室协商,以确定当地的做法。一般的做法是在反托拉斯局或者提取证言所在的美国地区检察官的一间办公室着手进行取证。

在执法官授权管理宣誓陈述和正式声明前,反托拉斯局必须录取证言,且证言必须采取速记和笔录方式录取。参见《美国法典》第 15 卷第 1312 条 i 款第 1 项。此外,民事调查令表明确说明了通过声音或者声音与视频记录证言的方法。速记员应当在民事调查令宣誓作证开始就得到提醒,且从那以后或许再受到提醒,证言笔录根据《反托拉斯民事程序法》应当标记记号以供保护,以及其中的副本除了向反托拉斯调查员或者民事调查令中任命的保管人以外不得向证人或者他人公布。通常,记录证词的速记员充当了管理宣誓陈述和正式声明的执法官。

民事调查令宣誓作证与公众密切相关。只要当事人作证,他或她的律师、着手进行宣誓作证的反托拉斯调查员、录取证言的执法官以及录取证言的速记员都可以在场。参见《美国法典》第 15 卷第 1312 条 i 款第 2 项，另见第七章第 1 条第 3 款第 5 项第 2 目（关于州总检察长与执法官出席民事调查令宣誓作证）。

（3）获得律师辩护权、异议、特别待遇、交叉询问。

民事调查令宣誓作证人可以在宣誓作证时由其律师陪同、代表以及提供建议。参见《美国法典》第 15 卷第 1312 条 i 款第 7 项 A 目。如果出现了当事人律师在有关代表双方当事人和证人雇主或者委托人时存在利益冲突问题，那么证人在证言记录中声明他或她的律师是谁将变得非常有用。如果证人不能在宣誓作证时确定律师，该律师必须被排除参加宣誓作证。律师可以秘密地建议证人，或者经证人请求或者经律师主动涉及证人被询问的问题。

证人或律师可能在记录中反对某个疑问，并简要说明异议的理由。《反托拉斯民事程序法》规定，在有人主张证人有权依据下面讨论的宪法或者其他法定权利或者包括拒绝自证其罪的特别待遇等特权拒绝回答问题时，异议可以适当地提出、接受并加入记录。法令规定，没有任何其他理由拒绝回答问题或妨碍口头询问。参见《美国法典》第 15 卷第 1312 条 i 款第 7 项 A 目。如果证人拒绝回答问题，着手询问的反托拉斯调查员可以诉请地区法院作出指示强迫证人进行回答。参见《美国法典》第 15 卷第 1314 条 a 款。民事调查令法并没有规定证人律师在反托拉斯局询问结束时提出质疑，且这种质疑通常不会得到许可（尽管执法人员在某些情况下可能选择允许澄清少数律师提出的问题）。民事调查令宣誓作证在这方面不同于根据《联邦民事诉讼规则》第 30 条录取的证言。

（4）豁免。

民事调查令宣誓作证人可以根据不自证其罪的特权拒绝回答问题（只针对自然人而不涉及公司的特权）。既然民事调查令宣誓作证属于《美国法典》第 18 卷第 6002 条第 2 款所考虑的一种"交美国执法机构审理的程序"，那么司法部可以根据《美国法典》第 18 卷第 6004 条豁免承认迫使宣誓作证人提供证词。根据后一部分，政府机构可以经总检察长批准，签发指令迫使个人在执法机构程序中提供证词，倘若执法机构决定预期证词对于公共利益是必要的，且在另一方面预期证词根据第五修正案自证其罪的主张受到限制。司法部签发与民事调查令宣誓作证有关的强制令的权力明确来自司法部长助理和负责反托拉斯局的副司法部长助理的授权。参见《联邦法典》第 28 卷第 0.175 条 c 款。

如果民事调查令宣誓作证人拒绝或可能拒绝没有豁免的作证，执法人员应通知执行办公室。如果执法人员建议给予宣誓作证人豁免，执法人员应遵守本章第 6 条第 7 款所阐明的程序（讨论寻求法定豁免的程序和标准）。所有法定豁免请求必须经主管刑事执法的副司法部长助理批准（刑事副司法部长助理），由司法部刑事司审批通过。豁免请求必须为刑事执法办公室至少在执法人员需要豁免授权信之日起 2 周前收到。

（5）证人的审查及证言笔录的签署。

除非证人放弃此种审查，否则在对证言进行笔录后，证人必须得到合理机会审查记录。参见《美国法典》第 15 卷第 1312 条 i 款第 4 项。在某些情况下如果适当，反托拉斯局可以为证人提供必要机会，在笔录不脱离反托拉斯局控制下由律师陪同审查并签署笔录。证人期望作出的任何形式或者实质内容的改变皆需与执法官、速记员或者反托拉斯调查员共同达成和确认，同时要做一份证人作出此种改变理由的声明。

除非证人放弃书面署名、患病、失踪或者拒绝署名，否则笔录应由证人签字。如果笔录没有为证人在被提供合理机会审查的 30 日内签字，那么执法官、速记员或者反托拉斯调查员应获得授权在上面签字，并将放弃事实、疾病、证人缺席或者拒绝签字一同记录在案，如果有理由的话，也将拒绝的理由记录在案。笔录必须包含执法官对此结果的证明，执法官提供给了证人适时宣誓的机会，且笔录是证人提供证词的真实记录。参见《美国法典》第 15 卷第 1312 条 i 款第 5 项。

（6）证人复制证言笔录的权利

给予民事调查令宣誓作证的证人有权通过支付合理费用而获得证言笔录，除非司法部长助理有正当理由决定阻止提供笔录。参见《美国法典》第 15 卷第 1312 条 i 款第 6 项。通常，反托拉斯局允许民事调查令宣誓作证人照例从其那里获得他们的证言笔录。比较第三章第 5 条第 6 款第 2 项第 4 目（关于宣誓作证时使用的第三方当事人文件是否应当规定为笔录进行展示）。

然而，国会认识到，在某些情况下，拒绝向宣誓作证人公开民事调查令证言笔录是调查所需要的。因此，在法令通过之际，国会议员们作出声明，如果出现下列可能，司法部长助理可以找到正当理由在调查中拒绝向宣誓作证人公开民事调查令笔录：

• 证人威胁；

• 经济报复；

• 可能存在的共谋者共同谋划的"程序性"设计，"量身定做"他们的证言以与政府持有的证言相匹配；

• 伪证罪；

• 向寻求编造证言的合谋者散发副本。

司法部长助理决定正当理由的权力不属于可委托范围。因此，在反托拉斯执法人员相信拒绝给予民事调查令证言笔录或者一系列笔录是适当的时候，执法人员应当将一份简要的备忘录转发给执行办公室，请求司法部长助理决定是否为正当理由。在此情况下，执法人员应立即提醒法庭记录员不要向反托拉斯局以外的任何人散布笔录。一旦确定保留笔录，请求的保留笔录就应当尽快转交。请求备忘录应简明扼要地说明促成请求的情况，确认律师请求所基于的正当理由除外，并解释在此情况下不考虑一般性披露政策的理由。一旦宣誓作证人请求获得笔录副本，任何故意延迟公开笔录的决定都被解释为拒绝提供笔录的决定。

宣誓作证人可对司法部长助理作出的不公开民事调查令证言笔录的决定提出上诉。上诉应当向民事调查令文件保管人办公室所在的美国地区法院提出。参见《美国法典》第15卷第1314条d项。然而，即使当反托拉斯局拒绝给予证言笔录副本的时候，民事调查令宣誓作证人有绝对权力检查他们的证言笔录。参见《美国法典》第15卷第1312条i款第4项。

（四）签发民事调查令的程序

在授权某部门或者地区办公室对可能存在的民事反托拉斯违法行为进行初步调查时，它可以请求司法部长助理签发民事调查令。请求通过向主任转交备忘录方式作出，该备忘录用来解释需要民事调查令、请求提供日期（实践中，最好是详细说明从签发日期需要多少日）并附加上被请求的民事调查令及时间表。在特别调查期间，如果民事调查令是第一个被签发的，那么应当对事件的潜在重要性以及它们需要消耗的资源给予考虑。

每个民事调查令都准备了相关的表格。反托拉斯局有为请求文件材料、口头证言、书面质询设计的单独表格。如果民事调查令寻求文件或者书面质询，那么逐条记载被请求文件材料或者质询的时间表必须提交给反托拉斯局。

为获得公司文件和质询答复签发的民事调查令应当向公司而不是公司内部的个人提出。如果可能，民事调查令应当包括一个记号，即"留意"或"转交"总法律顾问或其他有权约束公司的人。

主任将审查这些材料，如果他或她同意，将批准民事调查令一揽子提议，其中包括请求备忘录、来自部门管理层的封面备忘录（如果需要的话）、民事调查令和时间表。这些一旦获得批准，有关处室或者地区办公室应将其通过电子邮件发送给相关的特别助理。

于是，执行办公室将会审查提议，并将其与推荐意见一并转发给全体决策人员。《反托拉斯民事程序法》要求，所有民事调查令必须由司法部长或者司法部长助理签署。参见《美国法典》第15卷第1312条a款。实践中，所有民事调查令须经司法部长助理批准。司法部长助理不在时，应指定代理司法部长助理审批和签署民事调查令。一旦签署民事调查令，应给予其识别号码，由执行办公室在网络中登录，并将其返回请求部门或地区办公室以便送达。执行办公室可安排地区办公室送达民事调查令，以避免耽搁签署后的民事调查令交还给进行送达的地区办公室。

当民事调查令的传票回执被传回时，它们应被提交给准备简要说明的首席律师。如果民事调查令提交给其法律顾问已经与反托拉斯局就调查事项进行接触的当事人，那么礼仪性的简要说明（cover letter）副本及民事调查令也可以通过特快专递或者传真的方式送给法律顾问，使其能够在规定的时间内准备答复。

（五）民事调查令的送达

与送达方式有关的《反托拉斯民事程序法》条款，参见《美国法典》第15卷第1312条D.e和f款，同样适用于所有形式的民事调查令（即质询、书面和口头证言）和反托拉斯局根据《美国法典》第15卷第1314条a款所提出的执行民事调查令的申请书。

1. 向国内被告送达

在大多数情况下，送达到"美国法院属地管辖范围内的所有地域"的民事调查令，参见《美国法典》第15卷第1312条d款第1项，可以通过邮件进行送达。[也就是，通过"在美国邮政中寄存（适时执行）副本，通过挂号或保证邮件、要求回执"，适时处理。]参见《美国法典》第15卷第1312条e款第1项C目、第2项B目。为个人签发的民事调查令应当邮寄到他或者她的居所或者总部或者营业地。参见《美国法典》第1312条e款第2项B目。为合伙、公司、协会或者其他非自然人实体签发的民事调查令应邮寄到其总部或者营业地。参见《美国法典》第15卷第1312条e款第1项C目。可以使用美国邮政的特快专递、保证及要求回执的投递方式，但使用私人信使或商业隔夜传递公司不符合法定邮件服务要求，不应排他性使用。另外，送达可通过"反托拉斯调查员"个人"交付"方式（例如，反托拉斯局雇佣的律师或者律师助理，参见《美国法典》第15卷第1311条e款）或者通过美国司法官或者副司法官来完成。参见《美国法典》第15卷第1311条d款第1项。为合伙、公司、协会或其他实体签发的民事调查令可以通过副本，适时将其传递给任一合伙人、执行官、管理代理人或者总代理，或者经任命或者法律授权代表其接受程序诉讼的任一代理人，参见《美国法典》第15卷第1312条e款第1项A目；或者其总部或者营业地而完成送达，参见《美国法典》第15卷第1312条e款第1项B目。为个人签发的民事调查令可通过传递副本方式适时地送达给个人。参见《美国法典》第15卷第1312条e款第2项A目。虽然与律师的每个协议、民事调查令副本都可以通过法律中没有特别说明的方式提供（如传真、商业隔夜传递公司），但是民事调查令应始终通过法定授权的方法中的其中一种进行送达。

2. 向海外被告送达

根据《民事调查令法》，即使位于国外的民事调查令被告也应当服从于国内的送达规定。因此，如果外国母公司建立起了对国内子公司足够的控制措施，那么外国公司可以通过送达给其国内子公司而遵守送达规定。作为另外一种选择，如果合作伙伴、执行官或者公司的管理或最高代表人前往美国，在美国土地上对其个人进行的送达是对外国公司的有效送达。反托拉斯局可以安排国境警卫，以便在国家口岸拦截被送达的当事人，口头审查以及询问他或她在美国停留的地方。

反托拉斯局应联系刑事执法办公室（OCE），以安排边境警卫。执法人员应当提供正在寻找的外国国民的姓名和可以在任何时间通知的反托拉斯调查员的电话号码。重要的是，不再需要避免无谓干预任何人行动自由时通知OCE取消边境警卫。

该法还规定了民事调查令送达给"美国任何法院属地管辖范围内无法找到"的当事人的方法，但是只有在"美国法院对此当事人主张管辖权与正当程序一致"，这种送达才是有效的。参见《美国法典》第15卷第1312条d款第2项。该法授权向此类当事人进行送达，根据《联邦民事诉讼规则》第4条f款所规定的送达方法，向外国当事人进行送达。参见《美国法典》第15卷第1312条d款第2项的规定，此种送达"在方式上与联邦民事诉讼规则规定的在外国进行的送达相同"。《联邦民事诉讼规则》第45条b款第2项和规则第4条f款，均包含了海外送达指定方法的规定，但是对这些规定的分析表明规则第4条f款属于切实可行的规定。在第4条f款所规定的替代性方法中，通过挂号信邮件、请求回执等方式进行的送达，依据规则第4条f款第3项指导此类送达的法院令，有时候会成功地得以援引。根据《联邦民事诉讼规则》第4条f款第3项进行的送达能够通过向美国哥伦比亚特区地区法院法官助理提交送达民事调查令的请求书、适时签署的送达民事调查令的副本以及展示相关邮资和回执的信封获得。反托拉斯局不需要在法庭上参加庭审或者露面。更确切地说，法院书记员完成投递，并向反托拉斯局归还签署后的投递证明。

虽然如上述讨论表明的那样，在进行调查需要处于美国以外的文件时，《民事调查令法》明确规定了对外国国民和实体的送达，司法部在请求自愿合作切实可行和与执法目标相一致时首先会考虑自愿合作的请求。当需要采取强制措施时，司法部在任何可能的时候都会寻求与有关的外国政府协同工作。不管使用何种手段，在设法将民事调查令送达给外国公民、公司或者其他实体或者国内子公司之前，通知外国商务部门是很有必要的。

3. 送达证明

经核对的回执是送达证明，其阐明了个人送达的有关方式。参见《美国法典》第15卷第1312条f款。凡是通过挂号或者保证邮件作出的送达，回执必须包括签署后的邮局交付回执。执法人员应保留所有送达的证据。

(六) 保密与民事调查令材料的许可使用

1. 司法部使用与向外披露民事调查令材料

尽管《反托拉斯民事程序法》允许授权后的司法部工作人员在履行其职责时使用民事调查令材料，参见《美国法典》第15卷第1313条c款第2项，然而，它仅规定了四种在未征得提供方同意时将民事调查令材料披露给第三方当事人的情况。《反托拉斯民事程序法》授权在未征得提供方同意时，除了向提供方或者授权后的司法部工作人员以外，还可以向下列单位与人员披露民事调查令材料：

● 国会。参见《美国法典》第15卷第1313条c款第3项。

● 联邦贸易委员会。至于民事调查令材料的使用，受到与司法部所受规则的相同约束。参见《美国法典》第15卷第1313条d款第2项。

● 根据民事调查令法向"与录取口头证言有关"的第三方当事人。参见《美国法典》第15卷第1313条c款第2项。

● 与司法部参与的法院案件、大陪审团，或者联邦行政或者监管程序有关的正式使用。参见《美国法典》第15卷第1313条d款第1项。

控制司法部工作人员使用民事调查令材料的进一步规定在《联邦法典》第28卷第49条第1~4款中阐明。

一般而言，根据民事调查令获得的文件、质询答复以及口头证言笔录不能向州、外国或者其他联邦机构（除了联邦贸易委员会）披露，它们也不能在与其他当事人会见期间未经提供方同意进行披露。参见《美国法典》第15卷第1313条c款第3项。根据《信息自由化法》，民事调查令材料也明确豁免于披露，但是反托拉斯局签发的民事调查令和时间表不适用于民事调查令被告可以在调查期间主动提交给反托拉斯局的非民事调查令材料，如白皮书。基于此原因，当事人可以要求为此类材料签发民事调查令。

尽管存在对披露民事调查令材料的法定限制，然而提供方还是往往会寻求对反托拉斯局如何使用这些材料作进一步限制。寻求限制反托拉斯局使用他们民事调查令材料的当事人或者可以寻求反托拉斯局的同意或者请求法院达成保护令。

2. 请求进一步限制使用或者披露民事调查令材料的反托拉斯局政策及实践

（1）一般性政策。

如上所述，根据民事调查令获得的文件、质询答复以及口头证言笔录可以由授权后的司法部执法官、雇员和代表在他们履行职责期间进行内部使用。参见《美国法典》第15卷第1313（c）条、（d）条。代表包括经济专家、产业专家以及专攻自动化文献检索的独立承包商。参见《美国法典》第15卷第1313条c款第2项。每个代表都应在对任何民事调查令材料进行披露前与反托拉斯局签署保密协议。然而，如果在充分处理包括支付条件的合同前披露是必要的话，那么可以进行披露。

民事调查令材料副本可以为司法部工作人员所用。参见《美国法典》第15卷第1313条c款。反托拉斯局使用民事调查令不仅限于即将到来的调查。此外，作为政策问题，反托拉斯局不会同意将其使用的民事调查令材料限制于即将到来的调查。

有时候，出示民事调查令材料的当事人会寻求从反托拉斯局获得书面承诺，从而限制反托拉斯局如何或者何时履行其披露民事调查令材料的法定权力。反托拉斯局拒绝了这些额外的保密承诺。这些额外的承诺只有在主任同意后才能获得批准，且应将其现有的事实通知给所有参与调查的执法人员。在批准此种额外承诺以确保任何额外保护符合反托拉斯局的政策之前，反托拉斯局也应通知《信息自由化法》组。如果执法人员寻求使用不同于为此种承诺先前经核准的语言之外的任何语言，那么执法人员必须征得《信息自由化法》组与相关执行处长的预先核准。如果协议涉及向国会进行潜在的材料披露，那么在作出任何承诺前还应当与法律政策办公室交换意见。

在寻找超越法规所包含的保密承诺以外的那些承诺时，执法人员应考虑提供一封信函，该信函与反托拉斯局在过去类似情况下签发的保密信相一致。尽管当事人在法律上无权获得此种承诺，然而，法院在某些情况下可以签发保护令，限制反托拉斯局如何披露某些民事调查令材料。这种额外的承诺限制了反托拉斯局的灵活性和给执法人员带来了额外的程序要求。然而，在有限的情况下，提供额外的承诺可能是必要或者适当的。请求获得这些承诺应当在个案的基础上进行考虑，并且只应当在清楚表明需要时才授予。如果作出了这种承诺，额外承诺应当尽可能作狭义解释，适合当事人的特定要求，并以书面形式确定。

（2）向国会披露。

民事调查令接受者屡次试图获得某种承诺，要求反托拉斯局拒绝向国会披露其根据民事调查令所提供的材料。反托拉斯局没有权力拒绝来自国会的信息,并且执法人员不应作出这样的承诺。参见《美国法典》第 15 卷第 1313 条 c 款。

然而,反托拉斯局可能同意,在非常有限的情况下,在向国会披露民事调查令材料前给予民事调查令接受者"尽可能多地告知是可行的"。反托拉斯局的首选做法是向民事调查令接受者解释,反托拉斯局不会无谓地向国会公布保密信息,会试图以不披露此种信息的方式应付国会的调查,并且很少会被要求向国会提供民事调查令材料。如上所述,执法人员应当征询《信息自由化法》组的意见,以确定拟议的承诺是否符合反托拉斯局的政策,且在作出此种性质的承诺前应与法律政策办公室和相关的执行处长进行磋商。

(3)向联邦贸易委员会披露。

针对联邦贸易委员会的书面请求,民事调查令材料的保管人有权向联邦贸易委员会交付民事调查令材料副本以供联邦贸易委员会在其主导的调查或者程序中加以使用。提供给联邦贸易委员会的民事调查令材料只可被联邦贸易委员会在同样适用于司法部的方式和条件下使用。反托拉斯局在交付或者拒绝给付联邦贸易委员会所要求的民事调查令材料时具有自由裁量权。参见《美国法典》第 15 卷第 1313 条 d 款第 2 项。

有时,民事调查令接受者试图获得反托拉斯局拒绝向联邦贸易委员会披露特定民事调查令材料的承诺。作为一项政策事务,反托拉斯局将不会承诺拒绝获得来自联邦贸易委员会的材料。在有限场合,反托拉斯局在把民事调查令之材料提供给联邦贸易委员会前会同意发出通告,但仅"在可行的时候"。如上所述,在作出任何超越法规所包含的承诺前,执法人员应与《信息自由化法》组和相关执行处长进行磋商。

(4)民事调查令宣誓作证情况下的披露。

在第三方当事人或者提供方进行民事调查令宣誓作证时,反托拉斯局在未征得"与录取证言笔录有关的"提供方同意下有权使用民事调查令材料。参见《美国法典》第 15 卷第 1313 条 c 款第 2 项。然而,应当注意的是,为响应 HSR 申报中的二次要求书,反托拉斯局在反托拉斯法规下无权使用所提交的与未提交材料的当事人的宣誓作证的有关材料。虽然第三方当事人在已经看到材料或者至少在一般意义上注意到内容时宣誓作证偶尔使用民事调查令材料是有益的,但是不熟悉这些材料内容的第三方当事人在宣誓作证时使用民事调查令材料极少情况是必要的。尽管如此,一些民事调查令的接受者要求反托拉斯局同意在第三方当事人宣誓作证时限制使用民事调查令材料。对这种使用表现出担忧的当事人应当被告知,反托拉斯局注意到,不同意接触到相互间机密信息的竞争者对机密性的关注是敏感的，不会无谓地泄露这些信息。

在某些特殊情况下，反托拉斯局已同意提供预先通告，"如果可行的话"在第三方当事人宣誓作证时使用提供方的民事调查令材料。该通告可能是一个具体的天数或仅仅是"此情况下合理的"一段时间。一般而言，这种承诺只应提供非常有限的、数个提供方合理指定为"限制性机密"或"高度机密"的文件。提供此通告的目的是给予提供方一定时间反对或者寻求保护令。提供这些承诺的优势是它能在宣誓作证时降低反托拉斯局的灵活性，并可以要求反托拉斯局确定正在录取证言的第三方当事人。

如果宣誓作证人提供的民事调查令材料在宣誓作证时得以使用，那么执法人员应当认真考虑是否应当允许宣誓作证人保留材料副本。虽然宣誓作证人有权审查他或她调查笔录的材料，反托拉斯局对于是否允许宣誓作证人保留材料副本有自由裁量权。反托拉斯局的政策是保护当事人合法的机密利益，从而鼓励其遵守民事调查令。因此，在宣誓作证人没有完全意识到文件实质内容以及制作材料的第三方当事人有理由反对宣誓作证人所保留的文件的情况下，宣誓作证人不应被准许保留文件副本。这方面的例子包括宣誓作证人参加的、由另一参加者提出的会议通知，以及观察资料、意见想法或者评论，或者包括执法人员最初相信的宣誓作证人创造或者阅读的而不是其否定看到过的文件。

在这种情况下，最好的做法是：（1）在审查笔录时允许宣誓作证人接受文件副本作为展示品，但要求归还展示品时附带签署后的证词（或者来自律师函），表明没有进行复制；（2）允许宣誓作证人在未附带展示品时看到笔录副本，如果这种文件审查对审查笔录来说是必要的，允许其在反托拉斯局（或者司法部其他部门）办公室审查文件。另一方面，如果宣誓作证者已经意识到争议文件的实质内容，那么允许宣誓作证人接受和保留笔录副本并附带第三方当事人文件作为展示品是有可能的。将第三方当事人文件规定为展示品是一种适当的照顾，可以使宣誓作证人更为方便地回顾、纠正和检查笔录。属于此种类型的例子包括宣誓作证。在这里，宣誓作证人的前雇主将出示由宣誓作证人创作或者接受的文件，涉及宣誓作证人或者他或者她企业的信件，或者宣誓作证人广泛发布的时事通讯。

（5）司法或行政程序下的披露。

①告知协议。

根据《美国法典》第 15 卷第 1313 条 d 款第 1 项，反托拉斯局经授权可以使用与法院案件或者大陪审团、联邦行政程序或者反托拉斯局参与的监管程序有关的民事调查令材料。反托拉斯局的政策是尽量避免在控告中使用竞争性的敏感信息或者公开讨论竞争性的敏感信息，但是反托拉斯局不会同意在司法或者行政诉讼程序中限制披露民事调查令材料。如果竞争性敏感信息在法庭辩护中得以使用，那么反托拉斯局的一般性政策是尽适当努力为提供材料的当事人提供机会寻求保护令。作为替代，反托拉斯局可以主动提交文件或者一份加盖印鉴的辩护书。

书面通知当事人反托拉斯局的一般政策对于为提供通告作出特殊承诺而言是可取的。这是因为反托拉斯局如何和何时在司法和行政程序中使用民事调查令材料的允诺可能会对执法人员造成不必要的程序负担，并且限制了在作出许诺时无法预见到的某些情况下对材料的使用。

反托拉斯局偶尔会同意在司法或者行政程序中对其使用民事调查令材料进行某些限制。这些协议属于下列形式的承诺：

• 事先通知提供方"这在某种程度上是合理可行的"——反托拉斯局计划使用当事人在程序中或者提起控告时所出示的民事调查令信息；

• 为了给当事人提供合理机会寻求保护令，根据诉讼过程中的证据发现请求在移交文件前尽"合理努力"通知提供方；

• 对提供方有理由指定为"高度机密"或"限制性机密"的有限数量文件包括民事调查令信息进行归档，整理出须加盖封印的信息；

• 不反对当事人出面寻求保护令或者通过反托拉斯局的最大努力取得合理的保护令。

如果作出了有关通知的协议，那么协议会受到尽可能地限制，且仅适用于当事人基于合法原因指定为"高度机密"或者"限制保密"的信息或者书面材料。给予此种通知仅需征得当事人同意，承诺不寻求宣告性救济。

②调查期间的保护令。

提供方不满意法律提供的或者反托拉斯局同意的保护，可以寻求获得法院签发的保护令。一旦提起诉讼，有时甚至在调查期间，法院会签发此种保护令。在美国铝业公司诉美国司法部一案〔Aluminum Co. of America v. United States Dep't of Justice, 444 fF. Supp. 1342（D. D. C. 1978）〕中，法院认为，签发保护令限制向第三方当事人披露保密信息是法院的职责，这些保密信息是反托拉斯局通过当事人根据民事调查令提供的证据发现的成果。第二巡回法院在美国诉 GAF 公司案中遵循了美国铝业的法院判决。参见 United States v. GAF Corp.，596 F. 2d 10（2d Cir. 1979）。

③诉讼期间的证据发现、保护令。

一旦提起诉讼，在该诉讼中使用民事调查令材料通常会受到法院在诉讼过程中所签发的保护令的调整。根据民事调查令获得的信息，无论什么时候开始诉讼，诉讼中的被告都可根据联邦民事诉讼规则恳请获得证据发现的权利，并有权获得与抗辩有关的在调查中获得的民事调查令信息。众议院关于1976年《反托拉斯民事程序法》修正案的报告指出,被告能够在审判中通过讯问、交叉盘问和弹劾民事调查令的证人充分保护他们的权利。众议院报告也指出,证据发现范围并非是无限制的,且根据联邦规则,法院有广泛的自由裁量权,通常通过签发保护令能够对证据发现设置限制和条件。

在审前证据发现期间,当事人通常会主要请求或者通过强制程序提供一些或全部民事调查令材料。过去,一些民事调查令材料提供者寻求阻止在诉讼中披露他们的材料,反托拉斯局坚持它们是可以进行证据发现的立场。尽管被告有权披露在引起他们为一方当事人的民事诉讼的调查期间反托拉斯局所获得的任何民事调查令材料(受联邦民事诉讼规则规定的证据发现限制和法院施加的保护令的限制),然而,被告也可以尝试对反托拉斯局在其他调查期间获得的民事调查令材料进行证据发现。

关于来自其他调查的民事调查令材料的证据发现成果,反托拉斯局的立场是,民事调查令的保密性延伸适用于此类材料,且它们不是证据发现的目标,除非出现以下情形:(1)寻求的材料在法院或联邦行政或监管机构所进行的诉讼前已公开;(2)寻求证据发现的诉讼当事人获得了将民事调查令材料进行披露的当事人的同意;(3)反托拉斯局在即时审前调查期间使用这些材料或者企图在审判中使用它们。调查期间的使用更多地是意味着不仅仅细读材料,以确定它们是否相关;它们必须在审前阶段置于更为直接的使用中。反托拉斯局在本质上应坚持格林法官在美国诉美国电报电话公司案中所采用的立场。

在公开进行的诉讼中,反托拉斯局对保护令合理性的态度是,通过平衡公共利益在最大可能的范围上进行引导,反对将具有竞争性的敏感信息披露给竞争者。执法人员还应当谨记,披露那些通过民事调查令所获得的第三方机密商业信息,会引起第三方民事调查令接受者不乐于在未来与反托拉斯局合作。

典型的保护令规定包括:
• 为诉讼当事人和第三方当事人提供指定机密材料的机会,如果他们没有这样做的话;
• 要求当事人限制他们使用其为准备和参与待决诉讼所获得的任何机密材料;
• 限制反托拉斯局、当事人的外聘律师和某些顾问接触机密材料和信息,不准被告的业务人员接触竞争对手的竞争性敏感文件;
• 要求获得任何法院提交的包含置于密封状况的机密信息或者材料,并妥善编辑副本提供给公众;
• 要求在审判中披露任何机密材料或者信息前给予提供方要求进行照相处

理的机会。

无论反托拉斯局是否提起诉讼，民事调查令证言笔录都可以经第三方当事人从宣誓作证人那里获得证据发现，且执法人员应当告知对保密存在担忧的宣誓作证人。反托拉斯局律师十分担心宣誓作证中的信息成为调查对象，可能会想方设法阻止从证人处获得笔录副本。

（七）民事调查令管理人与副管理人

《联邦民事诉讼规则》要求，司法部长助理指定一名反垄断调查员担任管理人，且诸如助理总检察长等这些额外的反垄断调查员可以不时决定，担任书面材料、质询答复以及证言笔录或者依据本法所收到的口头证言的副管理人是必要的。参见《美国法典》第15卷第1313条第1款。签发民事调查令时，反托拉斯局的一般性做法是，任命委托科或者现场办公室主任作为管理人，以及首席律师为此事项的副管理人。（执法人员也可指定其他律师担任管理人。）执法人员应当完成民事调查令部分，通过首先写明职务，然后是管理人姓名（如诉讼二科主任，马里贝斯·佩特里兹），紧接着是职务，然后是副管理人姓名（如首席审讯检察官，安索尼·哈里斯），详细说明管理人和副管理人。

管理人和副管理人负责对依据民事调查令所出示的书面材料、质询答复以及口头证词笔录进行实际占有，以保护这些材料不会在未经授权下进行使用或者进行披露，并最终交还。参见《美国法典》第15卷第1313条c款。被任命担任这些职务的当事人在调任、重新分配、辞职或者不再有可能履行其管理义务的类似情况时应为他们的离任进行安排。

（八）异议理由及民事调查令的司法程序

1. 一般性标准——适用于大陪审团与民事证据发现标准

《反托拉斯民事程序法》规定，任何民事调查令都不应要求出示书面材料，提交任何书面质询答复，或者给予受到保护免于进行披露的口头证言。其根据如下：（1）适用于大陪审团传票的标准；（2）根据《联邦民事诉讼规则》适用于证据发现要求的标准，"在某种程度上，对任何这类要求适用民事证据发现标准是适当的且与《反托拉斯民事程序法》的规定和目标相一致"。参见《美国法典》第15卷1312条c款Ⅰ项。

1976年，民事证据发现的保护被增添到现有大陪审团传票的标准中。参见1976年《哈特—斯科特—罗迪诺反托拉斯改进法》（1976年修正案）、《美国法典》第15卷第18a条。从那时起，当控制可允许民事证据发现的范围的标准与在大陪审团调查中适用的标准相冲突时，民事调查令的接受者提出了诉讼适用哪一标准的问题。从1976年修正案的立法史和案例都认识到，一般而言，反托拉斯调查经常比典型的民事证据发现更像大陪审团调查，这是因为在调查范围上更广，且在性质上不及典型的民事证据发现那样精确。因此，与典型的民事发现程序相比，反托拉斯的民事调查通常更接近于大陪审团调查，因为这些机构通常会避免对民事调查令僵化地适用控告后的民事证据发现标准。能够成功地挑战民事调查令是非常罕见的，通常还限于负担和相关问题。

美国众议院关于1976年修正案的报告着重指出，他们的目标是增加反托拉斯调查的有效性，且民事证据发现标准的应用必须与该目标相一致。参见 H. R. Rep. No. 94 – 1343, at 2606 – 07（1976）。（注意到，众议院报告明确规定，根据《联邦民事诉讼规则》所容许的某种证据发现异议不可以用来反对民事调查令：不是基于繁重负担或者不相干的民事调查令种类而是基于不同民事规则程序要求的异议，如申报权、干预、对质以及交叉讯问。）根据第二巡回法院的意见，该众议院报告"揭示了（适用）不太严格的大陪审团传票标准的偏好，'（与判决相比）经过调整，它反映了更为广阔的范围以及较少的调查精确性'"。在联合集装箱运输公司（澳大利亚）诉美国一案中，参见 Associated Container Transp.（Australia）Ltd. v. United States, 705 F. 2d 53, 58（2d Cir. 1983），第二巡回法院认为，民事证据发现标准经调整满足了正式、对抗和包含提出特定主张和答复的详细答辩的裁判程序要求。既然裁判中的问题与调查中的问题相比，会采取更狭义的解释和更明确的定义，那么将大陪审团标准应用于反托拉斯调查则更为合适。

参议员菲利普·哈特对1976年修正案背后意图的解释也支持了民事证据发现标准限制了民事调查令的适用：

我们得出结论，众议院的语言风格……因为那种语言的条件将《联邦民事诉讼规则》中适用证据发现标准限制在那些适当的且与该法目标相一致的情况。这一重要条件为这些不合理的限制不会用于司法部调查的提供了保证。我们把《联邦民事诉讼规则》标准看成实质包含《联邦民事诉讼规则》第26条c款"压制性"和"负担"标准。如此限制，该标准与该法根本目标相一致，并且将引起寻求阻碍反托拉斯民事调查的当事人提起不必要的诉讼。

以上参见《国会记录》（哈特参议员的陈述）Cong. Rec. S15, 416（daily ed. Sept. 8, 1976）(statement of Sen. Hart)。此外，哈特参议员概述了在决定哪些民事证据发现理由适用于民事调查令是"适当且与法律一致"时应当考虑的重要因素：

• 调查，与审前证据发现和诉讼不同，不属于对抗或者裁决；

• 审前证据发现和诉讼有着不同的目标，有比调查更窄的范围，且更明确说明的问题；

• 尽管不是调查中的当事人，然而审查证据发现和诉讼的当事人还是应明确验明，除非在调查的后期，否则不可能确认可能存在的反托拉斯违法者；

• 尽管在调查中不享有这些权利（甚至对于调查对象），然而，审前证据发现和诉讼中的当事人享有通知、参与、干预、对抗和交叉讯问的某些权利；

• 狭小的、技术上的或者仅仅是程序性的异议，阻碍了迅速的（原文如此）反托拉斯民事调查，通常不是"适当和连贯的"；

• 调查的适用性不同于审前证据发现的适用性，一旦开始诉讼，该事项的重要性和范围趋向于比调查中的事项更为明确和精炼；

• 尽管如此，反托拉斯民事调查仍属于调查，且在大多数方面，相对于审前证据发现或者诉讼而言，它们都更接近于大陪审团调查。

另见美国诉韦特莫（United States v. Witmer），835 F. Supp. 201, 207 n. 8（M. D. Pa. 1993），vacated in part on other grounds on reconsideration by 835 F. Supp. 208（M. D. Pa. 1993），aff'd by 30 F. 3d 1489（3rd Cir. 1994）。（注意到，在某种程度上，1976年修正案引用了经批准的克里夫兰信托公司和海斯特判决，"本法院认为，国会打算批准对证据发现规则的使用，主要作为一种对特别优先的信息源予以保护，以防止令人苦恼的或者过于宽泛的信息请求"。）

除了第二巡回法院在联合集装箱案中的意见之外，至少在另一个1976年后的法院判决中特别提到大陪审团传票标准对相关的反托拉斯调查更为合适。麦克费利·加必翁公司诉美国案（Maccaferri Gabions, Inc. v. United States）指出，参见938 F. Supp 311, 314（D. Md. 1995）[citing Petition of Gold Bond Stamp Co., 221 F. Supp. 391（D. Minn. 1963），aff'd per curiam, 325 F. 2d 1018（8th Cir. 1964）]，如果在大陪审团携证出庭传票中包含了不合理的要求，那么在民事调查令中不能包含任何被视为不合理的要求。

很少有涉及对民事调查令适用民事证据发现标准的其他先例；但在提出这种异议时，法院，与哈特参议员一样，侧重于举证负担和证据的相关性。参见材料处理机构公司诉麦克拉仑（Material Handling Inst., Inc. v. McLaren），见426 F. 2d 90, 92-93（3d Cir.），cert. denied, 400 U. S. 826（1970）（以非书面形式保存的证据相关性及证据发现记录）；麦克费利，见938 F. Supp. at 314〔引用芬尼尔一案（Finnell），主张适当改变过宽或者繁重过度的民事调查令是可以实施的〕；芬尼尔，见535 F. Supp. 410, 412（D. Kan. 1982）（举证负担和证据相关性的异议理由被否定，法院认为，"在证明民事调查令对正在进行中调查的相关性方面，政府有着相对较轻的举证负担"）；凤凰城房地产经纪人委员会诉美国司法部（Phoenix Bd. of Realtors, Inc. v. U. S. Dep't of Justice），见521 F. Supp. 828, 832（D. Ariz. 1981）（在反托拉斯局检察官反复表明愿与接受者就要求的负担和范围进行协商时，民事调查不能判作是不合理的负担）；澳大利亚及美东航运协会诉美国（Australia/Eastern U. S. A. Shipping Conference v. United States），见 1982 – 1 Trade Cas.（CCH）64, 721, at 74, 062（D. D. C. 1981），modified, 537 F. Supp. 807（D. D. C. 1982），vacated as moot, Nos. 82 – 1516, 82 – 1683（D. C. Cir. Aug. 27, 1986）（如果要求太过宽泛，与案件不相关，没有限定合理期间，举证负担难以承受，不享有特权，那么可以提出异议）；第一多种清单服务诉舍尼菲尔德（First Multiple Listing Serv. v. Shenefield），见 1980 – 81 Trade Cas.（CCH）63, 661（N. D. Ga. 1980）（发现某些开始的要求是难以承受的，但是在对要求进行修改后可以得到遵守）；斯特令药品公司诉克拉克（Sterling Drug, Inc. v. Clark），见 1968 Trade Cas.（CCH）72, 629（S. D. N. Y. 1968）（要求对公司文件进行二次调查的民事调查令不构成不合理负担）；In re CBS, Inc., 235 F. Supp. 684, 688（S. D. N. Y. 1968）（要求的合理性）；Gold Bond, 221 F. Supp. at 394（民事调查令必须是书面形式，且与反托拉斯调查相关，说明构成所谓违法行为的性质，以及解释所寻找的具有充分特殊性的文件）；休斯顿工业诉卡福曼（Houston Indus. v. Kaufman），见 Civ. No. H – 95 – 5237, 1996 WL 580418（S. D. Tex. March 7, 1996）（给予司法部更宽的权限决定相关性）。

2. 基于法律程序要求的异议

除了基于适用标准理由的异议以外，民事调查令接受者还可基于无法遵守法律程序和要求提出异议。例如，法律要求各个民事调查令说明了行为、活动或者调查中拟议行动的性质以及适用调查的法律规定。参见《美国法典》第15卷第1312条b款第1项。在反托拉斯局持反对意见的前几个案件中，如金债公司案，反托拉斯局主张，它正在调查"限制性惯例和收购，涉及买卖邮票的分配、供应、销售或者与此相关的货物和服务的购买与销售"。参见 221 F. Supp. at 397。法院驳回了接受者撤销案件的动议，法院认为，充分叙述必须按照法律的目标，从而能够使司法部长确定是否存在违反反托拉斯法的行为，如果存在的话，在民事诉讼中适当地指控这种违法行为。根据这一点，法院给出了以下结论：

"因此，不可避免的是，（调查中的）行为性质必须以一般性术语进行规定。关于本部分的要求，支持过多的特殊性将挫败法律的目标，且对本部分的过度严格解释将只会滋生诉讼以及鼓励被调查的每个人挑战通告的充分性。"

从金债公司案判决之后，至少有7起案件都涉及挑战调查叙述的充分性问题。在每个案件的审理中，金债公司案的判决都得到了遵守，结果也令人满意。例如，材料处理机构案（Material Handling Inst.），426 F. 2d at 92（法院认为"'不合理限制贸易的合同或者联合'存在违反《谢尔曼法》第1条的可能,从而引起对充分性的强烈关注,但凭借随后政府与接受者间在签发民事调查令前的通信与交流足以满足法律上的充分性);避雷针生产商协会诉斯塔尔(Lightning Rod Mfrs. Ass'n v. Staal),339 F. 2d 346,347 n. 1 (7th Cir. 1964) (宣称"通过固定闪电保护系统和零配件价格以及通过共谋拒绝与零配件买方交易,共谋限制贸易,通过同意将某个闪电保护系统卖方排除在销售之外共谋垄断");海斯特公司诉美国(Hyster Co. v. United States),338 F. 2d 183,184 n. 4 (9th Cir. 1964) (宣称"与拖拉机设备、附件以及零件生产商联合行动控制生产和分销以及对这些产品的价格和分销施加限制");麦克费利加必翁公司诉美国(Maccaferri Gabions v. United States),938 F. Supp. 311,314 (D. Md. 1995) (宣称"通过从事下列性质活动行为违反《谢尔曼法》第1~2条和《克莱顿法》第3条:金属条筐和金属条筐加固产业限制贸易的协议和行为");芬尼尔案,535 F. Supp. at 412 (宣称"在二手汽车零部件销售中限制贸易",由民事调查令接受者与反托拉斯局检察官间的谈话所补充);第一多种清单服务诉舍尼菲尔德(First Multiple Listing Serv. v. Shenefield),1980-81 Trade Cas. (CCH) 63,661, at 77,550 (N. D. Ga. 1980) (根据反托拉斯局与民事调查令接受者之间的非正式交流,足以认定涉及"与运营房地产多种清单服务有关的限制成员资格以及其他反竞争实践");关于冒险公司(In re Emprise Corp.),344 F. Supp. 319,322 (W. D. N. Y. 1972) (主张"冒险公司或者其子公司或者分支机构使用贷款能力或者其他担保刺激在体育竞技上获得了特许权,结果是将其竞争对手排除于实质性州际商业以外")。

3. 基于政府动机的异议

与其他类型的证据发现一样,如果签发民事调查令不符合善意原则,那么该请求可以撤销。虽然规律性的推定适用于民事调查令的签发(参见芬尼尔案,535 F. Supp. at 411;与海斯特公司案相同,338 F. 2d at 187;另见避雷针生产商协会案,339 F. 2d at 347),法院认为,如果签发民事调查令的目的是为了吓阻或者骚扰接受者,那么可以撤销民事调查令。在查塔努加药品协会诉美国司法部案中(Chattanooga Pharm. Ass'n v. United States Dep't of Justice),358 F. 2d 864 (6th Cir. 1966),政府拒绝回答接受者关于民事调查令的目标是吓阻和骚扰接受者,迫使其终止未决诉讼以达到实施州公平贸易法目的的主张。由于政府没有回应,法院认为,这些主张得到了认可,并撤销了民事调查令。随后,在美国药品协会诉美国司法部一案中,344 F. Supp. 9 (E. D. Mich. 1971),aff'd 467 F. 2d 1290 (6th Cir. 1972),调查令的接受者同样指责联邦反托拉斯局签发民事调查令的目的是为了骚扰接受者。然而,当司法部长助理提出无法驳斥的宣誓书，陈述为何签发民事调查令以及否认带有骚扰或者胁迫接受者的意图或者目的后，法院否决了撤销民事调查令的动议。

接受者反对民事调查令，并要求进行证据发现，理由是签发调查令的目的是为回应外部的政治干扰和压力，或者为了还清政治债务，且不是善意地试图决定违法行为是否发生。在关于克里夫兰信托公司案中（In re Cleveland Trust Co.），1972 Trade Cas. (CCH) 73, 991, at 92, 122 (N. D. Ohio 1969)，法院使用了适用于签发携证出庭传票的大陪审团标准，认为接受者有权要求进行某些证据发现以确定调查不是善意地试图查明反托拉斯违法行为。但参见美国诉棉花谷运营商委员会（United States v. Cotton Valley Operators Comm.），75 F. Supp. 1, 6 (W. D. La. 1948)（支持反托拉斯诉讼的证据是由政治因素引起的，但这与支付政治债务是不相关的，这是因为，如果证据支持政府的主张，那么法院就必须作出判决，即使案件可能是由政治推动的）；芬尼尔案，535 F. Supp. at 413（"我们注意到，只要是善意地获得调查与民事调查令，那么调查的起因似乎对民事调查令的有效性来讲不是很重要"）。在芬尼尔案件中，法院拒绝了证据发现，以反托拉斯局科室主任宣誓作证驳斥了接受者因反对某些立法受到骚扰的指控主张为基础。在麦克费利案中，法院拒绝了证据发现，根据是否认签发民事调查令时有不适当目的的反托拉斯局陈述以及法院自身对各申请人理由的审查发现是否存在合理基础，认为证据发现将导致不适当的目的证据成立。参见 938 F. Supp. at 315 – 319。

类似问题得以提出，但其结果完全不同。在冒险公司案中，法院驳回了民事调查令接受者的证据发现，冒险公司指控政府方面有不适当的动机，但代理司法部长助理以宣誓书方式否认了这些指控。参见 Emprise, 344 F. Supp. at 321 – 22。作为撤销民事调查令的一种替代方法，申请人寻求通过对反托拉斯局的质询，以确定是否存在不适当的目的。法院作出决定，司法部长助理的宣誓书回答了不适当动机的问题，因此，质询既无必要也不适当。在作出此裁定时，法院与克里夫兰案进行了区别。在克里夫兰信托公司案中，法院允许对反托拉斯局进行有限的质询，询问为民事调查令做准备工作的人的身份以及谁参与了签发调查令的决策。

4. 基于司法管辖权理由的异议

反对民事调查令的正当理由是，反托拉斯局对进行调查无管辖权。参见凤凰城房地产经纪人委员会诉美国司法部（Phoenix Bd. of Realtors v. U. S. Dep't of Justice），521 F. Supp. 828, at 830（法院认为"豁免适用于反托拉斯法的行为不能成为反托拉斯调查的根据"）；与联合集装箱运输（澳大利亚）公司诉美国案一致［Associated Container Transp. (Australia) Ltd. v. United States］，705

F. 2d 53, 58 (2d Cir. 1983)。然而，反托拉斯局可以对其权力范围内的任意事项进行调查。参见澳大利亚及美东航运协会诉美国（Australia/Eastern U. S. A. Shipping Conference v. United States），1982 – 1 Trade Cas. （CCH） 64, 721, at 74, 064 （D. D. C. 1981），modified, 537 F. Supp. 807 （D. D. C. 1982），vacated as moot, Nos. 82 – 1516, 82 – 1683 （D. C. Cir. Aug. 27, 1986）。确实有理由相信，出现任何特殊的违法行为是不必要的。参见同上。此外，1976 年修正案的立法史着重指出，许多反托拉斯豁免的范围不是明确和清楚的，并且在许多情况下，某个尚待证实的豁免适用可能成为案件的焦点问题。众议院关于 1976 年修正案的报告认为，不应允许中断对尚待证实的豁免所进行的调查。参见 H. R. Rep. No. 94 – 1343, at 2606 （1976）。

以行为豁免适用或者处于反托拉斯法调整范围以外的理由提出反对民事调查令的少数案例，仅仅在豁免清楚且不需要事实发展来决定该问题时，才允许提出这样的控告。参见美国业余垒球协会诉美国（Amateur Softball Ass'n of America v. United States），467 F. 2d 312 （10th Cir. 1972）（法院认为，民事调查令接受者有关棒球豁免包含垒球和业余运动，且没有从事商业活动的尚待证实的豁免，不能阻止对所提出的反托拉斯问题进行调查以及询问）；澳大利亚及美东（Australia/ Eastern U. S. A.），1982 – 1 Trade Cas. （CCH） at 74, 062 （法院认为，在反托拉斯所涵盖范围的问题没有完全由执法机构决定且围绕该范围的事实没有解决前，反托拉斯局有权进行调查）。换句话说，反托拉斯局可以签发民事调查令以确定是否存在主张豁免的事实依据。

在美国诉时代华纳公司案中（United States v. Time Warner, Inc.），Misc. No. 94 – 338 （HHG） （D. D. C. Jan. 22, 1997），法院指示实施民事调查令，尽管民事调查令的接受者们认为，他们的行为根据《外贸反托拉斯促进法》，应该得到反托拉斯法的豁免。法院在判决中部分依赖了俄克拉荷马新闻出版公司诉沃玲案（Oklahoma Press Publishing Co. v. Walling），327 U. S. 186, 209 （1946），法院建议，反托拉斯局无须确认所着手进行的调查肯定地建立在诉讼标的管辖权的基础上，而是应使用民事调查令来确定假设的反托拉斯豁免是否应适用。在联合集装箱案中，705 F. 2d at 58 – 60，实施中的民事调查令凌驾于调查活动所根据的《航运法》、纽尔—潘宁顿原则以及州行为理论豁免适用反托拉斯法的主张之上，法院经过推理得出，反托拉斯局使用其调查权决定该公司是否有资格适用豁免是必要的。在休斯顿工业诉卡福曼案中，（Houston Indus. v. Kaufman），Civ. No. H – 95 – 5237, 1996 WL 580418 （S. D. Tex. March 7, 1996），法院对纽尔—潘宁顿原则和州行为理论得出了类似结论。在凤凰城房地产经纪人委员会案中，521 F. Supp. at 830，当某个案件中的民事调查令接

受者主张其行为适用豁免,一是因为司法部在其他情况下以双方同意的裁定批
准了该行为;二是因为司法部应并行不悖地禁止反对它时,法院拒绝撤销民事
调查令。然而,在澳大利亚及美东航运协会诉美国案中,537 F. Supp. 807, 812
(D. D. C. 1982), vacated as moot, Nos. 82-1516, 82-1683 (D. C. Cir. Aug. 27,
1986),地区法院撤销了民事调查令的部分内容,即搜寻涉及纽尔—潘宁顿原
则所保护行为的材料。其理由是,根据宪法第一修正案的含义,政府除了
"官方好奇"以外未能清楚明白地出示需要的证据。然而,法院指出,如果政
府能够证明所寻找的材料对于证实或者证明特定的涉嫌违反反托拉斯法的行为
来讲是极为需要的话,那么第一修正案价值与证据发现需要之间的平衡会有利
于政府。参见同上。当事人提起反上诉,且案件在哥伦比亚特区巡回上诉法院
进行了辩论。几年来,案件仍然没有作出判决,且反托拉斯局最终撤回了有争
议的民事调查令。哥伦比亚特区巡回法院以缺乏实际意义驳回了上诉,撤销了
地区法院的判决。参见澳大利亚及美东航运协会诉美国,Nos. 82-1516, 82-
1683 (D. C. Cir. Aug. 27, 1986) (未公布的法庭命令)。

5. 基于既往保护令的异议

为获得证据发现成果签发的民事调查令取代了任何不一致的法院命令、规
则,或者阻止或限制此种证据发现成果进行披露的法律规定。参见《美国法
典》第15卷第1312条c款第2项(本条也规定,依据明确的证据发现成果请
求,向反托拉斯局披露证据发现成果并不构成放弃任何权利或者优先权,如工
作成果的优先权)。然而,反托拉斯局必须将民事调查令副本送达给最初从其
手中获得证据发现的当事人,参见《美国法典》第15卷第1312条a款,且这
种请求不应被接受者归还或者退回,直到请求副本经制作人被送达后20日,
参见《美国法典》第15卷第1312条b款,从而使从其手中获得证据发现的当
事人能够寻求额外的保护。

为证据发现成果提供的机密性保护延伸到从其手中获得证据发现的当事
人,参见《美国法典》第15卷第1313条c款第3项,且该当事人有权寻求法
院命令,要求民事调查令的管理人履行法律施加的义务。参见《美国法典》
第15卷第1314条d款。最后,从其手中获得证据发现的当事人可以在获得证
据发现或者进行证据发现最后未决诉讼的地区法院提出诉状,搁置或者改变要
求。见《美国法典》第15卷第1314条c款。

6. 杂项异议

法院认为,根据民事调查令的接受者关于所寻求的文件和信息由另一联邦
机构拥有的异议,既不能撤销民事调查令,也不能减轻他们的答复责任。参见
凤凰城房地产经纪人委员会诉美国司法部,521 F. Supp. 828 (D. Ariz. 1981)

(法院不会撤销传票,即时信息和文件由联邦贸易委员会所掌握,且可以为反托拉斯局所获得);与哥伦比亚广播公司案一致(In re CBS, Inc.),235 F. Supp. 684 (S. D. N. Y. 1964);另见澳大利亚及美东航运协会诉美国(Australia/Eastern U. S. A. Shipping Conference v. United States),1982-1 Trade Cas. (CCH) 64,721 (D. D. C. 1981)(请求信息已经提供给另一联邦机构没有发现是不合理的),modified, 537 F. Supp. 807 (D. D. C. 1982), vacated as moot, Nos. 82-1516, 82-1683 (D. C. Cir. Aug. 27, 1986)。至少一家法院根据接受者的异议也拒绝撤销民事调查令,其他的联邦执法机构对该行为拥有优先管辖权,且正在从事与反托拉斯局调查完全相同的调查。参见澳大利亚及美东案,1982-1 Trade Cas. (CCH) 64,721, at 74,066。

7. 实施或者撤销民事调查令的司法诉讼程序

反对民事调查令的接受者有两种选择:拒绝对民事调查令作出答复或者提起诉讼申请撤销或者修改民事调查令。如果接受者作出第一种选择,假设反托拉斯局希望继续执行此事项,那么反托拉斯局必须申请强制执行民事调查令。如果接受者作出第二种选择,接受者必须在民事调查令送达后20日内或者在特定寄回日前的任何时间内申请改变命令或者撤销民事调查令。参见《美国法典》第15卷第1314条b款第1项。容许遵守规定的时间不包含诉讼申请未决的期间,但是申请人必须遵守不寻求改变或者撤销部分民事调查令。参见《美国法典》第15卷第1314条b款第2项。只反对民事调查令一部分的接受者必须遵守其不反对的部分。参见H. R. Rep. No. 94-1343, at 2608 (1976)。

凡民事调查令明确寻求证据发现成果以及从其手中获得证据发现的当事人反对民事调查令的,程序都有所不同。前面对这些程序进行了解释。

反托拉斯局提出的强制执行申请应当根据相关美国检察官办公室有关当地形式和做法的建议进行起草。除非当地的做法与之相反,否则起诉状应当标注美利坚合众国申请人诉(民事调查令接受者的名字)被告。起诉状应当由阐明民事调查令强制执行事实和法律依据的备忘录所支持。接受者必须接收送达的起诉书副本。对该起诉书的送达可以通过民事调查令送达规定的任何方式完成。参见《美国法典》第15卷第1312条d~e款。反托拉斯局申请强制执行以及被告申请改变或者撤销的适当审判地属于接受者居住、被发现或者从事交易活动的任何司法管辖区。参见《美国法典》第15卷第1314条b款。强制实施民事调查令的起诉状属于混合性程序,不享受联邦法院诉讼中固有延期的特别豁免。参见,美国诉时代华纳公司(United States v. Time Warner, Inc.), Misc. No. 94-338 (HHG) (D. D. C. filed Nov. 3, 1994)(涉及在作出判决前拖延了2年)。反托拉斯局检察官面临强制执行民事调查令的法院诉讼程序,根据在管辖区以最快速度使用诉讼程序的要求，应当寻求当地美国检察官办公室的建议。例如，在某个问题上提出命令动议以展示原由；在另一问题上，起诉状由请求加速审查的动议所补充。

8. 民事调查令接受者作出不利于反托拉斯局的证据发现

法院允许参与强制执行、改变或者撤销民事调查令的民事调查令接受者在某些情况下根据联邦民事诉讼规则进行有限的证据发现。然而，这种证据发现不涉及权利问题。参见美国诉赛驰（United States v. Seitz），No. MS2－93－063，1993 WL 501817, at 2（S. D. Ohio Aug. 26, 1993），aff'd, 53 F. 3d 332（6th Cir. 1995）。然而，许多案件一般都认为，在民事调查令法院诉讼中，必须有节制地使用反对政府的证据发现，以避免通过迟延遵守而破坏民事调查令程序的有用性。接受者必须作出具有实质性和支持力的陈述，表明民事调查令的实施将造成对法庭程序的滥用。参见美国诉韦特莫（United States v. Witmer），835 F. Supp. 201（M. D. Pa. 1993）。赛驰案和韦特莫案都根据《欺诈赔偿法》（False Claims Act）对签发的民事调查令给予了关注，但是法院解释了《民事调查令法》1976 年修正案的立法史以得出他们的结论。《欺诈赔偿法》证据发现条款与反托拉斯民事调查令条款密切相似，且《欺诈赔偿法》为《反托拉斯民事程序法》所效仿。参见韦特莫案，835 F. Supp. at 205（法院认为，国会"意图用解释反托拉斯民事调查令条款的立法史与案例法'完全适用于'《欺诈赔偿法》民事调查令规定"）（citing S. Rep. No. 99－345, at 33（1986），reprinted in 1986 U. S. C. C. A. N. 5266, 5298）。韦特莫一案的主审法院也依赖了澳大利亚及美东航运协会诉美国和芬尼尔诉美国司法部的判决，535 F. Supp. 410, 415（D. Kan. 1982），坚持认为，接受者必须作出具有"实质性和支持力的陈述"，表明为了允许限制性证据发现民事调查令将造成对法庭程序的滥用。参见韦特莫案，835 F. Supp. at 207。

在有关克里夫兰信托公司案，1972 Trade Cas.（CCH）73, 991（N. D. Ohio 1969），和联合集装箱运输（澳大利亚）公司诉美国案中，502 F. Supp. 505（S. D. N. Y. 1980），法院下达了反对反托拉斯局的证据发现。在克里夫兰信托公司案中，法院指出，凡民事调查令接受者提出签发民事调查令有不适当动机的主张时，联邦民事诉讼规则给予的证据发现权利可以为民事调查令接受者根据该法所获得。法院允许对反托拉斯局进行有限的质询，寻求确定着手准备民事调查令和参与签发请求决定的当事人的身份。司法部长助理提交了一份宣誓书，但它并没有解决不适当的动机问题。

在联合集装箱案中，法院作出结论，合理的证据发现可以在民事调查令程序中获得；但是，在传递证据发现时，法院应当谨记，如果发现有允许延长证据发现从而过分迟延民事调查令程序的情况,民事调查令程序的目标(允许反托拉斯局调查反托拉斯违法行为而没有过早地卷入全面的诉讼中)将会受到挫败。法院允许民事调查令接受者对反托拉斯局提出有限的质询,从而证实后者的主张,即调查的行为豁免适用反托拉斯法,并且反托拉斯局因而对签发民事调查令没有管辖权。

几家法院不太同意联合集装箱案判决的这种观点。参见韦特莫案,835 F. Supp. at 207(注意到,克里夫兰信托公司案和联合集装箱案的表达比实际所提供的救济更宽)。按照韦特莫一案的法庭意见,实际所容许的证据发现与这种意见相一致,即民事调查令执法程序中的大规模证据发现在事实上与民事调查令法定方案的目标和有效性并不一致。在芬尼尔案中,法院作出证据发现在此问题上不受保证的结论后撤销了要求反托拉斯局检察官宣誓作证的通告,法院引用了延伸后的证据发现将破坏民事调查令有用性的担忧。参见 535 F. Supp. at 410。在澳大利亚及美东航运协会诉美国案中,法院注意到,哥伦比亚特区巡回法院的法律严格限制了此类程序中的证据发现,但是承认证据发现在一些调查传票执行程序中可以获得。然而,法院基于它们的过度宽泛从而撤销了对反托拉斯局的质询。参见 Australia/Eastern,1981 – 1 Trade Cas. (CCH) 63,943 (D. D. C. 1981)。

在麦克费利·加必翁公司诉美国案中(Maccaferri Gabions, Inc. v. United States),938 F. Supp. 311 (D. Md. 1995),法院不同意联合集装箱案的判决,认为证据发现"作为一项权利可以获得",并指出该判决不能获得广泛的接受。参见 id.,938 F. Supp. at 316(援引联合集装箱,502 F. Supp. at 509)。麦克费利案的主审法院认为,反托拉斯局的宣誓书并不一定是"终局性的",需要对麦克费利将其主张建立在存在不适当目的的各个理由进行审查。参见 id. at 316 – 17。在审查之后,法院查明,证据发现不受保证,原因如下:(1)司法部长助理用其本人经常参与调查的宣誓书释疑了这种指控;(2)即使反托拉斯局已经先于签发民事调查令前作出结论,麦克费利"有罪",这种结论不能表明某种不适当的目的;(3)司法部长助理的宣誓书以结论性方式驳斥了政治性影响在签发民事调查令时是影响因素的指控。参见 id. at 318。法院注意到,没有一点儿证据能够引起适当的怀疑,即政治性影响引起了民事调查令的授权。参见冒险公司案,344 F. Supp. 319 (W. D. N. Y. 1972)(不接受质询传票表明,不适当的动机是建立这样的基础上的,即根据反托拉斯局的宣誓书否认不适当的动机,质询传票的送达是没有目的的)。

9. 上诉审查与救济条款

地区法院经实施或者撤销民事调查令申请而作出任何终局性命令都可以根

据《美国法典》第 28 卷第 1291 条申请上诉。法院对不遵守实施民事调查令命令的可授权以藐视法庭为由进行制裁。参见《美国法典》第 15 卷第 1314 条 e 款；另见麦克费利加必翁公司诉美国案（Maccaferri Gabions, Inc. v. United States），Civ. No. MJG – 95 – 1270 (D. Md. Apr. 16, 1996)（认为在民事诉讼中藐视法庭的公司未能遵守实施民事调查令的命令，且对其持续违规处以每日 10 000 美元的罚款）。

（九）调查结束后民事调查令材料的归还

在调查或者案件因调查产生的法律行动结束时，提交文书材料的当事人依据民事调查令提出书面请求，管理人需将未提交给任何法院、大陪审团或者执法机构的文书材料正本归还该当事人。参见《美国法典》第 15 卷第 1313 条 c 款第 3 项。管理人应当确保完整归还文件正本，并从归还的文件中取下任何标签及无关事项。反托拉斯局只需归还文件正本。

在反托拉斯局准备副本或者依据《美国法典》第 15 卷第 1313 条 b 款和 c 款第 2 项获得文书材料副本时，副本不需归还给出示文件的当事人。参见《美国法典》第 15 卷第 131 条 c 款第 3 项；反托拉斯局指令 ATR 2710.1，"处理反托拉斯局文件的程序"。对于出示文件副本的当事人，执法人员应建议提供文件的当事人同意销毁而非归还其民事调查令材料。否则，请求归还非正本材料的当事人应当为归还有关材料支付费用。反托拉斯局可以保留民事调查令材料副本以供其在其他事务中加以使用。

尽管反托拉斯局坚持这样的立场，即依据民事调查令获得的材料根据《信息自由化法》免于披露；然而，如果被退回或者销毁的文件属于《信息自由化法》的公开要求，那么返还或者销毁必须推迟到《信息自由化法》的要求得到实现。

在管理人把民事调查令材料移交给反托拉斯局检察官供其在法庭、大陪审团或者联邦行政诉讼中使用时，检察官应承担相应职责，即一经完成法律行为，就应将所有未提交给法院、大陪审团或者执法机构的材料归还给管理人。参见《美国法典》第 15 卷第 1313 条 d 款第 1 项。

（十）刑事处罚

故意扣留、虚假陈述、隐匿、销毁、篡改或者伪造民事调查令对象的任何书面材料、书面质询答复或者口头证言的，是刑事犯罪。参见《美国法典》第 18 卷第 1505 条。凡有理由相信民事调查令的接受者故意扣留文件或者信息，或者以任何其他方式企图规避、消除或者阻挠遵守民事调查令时，反托拉斯局应当考虑启动大陪审团调查。

管理妨碍司法调查的职权，包括大陪审团授权的调查，在请求初步调查和大陪审团授权的标准程序后获得。根据《美国联邦法典》第 28 卷第 0.179a 条,涉及妨碍司法的事项属于对出现妨碍嫌疑的案件或者事件有义务的反托拉斯局的监管权限。然而,规章规定,为确定适当的监管权限,反托拉斯局在对司法妨碍启动大陪审团调查或者执法程序前应与刑事局进行磋商。

六、进行大陪审团调查

以下提出的许多程序在不同司法管辖区有所不同。在不熟悉当地做法时,执法人员应与相关的地区办公室或者美国联邦检察官办公室进行协商。在执法人员在另一地区办公室所在地的司法管辖区启动大陪审团调查或者与美国联邦检察官办公室就关于启动大陪审团调查进行磋商前,执法人员应通知该办公室主任。

(一)请求大陪审团调查

与本章第三部分之(五)强调的关于是否进行刑事或民事调查的标准相一致,执法人员应认真考虑这种可能性,即如果大陪审团调查发现了证据,证明了存在假定的反竞争行为,那么反托拉斯局将着手进行刑事起诉。为请求获得大陪审团调查,执法人员应代表部门主任或者地区办公室主任准备一份备忘录提交给刑事执法处长,详细说明构成该请求的信息。这种信息可能会以初步调查的成果为基础,但是从起诉状中获得的信息经常会为还未进行的初步调查请求提供充足的基础。在某种可能的程度上,请求获得大陪审团授权应当包括以下内容:
- 确定个人、企业的相关的商品或服务;
- 以年度为基础评估相关商业的数量;
- 确定受影响的地理区域和调查即将进行的司法管辖区;
- 描述涉嫌犯罪的违法事实,包括并不违反反托拉斯法的违法事实,并概述佐证;
- 从执法的角度评估潜在违法事实的意义;
- 解释执法人员已经确定的任何不同寻常的问题或者潜在困难;
- 确定分配负责该调查的律师;
- 解释调查背景,包括资料来源;
- 解释执法人员拟定调查计划的初步步骤;
- 表明是否存在反托拉斯局已经进行过刑事调查、属于大陪审团请求对象的产品或者服务。

执法人员应当将大陪审团请求备忘录转交给反托拉斯局部门或地区办公室主任进行审查。如果获得主任批准,大陪审团请求备忘录应当以电子邮件方式发送到 ATR – CRIM – ENF 和 ATR – Premerger – GJ Request 信箱，并抄送给相关的高级顾问和特别助理。以电子邮件将表格发至 ATR – Premerger MTS Forms 邮箱方式将相关的 MTS 表〔如果初步调查没有得到授权或初步调查得到核准且保持开放，那么发送的是"新事项表"（ATR 141）；如果着手进行初步调查，那么发送的是"新阶段表"（ATR 142），这样的话，调查将被升级为大陪审团调查，且初步调查将予以结束〕发送给合并前申报组及联邦贸易委员会联络办公室。参见反托拉斯局指令 ATR 2810.1 "问题跟踪系统"。选派的特别助理应为刑事执法处长准备一份备忘录，后者将向司法部长助理提出建议。如果司法部长助理同意，他将给所有参与大陪审团调查的检察官签发授权函。

执法人员应确定大陪审团所在的地区是否要求提交授权信。如果是的话，他们应以加盖封印的方式提出；如果不是，他们应在某个部门或地区办公室的文档中保存。如果有检察官增加到原来的执法人员中，主任应通知刑事执法处长办公室，并要求补充授权函。

调查必须由大陪审团在违法事实发生的或者调查对象所在的或从事商事活动的司法管辖区内进行。在确定着手开展大陪审团调查的地区时，执法人员应考虑以下内容：（1）地点与被调查行为的密切程度；（2）对执法人员和潜在证人的便利性，包括文件的制作和审查；（3）大陪审团时间的可利用性（包括与"共享"大陪审团相对的最适合于反托拉斯的可利用性、会议的频繁性以及大陪审团任期期限）；（4）在特定管辖区域内进行大陪审团调查的潜在困难；（5）引起任何起诉后果可能的司法管辖区。

在寻求大陪审团的授权时，执法人员应着手安排与初步调查以大致相同方式进行的大陪审团调查，执法人员应制订调查计划，并应根据调查进展经常对其进行修改。执法人员应在其计划中确定以下内容：

- 调查对象；
- 与确定犯罪、潜在辩护有效性或者违法事实的经济影响相关的事实问题（以庭审与判决为目标）；
- 潜在的事实证人，无论他们是否被传讯或者审查以及他们是否为豁免候选人；
- 可能与事实相关的文书证据的类型；
- 潜在的文书证据来源以及是否能通过传票或者搜查令自动获得此种证据；
- 转换调查的机会，如双方同意的监视或者搜查令的使用。

在适当情况下，执法人员应对寻求相关政府机构协助和利用他们作为执法成员给予充分的考虑。

（二）选任和安排大陪审团

执法人员应在得到授权后所作出的第一个决定中公布是要求遴选新的大陪审团还是使用现在的陪审团。执法人员应设法估计完成必要调查的开庭次数和时间总量。当调查可能会用掉相当数量的开庭和大陪审团大量时间时，最好的方法是特别为反托拉斯调查选任一个新的任期为18个月的大陪审团。〔《联邦刑事诉讼规则》第6条（g）款允许法院延长大陪审团任期6个月〕那样的话，反托拉斯局就能够保持对大陪审团的时间安排进行更好的控制以及更为有效的管理。在一些地区，法院不可能为反托拉斯局的单独使用遴选新的大陪审团，且执法人员将与美国检察官办公室分享同一个大陪审团。在这些地区，执法人员通常会尝试使用最近选任的大陪审团（如陪审团在其任期内有极为充分的时间）。在反托拉斯局不能利用新的大陪审团的有效时间时，执法人员通常不应选任一个新的大陪审团。未充分利用的大陪审团可能扭曲美国检察官与法院人员的关系。

大陪审团程序在不同的管辖区域内有很大差异。执法人员应遵守大陪审团所在区域内已建立的程序。每个地区办公室都与其所在区域内的美国检察官办公室有密切联系。在某个陌生的地区内进行调查时，执法人员应与指定的美国检察官联络员进行磋商，讨论当地实践；并且如果共享一个大陪审团，应讨论潜在可能出现的时间安排冲突。执法人员无论何时着手在地区办公室之外的区域进行调查，都应与当地的美国联邦检察官办公室加强良好的工作关系。执法人员通常应通过其联络员通知美国联邦检察官办公室，反托拉斯局将着手进行调查。美国检察官联络员可以在选任或者安排大陪审团时提供协助，为执法人员熟悉当地程序，并提供其他建议和帮助。在一些管辖区域内，执法人员应通过法官助理为大陪审团安排日期。在那些管辖区域，执法人员应当与助理办公室加强工作关系。

（三）规则第6条e款第3项B目通告

《联邦刑事诉讼规则》第6条e款第3项B目要求律师为政府向法院提供除政府律师以外接受大陪审团披露材料的相关人员名单（如经济学家、代理人），并证明律师已告知这些人员负有保密义务。既然秘书、律师助理以及办事人员可能被视为律师、经济学家、代理人以及其他所提供帮助的人员的长期伙伴，那么他们无须列入这一名单。参见《反托拉斯局大陪审团实践手册》第二章D节。执法人员应与当地的美国联邦检察官办公室协商，并按照当地做法为出庭准备信息。

（四）签发大陪审团传票

在诉讼过程中，大陪审团将发出提交书面文件传票和提供证言传票。提交书面文件传票要求向大陪审团提交书面材料，提供证言传票要求个人在大陪审团前出庭作证。大陪审团也向个人签发传票要求提供不同类型的样本，如笔迹样本。传票接受者通常会得到相当多的准备时间来遵守传票；但在特殊情况下，当存在丢失或者销毁或者伪造证据的风险时，传票通常可以要求在 1 日内得到迅速遵守。这种"必须立即执行"的传票很少被使用，且可能受到严密的司法审查。参见《美国检察官手册》第 9 章第 11.140 条。《反托拉斯局大陪审团实践手册》对传票进行了详细的讨论。

1. 提交书面文件传票

提交书面文件的传票往往是签发给集体实体，如企业和合伙，因此宪法第五修正案不自证其罪的特权无法得到实施。因此，集体实体的文件管理人不能拒绝遵守提交实体档案记录的传票，这是因为提交文件的行为可能会牵连到他或者她。然而，政府不能将特定当事人遵守提交集体实体档案记录的传票的事实引入证据。参见布拉斯韦尔诉美国（Braswell v. United States），487 U.S. 99, 118（1988）。

为获得文件，提交书面文件传票也可以签发给视为个人的个体商户或者个体经营者。尽管内容是自愿设立的，既存的文件内容不受宪法第五修正案特权的保护，关于 1992 年 10 月 29 日签发的大陪审团提交书面文件传票，参见 1 F. 3d 87, 93（2d Cir. 1993），提供此类文件的个体行为可以通过默示地承认文件的存在、个人拥有此文件或者文件的真实性等方式自证其罪。在向个人签发提交书面文件传票前，执法人员应当考虑提交传唤文件的个体行为是否具有证明意义以及可以获得替代性的证明方法。执法人员可以考虑通过一项提交材料行为的豁免令限制提交行为，要求获得授权强迫个人提供文件。在这种情况下，执法人员应在必要程度上审查个人情况，确定遵守传票要求，但是应注意完全限于与提交行为有关的事项。参见《美国检察官手册》第九章第 23.250 条。《反托拉斯局大陪审团实践手册》第三章 A 节对大陪审团发出提交书面文件传票的权力进行了描述。

对于获得美国之外证据的努力需要给予特殊考虑。执法人员应当征求反托拉斯局对外商业部门的意见，讨论可能存在的取得此类证据的方法，包括传唤的替代方法。下文对告知外国政府的特别要求进行了讨论。审慎的做法是，通知对外商务部门随时调查涉及的外国证人、目标或者对象、外国商业、发生在美国境外的活动或者美国境外的证据。通知外国政府的政策和程序正在不断地改进，与对外商业部门的密切联系将有助于避免出现任何疏漏。

附在提交书面文件传票的文件安排进度表应包括对争议行为有必要进行全面调查的文件。这些安排进度表应以《反托拉斯局大陪审团实践手册》第三章 D 节所描述的技术为基础。在送达前，对传票目录必须进行审查，以确保其完整性以及防止可能存在的撤销动议负担或者其他理由。

如下所述，反托拉斯局的企业宽大政策可能对企业违法者给予豁免。附在企业传票的通知，告知反托拉斯局指令的接受者可以增强他们对宽大政策的意识。对目标进行送达的传票中附带企业宽大政策不是强制性的。然而，如果执法人员希望这样做的话，一致对待的政策声明应当附加在送达给每个所调查企业对象的传票中。

执法人员应确定传票将如何送达，往往是由联邦调查局特工或其他政府人员送达。执法人员和顾问也可同意律师代表接受者自愿接受送达。通常，执法人员将安排传票的送达，但在一些司法管辖区域，美国联邦检察官办公室可以控制整个进程。

传票归还日期应为送达传票、文件寻找和制作提供足够的时间。传票归还日期必须为大陪审团在辖区内出庭的同一日。执法人员，代表大陪审团，可准许接受者直接向该部门或者地区办公室返回文件，而不是在被召集的大陪审团前提供文件。在允许该项选择前，执法人员应考虑要求文件管理人在大陪审团面前作证的利益。这种证词能够提供涉及搜查和提供范围的重要信息，并可导致阻止对有争议的特权主张的文件进行鉴定。

一旦传票被发出，接受者的律师可以主张传票提出了过于繁重的负担，特别是涉及存储在企业计算机系统的那些数据。就这一点而论，律师可以要求延期提供某些类型的文件，有时甚至威胁提出撤销动议。由于起草日程安排时通常没有存在什么文件以及它们采取何种形式的知识，因此，执法人员应当在适当时候考虑这种延期的要求。例如，执法人员可以同意接受代表性样本或推迟提供特定类型的文件。如果无法取得一个适当的调解，那么反托拉斯局的政策实践是强力支持其传唤命令，反对撤销动议。《反托拉斯局大陪审团实践手册》第三章 F 节对撤销大陪审团提交书面文件传票的不同基础进行了描述。

在进行谈判前，执法人员应确保，法律顾问会与接受者一道彻底审查日程安排，并获知接受者遵守各项要求的能力。在大多数情况下，谈判将会导致一个令人满意的决议。每次延期必然会以书面形式最好是执法人员以文书形式向法律顾问律师提出要求。未能如此进行可能会严重危及执法人员保护传票完整性的能力，且使接下来尝试为取得被阻止或者被损坏的文件继续执行妨碍案件变得更加困难。如果诉讼是必要的，执法人员应着手将所有保密文件归档，并采取法律行动，阻止任何违反大陪审团保密事务的情况。

从电话企业和金融机构传唤证据是非常普遍的。电话企业无须通知其电话记录被传唤的用户。为了防止过早披露调查的存在，执法人员应在传票中包含发出传票与刑事调查有关的证明，要求传票的存在不会透露给用户。在某些情况下，执法人员可能获得了阻碍披露的法院令。向金融机构发出寻求个人账户信息的传票由《金融隐私权法》所调整，也即《美国法典》第12卷第3401～3422条。该法规定，所有这些传唤的记录应当返回给且实际上提供给大陪审团，并应向金融机构提供所承担的成本费以补偿其对传票作出的答复。银行通常将遵守信函的要求，在固定时间内不披露传票，这可能延伸到随后的信件。在某些情况下，执法人员可获得禁止披露传票的法院命令。

反托拉斯局标准化的书证传票要求企业对传票作出回复，提供其拥有的所有电子储存数据。"书证"这一术语在安排进度表中界定为包含一家企业计算机系统储存的所有信息。传票也包含冗长的指导说明，详述企业必须采取的步骤，以保存其拥有的所有潜在的电子答复数据。指导说明详述了哪种类型的数据需要进行保存（如电子邮件）以及如何保存在企业电脑系统不同位置的数据（如服务器）。最后，传票要求所有电子数据必须以电子格式提交，且企业必须联系执法人员以确定企业拟议的电子格式是否符合反托拉斯局的设备及方法。以文档形式提供的电子数据根本不会为反托拉斯局所接受。

2. 要求证人出庭作证的传票

反托拉斯局应确定在大陪审团前作证的时间，以有效地利用大陪审团。在发出到庭作证的传票时，执法人员应设法确定有足够的证人参加整个开庭，并应提供充足的准备时间，以尽量减少最后一分钟的撤销。传票通常将由美国执法官或者代理人或者由代表接受者的律师主动接受。在证人的大陪审团出庭前，通过代理人进行送达可提供一个与证人会谈的机会，且往往比美国执法官送达得更快些。

要求证人出庭作证的传票包括证人在大陪审团出庭时有关权利和义务的下列附属声明，除非事实情况引起了这类建议明显多余（参见《美国检察官手册》第九章第11.151条）：

权利建议：

根据《谢尔曼法》，即《美国法典》第15卷第1条和第2条，大陪审团正着手对可能存在的违反联邦刑法的反托拉斯犯罪进行调查（在这里规定综合调查事项，如共谋固定小器具的价格违反《美国法典》第15编第1条）；

如果对问题的诚实回答将导致受到刑事指控，那么你可以拒绝回答任何问题；

你所说的一切都可能被大陪审团或者在随后的法庭程序中用作对你不利的证据；

如果你委托律师，在你希望与律师谈话时，大陪审团将允许你有合理机会离开大陪审团房间向律师咨询。

传票也应有证人必须遵循的程序作为附件,用以接受差旅费和证人费用的补偿。这通常由本部门或者地区办公室受害者—证人协调员负责。

除了在发出传票时给予个人通知外,证人出庭前应注意下列问题:
- 政府律师的身份和大陪审团成员及法庭书记员在场。
- 调查的性质(如可能存在固定小器具销售价格)。
- 如果身份有问题的话,证人的身份也是调查的对象(执法人员应当知道司法部传唤调查"对象"或者"目标"的立场,参见《美国检察官手册》第九章第11.150~160条,以及司法部依据目标或者对象要求在大陪审团面前作证的立场,同上,第9章第11.152条)。
- 如果证人对问题的诚实回答将引起自证其罪,可以拒绝回答任何问题的第五项修正案权力。
- 在任何刑事程序中,证人所说的一切都可能用作对证人不利的证据。
- 为证人提供合理机会离开法庭以咨询其律师。
- 大陪审团程序是保密的。根据法令,尽管存在例外,如随后的庭审,然而,除了证人以外,没有人可以向公众披露在大陪审团前发生的事情。如果证人希望但没有被要求向任何人披露此类信息的话,他或者她可以向任何人披露大陪审团前发生的事情。
- 如果证人得以免予起诉,那么证人理解免予起诉令的效果,且证人证词仍然可以在指控向大陪审团作伪证或者进行虚假陈述时进行使用。

应询问证人以确认,他或者她了解所确定的各项权利和义务。

3. 采样证据传票

除了为获得文件或者证词发出传票外,大陪审团还可以发出传票,要求个人提供不同类型的采样证据。在反托拉斯调查中,最为典型的是传唤提供笔迹样本,用于确定文书证据的原作者或者书证的真实性。在发出传票前,执法人员必须安排调查人员取得采样证据。当证人在大陪审团前出庭时,先前的当事人将告知证人,某个特定人已被指定为大陪审团的代理人来获取采样证据,并将指导证人在特定时间和地点提供采样证据。通常,一经收到传票,接受者将会同意在彼此方便的时间和地点提供采样证据,无须在大陪审团前出庭。

(五)搜查令

在适当情况下,执法人员应当考虑在发出提交书面文件的传票前或者除了发出提交书面文件的传票外使用搜查令。如果可成立的理由在调查开始时不存在,那么,在发出强制性传票、作出主动要求、着手进行审查或者采取其他步骤将调查公之于众之前,执法人员应考虑寻求理由成立的可能性。

搜查令能够成为收集指控证据的有效方法。与提交书面文件的传票不同，搜查令的使用将销毁和隐藏文件的机会减少到最低，阻止了因故意或者疏忽而未能提供的答复性文件，且经常会激励宽大政策的迅速进行。在调查过程中，执法人员可能意识到，当事人会扣留为答复提交书面文件传票而准备的材料文书。如果执法人员相信，扣留文件是故意而不是疏忽大意的，那么执法人员不会给接受者提供二次机会，为答复初始或者新的传票制作准备文件，执法人员应考虑申请搜查令。必不可少、潜在适用的发出搜查令的理由以调查中的实际犯罪为基础，或者如果存在充足的证据，会以扣留传唤的材料、妨碍司法为基础。

当有可能的理由相信，存在犯罪行为、文件或其他项目证明存在犯罪行为，那么，反托拉斯局可以申请搜查令。可能的理由要素对反托拉斯犯罪和其他犯罪的要求是相同的，可以作为法律事项和反托拉斯局的政策。这里没有必要抱有似乎真实的理由去相信，如果没有通过搜查令扣押证据，犯罪证据有可能被毁坏或者扣留。

搜查令必须精确描述予以扣押的财产；说明该财产是特定刑事犯罪的证据；提供搜查场所的准确描述；注意执行搜查的期限（根据《联邦刑事程序法》第41条e款2项A目，期间不能超过10日）；并且注意搜查是否在白天进行（《联邦刑事程序法》第41条a款2项B目规定为上午6点至夜间10点）或者是否可能在任何时间进行。反托拉斯局很少会寻求许可进行夜间搜查，这必须根据《联邦刑事程序法》第41条e款2项B目以出示适当理由为基础。搜查令必须表述强制占有文件和搜查场所的特殊程度随情况而变化。在寻求商业记录时，搜查令描述一种企业在营业场所惯常保存的记录通常就足够了。

搜查令宣誓书中将阐明建立搜查可能理由的事实基础。宣誓书必须包含充分事实，从而确立存在犯罪且犯罪证据位于搜查场所内的可能理由。可能理由的支持证据绝对不能"没有新意"（也就是，太陈旧），但这里没有在推定为陈旧后设定时间。宣誓书可完全根据道听途说，只要来源的证据是可靠的。

执法人员必须在一揽子申请中向反托拉斯局的部门或者地区办公室主任提交搜查令宣誓书以及其他文件，后者负责审查和授权批准执法人员搜查令申请。在寻求搜查令时，执法人员必须获得调查机构的援助，通常为联邦调查局。

申请搜查令将会向财产所在的司法管辖区的地方法官提出。宣誓书应当以密封方式提交。执法人员应就有关地方实践和程序向与当地美国联邦检察官办公室进行咨询，包括宣誓书是否应自动以密封方式提交，或者以密封方式提交的动议是否必须在申请时提出。

一旦获得批准，搜查将由一组执法人员进行，他们也可以在搜查场所寻求审查个人。非执法人员的律师应当在搜查期间在场，但也可以通过电话获得律师的帮助，与联邦探员进行磋商。在搜查结束时，联邦探员应向企业送达书面文件的传票，要求提供搜查令包含的文件以及大陪审团需要的补充性文件。为了获得保存在其他场所或者没有在搜查场所被扣押的文件，传票应当包括附属于搜查令的文件。

如果执法人员认为，在搜查期间可以扣押特许文件，或者如果某个对象的律师主张就应当这样，那么，有关程序需要得到遵循，从而确保执法人员以及该案探员不会因阅读特许文件而受到影响。至于对搜查令更为详细的讨论，执法人员应当参考《反托拉斯局大陪审团实践手册》第三章 I 节的规定。至于搜查计算机的详细信息和指引，执法人员应参考刑事局"关于在刑事调查中搜查与扣押计算机以及获取电子证据的相关规定。"

（六）大陪审团开庭程序

本节为筹备和着手进行大陪审团开庭提供了建议性程序。如上所述，反托拉斯局一般会遵循美国检察官在既定地区使用的程序。执法人员在不熟悉当地实践时，应咨询当地的美国检察官联络员。

在设立一个大陪审团法庭时，执法人员应当：

在开庭前至少 1 个月通知法官助理办公室或美国联邦检察官办公室开庭时间，以便安排房间，以及通知陪审团成员具体日程。如果反托拉斯局与美国检察官办公室或者另一部门或者地区办公室共享同一个大陪审团，那么它应在切实可行的范围内尽早作出安排，以确保大陪审团时间的利用率。应作出尽早安排在切实可行范围内，以确保适合大陪审团的时间。执法人员应认识到，在一些地区，执法人员负责通知大陪审团所预定的开庭；在其他地区，美国联邦检察官办公室或法官助理将发出通知；

在预定开庭以及通知大陪审团成员后，安排法院书记员。见反托拉斯局指令 ATR 2570，"与诉讼有关的成本费用"。在一些管辖区域内，当地美国检察官办公室将对此作出安排；

如果传票送达由美国执法官进行，应向相关司法管辖区的美国执法官发送传票，并附带一封简短的说明信，表明证言的日期、送达规定的日期以及其他相关信息。由于大多数地区的执法官有许多责任，且可能需要花费长达 2 周来送达传票（且有时候更长），因此，执法人员应当提供尽可能长的准备时间进行送达。预期证人的律师经常会强调，证人免予起诉。当执法人员期望迫使证人提供证言时，如果适当的话，在送达传票后，他们必须预留足够的时间与律师进行商议，并接受证人提供证言；

除在寻求少数文件时，遵守提交书面文件传票比证据传票需要更多的准备时间,为搜查文件和检索进行送达后,应选择为传票呈递日期预留足够的时间。然而,需要遵守规定的时间经常受磋商所控制,且如果必要的话,是可以延长的;

为在法庭内主张宪法第五条修正案豁免的证人准备免予起诉的许可请求。豁免许可文件必须在执法人员持有豁免授权信且得到其许可前至少2周为OCE所接受。执法人员需要得到该信的日期为美国检察官审查动议文件的日期,或者要求法官签署命令的之日。

在开庭开始前,应立即确定速记员是否向大陪审团宣誓就职。如果没有的话,在速记员记录任何陈述或者证言前,应检查速记员的宣誓是可以获得,为大陪审团主席所管理。

(七) 法定豁免请求

1970年《有组织犯罪控制法》为对大陪审团前、庭审中以及其他司法程序中作证的证人授权使用豁免设立了目前的法定依据。见《美国法典》第18卷第6001-6005条。所有法定豁免请求都必须经部门或者地区办公室主任批准,并提交给OCE,请求得到刑事局的许可。

1. 处理法定豁免请求的反托拉斯局程序

对执法人员寻求豁免的任何证人来讲,执法人员应准备:(1) OBD-111表格原件及复印件各一份;(2) 副司法部长助理、反托拉斯局,向美国司法部在相关的地区要求美国联邦检察官向法院申请豁免令。

负责刑事执法的副司法部长助理向美国检察官发出的信函文本格式如下:

尊敬的_____:

根据《美国法典》第18卷第6003条b款和《联邦法典》第28卷0.175条b款授予我的权力,您根据《美国法典》第18卷第6002~6003条已获得授权,向美国[州][×××]区地法院申请法院令,要求[证人的名字]在上述事项和源于此或者由此引起的任何进一步诉讼过程中作证或者提供其他信息。

谨启

副司法部长助理

表格和信件应提交给OCE,还应连同主任向负责刑事执法的副司法部长助理提供的含有简要说明书的备忘录。该备忘录应当指出,主任同意执法人员的建议，授权对潜在证人使用豁免。

法定豁免请求必须由 OCE 在执法人员即将需要拥有豁免授权信的 2 周前接受。在特殊情况下，时间可缩短。反托拉斯局必须通过刑事局的证人记录组来明确所有的豁免请求。见《美国检察官手册》第 9 章 23.130 条。刑事局需要 10 个工作日（不包括节假日）对司法部文件进行搜索，因为它需要每个证人的全名、地址、社会安全号码以及出生日期。除了获得豁免许可的时间要求以外，执法人员必须酌留足够的额外时间来获得美国检察官在豁免动议上签名。如果自证人以前得到豁免或者被授予豁免时起时间过去 6 个月以上，执法人员就应当联系 OCE 以确定证人是否必须经刑事局再次明确许可。

在将发出的 OBD - 111 表转发后，执法人员还必须向美国检察官发出信息副本，为美国检察官提供机会，作出豁免令符合公共利益的独立决定。见《美国检察官手册》第 9 章 23.110 条。在寻求强迫令前，执法人员必须获得美国检察官在申请书上签名。依赖于管辖权和被指定负责此事务的法官，法院可以要求对申请进行听证，证人在这时必须出庭或者仅在申请书上签名而不用参加听证。

2. 寻求豁免授权的反托拉斯局标准

下列因素在根据使用豁免法令确定强迫当事人作证是否属于公共利益时应当予以考虑（参见《美国检察官手册》第 9 章第 23.210 条）：

• 有效实施刑事反托拉斯法调查的重要性；
• 当事人证词或者信息的质量；
• 当事人证词将增强成功起诉更多应受惩罚个人的可能性；
• 证人迅速和完全遵守规定的可能性，以及如果不遵守这类规定，现实可用制裁的有效性；
• 与被调查违法行为有关的当事人相对应受处罚性以及当事人犯罪活动历史；
• 在迫使当事人作证或者提供信息前成功起诉当事人的可能性；
• 对当事人不利的间接结果可能性，如果他或者她根据强制令作证或者提供信息。

既然反托拉斯局的指控政策是对各组织最高级别应受处罚的个人提起诉讼，反托拉斯局可能会逐渐阐明可起诉案件反对这些个人。对执法人员而言，最重要的考虑应是，在提出反对更多应受处罚个人的调查时，个人应受处罚的程度以及个人被期望提供证词的预期价值。

执法人员通常应避免强迫被调查对象亲密的家庭成员成为证人进行作证。然而，当证人与该亲戚参与普通的商事企业，且证词涉及该企业时，或者证词涉及有理由相信证人与该亲戚都参加的非法行为时，强制通常是适当的。见《美国检察官手册》第9章23.211条。

反托拉斯局通常不会寻求对潜在调查目标的个人进行豁免授权，除非该个人或律师提供了其拟议证词的全面和坦诚声明。

(八) 非正式豁免

明智使用"信函"或者"非正式豁免"能够提高反托拉斯局调查的效率和效力，并能避免对大陪审团时间不必要的浪费。非正式豁免可能被用来在大陪审团庭审前会见证人或者代替大陪审团出庭。此外，在大陪审团前出庭的证人可能会接受非正式豁免而不是有时经历获得法院命令豁免的漫长过程，这在某些地区需要出庭。

根据与法院命令豁免实际相当的非正式豁免，反托拉斯局考虑禁止其被豁免证词用来反对所获得的证人。既然对反托拉斯局使用的实际限制是相同的，获得非正式和法院命令豁免的标准是相同的；对"次级"豁免的任何"低"标准观念是不正确的。然而，非正式豁免在法律上不等同于法定豁免（例如，法定豁免对各州具有约束力，而非正式豁免不具有）。因此，根据《美国法典》第18卷第6001~6005条，没有授予豁免的信函应规定或者建议，信函规定的豁免应延伸到法院命令豁免。非正式豁免信样本必须在传达非正式豁免时得以使用。

非正式豁免由反托拉斯局以信函方式授予，阐明证人的陈述可以或者不可以被用来对证人不利的条件。"非正式豁免信样本"必须在传达非正式豁免时使用。"非正式豁免信样本"限于反托拉斯局不会作出"直接或间接使用"任何声明、文件或者证人要求对象的协议，且对美国具有约束力。

在准备豁免信时，执法人员必须参考法规、行业、地域和时限来限制"不直接或间接使用"条款的范围。关于法定限制，样本信中的"不使用"条款限于对证人实行与反竞争协议有关的违反《谢尔曼法》第1条或者违反"任何其他联邦刑事法规"的行为提起诉讼。插入一长串法规可能会给陪审团造成证人受到各个被列举法规影响（并面临牢狱之灾）的错误印象。

所有的非正式执法人员请求必须经过审查，并经部门或者地区办公室主任批准。在确定是否向未来证人授予非正式豁免时须考虑的因素与授予正式、法定豁免相同。

(九) 企业及个人的宽大政策（"特赦"）

1993年8月10日，反托拉斯局修改了其企业宽大政策，企业通过承认其在某项反托拉斯违法事实中的所起到的作用，充分与反托拉斯局进行合作，并满足其他特定条件，从而避免刑事定罪和罚金（也就是获得"宽大政策"）。

条件不同的企业是否在反托拉斯局意识到非法行为前或者之后自愿承认为基础。以前的政策排除了调查工作开始后对宽大政策的授予。修订后的企业宽大政策也包括企业员工在何种条件下将受到刑事定罪、罚金和量刑幅度方面提供的保护。1994年8月10日，反托拉斯局还为代表他们自己接近反托拉斯局的个人建立了新的"个人宽大政策"，但不属于企业提供或者认可的部分。

这些宽大政策，亦称为"特赦"政策，目的是反托拉斯局在确定谁有资格获得宽大赦免，并因此考虑是否向自首的当事人提供更多确定性时，完全披露反托拉斯局考虑的自首因素。根据反托拉斯局的政策，如果自首的一方当事人满足特定条件，即使自首的申请人是仅有参与共谋的两家企业之一，宽大政策依然对其有效。通过快速推进调查，宽大政策在揭露以前存在的未被发现的反托拉斯违法事实以及增加有效使用反托拉斯局资源方面被证明是有效的。

关于如何理解反托拉斯局的宽大政策，反托拉斯局已发布了许多常见问答文件。常见问答文件可以在反托拉斯局网站上的"宽大政策网页"上找到。这一文件还包括以下的链接：反托拉斯局的企业宽大政策、个人宽大政策、宽大信件的模本、申请宽大政策的电话号码、讨论宽大政策的其他文件。反托拉斯局律师在处理宽大事项前要对"常见问答文件"进行审查。

1. 企业宽大政策标准

至于某个特定的反托拉斯违法事实，只有首个具有资格的企业才可能会被同意授予宽大政策。如果首个申请附条件宽大政策的企业不符合条件，那么附条件的宽大政策仍然对下一个申请并满足该条件的企业有效。在这一规则下，只有首个符合资格的公司才能得到附条件的宽大政策，对于那些在相近的时间内各自向反托拉斯局申请宽大政策的企业而言，在所承担的刑事责任方面会有很大的不同。执法人员应当意识到，申请人有时候会直接向刑事执法处长或者负责刑事执法的副司法部长助理提出宽大政策申请，而不是向反托拉斯局刑事处主任或者执法人员提出。如果申请是向反托拉斯局部门主任或者执法人员提出，那么部门主任或者执法人员应立即将申请报告给刑事执法处长和负责刑事执法的副司法部长助理。

(1) 调查开始前的宽大政策（"A类宽大政策"）。

企业有资格获得企业宽大政策所必须满足的条件是随着其自首的时间而变化的。如果满足下列6个条件，执法人员应当对在反托拉斯调查开始前向其报告非法反托拉斯活动的企业建议给予宽大政策：

• 在企业自首之际，反托拉斯局还没有从任何其他消息来源收到有关被举报非法活动的信息；

• 企业的行为一经发现，该企业就采取了迅速和有效的行动，终止其参与的非法活动；

• 该企业坦率和彻底地举报不法行为，并在整个调查中向反托拉斯局提供全面、持续和彻底的合作；

• 与个别执行人员或者管理人员孤立的供述截然相反，供述不法行为是真实的企业行为；

• 在可能情况下，该企业向遭受损害的当事人作出赔偿；

• 该企业没有强迫另一当事人参与非法活动，并且明显不是该项活动的领导者或者始作俑者。

（2）宽大政策的替代性要求（"B类宽大政策"）。

1993年宽大政策的主要变化，如果满足下列条件，即使反托拉斯局意识到非法活动，无论这是在调查开始前或者之后，企业都将有资格获得宽大政策：

• 对于被举报的非法行为，该企业是首个自首的，并符合宽大政策资格；

• 在企业参加进来时，反托拉斯局没有证据反对企业可能导致足以定罪的结果；

• 企业一经发现其非法行为被举报，该企业就采取了迅速和有效的行动，终止了其参与的活动；

• 该企业坦率和彻底地举报不法行为，并提供了全面、持续和彻底的合作，促进了反托拉斯局的调查；

• 与个别执行人员或者管理人员孤立的供述截然相反，不法行为的供述是真实的企业行为；

• 在可能情况下，该企业向遭受损害的当事人作出赔偿；

• 反托拉斯局决定，考虑到非法活动的性质、供述企业在其中的作用以及企业自首的时间，授予宽大政策将不会对他人产生不公平。

在适用最后条件时，首要考虑的是该企业怎样能尽早自首，以及该企业是否强迫另一当事人参与非法活动或明显是这项活动的领导者或者始作俑者。如果该企业在反托拉斯局开始对非法活动调查前自首，那么满足最后条件的负担将非常低。这一负担将促使反托拉斯局更为接近有可能支持定罪的证据。

（3）企业董事、高级职员及雇员的宽大政策。

根据上述A类宽大政策，如果一家公司有资格获得宽大政策，那么作为供述的一部分承认参与非法反托拉斯活动的所有公司董事、高级职员和雇员也都将授予宽大政策，如果他们真诚和全部承认他们的违法行为并坚持在整个调查期间协助反托拉斯局的话。根据B类宽大政策，如果他们的企业有资格获得宽大政策或者根本没有资格获得宽大政策，那么与公司一道自首的个人，基于同样的理由,如果他们以个人名义与反托拉斯局接触,他们仍然被考虑得到刑事起诉的豁免。

2. 个人宽大政策标准

根据"个人宽大政策",代表他或者她自己与反托拉斯局接触并向后者举报非法反托拉斯活动的个人有资格获得宽大政策。个人必须在反托拉斯局意识到非法活动前与反托拉斯局接触,并且一定不能以同样的非法行为以企业接触的一部分寻求宽大政策,先前与反托拉斯局进行过接触。根据公司宽大政策的规定,一旦一家公司试图根据公司宽大政策获得宽大政策的资格,自首的个人承认他们参加了非法活动,作为公司供述的一部分将单独考虑其宽大政策。根据个人宽大政策,他们不会为宽大政策所考虑。

如上文企业宽大政策适用所解释的,个人宽大政策适用应当立即向刑事执法处长和负责刑事执法的副司法部长助理报告。如果满足下列3个条件,执法人员应当在反托拉斯调查开始前向举报非法反托拉斯活动的个人建议,并且对其给予宽大政策:

在个人通过自首举报非法活动之际,反托拉斯局还没有从任何其他消息来源收到有关被举报非法活动的信息(因此,虽然与反托拉斯局合作的个人在个人宽大政策之外仍能被考虑适用豁免,但是根据个人宽大政策,在一家公司申请宽大政策之后,授予该个人附条件宽大政策是不可能的。然而,如果反托拉斯局仍然没有引起支持定罪的证据反对一家公司,且该公司满足B类宽大政策的其他要求,那么在给予个人附条件宽大政策之后给予该公司"B类"附条件宽大政策是有可能的);

该人坦率和彻底地举报不法行为,并在整个调查中向反托拉斯局提供全面、持续和彻底的合作;

该人没有强迫另一当事人参与非法活动,并且明显不是该项活动的领导者或者始作俑者。

根据企业或者个人宽大政策,任何不具有宽大政策资格的个人仍可能为法定或者非正式豁免所考虑。

3. 授予宽大的程序

(1) 标记。

假如法律顾问需要在完成其宽大政策申请前收集额外信息(如完善申请人的标记),那么反托拉斯局经常给宽大政策申请人某个"标记",从而为其保持得到宽大政策的序号。只要标记是有效的,没有其他后来的潜在申请人能"跳过"有标记的申请人。为获得标记,法律顾问必须确定所涉及的行业、产品或者服务,协商以限定范围使其达到足够严密的程度,从而允许反托拉斯局确定宽大政策是否仍然可用以及为申请人保护标记；表明法律顾问已揭露其委托人参与卡特尔违法事实的一些信息或者证据；以及披露委托人身份和被揭露行为的一般性质。纯粹为法律顾问酌留时间进行调查而请求标记从而使其能够确定委托人是否从事反托拉斯违法事实并不足以获得一项标记。例如，如果法律顾问表明其委托人仅收到大陪审团传票，且他想知道调查委托人在正接受调查事项内是否受到刑事反托拉斯影响时为其委托人获得标记，那么这种事实陈述将不能成为获得一项标记的充分理由。在某些情况下，行业的确认足以让反托拉斯局确定宽大政策是否可用。举例来说，在某个特定行业有可能没有需要调查的任何产品或者服务。在其他情况下，为使反托拉斯局确定是否可用，识别具体产品或者服务可能是必要的。

标记应在一个相对较短、有限的期间内，并基于公司法律顾问需要会见的公司雇员位置和数量、公司法律顾问需要审查的文件数量与位置以及反托拉斯局是否已经在请求标记时正在进行调查等因素给定时间总量。30日的初始标记期间不是很少见的，特别是在"A"类宽大政策适用中。如有必要，只要申请人表明他能够凭良好信念努力及时完成其申请，标记可以完全在反托拉斯局的自由裁量下延长额外的限定期间。

（2）附条件给予宽大政策的建议。

执法人员应当经办公室主任同意向负责刑事执法的副司法部长助理转发宽大政策建议，通过刑事执法处长，阐明给予附条件宽大政策的原因。执法人员还应当附上一封建议附条件宽大政策信，且建议备忘录应在宽大处理样本信中确定和解释协议内的任何拟议偏差。材料应当通过电子邮件的方式给 ATR－CRIM－ENF 邮箱，并抄送给相关的高级法律顾问及特别助理。如前所述，执法人员应在开始与一家企业或者个人进行宽大政策讨论以便明确记录谁首先接近反托拉斯局时，就通知负责刑事执法的副司法部长助理和刑事执法处长。执法人员应当及时作出建议。负责刑事执法的副司法部长助理将审查该请求，并将其转交给司法部长助理作最终决定。如果执法人员建议反对附条件宽大政策，申请人的法律顾问可以寻求与负责刑事执法的副司法部长助理召开会议，讨论宽大政策请求。尽管法律顾问并无授权寻求召开此类会议，然而反托拉斯局一般都会给予这种机会。

初步给予宽大政策是有条件的，这是因为许多宽大政策要求必须在刑事调查过程中得到履行，如申请人在反托拉斯局调查过程中应当充分和持续合作，并向受害者支付赔偿。此外，最后给予宽大政策以反托拉斯局确定申请人关于"迅速和有效"终止和领导作用的事实陈述为条件。

（3）最后给予宽大政策的建议。

如果申请者满足附条件宽大政策信中的所有条件，那么在结束反托拉斯局调查和对卡特尔成员进行起诉时，反托拉斯局将给予申请人最终的宽大政策信。最终授予宽大政策的执法人员建议应当在经过办公室主任同意后送给负责刑事执法的副司法部长助理，并阐明申请人如何满足所有的宽大政策条件。执法人员还应该附上一份拟议最终宽大政策协议副本。该材料应电邮到 ATR－CRIM－ENF 信箱与抄送适当的高级法律顾问和特别助理。

（4）保密政策。

反托拉斯局对宽大政策申请人的身份和从其手中获得的信息有着严格的保密政策。反托拉斯局将不会公开披露宽大政策申请人的身份或者其所提供的信息，除非申请人曾作出这样的披露或者反托拉斯局被申请人或者法院令授权作出这种披露。与该政策相一致，除非申请人同意披露，否则反托拉斯局将不会向外国当局披露宽大政策申请人的身份或者宽大政策申请人提供的信息。参见盖瑞·R. 斯普拉特林"为企业提供他们不应拒绝的提议：反托拉斯局企业宽大政策－修订"；关于协会及反托拉斯哥伦比亚特区律师协会第35届年度讨论会上的发言（1999年2月16日）；以及盖瑞·R. 斯普拉特林"企业宽大政策：对再发生问题的回答"，在1998年美国律师协会反托拉斯部春季会议上的发言（1998年4月1日）。申请人已同意"有限弃权"，因此，执法人员可以与国际机构共享如律师提议等某些信息，最大限度减少被延长调查的宽大政策申请人的时间和成本，并且推动调查的成功和对申请人的前同谋者提起诉讼。

4. 额外赦免

反托拉斯局大量的国际卡特尔调查产生于其他反托拉斯局调查的副产品。例如，在某个卡特尔调查期间逐渐形成的证据会引起对第二个卡特尔的发现。这种滚动模式导致现在称之为反托拉斯局的"额外赦免"政策。根据额外赦免，执法人员照例会采取积极步骤，通过使用"综合性问题"，以及鼓励某项调查的对象和目标考虑他们自己是否在另外的市场有资格获得宽大政策，从而在另外的市场上发现卡特尔行为。调查某个卡特尔的执法人员照例会在审查"综合性问题"结束时询问证人（也就是证人是否有其他卡特尔的信息）。期望于综合性问题，博识的辩护律师应与其委托人系统研究这种问题，准备反托拉斯局的询问和辩诉磋商。

根据反托拉斯局额外赦免政策，在辩诉磋商中披露另外的卡特尔会给一家公司带来相当大的好处。根据额外赦免政策，一家公司对当前调查的反托拉斯违法事实认罪伏法，在调查该违法事实中积极合作，并在随后对第二个反托拉斯共谋的调查中勇于披露并积极配合反托拉斯局工作。根据额外赦免政策，企业对于其披露的第二个违法事实能够得到两个好处。首先,如果该企业对于披露第二个违法事实满足宽大政策的要求,那么它对于其所披露的第二个违法事实能够得到宽大处理;第二,根据《美国量刑指南》第 8 章 C 节第 4.1 条,对于其参与的第一个违法事实,该企业也能实质性地减少额外罚金(也就是,该企业承认其违法事实有罪)。参见斯科特·D. 哈蒙德和贝林达·A. 巴内特,"关于反托拉斯局的宽大政策的常见问题和宽大信函的模式"(2008 年 11 月 19 日);斯科特·D. 哈蒙德,"何时计算申请公司宽大政策的成本与利益,你如何给个人自由贴上价签?",第 15 届关于白领犯罪全国协会年会上的发言(2001 年 3 月 8 日);盖瑞·R. 斯普拉特林,"为企业提供他们不应拒绝的提议:反托拉斯局企业宽大政策 – 修订",关于反托拉斯哥伦比亚特区律师协会第 35 届年度讨论会上的发言(1999 年 2 月 16 日)。

企业不利用反托拉斯局额外赦免政策会承担严重后果。如果一家企业决定不报告其参与的第二个反托拉斯违法事实,且反托拉斯局在随后发现其行为并因该行为对该企业提出诉讼,那么反托拉斯局可敦促量刑法院考虑公司未能报告其第二个违法事实,以此作为加重量刑的因素,可能使其被迫接受缓刑的期限和条件。在量刑标准上,会适用量刑指南所规定的量刑范围的上限,或者甚至是超过量刑指南的上限范围。此外,当出现多种定罪时,根据《美国量刑指南》第 8 章 C 节第 2.5 条 c 款,根据企业先前的犯罪历史,该企业可能会得到量刑上的加大惩罚。参见斯科特·D. 哈蒙德,"何时计算申请公司宽大政策的成本与利益,你如何给个人自由贴上价签?",第 15 届关于白领犯罪全国协会年会上的发言(2001 年 3 月 8 日)。

(十)大陪审团调查期间请求国内税务署信息

可能存在的税务违法事实与反托拉斯调查有着千丝万缕的联系或者将有可能促进反托拉斯的调查时,反托拉斯局律师有时会着手进行刑事税务调查。例如,在买方代理人收受贿赂、以现金回扣作为交换同意破坏竞价程序且未举报收受这种回扣作为收入的情况,在此情况下,纳税申报资料和纳税人信息可以通过指定调查的税务探员从国内税务署那里获得,且无须得到法院的命令。

当反托拉斯局律师需要来自国内税务署的信息时,他们必须遵守《美国法典》第 26 卷第 6103 条规定的程序。不同于国内税务署,某个信息提供者所保留的税务信息不受第 6103 条的调整,且可以通过传票获得。

第 6103 条将信息划分为 3 种一般类型:纳税申报单、纳税人申报信息以及不同于纳税人申报信息的退税信息。纳税申报单和纳税人申报信息通常包括他们自己的纳税申报以及纳税人或代理纳税人的他人所提供的任何辅助或者相关资料。在国内税务署可能向反托拉斯局职员披露此类信息前,因为此类信息与纳税事务无关,因此它需要得到法院的授权令。不同于纳税人申报信息,退税信息是国内税务署从第三方当事人那里收集的信息。经司法部长助理向国内税务署专员提出书面请求,国内税务署可以将此类信息披露给反托拉斯局执法人员。

从国内税务署获得信息应遵循的程序详列于《美国检察官手册》第9章13.900条。所有对此类信息的请求都必须通过刑事执法处长处理和司法部长助理的批准。

(十一)某些类型调查的通知或者批准程序

在某些情况下,调查员或调查步骤可能会受到补充报告或者核准要求的影响。补充要求在下列情况下出现:(1)公众人物或企业成为被调查的对象;(2)执法人员打算向新闻媒体成员或者新闻媒体机构发出传票或者提起指控;(3)执法人员打算向某个律师发出传票,涉及他或者她对其委托人的事实陈述;(4)某个外国政府或外国国民属于调查对象或者将向其发出传票。

1. 敏感刑事调查对象的通知

正如反托拉斯指令 ATR 3300.1 "敏感刑事调查的通知" 所阐明的,保持向相关的司法部官员,包括负责刑事局的司法部长助理、司法部副部长、代理司法部长和司法部长,告知敏感的刑事调查特别是在那些公职人员或公共企业属于调查对象时是司法部的政策和作法。通知的作用是仅供其参考,并不旨在中断、延误或者以其他方式影响正常的调查行为。不要求对调查进行特别授权。

每当执法人员决定大陪审团调查属于《美国检察官手册》第9章2.155条描述的一个敏感调查时,他们就应口头通知负责刑事执法的副司法部长助理。然后,执法人员应当准备一份备忘录,由负责反托拉斯局的司法部长助理交给负责刑事局的司法部长助理,指明调查对象并简要介绍调查,包括调查现状和调查对象在此事中的作用。

备忘录应送交负责刑事执法的副司法部长助理,通过刑事执法处长,将其通过电子邮件的方式到 ATR—CRIM—ENF 信箱。备忘录将被审查,然后转发给负责反托拉斯局的司法部长助理等待批准。如得到批准,备忘录将被送到刑事局的司法部长助理,由其负责通知相应的司法部调查官员,并为他们提供备忘录副本。

2. 批准对新闻媒体成员与新闻机构的传唤及指控

未经司法部长的明确批准,执法人员不得起诉、也不得向新闻媒体成员或者新闻机构发出新闻收集功能的传票,包括行业或贸易出版物。这种要求仅适用于具有新闻收集功能的传票,并不适用于仅寻求商业记录的传票。然而,至于后者，反托拉斯局政策要求在发出传票之前司法部长助理作出搜寻信息只涉及商业或者财务信息的决定。

每当一项调查要求从新闻媒体获得资料时，执法人员首先应设法从非媒体来源获取必要的资料。如果这种尝试没有成功，且新闻媒体的消息来源是信息的唯一合理来源，那么，执法人员应尝试协商主动提供信息的规定。如果协商失败，执法人员必须获得司法部长的批准，根据《联邦法典》第28卷第50条第10款阐明的标准发出传票。另参见《美国检察官手册》第9章11.255条。如果不确定这些规定是否适用于特定情况，执法人员应咨询刑事执法处长。

为获得司法部长的批准，执法人员应当通过刑事执法处长向负责刑事执法的副司法部长助理提供一份备忘录，解释情况，以及证明传票请求或者拟议指控有正当理由。按照《联邦法典》第28卷第50条第10款之原则，执法人员还应当准备一份备忘录，由反托拉斯局的司法部长助理提供给司法部长，阐明实际情况和申请理由。

在司法部长助理和司法部长审查请求的整个期间，执法人员不应采取任何步骤开始传唤程序或者以其他方式讯问新闻媒体成员。执法人员应当为其请求容留实质性审查时间。

在平衡言论自由的重要性和对揭开违法事实具体信息的迫切需要这两个重要问题时，该程序提供了最有效的手段，从而维持了一贯公平的政策。

3. 向律师签发提供委托人事实陈述信息的传票

由于其对律师和委托人之间关系的潜在不利影响，所有诉讼部门的执法人员在向律师发出传票、要求提供委托人陈述的信息时，都必须获得他们各自司法部长助理和负责刑事局司法部长助理的授权。在争取获准发出传票前，执法人员应设法从其他消息来源或者从律师那里主动获取信息，除非这种努力可能会危害调查。在司法部长助理批准发出传票前，下列条件必须得到满足：

（1）对于调查或者起诉正在进行中的或者已经由任何人从事的犯罪，该信息必须是具有合理地必要性；

（2）所有保证从其他来源得到信息的合理尝试都已失败；

（3）对信息的需要必须超过对律师和委托人之间关系的不利影响；

（4）信息绝不会得到有效主张特别权利的保护。

以上参见《美国检察官手册》第9章13.410条。

为获得所需批准，执法人员应将下列文件提交至ATR—CRIM—ENF信箱，并抄送相关的特别助理：

（1）备忘录通过刑事执法处长提交给负责刑事执法的副司法部长助理，

阐明实际情况、申请理由以及分析传票如何满足上述阐明的各项条件；

（2）刑事局的第264号表格，请求授权向委托人律师发出传票，要求提供委托人陈述；

（3）如果执法人员建议发出提交书面文件的传票，那么执法人员应当提交一份提交书面文件传票草案。提交书面文件传票必须经仔细起草并针对有限事项和涉及合理、有限时间的材料信息。参见《美国检察官手册》第9章13.410条。

这些材料将转发给司法部长助理和刑事局以待批准。

4. 涉及外国政府利益事项的通报

各种多边和双边协定要求美国向外国政府通报影响他们利益的反托拉斯活动。根据反托拉斯局指令ATR3300.2，"通报涉及外国企业、个人或政府的反托拉斯活动"，无论何时反托拉斯局律师着手采取可能影响外国政府利益的行动，执法人员都必须通知对外商业处。（至于可能引起通报要求的一系列行动，见第七章四条二款。）当涉及大陪审团时，在向外国政府通报前，执法人员可能需要获得本章第五部分（六）保密与民事调查令材料的许可使用第6(e)条披露令。执法人员与大陪审团进行首次会议前的通报可能会排除对取得第6(e)命令的需要。

（十二）调查相关的刑事活动

反托拉斯局在调查《谢尔曼法》违法事实时经常会揭示其他犯罪行为的证据。有时候，反托拉斯局会将这些证据提交给相应的美国检察官。在适当情况下，反托拉斯局会调查和起诉这些犯罪行为。反托拉斯局所调查的典型的非《谢尔曼法》犯罪分为两种一般性类型：（1）正在调查的行为与违反《谢尔曼法》的违法行为有关；（2）影响调查程序完整性的犯罪。

如下文所述，反托拉斯局在调查或起诉某些违法行为前必须与其他部门或机构进行商议。虽然反托拉斯局执法人员保留了着手进行调查或者起诉的权力，然而，他们可以在进行或者起诉该事务时寻求刑事局或相应的美国联邦检察官办公室给予协助。

1. 与违反《谢尔曼法》有关的违法行为

一旦发生了与反竞争相关的阴谋，反托拉斯局通常会调查其他严重违法行为。在确定除《谢尔曼法》违法行为外起诉犯罪行为是否得到授权时，反托拉斯局应行使其起诉的自由裁量权。在适当情况下，反托拉斯局也会单独指控其他犯罪行为。

反托拉斯局最常指控的严重违法行为是申谋诈骗美国（《美国法典》第18卷371条）、向政府机构做虚假陈述（《美国法典》第18卷第1001条）、邮件通信欺诈行为（分别为《美国法典》第 18 卷第 1341 条和 1343 条）以及税务犯罪（《美国法典》第 26 卷第 7201 条）。当政府机构被串通投标或者市场分割安排所欺骗时，反托拉斯局一般应考虑串谋诈骗罪。在签署与向政府进行非法操纵投标有关的非串谋书面陈述或者单独投标价格决定证明时，反托拉斯局一般应考虑虚假陈述罪。在美国邮件或者州际通信被用来推动反竞争协议或者在不违反谢尔曼法的反竞争行为（如某次不太成功的固定价格或者串通投标的尝试）情况时使用，反托拉斯局一般应考虑邮件或者通信欺诈罪。

至于税务违法行为，反托拉斯局必须与国内税务署刑事调查局就所有税务调查进行协调，并获得美国司法部税务司的授权以代表其着手进行大陪审团调查。通常情况下，税务司将指派一名国内税务署特别代表与反托拉斯局执法人员一起工作。根据国内税务署和税务司的审查程序，特别代表在调查完结时将向负责相关国内税务署所在区域的地区法律顾问办公室提交一份书面报告。地区法律顾问会审查报告，以确定是否有足够的证据来为起诉提供法律依据，并且，如果可以的话，将该事务提交税务司批准。执法人员应在其案卷建议备忘录中说明是否获得税务司的批准，或仍在等待批准。在后一种情况下，一旦税务司给予批准，执法人员应通知适当的特别助理。反托拉斯局通常会着手对其调查的税务事项提起诉讼。

2. 影响调查程序完整性的违法行为

如果行为出现反托拉斯局调查的案件中，反托拉斯局有权保护大陪审团制度的完整，并且有权起诉被控妨碍司法公正（《美国法典》第 18 卷第 1501～1520 条）、伪证（《美国法典》第 18 卷第 1621 条）以及在大陪审团庭审或者法庭前虚假申报（《美国法典》第 18 卷第 1623 条）的行为。执法人员应通过刑事执法办公室转交任何此类建议。

七、完成调查和建议进行民事或者刑事诉讼

当执法人员逐渐获得认定一个刑事或民事违法事实的证据时，他应该首先确定，应当建议以什么类型的案件提起诉讼，以及调查应当如何作出结论。如本章先前所述，执法人员应注意调整提起民事案件和返回起诉书的地方法院规则。当执法人员因为地区做法明显不同从而希望寻求初步救济、制止一项收购或者其他行为时，这尤为适用。

（一）准备案件的建议

执法人员应当在调查过程中尽一切努力为案件的起诉做充分准备。执法人员不应依赖于通过使用原告起诉后或者大陪审团起诉后的证据发现来开发案件的潜在能力。根据 HSR 以及《反托拉斯民事诉讼法》，文档制作、质询以及反

托拉斯局宣誓作证的权利以及主动面谈、起诉状和宣誓书都应完全用于准备初步陈述和驳斥似乎合理的答辩。大陪审团的权力同样应当用于在刑事调查中发现所有的相关信息。

1. 反托拉斯局经济学家的作用

反托拉斯局经济分析组为每个合并与民事非合并事务指派一名或多名经济学家，以便在调查、发现以及分析拟议收购竞争性影响或者其他被调查行为时为法律执法人员提供协助。除其他事项外，在制定调查理论、起草 HSR 法二次请求书、质询、民事调查令文件、建立调查计划用以最大限度发现审判案件的潜在可能性、起草和询问面谈与民事调查请求宣誓作证的问题时，处理民事问题的法律执法人员应将反托拉斯局经济学家算入参与者之内。此外，反托拉斯局经济学家在开发和实施合并和其他企业行为反竞争影响的定量分析以及提供或者保护专家经济证言等方面进行充分参与。

2. 对未来被告的通知

随着接近调查结论，在地区办公室或者某部门提出正式建议前，如果时间允许，执法人员通常应为当事人律师提供机会，向执法人员和主任提出他们的观点。在委托人的高级职员确定相信是诉讼当事人时，执法人员应向所有委托人的律师提出建议。这种做法允许执法人员在一次单独会议或者一系列会议之后有效地评估所有未来可能成为被告的当事人的主张，更好地了解评估根据当事人信息为基础的证据。在时间紧迫时，主任可决定限制与当事方召开会议的次数和持续时间，并可以考虑使用电话访谈。

一般来说，律师应当被告知反托拉斯局已确认存在竞争担忧，但是司法部长助理还没有对起诉作出决定。律师不应被告知反托拉斯局已决定起诉或者指控该当事人，这是因为作出提起诉讼或者建议提出指控决定的最终职权在司法部长助理；律师也不应被告知，执法人员建议提起诉讼（未经相应的执法处长明确授权）。法律顾问应当被告知可能存在的案件性质。在民事案件中，执法人员应当根据拟议案情告知律师竞争伤害的理论、佐证证据的性质（在不违反民事调查请求、HSR 或者大陪审团保密规定或者披露消息来源或者潜在证人的情况下）、执法人员的经济分析和可能存在的救济范围。这些信息应当在与执法人员和部门主任的会见之前充分传达给当事人律师，以便他们可以作出答复。

在反托拉斯局审议期间的某个适当时候，执法人员通常也会告知当事人律师，他将会转发当事人律师提出与反托拉斯局高级官员就某事项进行约见的请求。总而言之，被起诉或者被建议进行起诉的当事人通常会在决定是否提起诉讼或者寻求指控前被给予与反托拉斯局高级官员会面的机会。然而，律师无权参与这种有关权利事项的会议。如果会议是否有用属于关系紧密的问题，那么相应的副司法部长助理将建议执法人员考虑在听取代表某一特定当事人进行事实陈述时是否存在利害关系。通常，预期当事人律师提出希望高级官员考虑的任何理由都应首先提交给执法人员。

3. 双重及连续指控政策（"帕梯德政策"）

许多州已经制定了规定刑事处罚的反托拉斯法。这自然会引起联邦检察机关基于实质性相同行为在州刑事诉讼之后开始或者继续进行起诉的问题。该问题已经出现，例如，涉及州建设项目的串通投标。

宪法中并不存在禁止联邦检察机关对属于州检察机构指控的相同违法行为进行起诉。禁止重复处罚条款完全不适用于这种情况。参见阿贝特诉美国（Abbate v. United States），359 U. S. 187（1959）；巴特克斯诉伊利诺斯州（Bartkus v. Illinois），359 U. S. 121（1959）。此外，尽管国会明确规定对某些具体违法行为根据案件事实作出有罪或者无罪的州决定将会妨碍随后对相同的一个行为或者多种行为提起联邦诉讼，然而它并不包含该范畴内违反反托拉斯法的行为。参见《美国法典》第 18 卷第 659.660 条、2117 条和《美国法典》第 15 卷第 80a-36 条。

然而，自 1959 年以来，除非存在令人信服的联邦利益支持双重起诉，否则司法部遵循了在州诉讼后基于实质性相同的一个行为或者多个行为不会发起或者继续进行联邦诉讼的政策。根据帕梯德诉美国（Petite v. United States），361 U. S. 529（1960），该政策被称为"帕梯德政策"（在政府表明其意图避免对源于个别交易进行一系列联邦指控后，同意副司法部长撤销两个联邦层面教唆他人作伪证罪案件中第二个案件的申请。正如司法部早期所宣布的，它通常将避免重复州的刑事指控）。"帕梯德政策"规定，除非后来能够确定事实上存在令人信服的联邦利益支持指控以及具有说服力的理由支持未能获得的预先授权，否则只有相关的司法部长助理才可以作出存在令人信服的联邦利益的决定，而且如果未能取得司法部长助理对双重指控的预先批准将导致指控被驳回、定罪失败。当然，为了确保有效使用司法部资源，并保护被指控具有犯罪行为的当事人免于因实质上相同的行为而受到双重起诉和多种处罚的不公平待遇，该政策旨在规制起诉裁量权。参见里纳尔迪诉美国（Rinaldi v. United States），434 U. S. 22, 27（1977）。

每当存在先前的州诉讼程序（包括辩诉交易）导致无罪、有罪或者撤销或者其他根据案情作出案件终止时，这种重复的刑事检控政策都会得以适用，且必须取得负责反托拉斯局的司法部长助理的授权。在州诉讼程序没有发展到被告在法庭上有被判罪危险的阶段或者不会以某种方式终止，而这种方式在禁止重复处罚条款情况下不会排除对同一违法行为采取进一步州指控时，重复刑事检控政策并不适用，且因此无须得到授权。例如，反托拉斯局会毫不犹豫地起诉固定价格者，仅仅因为他们已经为某个州所控告。

在政策适用时，只要司法部长助理作出决定，存在令人信服的联邦利益支持双重起诉，那么随后的联邦起诉就可以继续进行。因此，在州诉讼程序完成后，除非留下了确实未维护的重大联邦利益，否则联邦起诉通常不会得到批准。通常来说，在联邦司法管辖优先地区出现的情况，包括根据反托拉斯法保护自由和不受约束的竞争，更可能满足这一要求。因此，作为一般规则，尽管可以对相同的州指控予以驳回或者宣告无罪，然而反托拉斯局仍倾向于批准联邦反托拉斯指控，尤其是当存在重要依据认为州的审理结果受到下列情况影响时：（1）法院或者陪审团明目张胆地漠视证据；（2）未能证明不属于某个联邦违法要素的某个州违法因素；（3）在州诉讼程序中无法取得重要证据，或者由于它未能被及时发现，或者是它基于州法理由或对联邦法律错误的考虑受到禁止；（4）对州诉讼的其他严重损害。

即使在某个州刑事起诉导致定罪时，仍然存在反托拉斯局倾向批准双重起诉的某些情况。反托拉斯局的政策是应受处罚的个人应当被判处监禁。因此，在反托拉斯局期望对某个案件加重判决时，双重指控可以得到授权。这可能包括州定为轻罪而违反《谢尔曼法》是一项重罪的情况。在州反托拉斯控告包含的最大处罚充分低于《谢尔曼法》规定的最大处罚限度时，或者州检察官或者州大陪审团选择控告或州法院决定量刑的严厉性受到早期已知因素的影响，而这些因素在州宣布无罪或者驳回指控后增强了反托拉斯局批准联邦反托拉斯刑事起诉的倾向时，随之而来的联邦刑事起诉也能证明违反《谢尔曼法》。

最后，当州反托拉斯刑事起诉引起定罪和合理量刑时，双重起诉通常不会得到批准。此外，即使在州刑事起诉导致宣告无罪时，如果州检察官提供的主要证据与反托拉斯局提供的相同，且没有理由相信无罪判决压根没有表明对法官或者陪审团存在善意的合理怀疑，那么双重刑事起诉也不会得到批准。

有关双重刑事起诉政策的补充信息可以从《美国检察官手册》第 9 章 2.031 条中获得。

（二）案件建议程序

一经完成证据调查和执法选择的评估，执法人员经与其负责人进行协商后，就应当为接待办公室准备案件建议材料，传达执法人员证据概要、评估及建议。除了评估证据的优势与弱点外，执法人员的评估应涉及对主要解决或者处理选择的评价。对解决前景的提前评估是重要的，这是因为在将某个问题提交给相关的副司法部长助理和司法部长助理时，问题发展的速度往往会加快，没有时间作进一步研究，特别是在快速处理合并事务中。执法人员应当草拟案件建议材料，以期用较少的产业和事实情况向个人充分解释案情（例如，主任及接待办公室）。如果执法人员认为没有充分证据提起民事或刑事诉讼时，那么执法人员应当准备结束审查备忘录，解释其理论基础。结束审查备忘录应简要说明主任是否同意，并通过电子邮件发送给相关的特别助理。

提交给执法人员的一揽子案件建议，通常应当由案件建议备忘录、诉状草案、拟议新闻稿（在适当时）以及被认为与案件所有需考虑事项最为相关的任何其他文件（包括关键性和有争议的因素及其优势与弱点等）所组成。由于程序的变化取决于案件的类型，因此，民事非合并、合并以及刑事案件建议书的独有特征在后面予以描述。为了帮助确保建议为接待办公室的首选格式，经请求，相关的特别助理将提供被认为特别有效的新近案例建议备忘录范本。

执法人员在任何时候都应将案件建议备忘录及所附材料提交给主任进行审查。主任将分析问题，并将建议材料送给相关的处长、副司法部长助理以及其他相关的接待办公室人员，有时附带或者有时不附带一个单独的备忘录，说明主任的个人意见。在任意一种情况下，当主任送出建议材料，他或她的建议应明确向接待办公室说明。案件建议材料必须在未来被告的代理人和反托拉斯局高级官员间的会晤前交付给接待办公室，从而容许对所提交材料进行有针对性的提前审查。

1. 非合并的民事诉讼的建议

当预期的民事非合并案件走向和解或诉讼时，执法人员应让执法处长知悉，有关民事非合并案件的执法人员建议将根据审议事项的性质和复杂性随时变化。如果解决办法是不确定的，法律和经济案件的案件建议应至少包括：

对预期案件情况的简要描述（1段或者更少）；

案件的概念讨论，以及对反托拉斯局提起诉讼为什么重要，包括案件建议基于的理论和法规、所依靠的理论和法规因素、不建议继续进行调查的理论以及预期被告可能提出的辩护理由或者抗辩；

诉讼风险评估，包括证据令（通常作为一个单独的文件附在案件建议中）对恰当审判证言的讨论，对支持案件的证据的相对优势和弱点的概述，以及对有可能出现的辩护证据和主张的总结；

获得的救济以及讨论潜在的解决方法。

虽然执法人员建议应涵盖预期案件的所有因素和方面，但是它应强调和侧重于争议最为严重以及有可能在审判中给反托拉斯局造成最大困难的区域。该建议的整个基调应当是平衡和客观的。

该建议应附有执法人员认为对案件重要方面存在最重要证据的文件副本。通常情况下,一些附件应受到限制,以便对最关键问题的关注不会被模糊。当文件附有一项建议时,尽管相关部分可以加强,然而整个文件都应当予以提供而不是摘录。执法人员还应当将当事人依赖的重要文件以及他们提供的任何白皮书或者经济分析包含在内。此外,执法人员应附上拟议控诉草案和拟议的新闻稿。任何与控告一起提交或者在其之后提交的其他法院文件,如初步禁令(PI)概要,也应附上。

如果有可能和解,案件一揽子建议应包括(除案件建议备忘录以外)控告草案、双方同意令、规定、竞争影响声明、新闻稿、联邦注册通知以及报纸通告。案件建议备忘录应包含与那些在上面讨论过的未决案件相同的基本要素。然而,提交证据令或对证据和审判风险的详细讨论通常是没有必要的。无论如何,案件建议备忘录应包含对案件为什么重要、其原理以及对拟议双方同意令优缺点客观分析的讨论。

2. 合并诉讼的建议

当预期的合并案件走向和解或诉讼时,执法人员应让业务处长知悉。建议合并案件的程序变化取决于执法人员是否能够与当事人达成可以接受的决议。

如果执法人员提出与当事人和解,除案件建议备忘录无须包含对证据的广泛分析而应包括讨论拟议决定如何充分有效解决已确定的竞争问题以外,案件建议备忘录应与下述内容类似。案件一揽子建议应包括(除了建议备忘录以外)起诉书初稿、双方同意令、法规、竞争影响声明、新闻稿、联邦登记公告以及报纸通告。在某些情况下,当事人可能达成一项决议,在合并完成前消除潜在竞争问题(即"最初处理"的解决方法)。由于该类决议不涉及被提起的案件,因此,竞争影响声明、联邦登记公告或者新闻通告是必要的。在这种情况下,执法人员应提供详细的文字协议,叙述所有最初处理协议的所有条款。在适当情况时,便携式双方同意令草案及规定也应当予以提供。执法人员应随必要文件一起转发建议备忘录和新闻草稿,以了解拟议决议(例如,剥离某些资产的完整协议,某些知识产权的完整许可)。

如果执法人员和当事人尚未达成一项决议,那么,当事人双方想要与执法处长和相关的副司法部长助理见面是有可能的。如果执法人员与对立当事人会晤前不晚于1周内向相关的副司法部长助理以及执法处长交付案件建议备忘录、举证顺序(类型说明如下)、合并当事人提交的白皮书或者经济研究以及起诉书草案,那么案件建议的决策程序将会得到很大的帮助。无论如何,这些材料应在与当事人会晤前不晚于48小时提交给接待办公室。执法人员在与当事人会晤后,应立即完成其起诉书草稿、申报文件、声明以及在法庭提交的证据。等到执法人员完成这些文件，它们应当被用来向政府展示模拟结束声明和答辩书以及政府经济专家的模拟直接和交叉询问。

案件备忘录建议应当简明扼要，包含反托拉斯局必须提交临时限制令（Temporary Restraining Order）或者初步禁令文件的日期以及标明准时提交的其他日期；交易简要说明（包括合并当事人的身份、交易形式以及需要考虑的事项）；拟议诉讼的说明和理由（包括拟议被告、反对合并所适用的法规、拟议司法管辖区以及寻求的救济）；交易影响的讨论（包括相关产品和地理市场、商业规模、市场份额以及赫芬达尔—赫希曼指数）；竞争损害理论的讨论；以及案件弱点的讨论（包括合并当事人主要和最令人不安的争论）。执法人员应当在反对合并和任何解决可能性的决定中对实施起诉裁量权具有直接影响的事实性、证据性、公正性救济方法，或者法律性问题或者有关因素进行处理。备忘录应当解释为何应该继续进行诉讼，且它应明确阐明执法人员的建议。主任的建议也需要通过建议备忘录或者主任提交的单独备忘录向接待办公室进行传达。

举证顺序应当按照大纲格式（且应在调查过程中产生）。该举证顺序应遵循案件因素，使用合并指南作为框架，并应包括相关报价文件（或附加标记后的关键性文件）、关键笔录的相关部分以及总结经济分析组取得的数量证据。反对合并的举证顺序应确定案件的关键问题、依据有关因素确定证据效力的强度或弱点、合并当事人的争论以及概述执法人员如何应付这些争论。在时间和情况允许时，建议备忘录附录和举证顺序应包括重要的预期物证以及其他诉讼材料副本。

指派对合并进行分析的经济学家的有关建议应在执法人员建议备忘录或者某个单独的备忘录中表明。一般而言，指派处理该问题的经济学家会准备一个或多个单独备忘录，侧重考虑重要问题。法律人员应确保，经济学家有足够机会审查案件建议备忘录和举证顺序，以便他们可以为插入文字提供材料或者撰写补充性备忘录。同样，经济学家应确保法律人员有机会审查他们撰写的任何单独备忘录。

3. 刑事案件的建议

大陪审团在处理某个问题前，执法人员应确定调查对象。"对象"被解释为一个人：

检察官或者大陪审团拥有大量证据，将他或者她与犯罪联系在一起，且根据检察官的判断，他或者她是一名假定的被告。属于调查对象的某个组织的高层官员或者雇员是不会自动被视为一个对象的，即使这些官员或雇员的行为促成了该目标组织的犯罪。同样适用缺乏自动对象身份对雇用或者曾经雇用属于调查对象的高层官员或雇员的组织。参见《美国检察官手册》第 9 章 11.151 条。

另一方面，调查"对象"系"其行为属于大陪审团调查范围的人或者实体"。

反托拉斯局在某些情况下，遵循司法部的实践做法，告知个人他们是调查对象。参见《美国检察官手册》第 9 章 11.153 条。在这种情况下，当个人希望主动在大陪审团庭审时出庭，参见《美国检察官手册》第 9 章 11.152 条，调查对象应当被告知，他或她将被明确要求放弃他或她不自证其罪的权利，反托拉斯局的律师可审查该人的所有相关信息。因此，当事人不可能只是宣读了一份声明，然后离开大陪审团庭审室。

执法人员通常会通知辩护律师，反托拉斯局正在认真考虑建议提出起诉。正如先前讨论的那样，执法人员绝不应通知公司律师，公司或者个人将被起诉。相反，律师应当被告知，反托拉斯局正在认真考虑向大陪审团作出这样的建议。本程序适用于执法人员认为应引起密切关注的那些企业和个人，以及最终可能被建议提起诉讼的那些公司和个人。

反托拉斯局应当为被告公司及个人的律师提供机会，会见考虑建议的执法人员及部门或者地区办公室主任。公司律师应当被鼓励基于事实、法律或者起诉政策等原因向执法人员建议指控他们的客户是不明智或者不合适的。如果执法人员在听取公司律师意见后认为，立案是合适的，那么应当准备案件一揽子建议，并发送至 ATR – CRIM – ENF 信箱，并抄送给相关的高级顾问和特别助理。

尽管执行处长和负责刑事执法的副司法部长助理通常会在向司法部长助理建议提起诉讼前给公司律师提供一个机会陈述其意见，然而律师没有任何绝对权利要求刑事执行处长或者负责刑事执法的副司法部长助理听取其意见。只有在极为特殊的情况下，当事人律师才会被准许会见司法部长助理。负责刑事执法的司法部长助理在他或她的自由裁量权范围内通常会在作出最终建议时考虑公司律师的主张，但只是在公司律师已与执法人员会晤和讨论该问题后。应当注意的是，既然《联邦刑事诉讼规则》第 6（e）条保密规定适用于在大陪审团庭审前取得的证据，那么无论是负责刑事执法的副司法部长助理，还是执法人员都不应披露所有相关的事实细节。

（1）大陪审团起诉建议。

在建议起诉前，反托拉斯局的律师应使他们自己熟悉司法部联邦起诉原则（《美国检察官手册》第 9 章 27.000 条以及下列等）以及商事组织联邦起诉原则（《美国检察官手册》第 9 章 28.000 条以及下列等），起诉建议应符合这些原则。

有关起诉的案件一揽子建议应通过刑事执法处长交由负责刑事执法的副司法部长助理处理。在转发后，案件建议备忘录应通过主任采用或者由主任封面备忘录补充。主任必须明确他们对所有执法人员案件建议的态度，包括反对每名被告的各个考虑建议。主任们可以与执法人员一起共同准备案件建议以及签署执法人员备忘录，或者如果主任们的态度不同于执法人员的态度，那么他们可以呈报单独的案件备忘录。然而，备忘录说明应当具有分析性质。执法人员不应提交形式上的、非分析性的备忘录说明。一揽子案件建议也必须包括有关问题的所有请求、新闻稿以及请求与负责刑事执法的副司法部长助理会晤的公司律师名单。此外，MTS"新问题"表应通过电子邮件将其发至 MTS 邮箱，送至合并前申报组/联邦贸易委员会联系办公室。见反托拉斯局指令 ATR 2810.1，"问题处理系统"。

除非在适当的情况下（例如，多个罪状、多个被告被起诉），与刑事执法处长协商并事先经主任批准，否则执法人员的谅解备忘录的建议案一般不应超过 30 页。

在建议提起起诉时，案件备忘录建议通常应包含以下几个部分：

A. 导言

第一部分应简要介绍拟议起诉书中刑事指控的性质（例如，被告姓名或名称，起诉书中指控的共谋性质，拟议起诉书返回的司法管辖区）以及执法人员预计向大陪审团提起起诉的时间。

B. 调查背景

执法人员应当简要介绍其大陪审团调查的背景，包括大陪审团调查何时开始，属于调查对象的相关产品或服务的描述，在调查中与其他目标公司或者个人达成最终解决的性质以及任何与拟议被告就辩诉交易进行磋商的情况。

C. 拟议被告

拟议的公司被告应当被列出并进行描述。拟议的个人被告应当列出，连同他们所在的公司以及在共谋期间各自所任职务。

D. 违法行为概述

本部分的目标应当是对拟议起诉书中引起刑事指控的关键事件进行高层次、大范围的解释。因此，执法人员应避免在该部分过多叙述证据或背景细节。此外，如有可能，本部分应当依时间顺序进行组织。

在共谋情况下，执法人员应解决两个相关主题：对共谋进行描述以及共谋行为中各个拟议被告所起的作用。因此，该部分应包含下列概要：

• 共谋的形成与范围包括：

导致共谋形成的事件；

加入共谋的公司身份；

共谋包含的产品与服务；

共谋的地理范围；

共谋影响的商业规模；

由共谋产生的反竞争协议的性质。

- 共谋的实施包括：

共谋期间共谋者怎样就共谋进行交流；

共谋者尝试以及事实上实施反竞争协议的程度；

共谋者维持、执行以及监督共谋所采取的步骤；

共谋者维持反竞争协议以及他们为共谋接触保密性所采取的步骤。

- 共谋的期间，包括共谋怎样以及何时终止或者结束。
- 各拟议被告在形成、执行以及同意共谋时所起的作用。

如果被指控的违法不涉及共谋行为（例如，作虚假陈述、妨碍司法），那么执法人员需要另外提供被告行为和其他有关活动时间顺序表，以支持拟议的刑事指控。

E. 证据概述

本部分是对建立共谋证据或者任何其他类型的被指控犯罪行为的分析讨论，执法人员在本部分应从法律角度讨论证明违法的必要因素开始，引用审理该问题的巡回法院的相关判例法。然而，对于依据《谢尔曼法》进行指控，执法人员不需要对该违法行为已经足够发生的法律要素投入过多精力，而应侧重谋划怎样证明共谋的存在以及被告的作用或者参与其中。其次，执法人员应当提出证据概要，建立证明各拟议被告有犯罪行为的必不可少的法律要素。执法人员应通过证人（和任何相关文件）组织他们的证据讨论，反对各拟议被告。在适当情况下，除了重要文件的副本以外，执法人员应考虑附加大陪审团关键证人庭审记录的相关部分。

在准备本部分时，执法人员应该尽一切努力分析和总结证据，而不是简单地对证人证言或者书面证据部分进行详细扩展。

F. 不建议起诉的个人和公司

在一个单独的部分，案件案情建议备忘录应列出作为潜在调查目标、但不属于被建议提起诉讼的个人和公司。不利于每个个人和公司的证据必须进行总结，且执法人员必须提出不建议起诉的原因。相关因素，如合作程度、年龄、健康状况和不同寻常的困难，应当予以说明。执法人员应解释不起诉决定对拟议案件发起全面陪审团申诉的影响。

G. 弱点与抗辩

执法人员应该对案情弱点以及任何预期抗辩的坦诚、详细的分析,包括辩护律师提供的那些辩护。需要解决的问题包括证人会受到的影响、可信程度、证据问题、陪审团无效的潜在可能性以及诉诸起诉的自由裁量权或者宽大政策。可能的抗辩动议也应当得到解决。

H. 违法行为的受害人以及执法人员遵守司法部长关于受害者和证人援助的指南

本部分的一些说明在案件建议阶段是不确定的,但这里仍应尽可能完整地讨论谁是违法行为的受害者,他们如何受到伤害,以及反托拉斯局如何根据司法部长关于受害者以及证人援助的指南,履行其职责保护受害者的权利。备忘录最少应确定和讨论下列信息:

违法行为侵害的受害者的权利问题;

在这种情况下,给予什么样的受害者帮助是适当的(例如,信息/移送、保护免受侵扰/威胁、磋商/通知、赔偿);

这些帮助如何以及何时给予或者将给予。

在起草本部分时需要考虑的问题包括:反托拉斯局是否已经或者反托拉斯局是否准备与这些受害者进行正式或者非正式的接触?受害者是否收到受害者通知函、信息册以及清单,如果没有他们应当怎样?如果案件涉及大量的受害者,那么根据《美国法典》第 18 卷第 3771 条 d 款 2 项寻求形成合理实现受害者权利的命令是必要的吗?该命令在何时将被予以寻求?这里有机会与受害者就控告申请或者情况处理进行协商?受害者已经就恢复原状和赔偿损失寻求反托拉斯局协助,并且在他们寻求时,赔偿损失适当或者行得通的?反托拉斯局怎样帮助受害者或者假释办公室完成受害人影响报告。

(2)辩诉交易建议。

在建议提出辩诉交易前,反托拉斯局律师应使他们自己熟悉司法部联邦起诉原则的有关规定,参见《美国检察官手册》第 9 章第 27.330 条至第 9 章第 27.450 条,以及商事组织联邦起诉原则,参见《美国检察官手册》第 9 章第 28.1300 条。建议达成辩诉交易应符合这些原则。

如果申请信息和达成辩诉交易的建议是源于调查的首次情况,那么它应通过刑事执法处长交由负责刑事执法的副司法部长助理处理,如果不是首次,应交由刑事执法处长处理。如果执法人员能够得出潜在刑事指控的合理决定,那么执法人员应准备案件辩诉建议备忘录,最少阐明下列问题:

拟议指控的简要描述。

调查背景的简要概述,包括与其他调查对象所达成的任何意向。

拟议犯罪诉讼的事实依据，包括违法行为的概述和被告在该行为中的作用或者参与程度。

拟议辩诉交易的简要描述包括：
- 辩诉交易内所描述的和信息中所包含的拟议指控的法律用语；
- 根据《美国联邦量刑指南》用于计算被告量刑范围的方法论解释；
- 对执法人员如何得出指南适用范围内（如涵盖范围内的较低限度量刑）或者范围以外（如对重要协助给予减刑）的建议量刑作出解释，包括合作的性质，如果有的话，执法人员要求被告提供被建议刑期的证明；
- 辩诉交易中任何特有的规定；
- 任何实质性偏离反托拉斯局标准化辩诉交易的语言以及这种偏离是否以前为刑事执法办公室（OCE）所批准。

如果案件被提起法律诉讼时，说明拟议被告面临的潜在指控。

讨论有关受害者的权利问题包括：（i）是否存在或将有与违法犯罪的受害者就拟议辩诉交易进行协商的机会；（ii）违法行为的受害者是否以及如何得到案件最终解决以及任何法院公开审理的通知；以及（iii）如果辩诉交易没有规定对违法行为受害者的赔偿，那么赔偿为什么是没有必要的、不适当的或者无法取得的。该评估应包括，如果没有规定赔偿损失，被告除了支付刑事罚金外今后是否有足够财力满足对违法行为受害者的损害赔偿。如果被告已经向受害者支付损害赔偿，或者已经达成损害赔偿协议，那么这些也应表明。

除非在适当情况下（如多个罪状、多个被告信息）与刑事执法处长协商并事先经主任批准，否则辩诉交易建议备忘录通常不应超15页。

与建议起诉一样，辩诉交易建议备忘录应与该事项的所有适当请求（通常为信息和辩诉交易协议草案）、新闻稿以及完整的MTS"新问题"表原件和两份副本一起被转交。见反托拉斯局指令ATR 2810.1"问题跟踪系统"。

（三）案件建议的审查程序

一旦执法人员送交其建议，并着手与未来被告的律师进行会晤，反托拉斯局审查人应评估案件的价值，以期实现对所有问题的考虑是一贯和公正的。在审查程序结束时，司法部长助理会对是否将采取诉讼行动或者拒绝起诉作出最后决定。

司法部长助理将审查执法人员的建议，连同执法处长和副司法部长助理的建议一起进行审查。在一些民事问题上，很少在刑事问题上，反托拉斯局会为潜在被告的律师提供额外机会向司法部长助理进行陈述。

在司法部长助理作出最终决定时，执法人员应当被立即告知。如果某个案件需要提出申请，那么该事项将随批准文件、签署后的起诉状以及要求提交的任何其他信息返回给执法人员。从这时起,执法人员将开始对该事项进行诉讼或者向大陪审团进行陈述。

在民事和刑事诉讼中,执法人员应在申报日前提交一份相关的新闻草稿,以便它可以被最后定稿并批准发布。在案件提交申请后不久,执法人员必须告知适当的执法处长办公室,以便适时授权发出新闻稿。在对案件提起诉讼申请时,执法人员应遵守所阐明的与司法部新闻政策有关的程序。执法人员应告知相关处长办公室案卷编号以及指派负责该案的法官。至于发起诉讼的程序,见本书第四章。

八、其他调查功能

（一）企业审查程序

根据反托拉斯局企业审查程序,参见《联邦法典》第 28 卷第 50 条 6 款,商业实体能够确定反托拉斯局当前对拟议商业行为的执法意图。从 1992 年起,所有商业审查函都公布在反托拉斯局的网站上。反托拉斯局也会定期公布这些信函的摘要,并可以通过商品名、企业以及日期等进行检索,并发给各部门和地区办公室。回溯到 1968 年的摘要与索引也可以在反托拉斯局的因特网上获得。

1. 程序的起源及发展

该程序的起源以"铁路赦免"函而著称,信函最早由反托拉斯局在 1939 年签发。根据"铁路赦免"程序,反托拉斯局将审查拟议商业行为,并规定,假如拟议行为得以实施,反托拉斯局是否将放弃启动刑事程序。这随后扩大到将合并许可程序包含在内,反托拉斯局据此对合并或者收购表明了当时的执法意图。1968 年,这种实践以企业审查程序的形式正式化,将该程序以法规的形式规定在《联邦法典》第 28 卷第 50 条 6 款中。该规定于 1968 年 2 月 1 日发布,参见《联邦规则》第 33 卷第 2442 条,后来对其进行了两次修订,参见《联邦规则》第 38 卷第 34804 条（1973）、《联邦规则》第 42 卷第 11831 条（1977）。1976 年《哈特-斯科特-罗迪诺反托拉斯改进法》（HSR）排除了在合并条件下对企业审查程序的大量需要。今天,企业审查程序仅被用来评估潜在的民事非合并行为,除了少量一些卫生保健方面的合并,反托拉斯局作为其一项政策并没有着手对拟议合并进行商业审查。

2. 目标

企业审查程序为反托拉斯局和企业界提供了实质性利益。从反托拉斯局的观点来看,既然该程序使反托拉斯局注意到拟议商业行为存在合法性争议,并为此提供了一套完成迅速调查的机制,那么,程序就是有益的。在一家企业卷入与政府进行的反托拉斯诉讼时,工商业界凭借使其能够避免高昂诉讼费用和可能产生其他商业问题的一套程序受益。参见格林诉克莱恩迪恩斯特案(Green v. Kleindienst),378 F. Supp. 1397,1398 – 99 (D. D. C. 1974)。

3. 请求方式

商业审查程序通过向司法部部长助理提出书面请求而启动。(发起商业审查请求不会以任何方式改变请求一方当事人遵守1976年《哈特 – 斯科特 – 罗迪诺反托拉斯改进法》合并前申报规定的责任。参见《联邦法典》第28卷第50.6条7款b项)请求提出时,或者在任何适当的时候,反托拉斯局根据其自由裁量权可以拒绝考虑该请求。在请求不适合商业审查要求时,反托拉斯局将拒绝该请求。既然只有拟议商业行为合乎考虑的条件,那么这种最为常见的请求是对正在进行中的商业行为提出的请求。凡是商业行为需要得到一家监管机构的批准时,仅在似乎看来会给请求方带来特殊或不必要的负担,或者执法机构特别要求请求方寻求企业审查函时,在取得机构批准前可以考虑企业审查请求。无论如何,该程序只涉及根据联邦反托拉斯法进行执法的意图,而不涉及以任何其他联邦或州法或监管方案为依据的执法意图。参见《联邦法典》第28卷50.6条7款a项。

4. 处理请求

执行办公室对收入的请求进行登记,并将其交给相关的执法人员。执法人员接着根据正常程序取得初步调查授权。在审查开始前必须取得联邦贸易委员会的许可。除请求方以外,在取得初步调查授权以前不应与任何当事人达成协议。

5. 调查时间

对企业审查函的请求应尽快处理。如果没有特殊情况,对这类请求的答复应当从请求方收到所有必要信息的90日内作出。特殊的截止期限会影响出口贸易和保健方面的企业审查。与出口有关的请求,应当从反托拉斯局收到所有与拟议交易有关信息之日起30个工作日内给予答复。涉及司法部和联邦贸易委员会签发的《有关保健行业反托拉斯执法政策声明》中提出的任何保健事务的请求,除了涉及声明1安全区外的多个提供商网络和医院合并的请求以外,都应在反托拉斯局收到所有有关建议的必要信息后的90日内给予答复。有关多个提供商网络或者其他非合并保健问题应在反托拉斯局收到所有必要信息后的120日内予以答复。除了对答复声明1医院合并安全区内的合并给予90日的时间限制,这里并没有就保健合并的企业审查请求答复设定时间限制。

1992年,司法部采用了一项领航员程序,以加速处理合营企业和信息交换项目的企业审查请求。见《联邦规则》第58卷第6132条(1992)。根据该程序，为加快调查进程，当事人可以在他们的请求中提交某些特定的文件和资料。这些登记过的信息类型是反托拉斯局在对一项请求进行初步审查后通常要求的那些类型。通过在他们的请求中提交这些项目，当事人能够加速总体进程。当所有相关信息随初始请求提交时，司法部在此时会承诺尽最大努力在60日至90日内作出回应。从1992年起，许多企业审查请求人在准备他们的初始请求时提到领航员程序以供指导，并且反托拉斯局律师建议寻求预先呈递书的请求人参考领航员程序，以确定他们应随其请求送出何种类型的信息。

6. 企业审查调查

根据企业审查的规定，请求方有肯定性义务为反托拉斯局提供他们所拥有、反托拉斯局可能需要对该问题进行审查的所有信息与文件。参见《联邦法典》第28卷50.6条5款。执法律师也应着手无论哪种他们认为有必要进行的独立调查。执法人员应当受到鼓励，从而使被指派处理该事项的经济学家参与他们的调查，并在适当情况下，也可要求取得法律政策处的协助。

7. 审查程序

在调查企业审查请求后，反托拉斯局可以"对拟议商业行为表明其当前的执法意图、拒绝传递该请求或者采取它考虑适当的其他立场或者行为"。《联邦法典》第28卷50.6条8款。一般来说，反托拉斯局为寻求企业审查的当事人提供3种答复方式中的任何一种：（1）司法部目前还没有打算对拟议行为采取执法行动；（2）司法部拒绝表明其执法意图；（3）如果拟议行为正在实施，司法部不能表明它不会反对拟议行为。第二种答复意味着，假如拟议行为被实施，反托拉斯局会提起诉讼，而第三种答复表明，反对是很可能发生的。由于反托拉斯局不愿意在企业审查函中对一项诉讼（可能消耗大量的资源）作出承诺，并且由于反托拉斯局不能确信它能够在缺乏完整调查的情况下发起执法行动，反托拉斯局因此很少会在企业审查函中表明有可能反对拟议行为。反托拉斯局"不能声明它不反对"拟议行为的措辞被广泛理解为"否定性"答复，并且表明反托拉斯局看到了拟议行为的竞争问题。

一般来说，每封信函都阐明：（1）请求的程序历史；（2）请求者对请求作出的叙述；（3）反托拉斯局执法意图声明；（4）对在商业审查文件中公开信息的反托拉斯局程序的说明。企业审查函必须由司法部长助理签署，或在他或她不在时，由代理司法部长助理签署。

执法人员应随其建议书准备一份备忘录，并提交企业审查函草案，阐明反托拉斯局的立场。该科室或者现场办公室主任应对执法人员的建议和企业审查函进行审查，并随同主任提供的建议书一起提交给执行办公室进行审查。执法人员还应提交一项新闻稿草案。

反托拉斯局通知请求方反托拉斯局对企业审查请求采取行动的同时，它通常会发布新闻稿，叙述整个行动，并附上一份反托拉斯局答复函复印件。此外，在这个时候，企业审查请求函和反托拉斯局答复函都会公布在反托拉斯局互联网网站上，并置于反托拉斯局《信息自由化法》组的文件夹中，在这里它们能够受到公众的审查。在通知30日后，为支持企业审查请求而提供的信息也应放置于公众可以获得的文档中，除非提交人请求对此信息作保密处理。

企业审查条例规定，在证明披露对请求方的业务活动或者其与客户、雇员、供应商、股票持有人或者竞争者之间的关系存在有害影响，请求方提交的信息可以免于向公众披露。参见《联邦法典》第28卷50.6条10款c项。自从对1974年《信息自由化法》进行修正以来，根据与企业审查请求有关的提供给政府的文件法，没有法院案件讨论过有关的法律状况。然而，通常免于向公众披露的这类信息是保密的商业或者财务信息。根据《信息自由化法》，这类信息不受强制披露的调整。参见《美国法典》第5卷552条b款4项。

8. 司法解释与审查

需要重点注意的是，企业审查函仅表明反托拉斯局在信函截止日期时的执法意图，根据公共利益的要求，反托拉斯局保留其采取随后确定的任何法律行动或提起诉讼的充分自由。参见美国诉格林内尔公司案（United States v. Grinnell Corp.），30 F. R. D. 358，363（D. R. I. 1962）（法院指出，司法部对"当前无意图采取行动"的声明不能等同于未来的豁免）；另参见美国诉联合美国总承包商公司案（United States v. Associated Gen. Contractors of America, Inc.），382 U. S. 17（1965），rev'g 238 F. Supp. 273（E. D. La. 1965）；美国诉E. I. 德内穆尔杜邦公司案（United States v. E. I. duPont de Nemours & Co.），353 U. S. 586，597 – 98（1957）；美国诉凡世通轮胎和橡胶公司案（United States v. Firestone Tire & Rubber Co.），374 F. Supp. 431，434 n. 1（N. D. Ohio 1974）。

如果在当时提交给反托拉斯局的企业审查请求得以充分披露，那么，凡是反托拉斯局表明目前意图是不提起诉讼的，反托拉斯局从来不会在随后行使其刑事指控裁量权，提起刑事诉讼。参见《联邦法典》第28卷50.6条第9款。

反托拉斯局在企业审查函中表明其执法意图只有一次被诉诸司法审查。这发生在荷利农场家禽工业公司诉克林迪恩斯特案中（Holly Farms Poultry Indus., Inc. v. Kleindienst），1973 – 1 Trade Cas.（CCH）74，535（M. D. N. C. 1973），反托拉斯局在这里拒绝表明假如荷利农场成为国家烘烤市场协会成员，它当前的执法意图是不对荷利农场提起反托拉斯诉讼。荷利农场对该决定诉诸司法审查，根据行政诉讼法，《美国法典》第5卷第701～706条，主张司法管辖权。法院根据《美国法典》第 5 卷第 701 条 a 款 2 项，驳回了该诉讼，法院认为，决定是否对违反反托拉斯法行为提起诉讼完全属于司法部长的自由裁量权，不受司法审查行为的团体的影响。参见 1973 – 1 Trade Cas. 74, 535, at 94, 382。在作出该决定时，法院部分依靠了荷利农场的调查涉及一项拟议期间的行为。在权威性断言中，法院认为，依赖早期的判决和因指控而受到调查者调查的事实上的当下行为，会有不同的结果。另见格林布莱尔电影公司诉美国司法部长案（Greenbrier Cinemas, Inc. v. Atty. Gen. of the United States），511 F. Supp. 1046（W. D. Va. 1981）（指出反托拉斯局扬言诉诸法律行动的新闻稿根据行政诉讼法属于司法审查范围，这代表了司法部立场的某种变化在新闻稿中已被强调）。当然，根据企业审查程序对当前实际存在的行为进行调查是不符合处理程序的。

（二）1993 年《国家合作研究与生产法》

1993 年《国家合作生产法》修正案，Pub. L. No. 103 – 42，修订 1984 年《国家合作研究法》，Pub L. No. 98 – 462，将其重新命名为 1993 年《国家合作研究与生产法》，并将其规定扩展到合营企业的生产。2004 年《标准发展组织促进法》，Pub. L. No. 108 – 237，将《国家合作研究与生产法》的规定延伸到了标准发展组织。

1. 目标与政策

1993 年《国家合作研究与生产法》，《美国法典》第 15 卷第 4301 – 06 条，目的是促进创新、发展贸易、提高美国在世界市场中的竞争力，主要通过以下方法予以实现：（1）在进行标准发展活动时阐明合理原则标准对合营企业和标准发展组织（SDOs）反托拉斯分析的适用性；（2）规定合营企业和标准发展组织能够提出返还可能存在的律师费，在损害赔偿诉讼中它们是处于优势地位的当事人，可根据反托拉斯法对其提起诉讼；（3）设立一种程序，通知司法部和联邦贸易委员会，合作经营和标准发展活动的合营企业和标准发展组织在此程序下应承担实际的反托拉斯损害赔偿，而不是 3 倍的反托拉斯损害赔偿。然而，该损害赔偿的限制规定不应适用于一家合营企业的产品生产、方法或者服务，除非"（1）此类生产的主要设备位于美国或者其领土；（2）控制此类合营企业当事人（包括当事人本身）的每个人都是美国公民或者来自某国的外国人，该国法律对美国公民给予反托拉斯的待遇不低于参与合营企业生产的该国公民"。参见《美国法典》第 15 卷第 4306 条。

《国家合作研究和生产法》的立法史意味着，"'谁的法律'这个词……确定为不仅包含一国国内的反托拉斯法，而且也包括所有该国和美国为当事方的国际协定和其他具有约束力的协定"。参见 H. R. Rep. No. 103 – 94, at 20

(1993)。因此,一个与美国同为某个国际协定当事国的国家,例如友好、通商和航海条约、双边投资条约、自由贸易协定以及经合组织机制都满足法律的要求。这包括绝大多数国家。

2. 通知司法部和联邦贸易委员会

《国家合作研究与生产法》的合理原则和律师费规定自动适用于本法所涵盖的所有合营企业和标准发展组织。然而,是否适合获得法案取消 3 倍赔偿的条款取决于向联邦反托拉斯执法机构提交的申报。为了获得损害赔偿的保护,该法案涵盖的合营企业的任何一方当事人都可以在达成设立合营企业书面协议后不晚于 90 日向司法部和联邦贸易委员会同时提交书面申报,披露合营企业所有当事人的身份和合营企业的性质与目的。在合营企业情况下,合营的目标之一是生产某种产品、工艺或者服务时,申报必须包括补充信息:所有当事人的国籍,以及控制合营企业各方所有人的身份与国籍,是否单独或者与 1 个或者 1 个以上其他人为控制该当事人之目的组成一个组织。标准发展组织的申报必须为发展或者颁布自愿一致标准开始从事标准发展活动后 90 日内提起,且必须披露标准发展组织名称和主要营业地以及证明其标准发展活动性质与范围的文件。必须向司法部提交申报的原件和副本,随同提交的还有拟议的联邦登记公告副本,同时,必须向联邦贸易委员会提交一份副本。这些补充性申报对扩大法案对合营企业或者标准发展组织所从事的新颖或者不同活动的保护或者对披露合营企业成员资格的变化都是合适的,也都必须提出。为了维持法案的保护作用,这种补充性申报必须在引起申报改变的 90 日内提出。

合营企业根据法律案提出的申报可以确认合营企业所有当事人的身份。当事人名单应包括"真实的利益攸关方"。参见众议院第 98 – 1044 号会议委员会联合解释性说明第 19 页 [Joint Explanatory Statement of the Committee of Conference on S. 1841, H. R. Rep. No. 98 – 1044, at 19 (1984)]。申报也应包括对合营企业性质与目标的描述,包括其目标的简要陈述。为生产而提出申报的合营企业当事人应明确说明,他们合营的目的是生产。他们也应当提供所有当事人的国籍和控制这类当事人的所有人的身份和国籍。对当事人进行"控制"的意思是指有权对某个人的管理或者政策进行指导。这种控制性影响可以直接或者间接行使,且使用的方法能够变化。例如,控制可以通过拥有表决权股、通过合同权利或者通过参与董事会而得以行使。参见 H. R. Rep. No。103 – 94, at 19 (1993); S. Rep. No. 103 – 51, at 11 (1993)。在公司情况下,当事人应提供公司名称、公司注册地以及主要行政办公室所在地。在非公司企业情况下,类似识别信息应当予以提供。参见 S. Rep. No. 103 – 51, at 13 (1993)。标准发展组织提起的申报应提供企业名称和主要营业地,且应包括说明寻求保护的标准发展活动性质和范围的文件。

一般而言，申报的方式和范围留给提交材料的实体处理：他们在确定所要求信息的数量和形式足以描述他们合营性质与目标时能够行使其自由裁量权，参见 H. R. Rep. No. 98-1044, at 18-19 (1984)，或者他们的标准发展活动的性质和范围。然而，当事人意识到，法案的损害赔偿保护依赖于他们申报的充分程度。根据法律提起的所有书面申报应交给下列任意一家办公室：

- 美国司法部（2份）

反托拉斯局；

合并前申报组；

宾夕法尼亚大街950号，西北，3335号房间；

华盛顿哥伦比亚特区，邮编：20530；

（对于隔夜交付的，使用邮编20004）；

电话：202-514-2558。

- 联邦贸易委员会（1件）

政策与评估办公室；

第6大道与宾夕法尼亚大街，西北，392房间；

华盛顿哥伦比亚特区，邮编：20580。

3. 处室审查

反托拉斯局根据《国家合作研究与生产法》负有某些职责，包括收取当事人有关合营企业和标准发展活动的原始和补充申报，公布联邦登记通告，根据该法第6条说明选择提出申报的合营企业和标准发展组织。

一旦一方当事人根据该法提交申报，申报应以邮戳日期为准，并记录在案。然后，通告副本应转发给相关的处室以供其立即进行审查。审查《国家合作研究与生产法》申报有两个目标。首先，确定申报是否披露具有反托拉斯关注的信息，值得开始对合营企业或者标准发展组织的活动展开初步调查；第二个目的是，允许准备联邦登记通告，规定保护合营企业或者标准发展组织免于给予3倍赔偿。（无论初步调查是否开始，准备并公布联邦登记公告将着手进行）为后一目标，该处室应加速审查，以确定它是否足以确定合营企业的当事人以及合营企业的性质和目标，或者对于标准发展组织而言，组织的名称及主要营业地以及活动的性质和范围。尽管立法史表明申报披露的范围很大程度涵盖了合营企业和标准发展组织，然而必须提供足够的信息从而使司法部公布下述联邦登记公告。如果对申报的充足性存在怀疑，那么该部门应迅速联系合并前申报组。因为根据《国家合作研究与生产法》第6条a款（参见《美国法典》第15卷第5305条a款）已经提出申报的属于申报范围的行为可以获得免于3倍赔偿责任的保护（参见《美国法典》第15卷4303条a款），为取得或者扩大《国家合作研究与生产法》的保护向反托拉斯执法机构提供信息的有关人员应根据法定要求进行申报。

根据该法作为提请申报部分的所有信息和提交的文件材料，以及反托拉斯局或者联邦贸易委员会在调查期间、行政诉讼中取得的所有其他信息，或者提起申报的合营企业或者标准发展组织潜在违反反托拉斯法的情况，根据《信息自由化法》豁免进行披露，并且，除非在司法或者行政程序中这些信息和材料属于保护令的调整范围以外，否则不可以对外进行公布。参见《美国法典》第15卷第4305条d款。因此，所有申报应严格保密。

（1）初始申报。

合营企业根据《国家合作研究与生产法》提起的申报必须包括合营企业所有当事人的身份和对合营企业性质与目标的描述，包括对其目标的简要陈述。仅为研发目的成立合营企业的当事人，其所在组织应通过企业名称及他们主要行政办公室所在地（城市与州）确定。为生产目的组成合营企业，其申报应明确表明他们合营的目的是生产，且也必须提供所有当事人的国籍和控制该当事人的所有人员的身份和国籍。属于生产类合营企业当事人（或者控制当事人的人）的组织应当被确认，在公司情况下，通过提供名称、注册地（如果公司为国内公司，应为注册州；如果公司为外国公司，应为注册国）以及主要行政办公室所在地。在非公司企业情况下，类似的识别信息必须给予提供。标准发展组织提交的申报必须披露标准发展组织的名称和主要营业地，且提供说明该组织标准发展活动性质与范围的文件。如果反托拉斯局在与合并前申报组进行磋商后作出无须提交必要信息的决定，申报者应当得到迅速通知，他们的申报不足以取得该法保护的资格，并且联邦登记公告在适当申请被提交前不会得到公布。

（2）补充申报。

申报还可以申请保留或延长《国家合作研究与生产法》对初始申报后活动已经发生改变的或者对于合营企业而言成员资格发生改变的现有企业或者标准发展组织的保护。补充性申报只需要反映已经披露的合营企业或者标准发展组织的变化（例如，确定加入或者退出合营企业的当事人），并不需要重复以前申报的已披露的信息。因此，补充性申报应当予以审查，与以前的申报一起确保先前申报的当事人或者披露目标现在不会引起反托拉斯担忧。为补充性申报准备联邦登记公告与初始申报时准备联邦登记公告的方式相同。

4. 联邦登记通告的准备

该法规定，司法部或者联邦贸易委员会应于接到申报后至迟于30日内在联邦登记公告中进行公布，确认合营企业的当事人，并概括说明合营企业计划活动的领域（参见合营企业通告范例），或者确定从事标准发展活动的标准发展组织并笼统描述这种活动。（参见标准发展组织通告范例）。参见《美国法典》第 15 卷第 4305 条 b 款。反托拉斯局根据《国家合作研究与生产法》承担为所有提出的申报在联邦登记上发布通告的责任。申报当事人应随他们的申报一起提交联邦登记公告草稿。无论当事人是否如此行事，执法人员都有责任准备实际的联邦登记公告，迅速准备和公布通告是必需的。执法人员必须牢记，《国家合作研究与生产法》的条款与其立法史都表明了这些关注，即竞争者不会获得一方当事人希望在其申报中提供的保密信息细节，以及为描述合营企业或者标准发展组织活动的这些细节无须进行公布。

5. 通知当事人

《国家合作研究与生产法》规定，拟议联邦登记公告可以为合营企业当事人或者标准发展组织获得，视情况而定在其发布前进行审查。因此，在准备通告后，通告应当尽可能快地送给当事人或者组织进行审查。这必须以书面形式（见送文函范例）作出，且保持适当的记录。通过传真向当事人或者组织发出通告是可以接受的。

代表合营企业提出申报的任意当事人被要求包含一份声明，大意是，它已被授权代表所有合营企业主审查联邦登记通告，声明包括作出授权的当事人的姓名和联系信息。在其他方面，申报必须包括公开通告以供审查的所有当事人的姓名和联系信息。代表标准发展组织进行的申报应提供被授权代表该组织审查联邦登记通告的个人的姓名及联系信息。

鉴于联邦登记通告必须在反托拉斯局收到申报的 30 日内进行公布这一事实，当事人被要求在收到拟议通告后不晚于 2 个工作日对拟议通告表达他们的异议。应努力解决这些异议，牢记该法的要求以及通告的目标。如果反托拉斯局和当事人未能就联邦登记公告的内容达成一致意见，那么当事人可以选择撤回他们的申报，但必须在发布通告前作出。

6. 通告的审查和公布

在当事人或者标准发展组织准备和审查联邦登记公告后，他们应将其转发给合并前申报组，并连同阐明反托拉斯局收到申报的有关日期的一份备忘录、公告为当事人或者标准发展组织取得的信函以及对有关内容的任何问题或者异议的描述等一起转发。另外，通告和备忘录应尽快转交，相关部门转交的时间为合并前申报组收到申报后不超过 14 日。在行动办公室审查和批准后，合并前申报组将通告转交给联邦注册办进行发布，并安排申报的永久记录和保存联邦登记通告。

（三）出口贸易许可证

1. 出口贸易公司法概览

1982年《出口贸易公司法》，Pub. L. No. 97-290, 96 Stat. 1233，（"ETC法"）旨在增加美国商品和服务的出口。《出口贸易公司法》第三章，《美国法典》第15卷第4011~4021条，通过从事美国出口贸易的个人可以取得出口贸易许可证（ETCR）的程序设计，减少了美国反托拉斯法适用于出口贸易的不确定性。

出口贸易许可证经司法部长同意后由商务部长签发。在出口贸易许可证中提名的自然人或者法人根据联邦和州反托拉斯法对载入许可证以及符合许可证条款的行为获得有限豁免。为了取得出口贸易许可证，申请人必须说明，拟议出口行为将：

- 既不会导致在美国国内严重损害竞争或者限制竞争，也不会对申请人竞争者的出口贸易造成严重限制；
- 不会不合理地增强、固定或者打压申请所涵盖的商品和服务在美国的价格；
- 不会构成不正当的竞争方法反对申请人出口商品或者服务的竞争者；
- 不包含合理预期会引起在美国消费或者转售该类商品或者服务的行为。

以上参见《美国法典》第15卷第4013条a款。正如《出口贸易公司法》所解释的那样，美国国会的意图是用这些标准包括反托拉斯法的全部范围。

尽管出口贸易许可证在反托拉斯法下提供了意义重大的保护，然而它仍具有一定的局限性。第一，属于证明范围之外的行为仍然完全受私人和政府执法行动的支配；第二，以欺诈手段取得的出口贸易许可证自始无效，且因此没有提供保护，不会免于反托拉斯的起诉；第三，如果证明行为被认为违反上述法定标准，那么被证明行为损害的任何人都可以寻求实际损害（尽管不是3倍）赔偿。在任何该类诉讼中，证明行为享有推定的合法性，并且胜诉当事人有权获得有关费用和律师费；第四，出口贸易许可证并不明示或者暗示地构成商务部长或者司法部长认可，或者评价商业计划符合外国法。

如果商务部长或者司法部长决定，申请认定出口活动不再符合取得许可证的法定标准，那么商务部长可以撤销或修改出口贸易许可证。司法部长也可以根据《克莱顿法》第15条提起诉讼，即《美国法典》第15卷第25条，禁止威胁"国家利益的明确和不可弥补的"行为，即使行为已得到批准作为出口贸易许可证的一部分。参见《美国法典》第15卷第4016条。

商务部经与司法部协商发布签发出口贸易许可证条例。参见《联邦法典》第15卷第325.1条以及下列等等，以及建议许可出口贸易许可证申请标准的指南,参见 50 Fed. Reg. 1786 (1985)。《出口贸易公司法指南》包含说明证明标准适用于特定出口贸易行为的范例,包括纵向和横向限制和技术许可安排的使用。此外,商务部出口贸易公司参考手册提供了建立或者使用出口贸易公司功能和优势的信息,其中包括考虑申请出口贸易许可证的因素。商务部出口贸易公司事务办公室对设立出口贸易公司提供建议和信息,并促进出口商品和服务的生产者和提供出口贸易服务企业间的联系。

2. 申请的初始处理

一旦完整的出口贸易许可证申请提交商务部,其通常必须在 90 日内作出决定。如果商务部提出颁发许可证书,并且反托拉斯局在条例规定时间内没有反对,那么就可以在没有反托拉斯局明确同意下签发许可书并授予豁免。因此,尤为重要的是,反托拉斯局律师在这里须满足所阐明的截止期限。

所有出口贸易许可证的申请必须向商务部提交,由它来负责审查,以确定申请是否完整。商务部必须在 5 个工作日内作出决定;在申请完整时,它是"认为已作提交",法定 90 日的期限开始计算。申请书副本必须它认为已作提交后 7 日内交给反托拉斯局。反托拉斯局对确定申请是否完整无任何职责。依照执法人员的意见,如果没有包含重要信息的申请已被接受,执法人员应联系外国商业处。

外国商业处负责接收、记录、复制、指派以及分送申请给民事诉讼部进行审查,通常依据产业或者监管知识进行指派。合并前申报组通知联邦贸易委员会待处理的申请,并确定联邦贸易委员会对申请是否有任何未决问题或者特定知识。然而,联邦贸易委员会对于决定是否签发许可证书没有职责,因此该许可程序不同于反托拉斯局在其他类型调查中使用的正式许可程序。

一旦一项申请被指派给某个部门或者地区办公室,为与第三方当事人进行接触以取得处理申请时所使用的行业信息或者其他信息不需要初步调查权。为了保持连贯的反托拉斯局政策和程序,外国商业处负责协调所有出口贸易公司的活动。因此,所有备忘录和信函副本在整个审查过程中都应送交外国商业处。

3. 补充信息的请求

(1) 非正式请求。

《出口贸易公司法》及有关法规允许正式信息请求。尽管这些请求是有用的,但是,它们不是取得信息的排他性方法,且一般在第一初审阶段不应使用。更确切地说,取得信息最实用的方式是在审查程序中尽早安排商务部指派负责该事务的律师与申请人进行会晤或者举行电话会议。在该非正式会见期间,绝大多数问题可以得到回答。因此,这通常是取得补充信息最快和最为有效的方式。如果有必要在该类会见中澄清所取得的特定信息,那么执法人员应当考虑是否向申请人发送确认非正式会谈的信函(与商务部进行协调)或者考虑是否依靠会见文档备忘录。如果在非正式会见后仍然存在疑问,那么律师应当考虑是否通过正式的信息请求继续进行。

(2) 正式请求。

商务部可能会寻求"对申请作出决定必要的"补充信息,并且如果反托拉斯局作出这样的要求,商务部就必须这样行事。参见《联邦法典》第15卷325.3条g款。补充信息的正式要求可以用来取得文件或者回答问题,但该规则争议广泛,其也足以包含会见请求。为决定申请是否满足《出口贸易公司法》的标准,进行审查的部门,经与被指派的经济学家和外国商务处协商,应确定该种请求是否是必要的。如果他们作出结论,请求是必要的,那么进行审查的部门通常在申请审查的第20日通过外国商业处向执行处长提交拟议请求。进行审查的部门还应当通知商务部,它在行动前准备提交一份这样做的请求。

如果申请人同意提交所要求的信息,从商务部向申请人发出要求之日开始,到商务部收到申请人提交的信息并且商务部认为信息完整时为止的90日的期限内,申请人要缴纳相关费用。参见《联邦法典》第15卷第325.3条g款。如果申请者已同意提供信息,那么商务部将通知反托拉斯局。如果申请人不同意,反托拉斯局通过执行处长以信函方式通知商务部,反托拉斯局拥有的信息不足以作出决定。如果申请不撤回,商务部长随后必须按规定否决申请。

如果商务部提出请求,在其收到信息时,信息将提供给反托拉斯局。然而,除非反托拉斯局也请求信息,商务部是唯一有权决定回应请求所提交的信息是否完整的机构。

收到有关资料时,审查部门应立即进行审查(即5日内),以确定其是否完整。属于完整答复的书面确认应通过主任送交给商务部。为重新计算法定期限,外国商业处也应得到信函副本。如果答复不完整,那么审查部门应非正式接触商务部,尝试从申请人那里取得完整的答复。审查部门应认真考虑批准申请的决定能否基于可取得的信息而作出,或者申请是否由于申请人没有满足其义务必然会被否决。在前一种情况下,负责审查的主任应向商务部发出信函,撤回未回答的请求,从而重新开始法定计时。在后一种情况下,审查部门应为执行处长或者相关的副司法部长助理准备一封信函,提出答复的缺陷,并说明反托拉斯局拥有的信息不足以作出决定。申请人随后必须撤回申请或者坐等申请被否决。

除了特殊情况下以外,只有一项请求会在申请审查期间被送出。因此,请求应包括所有合理必要的文件和信息，从而决定拟议活动是否得到保证，但还应尽可能明确和严密地起草从而避免不必要的负担和延误。既然只有一项请求会被送出，那么重要的是保证在确认答复完整前收到所有被请求的合理必要的文件和信息。技术性、但属于次要的缺陷不应当得到坚持并作为拒绝确认答复完整的原因。

4. 信息保密

《出口贸易公司法》确立了对"与发布、修正或者撤回一项许可证"有关的任何人所提交的信息保守秘密、且根据《信息自由化法》豁免披露的条件。参见《美国法典》第15卷4019条a款。

此外，如果披露将损害提供信息的人，那么，除了《出口贸易公司法》（参见《美国法典》第15卷第4019条b款）和有关法规（《联邦法典》第15卷第325.16条b款3项）明确的某些情形外，反托拉斯局和商务部都被禁止披露授权豁免或者机密的商业或者财务信息。（提交信息人可以指定提交资料属于拒绝披露的或者机密的信息，但这种指定对资料是否属于该类型没有作用）如果寻求的披露涉及司法或者行政程序（所列举例外的一种），反托拉斯局必须根据规定尝试通知提交信息的当事人。参见《联邦法典》第15卷第325.16条c款。

5. 对申请的分析

分析一项申请的第一步是确定申请人和寻求证明的行为是否符合证明条件。申请人必须为《美国法典》第15卷第4021条5款所解释的人。此外，行为必须"限于出口贸易"，参见《美国法典》第15编第4012条a款1项，如该术语在《美国法典》第15卷第4021条1款中所解释的那样。出口贸易活动的含义在《出口贸易公司指南》第3条B款中进行了讨论。

分析的下一步是确定申请人是否符合以上提出的取得证明的法定标准。参见《美国法典》第15卷第4013条a款。如上所述，法定标准的目的是包含反托拉斯法全部涵盖的范围。《出口贸易公司指南》第4条提供了对这些标准的详细讨论以及它们对假设情况的适用。最后，审查部门必须确定拟议许可证的语言既是严密的，又是清楚的。这种语言可能会导致过于宽泛地授予反托拉斯局豁免或者可能使证明持有人受到他错误认为包含在许可证中的行为的责任影响。

商务部或者反托拉斯局一旦相信许可证存在某个问题，两机构就会致力于尽快通知对方。这种做法将留出最大限度的时间解决任何问题而不用否决申请或者请求申请人同意对90日的法定期间给予30日的延长期。参见《联邦法典》第15卷第325.5条a款。特别是，审查部门应尝试使商务部在证明草稿中加入反托拉斯局认为是必须的任何条件或者限制。

如果司法部长或商务部长认为有必要，且申请人同意，决定的最后期限会延长30日。见《联邦法典》第15卷第325.5条a款。只有在例外情况下才会去寻求这种延长，且经与商务部和申请人协商后进行安排。

6. 建议与审查

审查部门或者地区办公室将准备一份对申请采取何种行动的书面建议。负责法律和经济事务的执法人员应负责协调他们的审查，以确保适当的经济分析组对建议投入分析。该建议方案必须包括以下内容：

• 主任向执行处长送交备忘录，并对其建议和原因进行解释。备忘录第1页必须明确规定决定以及向商务部传达反托拉斯局决定所适用的最终期限；

• 商务部提交的拟议许可证（商务部必须在不晚于审查期间的第60日向反托拉斯局提供拟议许可证）；

• 司法部长助理向商务部总法律顾问递交的拟议信函，应说明司法部对申请的决定。如果建议拒绝合作，那么该信函必须说明不予合作的原因；

• 如果拟议行为全部或者部分被证明合格，但不是基于商务部推荐证明的表述，那么修订的推荐证明必须附上司法部长助理的建议信。

为不晚于审查程序的70日期间将建议原件和一份副本转交给执行处长，该建议原件和副本必须提交给外国商业处。（该日期将在外国商务处进行初始分配的备忘录说明中具体指出）任何来自经济分析组的单独建议必须在同一日送交。

执行处长将审查建议，并将其转发给相关的副司法部长助理和司法部长助理作出决定，是否同意签发拟议的许可证。司法部长助理必须作出决定，并在不晚于第80日前送交商务部（即法定期限届满前10日）。

商务部收到拟议证明和司法部长助理对申请作出决定的相隔时间非常短。通常，商务部和执法人员会在正式提交拟议许可证前充分讨论拟议许可证。然而，直到商务部在反托拉斯局的截止日期届满前20日将拟议证明提交给反托拉斯局，反托拉斯局才能确定证明所包含的条款。因此，执法人员在向执行处长提交其建议前，应努力取得商务部同意作出任何必要的改变。

7. 司法部长助理的决定

司法部长助理必须决定是否同意商务部拟议的许可证，并将决定在最终决定法定期间结束前不迟于10日送达给商务部。参见《联邦法典》第15卷第325.5条c款2项。这项决定将通过信函方式送达给商务部，并附拟议许可证。如果决定不同意签发许可证，那么部长助理必须"说明不同意拟议许可证的理由"。因此，审查部门或者地区办公室在这方面为司法部长助理准备的信函必须是适当的。如果司法部长助理没有在80日截止期限内向商务部送达决定，那么可以断定反托拉斯局已同意拟议许可证。参见《联邦法典》第15卷第325.5条c款3项。

如果司法部长助理不同意建议的许可证，商务部可能会选择修改建议许可证，回应反托拉斯局的担忧。除非司法部长助理同意进行修订，否则该许可证不得发布。参见《联邦法典》第15卷第325.5条c款2项。商务部在签发不同于申请人提议的许可证前必须与申请人进行商议。参见《联邦法典》第15卷第325.5条d款。该问题在法定截止期限前没有解决时，如果一家或者两家执法机构考虑它是必要的且申请人同意的话，司法部长助理或者商务部会有额外的30日作出决定。通常而言，请求延期由商务部作出。

8. 出口贸易公司记录簿

反托拉斯局各民事诉讼部应配备出口贸易公司记录簿，由外国商业处编制和定期更新。该记录簿概述出口贸易公司申请过程的其他程序方面，包括要求加速处理，要求复议以及撤销和修改程序。此外，记录簿包括《出口贸易公司法》、实施条例、出口贸易公司法指南、出口贸易公司法立法史摘选以及信函样本和范例。

（四）监督判决、JTS系统及判决执行

1. 监督判决

1984年5月，反托拉斯局由其诉讼部门和地区办公室直接负责所有的重要判决。在那个时候，每一个判决均被分配给一名律师，由他负责监督执行、发起相关的执行行动，并考虑判决是否应该修改、终止或者置于"非监督要求"状态。

确保遵守判决的具体必要步骤随判决的性质而变化。凡判决要求采取积极行动的场合（如剥离、提交定期报告），有必要确定规定行为是否发生了以及评估合规的充分性。对于禁止某些行为的判决，也有必要进行定期调查以确定被告是否遵守了禁令。这些调查应当确定何时进行以及以什么样的方式进行。

在定期询问到期时，询问应该以最大限度查明违反判决行为和以最小的调查努力的方式进行。第一阶段应限于与被告进行非正式接触和对公开的资料进行分析。这种信息的审查足以证明企业没有违反判决规定。如果非正式询问使被指派的政府律师相信可能存在违法行为，那么必须请求初步调查权。与所有调查一样，也必须得到联邦贸易委员会的许可，作为通知联邦贸易委员会的某种方式，反托拉斯局将着手进行调查。

2. 判决跟踪系统（Judgment Tracking System，JTS）及报告要求

反托拉斯局的监控判决和执法责任的分权使其有必要设立判决跟踪系统

（正式名称为判决执行管理信息系统或 JEMIS），该系统为旨在分类和追踪遵守反托拉斯局判决的计算机辅助系统。判决追踪系统由执行办公室管理和指导。在判决追踪系统中，所有反托拉斯局从前的民事判决被编码并存储。执行办公室的律师助理确保所有的新判决进入数据库得到保存。

该判决跟踪系统包含两种信息类功能。第一组包含每个判决的基本数据，包括案件及违法行为的类型、产品和地理说明、档案编号、判决状况、修改和具结的登录日期以及判决条款清单；第二组包含被告具体资料，包括所有被告的名称以及各个被告的表现、确认行为到期日以及遵守这些要求的日期。

每个民事部门都有一名判决协调员负责向执行办公室的律师助理送交判决通知与更新的判决，指派负责特定判决的政府律师通过协调员负责报告判决录入以来出现在判决中的任何改变。通常报告的信息包括：公司名称的变化、判决终止或者修改、收到的合规报告、其他积极行为（例如剥离）的发生日、公司情况的变化（如破产，以及涉及继承、收购和兼并等信息）。

3. 判决执行

如果根据初步调查的结果，执法人员作出可能已违反最终判决的结论，那么应当考虑开始执法行动。这里存在民事和刑事两种藐视法庭诉讼程序，且这两种程序都可以使用。至于藐视法庭程序的补充信息，政府律师可参考《美国检察官手册》第 9 章 39.000 条。

民事上的藐视法庭的救济目的是：为执行政府权力或者取得其他救济强迫遵守法院令，见国际商业机器诉美国案（参见 Int'l Bus. Mach. v. United States），493 F. 2d 112, 115 (2d Cir. 1973)；布拉德利诉美国家庭事务公司案（Bradley v. Amer. Household, Inc.），378 F. 3d 373, 378 (4th Cir. 2004)。在设计相关救济时，执法人员应当考虑诉诸禁止性救济和按日累计罚金，直到判决得到遵守，见美国诉工作服公司案（United States v. Work Wear Corp.），602 F. 2d 110 (6th Cir. 1979)。民事上的藐视法庭依据存在合法规则且规则被违反的"明确和令人信服的"证据而确立，见堪萨斯城市电力与照明公司诉全国劳资关系委员会案（Kan. City Power & Light Co. v. NLRB），137 F. 2d 77, 79 (8th Cir. 1943)；克罗默诉卡夫食品北美公司案（Cromer v. Kraft Foods North Am., Inc.），390 F. 3d 812, 821 (4th Cir. 2004)。故意不需要进行说明，且善意不是抗辩，见麦克波诉杰克逊维尔纸业公司案（McComb v. Jacksonville Paper Co.），336 U. S. 187, 191 (1949)；阿尔瑞纳尔多公司诉巴赫摇滚音乐学校公司案（Al C. Rinaldo, Inc. v. Bach to Rock Music School, Inc.），279 F. Supp. 2d 624, 628 (E. D. Pa. 2003)。

刑事上的藐视法庭不是补救措施：其目的是惩罚违法行为，维护法院权威,以及阻止其他人在未来从事类似行为。根据《美国法典》第18卷第401条第3款,刑事上的藐视法庭通过证明超越合理怀疑而确立,即存在适用于藐视法庭者的清晰和明确的命令,而该命令为藐视者明知且故意违反。见查普曼诉太平洋电报电话公司案(Chapman v. Pac. Tel. & Tel. Co.),613 F. 2d 193,195 (9th Cir. 1979);盐城宝龙生物产品有限公司诉美国案(Yancheng Baolong Biochemical Prods. Co., Ltd. v. United States),406 F. 3d 1377,1381 (Fed. Cir. 2005)。故意可以从事实和客观情况中推断出来,见美国诉灰狗公司案(United States v. Greyhound Corp.) 508 F. 2d 529,532 (7th Cir. 1974);以及从鲁莽忽视法院义务而推断出来,见关于爱丽丝案(参见 In re Allis),531 F. 2d 1391,1392 (9th Cir.), cert. denied, 429 U. S. 900 (1976);美国诉大都会废物处理案(United States v. Metro. Disposal),622 F. Supp. 1262,1264 - 65。处罚可以是罚金、监禁或者二者并处。

藐视法庭诉讼的管辖权和管辖地取决于没有遵守哪家法院的法院令,见莱曼诉克兰特勒 - 阿诺德公司案(Leman v. Krentler - Arnold Hinge Last Co., 284 U. S. 448 (1932))。民事上和刑事上的藐视法庭可能通过说明被告为何不应该视为藐视法庭的申请令开始。参见 Fed. R. Crim. P. 42。刑事上的藐视法庭程序也可以通过控告开始,参见美国诉施奈德案(United States v. Snyder),428 F. 2d 520,522 (9th Cir.), cert. denied, 400 U. S. 903 (1970),或者通过大陪审团调查后的申请开始,参见美国诉通用动力公司案(United States v. Gen. Dynamics Corp.), 196 F. Supp. 611 (E. D. N. Y. 1961)。如果程序通过诉讼解决,规则第42条的通知要求必须得到满足。

反托拉斯局启动了许多藐视法庭诉讼程序以执行其判决,例如,美国诉工作服公司案(United States v. Work Wear Corp.), 602 F. 2d 110 (6th Cir. 1979);美国诉灰狗公司案(United States v. Greyhound Corp.), 508 F. 2d 529 (7th Cir. 1974);美国诉郊区多道公司案(United States v. N. Suburban Multi - List, Inc.), 516 F. Supp. 640 (W. D. Pa. 1981);美国诉 NYNEX 公司案(United States v. NYNEX Corp., 814 F. Supp. 133 (D. D. C.)), rev'd and vacated, 8 F. 3d 52 (D. C. Cir. 1993);美国诉 20 世纪福克斯电影公司案(United States v. Twentieth Century - Fox Film Corp.), 700 F. Supp. 1246 (S. D. N. Y. 1988), modified, 882 F. 2d 656 (2d Cir. 1989), cert. denied, 493 U. S. 1021 (1990)。补充信息可以从刑事执行办公室获得。

在某些情况下,当判决的正确解释存在争议,不通过藐视法庭的方式进行处罚,而以相关的简易方式,通过获得法院令来强制被告遵守判决。例如,美国诉哥伦比亚广播公司案(United States v. CBS Inc.), 1981 - 2 Trade Cas.

(CCH) 64, 227 (C. D. Cal. 1981)。

（五）判决的修改及终止

考虑到判决执行的目的，被指派的政府律师总是应考虑判决是否是或者已经产生了反竞争的后果，或者产生了裁决者不愿意看到的相反结果，如果是这样的话，应当考虑修改或终止判决程序，与反托拉斯局资源的可用性相一致。在达成判决时非常完美的判决规定随着时间会变得不合时宜。另外，一项判决的某些条款可能反映了不再为公众接受的经济理论（如，非价格纵向限制应视为本身违法）。

1. 第一阶段：获得同意修改或者终止的许可

（1）程序的启动。

当判决被执法人员确定为可能进行修改或者终止的候选对象时，或者在判决被告发起一项终止或者修改其判决的请求时，反托拉斯局的部门或者地区办公室应立即要求各判决被告：

①详细解释（a）判决为何应当撤销或者修改，包括情况发生变化或者法律变化，使判决变得不公正；（b）判决实际产生了反竞争或者其他有害影响；

②如果存在变化的话，对变化进行说明，如果判决被撤销，被告考虑实施的方法或者从事经营的方法；

③就拟议的终止判决或者修改判决的事项，承担在贸易出版物和《华尔街日报》上刊登相关公众通知的费用，或者应反托拉斯局的要求，也可以以其他方式进行。

在极为特殊的情况下，反托拉斯局可能愿意承担公告的成本（如，如果判决的有害影响主要由第三方当事人而不是被告承担）。

在收到一个对请求的满意答复后，执法人员应提交一份简短的备忘录，向初步调查机关提出请求。初步调查机关收到、且反托拉斯局批准了来自联邦贸易委员会的请求，调查就可以进行，以确定终止或修改判决是否符合公共利益。

反托拉斯局为寻求终止或者修改判决不包含自动终止条款的和解协议（consent decree）的当事人加快审查进程。见新闻稿，"司法部宣布为终止或者修改以前的反托拉斯判决适用加速审查程序新议定书"（1993年4月13日）。大多数在1980年以前达成的和解协议不会自动终止。根据该议定书，诚如新闻稿附件所列，寻求终止或者修改判决的当事人为其请求提供反托拉斯局通常在审查期间收集的信息。请求方还必须通知受到正寻求终止或者修改的判决所约束的其他被告。最后，从反托拉斯局审查一开始，请求方必须自己付费公布其意图寻求终止或者修改判决的通告，邀请利益相关方向反托拉斯局提供相关信息。该公告不能取代向法院提起终止或者修改动议后出现的公告和评论期限。

（2）建议、审查及适用标准。

在调查完成时，执法人员应为执行处长准备一份备忘录，阐明其关于反托拉斯局是否同意撤销或修改判决的建议。当产业里发生的变化使以前中立的条款不利于竞争时，反托拉斯局通常会同意改变判决。然而，证明改变并不重要，判决实际存在反竞争影响也不是终止的必要条件。例如，反托拉斯局可能同意修改或者终止一项判决，该判决禁止被告有效使用（1）其他公司可以在市场中取得的；（2）通常根据合理原则检验的以及（3）现在不会抑制竞争的有效的营销方法。

具体而言，如在大陆电视公司诉 GTE 西尔韦尼亚公司案中［Cont'l T. V., Inc. v. GTE Sylvania, Inc., 433 U. S. 36（1977）］一项法令早于法院判决，且该法令包含对非价格纵向限制的绝对限制，那么反托拉斯局通常愿意撤回该判决，理由是该行为现在是根据合理原则进行裁定，且禁止会抑制有利于竞争的行为。反托拉斯局还倾向于撤销从前仅禁止本身违法行为的判决，理由是，这些判决仅重复了现行法律，且既然《谢尔曼法》的刑事滥用属于重罪那么就不再需要这些判决进行威慑。反托拉斯局是否同意终止永远禁止横向限制的政令将取决于特定企业和行业。反托拉斯局会倾向于反对终止对具有固定价格历史的企业和行业适用本身违法的判决，特别是如果市场结构仍然有助于卡特尔行为。另一方面，如果行业或者企业的性质随着年代的推移已发生变化，且不再有助于卡特尔行为，那么反托拉斯局将易于批准终止判决。

如果近来仍然存在违反判决的情况，反托拉斯局不太可能支持对一项判决的终止，持续中的违法行为会给反托拉斯局支持终止判决带来更为强烈的不利影响。

2. 第二阶段：终止或者修改程序

（1）必要文件。

如果执法人员的建议是修改或终止一项判决，其建议应附有下列文件：

● 条款建议，包括政府暂定同意终止判决（以备执法人员、主任、执行处长、相关的副司法部长助理、司法部长助理以及被告的签署）以及下列附件：

a. 在新闻和杂志上印刷的通告表（指定为表 A）；

b. 指导通告进行公布的命令（指定为表 B）；

c. 终止判决的命令（指定为表 C）。

（在一些管辖区域，规定及命令依靠当地的规则可能合并在一项请求中）。

- 政府备忘录的要点与机构。
- 司法部新闻稿。
- 联邦登记公告。
- 说明初始起诉书、判决以及当前相关情况的备忘录。

这些文件的各个范本可从《信息自由化法》组和反托拉斯局网站（ATR-net）处获得。由于这些范例受到持续修订的影响，特别是政府备忘录，因此，执法人员应在准备必要文件前取得最近的范本。

被告同样应准备其动议。此外，在反托拉斯局不知道任何违反判决的行为，且被告声称他一直遵守该判决时，被告的一名高级职员必须证明该结果。动议范本和书面陈述也可以从《信息自由化法》组处获得（它们与反托拉斯局的范例文件一起被认为是公开记录的内容，并可以由提出动议的被告所获得）。

（2）通告、出版成本及多个被告。

作为一项政策议题，要求公众给予评论的通告一般会在两个连续议题里出现：①《华尔街日报》美国国内版；②服务于判决涉及行业的主要贸易期刊。如果该判决影响了多个行业，该通告应在各相关行业的主要期刊内出版。

这类通告的出版费用由被告承担，且不是微不足道的。被告不时会要求免除在《华尔街日报》上进行发布，其理由是费用太高。反托拉斯局的政策是不同意这种请求，除非在极少数情况下：①鉴于被告的财务状况，《华尔街日报》的出版费用对被告施加了极为苛刻的负担，或者在《华尔街日报》进行公布显然是种浪费且没有必要；②计划在其他期刊上进行公布，这些期刊的读者群包括那些可能对该判决感兴趣的人（如，被告的竞争对手、供应商、客户）；③在该案件中，不存在与其他被告分摊费用的可能性。

除了被告发布通告以外，反托拉斯局还主动在联邦公告上公布修改或者终止动议的简要通告。该通告应概述正式控诉以及判决，陈述审查和复制相关文件的程序，并欢迎进行评论。如果可能的话，通告的长度不应超过双倍行距的两页纸（大约是联邦登记内的一个专栏）。向法院提交的文件不要求在联邦登记通告上公布。

然而，在涉及多个被告的案件中，一名被告可能会比其他人更热衷于终止该判决，并且因此愿意承担这样行为的全部费用。在这种情况下，反托拉斯局的政策是要求其他被告向反托拉斯局提供类似于志愿被告准备的宣誓证词（包括遵守判决的宣誓声明），并且如果他们如此行事，类似于志愿者发布的通告引用了反托拉斯局同意终止有关其他被告的判决。

（3）审查、申报及其他程序观点。

必要的文件应送交给相关的执行处长进行审查。作为一项规则，在转发一揽子建议时，规定已应由被告签署。在审查后，该处长会将这些文件发给相应的副司法部长助理和司法部长助理签字，然后将文件返还给执法人员。

执法人员必须在提交文件前24小时通知处长办公室，以便使公共事务办公室在希望签发新闻稿时有足够的准备时间来完成它。实际申报程序的变化取决于管辖区域。在一些地方，当事人提交其文件的当天，政府顾问和被告就会在相关的法官前出庭，就拟议的公众评论程序向法院提出建议，并请求接触指导被告公布通告的命令。在其他管辖区域，申报和接触公共通告可以通过邮件实现。无论使用哪些程序，法官都会被告知，一经取得司法部获得的公共评论，就会向法院提交这些评论。

在提交文件后，执法人员必须立即通知执行处长（不论是否已开始公布通告）以便签发新闻稿以及在联邦登记上公布通告。其后不久，执法人员进行检查以确认新闻稿是否已经发布。如果收到任何评论，他们应当迅速向法院提交。因此，在评论截止期后10日内，执法人员应通知法院，司法部是否打算提出答复。如果答复是适当的（情况通常如此）且执法人员需要额外的时间准备答复，政府将寻求被告同意延长时间，或者（如果被告反对）请求法院延长时间。对评论的答复将应送交给执行处长进行审查。

向法院提交的答复副本通常会在申报时发给所有评论人。需要注意的是，不同于反托拉斯程序和处罚法关于和解协议分录的程序，有关判决终止和修改的答复和评论不会在联邦公告上进行公布。

一旦公布了通告，被告应提交一份证明书，证明该事实。反托拉斯局也会在适当时提出一份证明，假定反托拉斯局没有撤回其同意。被告与反托拉斯局证明的范本都可以从《信息自由化法》执法小组和反托拉斯局网站（ATRnet）内获得。执法人员还应向法院送交解释证明重要性的附信函，并将判决终止令清洁副本提供给法官。

作为一项规则，反托拉斯局将不会建议在终止动议时举行听证，除非存在令人信服的理由认为是必要的。此外，如果利益相关方申请作为法庭之友出庭，虽然反托拉斯局不会反对，但是如果他们企图作为当事人进行干预，那么反托拉斯局通常会强烈反对的。

第四章 诉 讼

本章旨在大致描述反托拉斯局在民事和刑事诉讼中的司法实践和诉讼程序。它无意作为诉讼指南，而只是有选择性地阐释任何诉讼实践中都将遇到的程序问题。

由于反托拉斯诉讼中最常见的各种问题各种性质不同，本章节对一些问题将进行详细地阐述，但对其他可能的问题将只做粗略概述。民事诉讼部分将包括以下内容：准备诉讼和提出诉讼的简单描述；获得初步救济的标准和要求的详尽的法律和实践分析；民事诉讼证据发现程序中可能出现的问题的概述；民事案件审判的简单讨论和对简化、高效化民事诉讼的建议；对双方协商并进入双方同意判决的方法的详细介绍。

刑事诉讼部分将包括以下内容：对刑事控诉的准备工作和材料要求；对审前证据发现程序和申请实践的粗略介绍；实际审判工作中的一系列建议；辩诉交易谈判中考虑因素的简单描述以及在合适情况下对法院的量刑建议。本章最后部分将介绍在民事或刑事诉讼中准备提起与应对上诉的程序。

因为每个案件所呈现的问题都不一样，不可能为反托拉斯局的审前工作与审判工作设立任何一套程序。本章只作抛砖引玉之用。

一、民事诉讼程序的开始

(一) 准备起诉材料

既然民事诉讼以原告起诉为开端，不论诉因的差异，也不论反托拉斯局是否寻求诉前救济，民事诉讼在程序上都是相似的。执法人员将会准备一份起诉书提交给部门和地区办公室负责人和相关的执行主任，同时还会提交其他与案件相关的材料。

部门和地区办公室的文件档案，如同反托拉斯局的工作成果文件库一样，包含针对不同诉因的不同起诉书样本。这些样本提供了起诉书的基本格式和内容，可以帮助执法人员基于具体情况起草起诉书。总体而言，起诉书的模式日臻完善，因此执法人员应该与特别助理协商以保证应用于最佳模式。

执法人员还应该参考拟递交起诉状的地区的规则与实践，来确定起诉书的具体格式要求（比如纸幅、页边距与题目等）；也应该把拟起诉的意图告知美国地方检察官办公室，并与他们协商以确保起诉书格式的正确性。

首先，在准备起诉书时，执法人员不能忽略管辖地的重要意义和洲际贸易的主张。在确定管辖地时，应该注意被告经营业务的地点或公司设立地。在有多个被告的情形下，必须至少有一个被告满足这个管辖地的要求，经常的情况是所有的被告都满足这个要求，有时却是一个或一个以上的被告不满足或可能不满足这个要求。此种情形下，起诉书应该简要说明这个事实，并且，在请求救济时，为了诉讼的需要，起诉书应请求法院传唤那些不符条件的被告以确定对他们的管辖权。《美国法典》第15卷本第5条、《谢尔曼法》第5条以及《美国法典》第15卷第25条、《克莱顿法》第15条都分别有针对性地规定了法院的传唤，在许多情形下，被告的确定能够决定管辖地的确定。

其次，与案件具体事实相符的洲际贸易应该尽可能明确地主张，只要有可能，执法人员就应该主张这些事实，因为这些事实对于"影响"和"贸易"（流量）的测试都是必要的。起诉书还应该对州际贸易的总体主张作出陈述。除了这两个实际问题以外，起诉书中关于反托拉斯局提出的主张和申请救济的陈述应该简要而有说服力。关于反托拉斯局审查程序、批准诉讼和附随文件的详细阐述，参见第三章第七部分中第二小部分。

执法人员必须将暂定的起诉日期通知相关的主任办公室和相关的特别助理办公室，以便他们提前向公共事务办公室发送新闻初稿。公共事务办公室要求有一天的通告发布时间。执法人员不能把新闻稿直接寄送给公共事务办公室。

在起诉前，执法人员必须确保执行办公室和公共办公室的首席秘书完全收到了这些材料，并在上面签了名。执法人员应将起诉书提交给法院书记官，应符合书记官根据当地规则提出的形式要求，并确保完全遵守电子案件归档的规则。

（二）起诉后的程序

起诉一旦被受理，执法人员必须马上将承办法官的姓名、案号等通知相关主任办公室。主任办公室随即通知公共事务办公室可以发布新闻稿了。

执法人员提交起诉书后，尽可能地将盖章的起诉书副本和所有的文件提交给执行主任。另外，执法人员应该提交一份所有文件的副本给反托拉斯局文件组，并提交一份所有文件的电子版给文件组，以便将所有的文件上传到互联网上和反托拉斯局的内网上。当执法人员提交了拟议的一致同意判决后，执法人员也应该将其提交给本部门的其他办案同事。诉讼人员负责确保所有的诉讼文件由反托拉斯局的执法人员将其放在了合适的地方并进行了记录。

根据《联邦民事诉讼规则》第4条的规定，执法人员应该向被告发送起诉书和传票，同时，提供文件副本给其辩护律师。所有的当事人接到起诉通知和所有的地方司法区的程序得到遵守之后，对于加快处理该案确有必要的情况下，无论召开什么会议，执法人员应该遵守当地规则、惯例以及联邦规则。在合适的情况下，法院可以启动通过临时禁止令或预防性禁止令获得初步救济的程序。

二、获得初步救济：临时禁止令和预防性禁止令

这部分讨论法律分析和程序，帮助反托拉斯局审理执法人员决定是否寻求初步救济。本章节的法律探讨较多。因为审理执法人员面对众多的事实与法律裁量，审理准备时间又总是很短暂，所以他们可能更需要一个便捷有效的判例法法源以及在这个领域里的法律分析。当这个法律分析不彻底时，可能提出主要的法律问题，这个法律问题可能就是出现在寻求初步救济的过程中，如同必须在听证会举行之前就完成的程序一样。执法人员应该确保在任何情况下，所有的文件都清楚地表述了相关的法律问题，并遵守了程序规则。

初步救济的目的是创造一种事务的状态，这种状态如同法院基于全部审判的结论所能够作出的对当事人任何一方都有意义的判决。参见 Developments in the Law —— Injunctions, 78 Harv. L. Rev. 994, 1056（1965）；又见注释，Preliminary Relief for the Government Under Section 7 of the Clayton Act, 79 Harv. L. Rev. 391（1965）。反托拉斯局在任何时候都应该争取该初步救济，因为它的缺失将可能导致依托案件实体审理取得的救济可能不足以在受影响的市场上，或在一个临时反竞争的效果可能产生的地域中恢复有效的竞争。在法律先决条件都满足的前提下，初步救济特别适于依据《克莱顿法》第7条的案件，但也可适用于其他类型的案件，其中包括根据《谢尔曼法》第1条和第2条提起的诉讼。参见 15 U.S.C. § 4；又见 De Beers Consol. Mines, Ltd. v. United States, 325 U.S. 212, 219 – 20（1945）；United States v. American Column & Lumber Co., 263 F. 147（W.D. Tenn. 1920），permanent decree aff'd, 257 U.S. 377（1921）（violation of 15 U.S.C. § 1）；Philadelphia World Hockey Club, Inc. v. Philadelphia Hockey Club, Inc., 351 F. Supp. 462（E.D. Pa. 1972）（violation of 15 U.S.C. § 2）。

临时禁止令是最极端的预防性禁止令救济形式。其目的是在法院为预防性禁止令之申请举行听证会之前，防止迫在眉睫的和不可逆转的事态发展，这个发展可能严重损害申请人获得实质救济的权利。临时禁止令可以通知或提示的方式向对方当事人发出，也可以直接发出，（但尽可能以通知的方式发出，因为法院在反托拉斯案件中很可能有此项要求）临时禁止令应遵守严格的期限，

一旦发布一般是不可上诉的。

预防性禁止令的功能类似于临时禁止令，中止审判和案件的最终判决，但它基于更完整的审判记录，具有更严格的规则要求。应给予相关当事人充分和公平的机会对所申请的救济进行答辩，大多数案件都会举行听证会。该预防性禁止令如果获准，就可能是无限期的，它必须辅以详细的调查结果和法律结论，而且它是可以上诉的。

在合并案中，很少有案件在常规的初步救济申请批准很早之前就被起诉，而且，也不太可能完成必要的听证会并按期解决问题。因此，在大多数案件中，除非被告在预防性禁止令听证会或完整的审判活动进行之前愿意允诺临时救济（例如达成不合并的协议），临时禁止令应确保能及时作出决定，并确保竞争不会受到不可逆转的损害。此外，临时禁止令可能是对预防性禁止令之申请迅速进行听证会的一种有益的手段。参见《联邦民事诉讼规则》第65条第2款（该款规定，一项无需通知的临时禁止令获准后，对预防性禁止令之申请的听证会将优先进行）。

（一）程序性规定

1. 临时禁止令

《联邦民事诉讼规则》第65条第2款规定，单方面发出的临时禁止令可以获准，并可以不经通知对方当事人，但对此类临时禁止令设定了很多的限制。它规定对方当事人可以申请听证会，还对临时禁止令的解除或修改作出规定。这些规则不适用于附带通知或给予对方当事人提示的临时禁止令。

（1）通知。

根据《联邦民事诉讼规则》第65条第2款，只有在申请人能明确地以具体事实说明"立即和不可弥补的损害"即将出现的情况下，或者申请人对拟给予通知却不能给予通知的原因进行书面陈述的情况下，不予书面或口头通知的临时禁止令才可以获准。然而，咨询委员会对《联邦民事诉讼规则》1966年修正案第65条第2款的注释还规定，"非正式的通知，只要没有传达给对方当事人，即使已经传达给律师，也将视为根本没有通知"。

《联邦民事诉讼规则》没有具体说明哪些案件的临时禁止令需要附书面或口头通知，哪些又无需附带通知，因此，申请人得以免除对该规则第65条第2款进行说明的义务。参见11A Charles Alan Wright et al. Federal Practice & Procedure: Civil 2d § 2952, at 273 (2d ed. 1995) ("Wright")。我们建议书面通知只要满足《联邦民事诉讼规则》第65条第2款的要求即可。然而，为保险起见，反托拉斯局的律师们申请临时禁止令时，不论实际上的通知是否已经发出，都应遵循无需通知型临时禁止令的规则要求，同时，应当遵循规则尽可能发出实际的通知。当然，执法人员应遵循的是拟提交申请的地区的规则和惯例。

（2）宣誓书的内容。

《联邦民事诉讼规则》第 65 条第 2 款规定，无需书面或者口头通知的临时禁止令的获准应基于能"清楚地"陈述"具体事实"的"宣誓书或者……经核实的控诉"，该陈述须表明"在相对方或其律师作出答辩之前申请方"将受到立即的和不可弥补的损害。根据《伪证处罚法》，未经宣誓的陈述也可以代替采用。参见《美国法典》第 28 卷第 1746 条。很显然，对于规则第 65 条第 2 款项下所要求的宣誓，尚无判例法为其确定判断标准，参见 11A Wright § 2952, at 275。但是，应该为申请预防性禁止令之宣誓书设定一个适当的标准。参见 11A Wright § 2952, at 276）；又见下文注释 2（预防性禁止令之宣誓书的讨论部分）。《联邦民事诉讼规则》第 65 条第 2 条中规定的宣誓不必满足第 56 条第 5 款为总结判决所设的更为严格的要求。参见 11A Wright § 2952, at 275 - 76）。当然，如果该宣誓更多地基于个人知识背景，而不限于信息和信仰，法院将会更重视。

（3）听证会。

a. 不强制要求听证会。

《联邦民事诉讼规则》第 65 条第 2 款并没有将听证会规定为临时禁止令获准的必经程序。为申请临时禁止令所举行的听证会有时是封闭进行，并不予记录。然而，任何一方当事人均有权要求对听证程序进行记录。参见 28 U. S. C. § 753（b）；National Farmers' Org., Inc. v. Oliver, 530 F. 2d 815（8th Cir. 1976），National Farmers' Org., Inc. v. Oliver, 530 F. 2d 815（8th Cir. 1976）。我们也建议当事方坚持要求做记录。

b. 随后进行的预防性禁止令听证会。

《联邦民事诉讼规则》第 65 条第 2 款规定，如果一个无需通知型的临时禁止令获准，那么，对于申请预防性禁止令的听证会应尽快并优先于其他不同性质的事项进行安排。听证会的申请一经提出，获得临时禁止令的当事方必须着手申请预防性禁止令，否则，法院将解除临时禁止令。因为单方面临时禁止令的目的是维护现状，防止无法弥补的伤害，只要有可能举行听证会，就不再采取此方式。参见 Granny Goose Foods, Inc. v. Brotherhood of Teamsters, Local 70, 415 U. S. 423, 439（1974）。

c. 申请解除临时禁止令的听证会。

相对方有可能提出解除或修改临时禁止令的申请，在此情形下，在给予获得无需通知型临时禁止令的当事方 2 日的通知时间（或法院规定的更短时间）

之后，法院将依据《联邦民事诉讼规则》第 65 条第 2 款直接举行听证会，并对前述申请如同对待最终审判要求一样尽快作出处理。

（4）期间。

根据《联邦民事诉讼规则》第 65 条第 2 款，无需通知型临时禁止令仅在为其设定的期间内有效，即不超过 10 日。然而，在临时禁止令规定的期间内，它还可以基于正当的理由延展一个"类似期"（即 10 日）。规则还规定，临时禁止令只有在禁止令针对的相对方直接同意的情况下，生效期才可以延展。从规则的字面含义看，"允许基于同意延展生效期"并不限于 20 日。不过，地方当局应就该项事宜进行磋商，任何延长都不可以是无限期的，唯此，才符合临时禁止令的宗旨——只是在听证会举行之前的"临时"的救济。参见 Fernandez - Roque v. Smith, 671 F. 2d 426, 429 - 30 (11th Cir. 1982); Connell v. Dulien Steel Prods., Inc., 240 F. 2d 414, 417 (5th Cir. 1957); 11A Wright § 2953, at 283 - 84。以上的规则与做法同样适用于为那些只发出非正式通知的临时禁止令。参见格兰尼鹅类食品有限公司案（Granny Goose Foods, Inc., 415 U. S. at 433 n. 7）（"即使根据《民事诉讼规则》第 65 条（b）项的相关条款……仅仅限制在不通知情况下颁发限制令的期限，我们认为虽然在该案中已经发出了非正式的通知，但还是应该适用该条规定。"）。

临时禁止令通常应规定有效期，如果一项禁止令未作相关规定，则 10 日之后自动失效，除非期间得到延展。参见 Granny Goose Foods, Inc., 415 U. S. at 443 - 444; 7 James Wm. Moore, Moore's Federal Practice 65. 07, at 65 - 134 (2d ed. 1996) ("Moore")。

这些案件中很少有关于延长临时禁止令生效期限理由方面的指导。参见 11A Wright § 2953, at 279。然而，很显然，拟延期的当事方必须在禁止令的原定生效期期满之前寻求延长有效期。参见注释同上; 7 Moore 65. 07, at 65 - 135。也几乎没有法律对延期的理由作出规定，但以下理由应该是充足的，比如，需要更多的时间来完成听证会，参见 United States v. United Mineworkers of America, 330 U. S. 258, 301 (1947); Maine v. Fri, 483 F. 2d 439, 441 (1st Cir. 1973)。再比如需要更多的时间来提交申请预防性禁止令的补充证据，见 Weyenberg v. Town of Menasha, 409 F. Supp. 26, 27 - 28 (E. D. Wis. 1975)，或需要更多的时间让法院为判决做准备，见 Steinberg v. American Bantam Car Co., 76 F. Supp. 426, 433 (W. D. Pa. 1948)，至少只要最初准予禁止令的理由继续存在，延长禁止令生效期限的请求将被驳回。参见 11A Wright § 2953, at 279; 7 Moore 65. 07, at 65 - 136。

如果当事方确有打算，修改或解除临时禁止令的听证会往往可以转换为预防性禁止令的听证会。参见 Granny Goose Foods, Inc., 415 U.S. at 441。

(5) 临时禁止令的形式。

根据《联邦民事诉讼规则》第 65 条第 2 款，每个无需通知型临时禁止令应记载其发布的日期和时间；应在办公室立即归档并记录备案；应详细说明损害，并阐明为什么该损害是不可弥补的以及无需通知型临时禁止令获准的原因。那些只发出非正式通知的临时禁止令也应作出类似的叙述。此外，第 65 条第 4 款规定，每个禁令应当阐明其发布的具体原因，应对涉案行为或拟意限制的行为作详细的阐述，表述时不应参照起诉书或其他文件。参见第四章第二部分中第三小部分（总结反托拉斯局建议的临时禁止令的内容）。当然，也应参考当地规则和惯例，因为它们可能会影响到禁止令的形式。

(6) 上诉。

临时禁止令的发布或拒绝发布一般是不可上诉的。参见 Connell v. Dulien Steel Prods., Inc., 240 F.2d at 418。然而，当临时禁止令超出《联邦民事诉讼规则》第 65 条第 2 条所允许的 10 日或 20 日（或经各方当事人同意，远远超出此期间）仍然持续生效的情况下，一些法院将就将临时禁止令视为一个预防性禁止令，其目的在于引发它的可诉性。此时，该临时禁止令的生效不再合适，因为它未能满足预防性禁止令的要求，如对认定事实的概括。参见 Sampson v. Murray, 415 U.S. 61, 86 (1974); In re Arthur Treacher's Franchise Litigation, 689 F.2d 1150, 1153 – 55 (3d Cir. 1982); Telex Corp. v. IBM, 464 F.2d 1025, 1025 (8th Cir. 1972); National Mediation Bd. v. Air Line Pilots Ass'n., 323 F.2d 305, 305 – 06 (D.C. Cir. 1963); Pan American World Airways, Inc. v. Flight Engineers' Int'l Ass'n, 306 F.2d 840, 843 (2d Cir. 1962); 11A Wright § 2953, at 280 – 83。

2. 预防性禁止令

(1) 通知和听证。

《联邦民事诉讼规则》第 65 条第 1 款第 1 句指出，预防性禁止令不可以在未经通知对方当事人的情形下发布。第 65 条第 1 款没有详细规定该项通知，但第 65 条第 4 款规定，听证会的通知一般情况下应附随一个申请，这个申请应在指定的听证会日期的 5 日以前提出。参见 11A Wright § 2949, at 213。由于第 65 条第 4 款允许通过法院指令改变时限，所以可以申请缩短时限。还应该参考当地规则以确定时限和申请所需的通知。关于通知内容，提供预防性禁止令申请的复印件一份以及听证会的时间和地点就足够了。参见 11A Wright § 2949, at 214。

虽然在许多法院的实践中，预防性禁止令可以完全以宣誓证词和文件为基础，但这通常只有在双方当事人都不申请证据听证会或对案件事实没有争议的情况下才这样做。在这些情况下，现场证词（live testimony）通常会作为声明、宣誓证词记录以及文件的补充。参见 FTC v. Coca-Cola Co., 641 F. Supp. 1128, 1129-30 (D. D. C. 1986), vacated, 829 F. 2d 191 (D. C. Cir. 1987)。根据《联邦民事诉讼规则》第6条第4款的规定，宣誓书至少在听证会的1日前送达。

在反托拉斯案中，预防性禁止令听证会审理时间，平均从一两天到一两个星期，或者更长。《联邦民事诉讼规则》第65条第1款第2项规定，法院可能要求将预防性禁止令听证会与案件实体合并审理，因此，执法人员必须做好准备，以解释合并审理是否是适当的。在许多情况下，从反托拉斯局的立场上看，合并审理是不适当的。

反托拉斯局常常有充分的理由反对这样的合并审理，如，合并审理会涉及许多复杂的法律的和事实上的问题，要求进行大量的起诉之后的证据发现。参见证券交易委员会诉萨根特案，SEC v. Sargent, 229 F. 3d 68, 80 (1st Cir. 2000) ("法院没有权力建议限制执法机构的证据发现权力是合适的，这一证据发现以扩大先前的调查对案件有本质影响的事实为基础"[引自 SEC v. Saul, 133 F. R. D. 115, 188 (N. D. Ill. 1990)]；美国诉 GAF 公司案，United States v. GAF Corp., 596 F. 2d 10, 14 (2d Cir. 1979)。("记住这点是重要的，司法部在起诉前阶段进行调查的目标不是要'证明'其提起诉讼的案件，而是要对是否起诉作出一个经得起检验的决定"，引自 H. R. Rep. 94-1343 at 26, 1976年《哈特-斯科特-罗迪诺反拉斯改进法》）如果法院的这种行为完全地剥夺了一方当事人完整地和公平地提出案件实体问题的权利，将实体问题与预防性禁止令听证合并是一种滥用自由裁量权的行为。其他的问题是，作出这样的合并审理是不适合的，包括以许可的形式提出优先证据的必要性和明确说明问题的必要，如拟议的资产剥离，这些会推迟调查。

《联邦民事诉讼规则》第65条第1款第2项规定，为了申请预防性禁止令所获得的所有证据，将被允许在审判中自动成为法庭记录的一部分，没有必要在审判中重复。但是，如果有充分的理由，它可以被重新陈述。

（2）期间和形式。

预防性禁止令，不像临时禁止令，可以是无限期的。通常情况下，它的效力可以持续到案件实体审理的结束，但如有正当理由，法院仍有权解除或修改预防性禁止令。参见 7 Moore 65.05, at 65-128。

《联邦民事诉讼规则》第65条第4款要求，禁令应当阐明其发布的具体原因，应对涉案行为或拟以限制的行为作详细的阐述，表述时不应参照起诉书或其他文件。参见 City of Mishawaka v. American Elec. Power Co. , 616 F. 2d 976, 991 (7th Cir. 1980)。(仅仅对《谢尔曼法》的文字说明不足以详尽阐释拟以限制的行为), cert. denied, 449 U. S. 1096 (1981)。《联邦民事诉讼规则》第 65 条 (d) 款规定,此禁止令是有法律约束力的,"仅在双方当事人提出诉讼时,他们的官员、代理人、执法人员、雇员和律师要受到约束,当这些人采取共同行动时,或者与那些实际上通过个人送达或者其他方式送达收到命令通知的人参与诉讼时,才受到约束。"此外,第 52 条第 1 款指出,在诉讼期间批准或不批准给予预防性禁止令的,还需要对构成法院审判活动基础的事实调查和法律依据进行说明。

(3) 上诉。

根据《美国法典》第 28 卷第 1292 条第 1 款第 1 项,预防性禁止令是可以上诉的。("地区法院的诉讼期间指令……批准、维持、修改、拒绝或解除禁令,或拒绝解除或修改禁令")在上诉期间,地区法院和上诉法院均有权批准或维持预防性禁止令的效力,参见 Fed. R. Civ. P. 62 (c); Fed. R. App. P. 8 (a)。不仅这样的禁令经常可以获准,而且,对准予或解除预防性禁止令的上诉也往往能获得从速审理。

上诉的审查范围很小,大多数法院表示,他们只纠正明显的自由裁量权滥用行为,参见 Doran v. Salem Inn, Inc. , 422 U. S. 922, 931 - 32 (1975); American Med. Ass'n v. Weinberger, 522 F. 2d 921, 924 (7th Cir. 1975); SCM Corp. v. Xerox Corp. , 507 F. 2d 358, 360 (2d Cir. 1974) 或法律适用错误。参见 Selchow & Righter Co. v. McGraw - Hill Book Co. , 580 F. 2d 25, 27 (2d Cir. 1978); Jones v. Snead, 431 F. 2d 1115, 1116 (8th Cir. 1970)。对案件事实的调查是为了审查是否有明显的错误。参见 11A Wright § 2962, at 443 & n. 62。上诉法院通常只审查提出上诉范围内的具体问题,而不会对案件争议部分进行深究。参见 11A Wright § 2962, at 435。

(二) 同意颁发预防性禁止令的标准

联邦规则并没有规定给予或者拒绝预防性禁止令的标准,因此,历史上的衡平法上的考虑应当加以适用。莱特描述了在做决定时最为重要的几个因素,参见 11A Wright § 2948, at 131 - 33 (案例集锦):

• 原告在案件实体问题上获胜的可能性;

• 如果禁止令未被同意颁发,原告将遭受不可弥补之损害威胁的严重程度;

• 前项损害和如同意颁发禁止令将会给被告造成的损害之间的平衡状态;

• 公共利益。

参见 Doran v. Salem Inn, Inc., 422 U.S. at 931 一案；也可参见 Morton Denlow, The Motion for A Preliminary Injunction: Time for a Uniform Federal Standard, 22 Rev, Litig. 495 (2003)。

1. 原告在实体问题上获胜的可能性

常见的情况是，法院已经说得很清楚，原告的举证责任是证明在实体问题上获胜的合理的可能性。当法院已经使用多种方式形成这一概念时，法院同意原告需要表明案件表面上证据确凿，而不需要证明胜诉的必然性。参见 11A Wright § 2948.3, at 184 – 88; United States v. Nippon Sanso, 1991 – 1 Trade Cas. (CCH) 69, 377 (E.D. Pa. 1991)（《克莱顿法》第 7 条案件；合理可能性证明）; United States v. Country Lake Foods, Inc., 754 F. Supp. 669, 673 (D. Minn. 1990)（政府在《克莱顿法》第 7 条案件中未能表明胜诉的可能性）; United States v. Ivaco, Inc., 704 F. Supp. 1409, 1420 (W.D. Mich. 1989)（政府已经确立了《克莱顿法》第 7 条案件的"表面证据"规则）; United States v. Calmar, Inc., 612 F. Supp. 1298, 1300 (D.N.J. 1985)（在表明《克莱顿法》第 7 条违法行为中要求胜诉的"合理可能性"）。

在大多数非反托拉斯案件中，胜诉的可能性是在对诉讼各方的损害之间进行平衡比较后才能确定。当艰难的平衡决定性地倾向于原告时，原告不需要强烈地表明胜诉的可能性以获得一项预防性禁止令。莱特把这种平衡表述为一种"倾斜的平衡"。参见 11A Wright § 2948.3, at 195; Duct – O – Wire Co. v. U.S. Crane, Inc., 31 F. 3d 506, 509 (7th Cir. 1994)。正如弗兰克法官在 Hamilton Watch Co. v. Benrus Watch Co., 206 F. 2d 738, 740 (2d Cir. 1953) 案中广受引用的意见所表述的：

为了证明临时禁止令的正当性，在审判后，原告作出最后决定的权利，将这种权利作为绝对明确的、毫无疑问的权利，是没有必要的；如果还有其他的因素（例如，艰难的平衡决定性地倾向于原告一方），原告已经提出问题指向案件的实质，如此严肃、充实、困难和可疑，以至于把他们作为诉讼以及作为有目的的调查的一个公平的基础，通常情况下，这已经是足够的了。

当"诉讼的公平基础"这一标准在大量的私人反托拉斯案件中得以适用时，第二巡回法院在政府根据《克莱顿法》第 7 条提起的案件中却拒绝适用这一标准，理由是：一旦政府表明第 7 条被违反的合理的可能性时，无法弥补的损害是假定的；根据这一假定，政府应当要做的事情不止于提出一个"诉讼的公平基础"。United States v. Siemens Corp., 621 F. 2d 499, 505 – 06 (2d Cir. 1980)。但是参见 United States v. Gillette Co., 828 F. Supp. 78, 86 (D.D.C. 1993)（主张在《克莱顿法》第 7 条诉讼案件中，既然表明不可弥补的损害是很强烈的，政府不得不更少地表明胜诉的可能性）；United States v. Brown Shoe Co., 1956 Trade Cas. (CCH) 68, 244, at 71, 114 – 15 (E. D. Mo. 1956)（适用 Hamilton Watch 标准）应当参考特别巡回法庭的案件以决定胜诉可能性的什么样的标准正在该法庭被适用于政府根据《克莱顿法》第 7 条提起的诉讼案件。

在《克莱顿法》第 7 条案件中，为了寻求预防性禁止令，合适地表明胜诉的可能性能够导致混乱，因为《克莱顿法》第 7 条涉及一个关于合并或并购可能造成没有竞争的效果的预言，同样，同意颁发预防性禁止令也涉及一个有关原告胜诉机会的预言。这样，为了获得一个预防性禁止令，政府只需要表明一个合理的可能性，即它将能够表明竞争也许因此而实质性地被减少。然而，法院也许不正确地要求政府表明实质性的可能性，即在拟议中的交易被初步禁止之前，竞争将会被削弱。例如，United States v. Gimbel Bros., Inc., 202 F. Supp. 779, 780 (E. D. Wis. 1962)。这不适当地给政府增加了一项立即的举证责任，证明它对最后救济的权利。参见 Comment, "Preliminary Preliminary" Relief Against Anticompetitive Mergers, 82 Yale L. J. 155, 157 (1972)。这一标准应当是政府是否有能力证明一个实质性减少竞争的合理可能性。参见 Pargas, Inc. v. Empire Gas Corp., 423 F. Supp. 199, 222 – 223 (D. Md.)（要求"确立交易的效果'可能'实质性地减少竞争的极大可能性"）aff'd, 546 F. 2d 25 (4th Cir. 1976)。

为了证明其胜诉的可能性，除非政府能够表明反竞争的直接效果，政府必须运用有关地理市场和产品市场的证据。由于时间和调查的限制，有关对竞争的可能的负面效果，政府其他的证据常常主要集中在可能的反竞争效果的结构性证据上（横向合并指南中的赫芬指数的种类及变化以及其他的因素），以及这一时间阶段内可以获得的表明合并可能对消费者产生的损害的其他证据。根据判例法，"被工业领袖控制的反映市场份额以及合并各方的数据，当然是市场支配力的主要的指数"。参见 Brown Shoe Co. v. United States, 370 U. S. 294, 322 n. 38 (1962)；也参见 United States v. General Dynamics Corp., 415 U. S. 486, 498 (1974)；United States v. Philadelphia Nat'l Bank, 374 U. S. 321, 363 (1963)。

政府有权力依赖这些证据制作表面上证据确凿的具有可能反竞争效果从而具有非法性的案件。参见 Philadelphia Nat'l Bank, 374 U. S. at 363。但是被告也有权利试图通过表明"市场份额数据只是对并购对竞争的可能影响的不精确的描述进行反驳"。参见 United States v. Citizens & Southern Nat'l Bank, 422 U. S. 86, 120 (1975)；也参见 General Dynamics Corp., 415 U. S. at 497 – 504；

United States v. Consolidated Foods Corp., 455 F. Supp. 108, 134 – 35 (E. D. Pa. 1978); United States v. Amax, Inc., 402 F. Supp. 956, 970 n. 53 (D. Conn. 1975)。结果是，法院例行公事地就影响竞争的结构性的因素作出陪审团判决。例如，FTC v. Coca – Cola Co., 641 F. Supp. 1128, 1135 & n. 18 (D. D. C. 1986), vacated, 829 F. 2d 191 (D. C. Cir. 1987); United States v. Calmar, Inc., 612 F. Supp. 1298, 1305 – 07 (D. N. J. 1985). FTC v. H. J. Heinz Co., 246 F. 3d 708 (D. C. Cir. 2001)。在预防性禁止令听证会阶段，执法人员应当在其直接案件中准备好就相关结构性的事项提供证据。

2. 无法弥补的损害

从历史上看，只有当法律上没有足够的救济的时候衡平法才能介入。例如，当声称的损害不能被以后的损害赔偿所弥补的时候。在没有禁止令救济措施的情况下，无法弥补的损害表明没有足够的法律救济手段可以使用。衡平法可以用来阻止即将发生的损害。参见 11A Wright § 2944。在现代实践中，法院在考虑是否同意初步救济的时候，无法弥补的损害是一个考量的因素。

尽管法院已经适用了传统的无法弥补的损害这一衡平法上的标准，对按照《克莱顿法》第 7 条提起的私人诉讼，他们已经意识到在政府按照该法寻求初步救济的情况下，做一个不同的尝试是必要的。法院已经规定，当政府表明对案件实体问题有胜诉的可能性时，它需要独立地表明无法弥补的损害。参见 United States v. Siemens Corp., 621 F. 2d at 506; United States v. Ingersoll – Rand Co., 320 F. 2d 509, 524 (3d Cir. 1963); United States v. Ivaco, Inc., 704 F. Supp. 1409, 1429 (W. D. Mich. 1989); United States v. Culbro Corp., 436 F. Supp. 746, 750 (S. D. N. Y. 1977); United States v. Atlantic Richfield Co., 297 F. Supp. 1061, 1074 n. 21 (S. D. N. Y. 1969), aff'd mem. sub nom. Bartlett v. United States, 401 U. S. 986 (1971); United States v. Wilson Sporting Goods Co., 288 F. Supp. 543, 567 (N. D. Ill. 1968); United States v. Pennzoil, 252 F. Supp. 962, 986 (W. D. Pa. 1965); United States v. Chrysler Corp., 232 F. Supp. 651, 657 (D. N. J. 1964); United States v. Crocker – Anglo Nat'l Bank, 223 F. Supp. 849, 850 (N. D. Cal. 1963); United States v. Brown Shoe Co., 1956 Trade Cas. 68, 244, at 71, 114。实际上，最高法院在格言中陈述道，在一个政府案件里面（根据《克莱顿法》第 15 条）违反法律的证据也许就是给予救济的一个充分的理由：公共损害。参见 California v. American Stores Co., 495 U. S. 271, 295 (1990)。

这一学说有时候被定性为免除政府证明无法弥补的损害的责任，但是这样说可能更精确一些，即作为一个法律问题，无法弥补的损害的一个必要的因素被隐含在对法令的违反威胁之中了。United States v. Ingersoll – Rand Co., 218 F. Supp. 530, 544 – 45 (W. D. Pa.), aff'd, 320 F. 2d 509 (3d Cir. 1963); 又参见 United States v. Crocker – Anglo Nat'l Bank, 223 F. Supp. at 850。

在政府案件中不需要表明无法弥补的损害的理由包括：首先，问题中的"损害"或者"侵害"必须依据对当事各方受法律保护的权利和利益来进行定义。作为原告政府，至少在涉及《克莱顿法》第 7 条的案件中，并没有私人关系或者财产利益处于危险之中。它寻求作为一个主权者的利益，在一个竞争的、自由的市场经济中维护公共利益，公共利益受到侵害，无论何时当法律的禁止性规定被违反的时候，从定义上看就有损害的发生。因此，一个潜在的违法行为必然对被保护的利益产生损害。

被告认为，没有证据显示无法弥补的损害与获得预防性禁止令是不相关的。在一个并购可能会实质性地减少竞争或者具有形成托拉斯趋势的情况下，《克莱顿法》第 7 条表明了国会要予以禁止的态度。这种禁止是一种立法上的宣示，即有这种后果的并购是违反公共利益的。政府不需要表明以政府的身份它将要忍受无法弥补的损害，但是它只要表明它很有可能在案件实体问题上胜诉即可。参见 United States v. Chrysler Corp., 232 F. Supp. 651, at 657 (D. N. J. 1964); United States v. Crocker – Anglo Nat'l Bank, 223 F. Supp. at 850 – 51。

从这种可能损害的无形特征可以得出这样的推测，与传统的标准比较，这种损害是完全不可弥补的；反竞争影响的不确定性，使得先前两个独立的、可能从来都不会联合的公司，从事犯罪行为之后，法院会将两个案件进行临时的合并；国会的法令防止竞争性的损害；这项政策具有不容置疑的重要性。

此外，临时性禁止令救济的替代手段，即在并购发生以后，让合并后的公司恢复原状，并不足以保护公众的利益。最初的替代方法是选择颁发初步禁止令，禁止拟议中的并购的最终完成，将非法获得的股票或者资产进行剥离。但是，即使在有初步保持独立禁止令帮助的情况下，剥离已经被证明并不是一个充分的救济方式。

在很多案件中，非法被并购的公司不能（或者至少不是）被视为一个有生存能力的独立的竞争者，它的资产可能已经被并购公司瓜分或者出售了，它的主要管理人员可能已经离开了；其次，即使在那些表面上成功的剥离的案件中，由于竞争的暂时失灵，创新或者研发方面的延迟，或者商业秘密或者其他机密信息的转让，对市场结构可能会造成相当持久的损害。参见 FTC v. PPG Indus., Inc., 798 F. 2d 1500, 1508 – 09 (D. C. Cir. 1986)。还有，案件在审理期间，竞争也会受到负面的影响，这种损害在审判后也不可能得到修正。

许多法院已经意识到，让已经合并的企业恢复原状和重组被合并的公司让其成为一个有生存能力的竞争实体，是一个非常重要的问题。参见 United States v. Ingersoll – Rand Co. , 218 F. Supp. 530, 542 – 43（W. D. Pa. ），aff'd, 320 F. 2d 509（3d Cir. 1963）。

在实践中，要精确地预测所有潜在的反竞争效果是不可能的。对竞争过程的损害（持不同意见者认为，这与对特定竞争者、消费者或者供应商的损害可能是不同的），即使是在事实发生以后，也可能是细微的、逐步的、不可量化的。没有发生具体的反竞争症状的事实本身并不表明竞争尚未受到影响，因为一旦两家公司合并了，除了合并者外，没有人知道被并购公司的命运、其竞争对手们将来可能的命运。参见 United States v. General Dynamics Corp. , 415 U. S. 486, 505（1974）（引用 FTC v. Consolidated Foods Corp. , 380 U. S. 592, 598（1965））。救济的充分性几乎完全是一个投机性的事情。本质的问题是谁将必须承担这种不确定性的风险，判例法支持这种结论，即不应该由公众来承担该风险。

总之，"剥离并不总是一个实际可行的救济方式，它也并非是一个无痛苦的方式"。参见 Elco Corp. v. Microdot, Inc. , 360 F. Supp. 741, 755（D. Del. 1973）。它"通常都充满了困难，并产生了一系列的问题，这些问题如果可能的话应该被避免"。参见 United States v. Atlantic Richfield Co. , 297 F. Supp. 1061, 1074（S. D. N. Y. 1969），aff'd mem. sub nom. Bartlett v. United States, 401 U. S. 986（1971）；又参见 FTC v. University Health, Inc. , 938 F. 2d 1206, 1217 n. 23（11th Cir. 1991）。

注意到这一点是很重要的，即对无法弥补的损害的假定并不是专属反托拉斯法的理论创新。同一规则通常也被运用到其他涉及法令宣布的重要的公共政策的场合。参见 Government of the Virgin Islands v. Virgin Islands Paving, Inc. , 714 F. 2d 283, 286（3d Cir. 1983）（Virgin Islands statutes）；United States v. Spectro Foods Corp. , 544 F. 2d 1175, 1181（3d Cir. 1976）（Federal Food, Drug & Cosmetic Act）；SEC v. Globus Int'l, Ltd. , 320 F. Supp. 158, 160（S. D. N. Y. 1970）（Securities Act of 1933 and Securities Exchange Act of 1934）；11A Wright § 2948. 4, at 209 n. 9（collecting cases）。

《克莱顿法》第 7 条案件中不可弥补的损害的假设等到了强有力的支持，《美国法典》第 15 卷 53 条第 2 款的立法历史中也有对无法弥补的损害的假定，该法授权 FTC 在合并案件中获得初步救济。一直到 1973 年的修正案，FTC 除了为在食品、药物或化妆品广告中反对错误或误导以外，一直没有得到法律的授权行使《美国法典》第 15 卷第 53 条第 3 款获得初步救济的权力。它唯一能够在合并案件中取得禁止令的方式是上诉法院适用《令状法》(the All Writs Act)(《美国法典》第 28 卷第 1651（a）条），并且表明，"一旦合并完成之后，法院颁发一个有效的救济令事实上是不可能的。这样，法院作出执行有关剥离的最后判决也是无用的"。参见 FTC v. Dean Foods Co.，384 U. S. 597，605（1966）。

修改后的 FTC 法令规定，同意地区法院颁发预防性禁止令，"此为一个正确的表述，权衡公平性和考虑委员会最终胜诉的可能性，此行为是符合公共利益的"。这一修正案的实质是为法院在审理由司法部提起的适用《克莱顿法》第 7 条案件时建立"假定的不可弥补的损害"标准。

修正案的意图是维持现行的法令或者"公共利益"标准，而不是强制施行传统的不可弥补的损害的"公正"标准，在实体问题上胜诉的可能性，公正的天平更倾向于请求者。后一标准来源于普通法，并适用于私人当事方之间的诉讼，但是它并不适用于由独立的管制机构对联邦法令的执行，在这种情况下，公共利益标准衡量着禁止性救济的正当性和必要性。参见 H. R. Rep. No. 93-624，at 31（1973），1973 年重印 U. S. C. C. A. N. 2417，2533（emphasis in original）。

在适用 FTC 的法定标准时，法院给予国会所倾向的自由主义的解释。参见 FTC v. University Health，Inc.，938 F. 2d 1206，1217（11th Cir. 1991）；FTC v. Exxon Corp.，636 F. 2d 1336，1343（D. C. Cir. 1980）。

为执行《克莱顿法》第 7 条，根据司法部和 FTC 的共同管辖权，反托拉斯局能够提出强有力的意见，认为司法部有权根据《克莱顿法》第 15 条（即《美国法典》第 15 卷第 25 条）寻求初步救济，在某种意义上，该条应该被解释为与《美国法典》第 15 卷第 53 条第 2 款的规定相一致。

政府和私人原告在举证责任上的区别与国会在法令中授权私人原告和政府获得救济的那些部分所使用的不同语言是一致的。《克莱顿法》第 16 条，即《美国法典》第 15 卷第 26 条规定，私人原告能够获得预防性禁止令"什么时候和在处于相同条件及适用相同原则之下，由衡平法院同意颁发针对带来损失或者损害的受到威胁的行为的禁止令救济，"包括"这样的表述是，不可弥补的损失或者损害是直接的"。相反，《克莱顿法》第 15 条，即《美国法典》第 15 卷第 25 条，没有包含同意颁发初步救济的标准，相反，只包含什么是"仅仅是被认可的前提"。

国会并未要求政府在《克莱顿法》第 7 条诉讼中，申请预防性禁止令时表明不可弥补的损失，在私人原告的情况下也是如此，《美国法典》第 15 卷第 26 条指出，国会愿意减轻申请人请求预防性禁止令救济时的举证责任的负担。参见 United States v. Atlantic Richfield Co., 297 F. Supp. 1061, 1074 n. 21 (S. D. N. Y. 1969), aff'd mem. sub. nom. Bartlett v. United States, 401 U. S. 986 (1971)。

总之，如果反托拉斯局在案件实体问题上可能胜诉，这就是说，按照合理可能性的定义，交易会在将来的某个时间点上实质性地削弱竞争。证明这点以后，政府不应该再承担精确地证明传统检测中所假定的时间、方式以及损害的不可弥补的性质等前提，这些都是由政府承担的不切实际的举证责任。公共政策的考量提醒我们：可能的损害是不可弥补的。

3. 利益平衡

当政府寻求《克莱顿法》第 7 条案件中的预防性禁止令的时候，即使它已经显示在案件实体问题上胜诉的可能性，而且已经满足"不可弥补的损害的威胁"的条件要求（根据适用于《克莱顿法》第 7 条案件的法律假定），"衡平法院仍然必须要平衡各种困难，例如，决定对被告造成的损害是否超过如果合并完成后政府所能获得的足够救济的可能性收益"。参见 United States v. Siemens Corp., 621 F. 2d 499, 506 (2d. Cir. 1980); 也可参见 United States v. Ingersoll - Rand Co., 320 F. 2d 509, 525 (3d Cir. 1963) （声明审判法庭必须衡量对被告造成侵害的可能性，反对禁止令救济的剥离效果以及诉讼各方的相应立场）; 参见 United States v. ITT Corp., 306 F. Supp. 766, 797 n. 95 (D. Conn. 1969) （法院认为，根据《克莱顿法》第 15 条，利益之间的平衡"如果禁止令被否决，按照对公共利益造成的损害，与如果同意颁发禁止令对被告造成的损害相比较"，一旦政府已经表明了胜诉的可能性，在这两者之间作出平衡的抉择就成为相关的事情）。

此处衡量的政府利益是指如果法院没有同意颁发禁止令，在避免可能发生的不可弥补的损害时政府的利益。尽管该损害是通过《克莱顿法》第 7 条案件中的假定条件建立的，法院需要思考损害的具体形式以平衡各种利益。相关损害包括如果合并完成之后必须执行资产剥离而导致的损害。损害也包括通过合并对竞争造成的损害，这主要发生在资产剥离命令发布之前的过渡期内。参见 United States v. Siemens, 621 F. 2d at 506。

在有关《克莱顿法》第 7 条所涉及的案件中对各种利益进行衡量时，法院给予政府利益的权重一般要远高于私人的权利主张。参见 United States v. Siemens, 621 F. 2d at 506 （私人利益一定要服从于公共利益）; United States v. Columbia Pictures, 507 F. Supp. 412, 434 (S. D. N. Y. 1980) （在执行反托拉斯法和保护竞争中，公共利益"不能轻易被私人利益所超越"）; United States v. White Consol. Indus., Inc., 323 F. Supp. 1397, 1399 – 1400 (N. D. Ohio 1971)

(对被告可能受到的损害与反托拉斯的违法行为之间作出平衡，发现"毫无疑问国家利益必须优先"）；United States v. Atlantic Richfield Co., 297 F. Supp. at 1073（规定被告关于经济上损害的声明"应当予以考虑"，但是，"在审理阻止合并发生效果的案件时，他们不能超越公共利益"，"在制定《克莱顿法》第 7 条时国会所考虑的公共利益是极为重要的"）；United States v. Pennzoil Co., 252 F. Supp. at 986（对被告侵害的证明"必须是相当有说服力以至于超越了这一原则"，即"公共利益的地位而不是私人诉讼的要求衡量救济的适当性和必要性"）。但是参见 United States v. FMC Corp., 218 F. Supp. 817, 823（N. D. Cal.）（由于对被告的损害而否定了预防性禁止令），appeal dismissed, 321 F. 2d 534（9th Cir. 1963）；United States v. Brown Shoe Co., 1956 Trade Cas.（CCH）68, 244, at 71, 116－117（发现政府案件的薄弱；由于对被告的损害而拒绝预防性禁止令；签署了保持独立令）。

个别法院可能发现被告所声称的损害与交易之人有关，如果推迟颁布预防性禁止令会有一些好处。被告将认为，因交易的延迟而造成的损害是具体的、即刻的和实质性的。反托拉斯局应该准备解释交易的潜在的反竞争影响以及不愿意颁发资产剥离或者保持独立令。假定在已经成立的实体问题上具有很大的胜诉可能性，它可能也有助于提出的私人利益被延迟，或者过去从交易中产生的结果可能被发现是非法的，因而私人损害的利益主张会被打折扣。

4. 公共利益

在政府根据《克莱顿法》第 7 条提起诉讼的案件中，法院经常不会针对公共利益作出一个独立的裁决，因为在法院作出的不可弥补的损害的推定裁决中隐含了对公共利益的保护，政府作为原告在提出诉讼时隐含了政府已经考虑影响政府诉讼的各种利益的平衡问题。但是，参见 United States v. Gillette Co., 828 F. Supp. 78, 86（D. D. C. 1993）（公共利益并不必然"与不可弥补的损害标准并存"；在合并不可逆的场合下，公共利益的考虑倾向于发布禁止令）。通常而言，"联邦法律禁止受到威胁的行为，这些行为是诉讼时已经考虑到了的赞同颁发预防禁止令的一个强有力的因素"。参见 11A Wright § 2948.4, at 207；也参见 United States v. First Nat'l City Bank, 379 U. S. 378, 383（1965）。这样，政府关于合并可能违反《克莱顿法》第 7 条的陈述应当满足公共利益的标准。

5. 其他衡平法上的考虑因素

尽管人们普遍承认政府对初步救济的请求与那些纯粹私人的诉讼适用不同的规则，但这样的请求仍然是一个衡平法的程序。反托拉斯局的检察官应当准备的衡平法事项中包括以下内容：

(1) 现状的维持和强制禁止令。

初步救济的目标经常被描述为对现状的维持，维持现有的情势以便法院能够行使其管辖权。法院将签署预防性禁止令以保持现状。另外，在一个禁止令发布的程序中，如果被告得到通知时已经完成被禁止的行为，法院则可以通过强制禁令恢复现状。参见 11A Wright § 2948, at 133~135。法院有时候不愿意签署强制禁止令，要求被告采取一定的行为，如果禁止令改变现状的话，即使禁止令对于保持法院作出有意义的判决的能力是必要的。参见同上 at 137~138。政府的这种不情愿受到了批判，被认为是未能意识到保持法院同意授权救济的能力正是初步救济的基石。参见同上 at 138 & n. 17（搜集法院已经采取措施改变现状的案例）；参见 11A Wright § 2948.2, at 178~184；Canal Auth. v. Callaway, 489 F. 2d 567, 576 (5th Cir. 1974)。

在一个合并案件中，在人们预先寻求命令禁止完成合并的场合，现状得到维持。但是，如果救济是寻求下一个合并的完成，或者反对根据《谢尔曼法》受到指控的连续合并行为是非法的，它可能受到强制禁止令的反对，现状被破坏。可以通过表明初步救济对保持法院就案件实体问题作出有意义的判决的权力来反驳这些拒绝理由。亦可指出，政府可以提出救济请求阻止合并而代替强制禁止令，政府强制的形式不受限制。参见 11A Wright § 2948.2, at 183。人们也许有可能辩称：只是要求法院恢复现状，而不是"最终和平的、无争议的状态"。参见 11A Wright § 2948, at 136。

(2) 不愿给予完全的救济。

被告有时辩称，应该拒绝预防性禁止令，因为禁止令会给予原告所有在案件实体问题审理之后它能够期待的救济。法院不愿意在预备阶段做得更多是绝对有必要的，这点也是可以理解的。然而，原告也许"暂时……品尝胜利的果实"，这个事实不应该影响法院适用相关的标准；法院应该适用通常的分析……即来源于初步救济而对被告造成的损害，应该与禁止令被拒绝时对原告造成的损害之间作出平衡。参见 11A Wright § 2948.2, at 180~181；Developments in the Law —— Injunctions, 78 Harv. L. Rev. 994, 1058 (1965). Thomas R. Lee, Preliminary Injunctions and the Status Quo, 58 Wash. & Lee L. Rev. 109, 110 (2001)。

在合并案件中，禁止令可能导致交易的放弃，这样由于被告的缺席而政府胜诉，此种情况经常被被告所引用。参见 United States v. Atlantic Richfield Co., 297 F. Supp. 1061, 1073 (S. D. N. Y. 1969), aff'd mem sub. nom. Bartlett v. United States, 401 U. S. 986 (1971)。除了引用上述论据，政府在回应中应当指出利益的平衡对政府有利，因为所主张的私人损害要以对公共利益的损害标准来进行衡量。参见同上 at 1073~1074。另外，人们可能辩称所主张的损害是在被告的控制之内，因而对于法院来说这不用考虑合法的问题。参见 FTC v. Rhinechem Corp., 459 F. Supp. 785, 791 (N. D. Ill. 1978)。近几年来，法院已开始质疑自己创造的紧迫要求，拒绝武断的拆分交易。FTC v. H. J. Heinz Co., 246 F. 3d 708, 726 (D. C. Cir. 2001)。对于包括合并的交易可能被拆分的预防性禁止令要求不存在特殊的标准。

(3) 迟延。

一般而言，在政府提起的反托拉斯诉讼中，被告不可把疏忽作为辩护的理由；最高法院一贯坚持这项原则：疏忽不是对抗主权政府的辩护理由。参见 California v. American Stores Co., 495 U.S. 271, 296 (1990) (dictum); Nevada v. United States, 463 U.S. 110, 141 (1983) (引用 Utah Power & Light Co. v. United States, 243 U.S. 389, 409 (1917)); Costello v. United States, 365 U.S. 265, 281 (1961)。然而，在请求初步救济时，这一原则并未扩展到政府迟延的情况。通常，如果原告迟延请求初步救济，原因是决定是否提供救济以及同意选择初步救济的种类时，法院能够考虑这一迟延。参见 11A Wright § 2946, at 113~120。当寻求初步救济的一方是政府时，这一规则适用于反托拉斯案件中。参见 United States v. Acorn Eng'g Co., 1981-2 Trade Cas. (CCH) 64, 197, at 73, 713 n. 4 (N. D. Cal. 1981); United States v. Aluminum Co. of America, 247 F. Supp. 308, 314 (E. D. Mo. 1962) (鉴于，但是给予"一些分量"，7个月的迟延)，参见 aff'd, 382 U.S. 12 (1965); United States v. Columbia Pictures Corp., 169 F. Supp. 888, 896-97 (S. D. N. Y. 1959); 又见 United States v. Inter-Island Steam Nav. Co., 87 F. Supp. 1010, 1022 (D. Haw. 1950)。

通常而言，可以解释的迟延不可用来对抗政府。起诉的决定以及在整理足够的证据以作出表面上证据确凿的案件时，政府需要花费比私人原告更多的时间。私人原告能够对受到威胁的收购作出很快的反应，而无需考虑案件本身所涉及的公共政策问题。人们希望政府也应该对受到指控的合并作出一个更仔细、更客观的决策。而且，不像通常的私人原告，政府开始时并不是很了解这一行业，也不了解与并购有关的事实。信息的搜集是最基本的，政府能够快速地搜集信息，但是不可能即时地搜集到信息。

允许政府以充分的时间来获得必需的信息、正确地分析一个交易的竞争效果、充分地准备参加审判，政府的这种愿望也得到了国会的认可，在法律中规定了合并前的通知和等待期有关条款，见《美国法典》第15卷第18条第1款。事实上，国会的意图很清楚，反托拉斯局在收到第二次请求的信息之后，将用20日的时间"用于分析它并在此基础之上准备提出一个可能的案件"。

参见 H. R. Rep. No. 94 – 1373, at 6 (1976)。既然大多数的初步救济诉讼都是在 Hart – Scott – Rodino 等待期满以后提出的，执法人员能够依据法规的框架反驳任何一个关于迟延的指控。

此外，因最后时刻寻求救济而处罚政府的政策，不考虑它作为一个政策问题在一个更早的时间作出决定是否现实和值得，是不公平的。这将鼓励提起一些没有充分事实的不妥当的案件。结果证明来自被告和法院的更多的重要反对意见是正确的。而且，在提起诉讼和预防性禁止令听证会之间的时间跨度相当短暂，事实上，这些听证是有效地、常常是正式地对实体问题的最后审判，相反的政策将政府置于不够充分的发现及准备（作为寻求初步救济的代价）和在实体问题上完整审判后的不充分救济之间作出两难选择。当所涉及的法律上的和事实上的问题变得更加复杂时，这一困境则更进一步得到强化。

当然，这些考虑并不能作为政府的不必要迟延的正当理由，作为一个政策和策略问题，执法人员应当尽可能迅速地准备案件。是批准还是不批准，许多法院不赞成紧急救济的请求，该请求的提出只是在原定的结束之日的几天前，而政府知道合并或收购的时间则是在几星期或者是几个月之前。审慎以及负责任的检控政策是：如果一个案件可以诉讼，在合并之前提出的初步救济的申请论据确凿，那么，就应该控告。然而，鉴于合并前通知规则中所要求的合并的时间选择，这几乎是不可能的。执法人员应当尽力通知法院，在那些情况下，他们已经履行了应有的注意义务，并继续进行了所有的工作任务。

（三）应用问题和程序

在申请初步救济时，准备的速度是很关键的。当面对即将到来的合并或收购时，大部分的努力有必要集中在事实的搜集上。即使如此，执法人员应该充分熟悉相关巡回法院和地区法院的判例法、法院的地方规则以及法官的意见，这些意见执法人员在起诉时很有可能会加以采纳。起诉应当尽早起草，执法人员最好翻阅之前起草的摘要以及与临时禁止令和预防性禁止令有关的请求。这些材料可以从 FOIA、反托拉斯局的工作成果文件库，或者是相关的特别助理处获得。本部分所提出的法律分析在开发一个快速而有用的适用标准分析时应当也是有所帮助的。

1. 诉状和辩论摘要

当首次出庭有必要提出初步救济要求时，反托拉斯局应当安排其执法人员完成尚未完成的法律研究，准备诉状和其他文件。一般而言，包括下列文件：（1）传票以及经核实的诉状；（2）临时禁止令和预防性禁止令的申请或请求；（3）听证会的通知；（4）拟议中的禁止令；（5）支持理由的摘要；（6）支持声明；（7）送达证明书。如果在法院所在的辖区内或者离法院 100 英里之内的范围内，法院文件无法送达当事方或者潜在的证人，根据《美国法典》第15卷第25条，即《克莱顿法》第15条，申请书和拟议中的传唤送达命令或者传票是必须要准备的。根据可以利用的时间，执法人员应当考虑起草额外的诉状，例如，问题和争论的陈述、拟议中的契约、供认事实的请求、最初的申请、拟议中的事实裁决和法律结论。

申请临时禁止令和预防性禁止令可以用一份单独的文件起草，也可以作为两份独立的请求起草。一般情况下，反托拉斯局采用后一种方式。申请应当写明：（1）所依据的法律规定；（2）所涉交易的相关背景信息；（3）如果不加以限制，拟议中的交易将在一个确定的日期发生；（4）经证实的诉状已经起草，宣称拟议中的交易违反了相关的法令（通常是《克莱顿法》第7条）；（5）临时禁止令是必需的，因为在关于请求预防性禁止令的听证会举行之前，对公共利益的立即、不可弥补的损害、损失以及/或者损害将会发生，以及/或者预防性禁止令是必需的，以防止对法规的违反并保护公共利益；（6）已经起草摘要和声明以支持申请；（7）被告已获临时禁止令申请书已归档的通知以及通知的方法；（8）寻求救济的性质。

举行就预防性禁止令进行听证的通知应当不填写日期，当具体日期由法院就临时禁止令作出裁决后才填写。空白副本可以写入其他的起诉，或者听证会最初以某一个确定的日期通知，这要以有关申请惯例的地方规则为根据。人们会期待当法官签署临时禁止令的时候，将会规定一个简易的听证会。如果预防性禁止令的听证会是通过禁止令而不是通过申请，在这种情况下，通知是没有必要的。

执法人员必须提交一份拟议的临时禁止令。一般而言，拟议的预防性禁止令也将在同一时间提交以归档。拟议中的临时禁止令应当符合《联邦民事诉讼规则》第65（b）和（d）条的规定，地方的规则和惯例也同样重要，需要遵守；它需要陈述以下事项：（1）法院发布禁止令的权力；（2）已经起草起诉书指控违反《克莱顿法》第7条或其他法令的事实和已经寻求预防性禁止令的事实；（3）如果不被限制，交易将在举行听证之前发生；（4）支持禁止令的材料（摘要、声明等）；（5）证明签署禁止令的事实和结论是正当的，界定的损害和陈述的原因是立即和不可弥补（如果不预先通知，要陈述为什么同意发布命令不预先通知的理由；法院首选的做法是提出意见陈述颁发命令的理由，但是《联邦民事诉讼规则》第65条规定和简单的审慎建议是，为因实体问题而产生的大量问题以及TRO自身所导致的不可弥补的损害提供参考）；（6）拟议中的命令的实施条款，比较详细地描述将被限制的行为。命令应该包括签发的日期和具体时间以及签发地。禁令应该指向被告，用《联邦民事诉讼规则》第65条的话来说,"他们的官员、代理人、服务人员、雇员以及律师"和"通过个人送达或其他方式积极参与那些收到实际命令的通知的人们"。考虑到更新问题,应当指定预防性禁止令听证会的日期、命令的有效期间。

律师支持临时禁止令的声明应该核实起诉书,鉴别重要的文件(这些文件应当附于声明之后)和其他的证据展示(例如声明和证言),详细规定给禁止令申请之被告方的通知的内容,并符合其他的程序性要求(例如,之前未寻求类似救济的声明)。声明还应当解释导致案件起诉的事件的先后顺序以及在寻求救济时并无不合理迟延。

应该邀请一位经济学家在首次听证会上作证。执法人员应当仔细地考虑是否要作证的经济学家准备一份声明,提出拟议中的交易的经济学分析。在每一个案件中,有必要衡量提供一份经济学家声明的有利的和不利的两个方面。

应当从第三方处尽力取得支持声明(除非在听证会上证人愿意作证,在这种案件中,执法人员应当考虑声明是否是合适的)。有些法院在同意颁发临时禁止令时要求提供大量的证据。其他法院只处理书面材料,通常不举行证据听证会。在这个阶段,证据多比证据少要好得多。在调查期间如果有时间,提取刑事调查部书面证言是有用的,因为它们的证据效力通常比声明的证据效力更高一些。在这一阶段,它们实际上是唯一需要获得被告同意的方式,他们有助于把被告和证据联系在一起。

在起草必要的文件之初,执法人员首先应当仔细询问诉讼所在地区的地方规则。把地方规则的副本提供给每一个执法人员,这是一个很好的做法。其次,执法人员应当联系反托拉斯局地区办公室以及美国检察长办公室,安排一个联系人负责本案,可向其咨询所有有关形式和程序的问题。该联系人能就地区的习惯和惯例提供建议,这些在很大程度上能够影响到起草文件的方式以及提交听证的事项。地方检察长很熟悉如何进行听证,能够帮助执法人员按照法院所关注的问题和风格处理案件。对于联系人协助法院执法人员处理这些问题,都是很有帮助的。最后,应当指定地方检察官(例如联系检察官)送达文件。尽管大多数被告愿意送达文件给审判人员,但是这方面没有保证。另外,如果地区法院送达给美国的命令和通知仅仅送到了当地美国检察官办公室,则有可能导致迟延。执法人员会作出安排,将收到的文件快速地通知和移交给地方办公室,更适宜通过他们直接将文件送给指定的地方检察官,而不是美国检察官。

当案件起诉到偏远的法庭时,后勤问题也很重要。员工部门、工作小组或者地区办公室应当安排旅行和预订旅馆。同时,也应该制订临时办公室和档案储存的程序，计算机支持包括连接到局域网、电话线和复印机（最好专供执法人员全时段使用），或供当地秘书急用。参见 Division Directive ATR – 2510.4，"Administrative Support for Remote Trial Staffs"（描述程序）；又见1996年反托拉斯局《民事诉讼手册》（1996）（Tab G，Exhibit 4）（提供附加的程序和提示）。

如果美国检察长办公室或反托拉斯局地区办公室设有办公室主管或行政助理，与其建立良好的工作关系将是很重要的。执法人员应当与反托拉斯地区办公室主任或美国检察长保持联系，告知案件的进展。

2. 起诉和听证程序

寻求临时禁止令的通常程序以书记官办公室提起诉讼和附随文件开始，并送达给被告。然后将临时禁止令的申请书递交给承办案件的法官。法院也许会也许不会希望收到书记官办公室起草的诉状副本。被告通常会出庭反对反托拉斯局的临时禁止令的申请。诉讼程序可能公开进行，也可能不公开进行。诉讼各方有权要求记录诉讼的程序。如果承办案件的法官因故缺席，申请书可转给其他法官或应急法官。

显然，如果案件起诉时离拟议中的交易还很早，允许预防性禁止令申请的程序是不同的。然而，由于通常情况下的时间限制，这几乎是不可能的，除非被告自愿同意推迟交易，中止预防性禁止令听证会的举行。另外一个变化（主要是在文书工作中，而不是在程序中）将会发生，如果该地区通行的做法是在临时禁止令中包括一项禁止令，以表明不同意颁发预防性禁止令的原因。应当事先决定这是否是当地的习惯做法。

鉴于大多数法院诉讼任务繁忙，法院通常会督促诉讼各方协商同意确定一个日期，一般是收到诉状4到6周以后，举行预防性禁止令听证会。在其他案件中，法院也可能会在几天内拒绝听证。执法人员不能指望在同意颁发临时禁止令和开始进行预防性禁止令听证会之间存在一定的时间段。而且，案件实体问题的审理也可能与预防性禁止令的听证会合并进行。尽管这样的听证会通常总是经过证据发现程序阶段之后进行，不过其证据发现程序可能比通常民事诉讼案件中的证据发现程序更简化。简而言之，执法人员应当追求精细的诉前证据发现程序以满足预防性禁止令所要求的标准，还应当在起诉后，准备好积极地为案件实体问题的审判取得充分的证据披露。有时候，法院在诉状提出后的几周时间内制定进行实体问题的审判时间。任何这一类的审判时间表都应当充分地辩论，以免审判时间的安排影响美国在必要的证据披露方面可能出现偏见或者公正地为案件审判做准备的能力。

执法人员应当提醒不情愿的宣誓者或者宣誓作证者，例如，如果他们自愿不参加这一阶段的诉讼,可能就再也没有第二次机会了。同时也要注意到为获得对文件的控制,审前调查的重要性与人力配置的重要性相比,前者更为重要。应当指派一个人专门负责文件的管理,该人应当负责组织和传送文件以供听证会之用。应当提早指派一名检察官与作证的经济学家一起工作,为听证会作准备。

为了尽快地完成听证会,诉讼中的各方,包括法官,都有很大的压力。许多法官会就每一方提交案件证据的时间设置严格的限制。即使没有设置时间限制,执法人员也不应当尝试临时禁止令听证会可允许的时限或者法官的耐性;考虑到政府正在通过寻求初步救济来坚持问题的紧迫性这一事实,审判人员应当义不容辞地大力简化案件的审理。纵容那种提出每一个支离破碎的证据的做法将很快疏远大多数的法官。按照我们的要求,已经充分地介入了拟议中的交易后,作为最小化的等价物,法官期待在政府提出的诉讼案件中作出一个快速的陈述。

法院很有可能会坚持诉讼各方保证提交尽可能多的事实,如果法院不这么做,审判人员应当考虑提出动议和提供拟议中的约定或者起草承认某事之请求。最初与临时禁止令同时提交的声明,法院在决定是否签署预防性禁止令的时候可以考虑。在时间紧迫的情况下,为快速提交证据,在证人提供证言的一开始就采纳他们的声明是有可能的,既可以提前提供这些证据和与临时禁止令的申请一起提交,也可以为了预防性禁止令听证会做一些证据上的准备(在听证会之前送达给被告的)。除了可以有效地利用时间外,仍然允许就声明中的主要问题进行交叉询问。这样的做法也适用于书面证词的情况。

有时程序上的相对速度加快后,至少从反托拉斯的角度来衡量,对政府来说既有有利的一面,也有不利的一面。一方面,快速的节奏有助于原告保持主动;另外一方面,在基本资料难以取得,案件的部分证据需要额外披露的情况下,快速的节奏则是对被告有利。在所需要的信息由被告掌握的情况下,在考虑进行快速的听证时,要使案件得到强有力的支持,需要被告以同样的速度披露信息。在同样的案件中,在政府已经尽了所有的合理谨慎但仍未能发现基本事实的情况下,也可以采取上述的做法。在适当场合,在提出强制披露或者遵守合并前通知规则(回应不充分以及反托拉斯局主张诉讼各方实质上并没有遵守)申请的情况下,在快速审理的基础上,可能会一并提出临时禁止令的请求。

在决定是否建议反托拉斯局寻求初步救济的时候,执法人员应当考虑:(1)案件在实体问题上的困难及复杂性;(2)合并或并购对竞争可能造成的损害的程度,以及这种损害会以多快的速度和在多大的范围内发生,在没有初步救济的情况下，在案件实体问题审理后能够被逆转或被阻止的程度（包括剥离的可操作性及其效果）；（3）被告可能辩称的对公共利益和私人利益的损害程度；（4）起诉时对案件的准备是否很充分；（5）任何特别的问题或优势（后勤上的考虑、非通常救济的必要性、例如像这样的强制禁止令打破目前现状后带来的烦恼，等等）。在涉及《克莱顿法》第 7 条的案件中，作为一条基本的原则，假设赞同寻求初步救济，给定的事实是：在其不存在的情况下，与某种形式的中间禁止令相比，最终的救济是几乎肯定是不够有效的。初步救济也为被告和法院努力尽快地审理案件提供了强有力的激励，当然，没有它的时候，至少对于被告而言，存在的激励是拖延案件的审理。

3. 保持独立令

执法人员应该准备针对反对保持独立令充分地保护政府利益的观点作出反应。尽管保持独立令常常与预防性禁止令不同，但对并购或合并完成的绝对禁止，他们实际上是预防性禁止令的一种。从战略上来看，决定被请求救济的类型是非常重要的，因为法院倾向于寻求一条中间地带。如果政府暗示法院颁发保持独立令已经足够，获得对交易完成的完全禁止令的机会就大大地被减少了。另一方面，如果政府拒绝承认保持独立令将会是足够的救济，当这是真实的时候，即使作为一个更不情愿的选择，政府也许面临两种选择：法官在没有给予足够帮助的情况下签署的不够充分的救济和法官曾经愿意签署保持独立令而最终完全拒绝给予救济。

然而，在涉及《克莱顿法》第 7 条案件中寻求初步救济时，反托拉斯局一般是寻求对拟议中的合并或并购完成的禁止。反托拉斯局一般会反对颁发保持独立令，主要基于以下原因：（1）剥离，如果反托拉斯局在进入保持独立令后，在案件实体问题上处于优先地位，是有必要的，但经常是很难实现的；（2）在保持独立令之下，经常会存在对竞争的过渡性损失，因为两家公司在共同的所有权之下，很少有动机去相互竞争；（3）即使在保持独立令之下，要阻止合并公司从被合并公司处获得机密信息是很困难的；（4）在合并令之下，随着时间的流逝，被合并公司一般情况下是越来越弱，这更不可能保持充分的竞争，即使反托拉斯局在实体问题上处于优先的地位。判例法支持反托拉斯局的立场：保持独立令通常情况下是不够充分的救济措施。参见 FTC v. PPG Indus., Inc., 798 F. 2d 1500, 1506 – 09（D. C. Cir. 1986）（Bork, J.）; United States v. Wilson Sporting Goods Co., 288 F. Supp. 543, 569（N. D. Ill. 1968）。参见 FTC v. Weyerhaeuser Co., 665 F. 2d 1072（D. C. Cir. 1981）（在有些情况下支持保持独立令）。

执法人员可以辩称，通过类推的方法解释《美国法典》第 15 卷第 53b

条,即《联邦贸易委员会法》第13(b)条的案件的对比,保持独立令是合适的而不是禁止并购,"只有当重要的资本支持交易时;人们期待更温和一些的保持独立令:(a)如果合并被发现完全是非法的,以维护足够的最后的救济;(b)检查临时性的反竞争损害"。参见 FTC v. Weyerhaeuser Co., 665 F. 2d at 1085 (emphasis in original)。在下这个决心时,地区法院应当意识到政府的主张,即它有可能在实体问题上取得胜利而导致这样的一个假设:合并应当被禁止。参见 FTC v. PPG Indus., 798 F. 2d at 1506 – 1508。最后,当私人资本能够被考虑时,仅仅私人资本自己要进入保持独立令是不够充分的。参见同上 at 1506。

三、《联邦民事诉讼规则》中的证据发现

提交起诉后,须尽快启动证据发现程序。合并案件中的审理前证据发现程序要比非合并的民事案件的审理前证据发现程序明显快得多。《反托拉斯民事诉讼法》的修正案及1976年的《反托拉斯促进法》的合并前的通知程序均规定:反托拉斯局拥有调查权。这样,反托拉斯局在调查过程中,也就拥有了实质性的起诉前的调查手段,例如,民事调查令要求的为被告提供书面证词的雇员可以允许出席庭审(但是,根据《联邦民事诉讼规则》第32条的规定,民事调查令要求出具书面证词的第三方当事人,如果代表政府则不能出席庭审,如果代表被告则可以出席庭审。执法人员需要考虑的问题是,通过面谈能否从第三方获得有效的信息,同时,书面证词是否有助于锁定证词)。当这些工具对于推动案件的进展有很大的帮助时,证据发现程序仍然是推动案件进程的不可或缺的因素。为推动案件的进展,反托拉斯局执法人员须通过审理前的证据发现程序来剥离出乃至限定诉讼的焦点。这样不是限制民事诉讼中审理前证据发现手段的作用,而是集中利用这些手段的作用。通过咨询最近案件的法律用语,执法人员能够更好地系统阐述对于自认、质询以及庭外取证的要求。

《联邦民事诉讼规则》于1993年对证据发现条款作了实质性的修订。例如,该修订版对庭外取证、质询的次数作了限制,并且建立当事人双方会见及准备取证计划提交法院的程序。每一个联邦地区法院都有全部接受、部分接受或根本不接受这些新规则的选择权。执法人员有必要到当地的美国律师事务所咨询该地区受理案件的法院多大程度上采用了1993年的修订案。该局执法人员在提交案件之前应取得当地法院规则的副本,并且应当到当地的美国律师事务所询问该地区是否有已被接受的实践做法或程序尚未吸纳到当地法院规则之中,或被法院以普遍命令的方式颁布。

（一）初步的证据出示与证据发现程序的日程安排

除当事人有约定、法院有命令、地方法院有规则规定之外，当事人在符合拟定的证据发现计划之前，不得开始证据发现程序。见《联邦民事诉讼规则》第26条第（d）（f）款。会谈须至少在第一次日程安排的会议或法院的日程安排命令指定的日期到期前14日举行。见《联邦民事诉讼规则》第16条第2款。表35提供了当事人证据发现计划方案。应当在证据发现计划中表明的内容包括：证据发现计划的主题；对《联邦民事诉讼规则》第26条第1款所规定的证据发现的出示时间、形式、要求的变更，证据发现的时间安排；讯问、要求自认、录取证词的限制；录取证词的期限；公开专家证人的时间；补充证据发现的时间间隔；在收到日程安排命令之前当事人是否需要和法庭举行审理前会议；审理前会议的日期；提交决定性申请的日期及和解的可能性。见《联邦民事诉讼规则》第26条第6款项表35。当事人应当在当事人会议结束之后10日内向法院提交拟定的证据发现计划。为完整的填写初步的日程安排命令，法院须考虑当事人拟定的证据发现计划。

《联邦民事诉讼规则》规定，当事人同意拟定的证据发现计划之后，无需等待对方的证据发现要求，一方当事人均须在10日之内出示"与诉答文书中主张的特定争执事项相关的信息"。见《联邦民事诉讼规则》第26条第1款第1项。该项要求可以通过协议、法院命令、地方法院规则予以中止。要求出示的事项包括：可供证据发现信息的人的姓名、住址以及个人电话号码，以及包含这些信息的文件分类的副本或说明。出示信息的当事人应当基于当时能"合理获得"的信息进行最初的出示，并且即使对案件的调查未全面完成，也不因此免除其出示义务。见《联邦民事诉讼规则》第26条第1款第1项。当事人可请要求对已出示的信息进行补充。

《联邦民事诉讼规则》第29条规定，除法院有其他命令之外，当事人双方可以书面协议的形式修改规则要求的证据发现限制，而无须法院许可。然而，协议对证据发现应答期限的延长，不得影响法院完成证据发现、听审申请或者开庭审理的时间。

为与日程安排命令保持一致，执法人员可能获得或被要求提供通过使用质询、形成的文件资料成果的要求、自认要求及庭外取证手段等发现的证据。下面是对在证据发现期间可能出现的一些实际存在需要考虑事项的简要描述。

（二）使用庭外取证

庭外取证通常是指导审理前证据发现程序的最有效的手段。如果使用适当，庭外取证可以起到限定争议焦点、促进双方当事人快速达成协议或者约定、鉴别文件、缩短案件审理所需要的时间的作用。

本部分不打算对实施庭外取证的技术或可适用的法律原则进行广泛的探讨，因为诸多教材已有论述。参见 8 Charles Alan Wright et al., Federal Practice & Procedure: Civil 2d §§ 2001 et seq. (2d ed. 1994) ("Wright"); Civil 2d §§ 2001 et seq. (2d ed. 1994) ("Wright"); 6 James Wm. Moore, Moore's Federal Practice (3d ed. 1997) ("Moore's")。本部分将集中介绍反托拉斯局律师以往成功运用过的普遍方法及诉讼技巧。

1. 可适用的《联邦民事诉讼规则》

在准备及采取庭外取证期间，反托拉斯执法人员应当熟悉《联邦民事诉讼规则》第26条至第32条，以及第37条的罚则，第43条的证据规定和第45条传唤的规定。执法人员应当查阅 Wright 及 Moore's 教材中的相关章节，以决定如何准备及进行庭外取证。

在没有法院许可、当事人协议或者地方法院规则的不同规定时，不得对各方当事人要求提供10次以上的庭外证言。参见《联邦民事诉讼规则》第30条（a）款（2）项（A）目，第31条（a）款（2）项（A）目。没有法院的许可或者当事人之间的协议，没有人可以被要求进行一次以上的宣誓作证。参见《联邦民事诉讼规则》第30条（a）款（2）项（B）目，第31条（a）款（2）项（B）目。在初步的证据发现会议之后，方可进行庭外取证，除非该庭外证人将离开美国而不能获得其询问。参见《联邦民事诉讼规则》第30条（a）款（2）项（C）目。

2. 庭外取证的目的

依据《联邦民事诉讼规则》第26条的规定，庭外证言可以在庭审中当作证据使用，或者是为发现证据。作为一种证据发现的手段，可以通过庭外取证证据发现与申请庭外取证一方当事人的主张或抗辩相关的事实。对方当事人的庭外证言，以及在某些情况下，案外目击证人的庭外证言，可以在庭审中采纳为实质证据。参见《联邦证据规则》第801条（d）款（2）项，第804条（b）款（1）项。

在某种情况下，对居住在庭审地点100英里之外的目击证人录取庭外证言是明智的，因为，法院的自由裁量权允许其对居住在远离庭审地点的目击证人拒绝发出传票。反托拉斯局执法人员必须确定是否有法院拒绝向遥远的目击证人发出庭审传票的任何可能，以及慎之又慎地查明庭外取证是获取及保存可能在庭审中使用的证词最适宜的措施。尽管目击证人在庭审现场可能更有效地陈述他或她的证词，但是目击证人的特殊情况，使得即使法院将发出传票，也很有必要或很明智地通过庭外取证的方式来获取目击证人的证人证言。

可以使用任何目击证人的庭外证言在庭审中被用于监禁的目的。参见本章

第三部分 infra Chapter IV, Section C.2.k（描述其他的有关庭外证言在庭审中作为证据使用的程序）

3. 可能进行庭外取证的人

（1）法律规则的要求。

依据《联邦民事诉讼规则》第 26 条的规定，任何一方当事人可以通过庭外取证的方式收集任何人的证人证言，包括另一方当事人。这些人包括法人、合伙与其他组织、个人。

《联邦民事诉讼规则》第 30 条第 2 款规定，进行庭外取证时需适当通知其他当事方。通知应当载明采取庭外取证的时间和地点，以及已知的被询问人的姓名及住址。如果不知被询问者的姓名，则应记载用以判定该人或该人所属的阶层或群体的大致情况。在通知和随后的传票中，当事人可指明法人、合伙人、团体或政府的机构为庭外证人，并且把要求询问的事项作相当详细的记载。被指名的组织应委任一名或多名高级管理人员、董事、经营代理人或其他可以以其名义作证的人，以核实通知或传票中载明的事项。发给非当事方的法人、合伙人、团体或政府机构的传票应当告知出面作证是诉讼参加人的一项义务。参见《联邦民事诉讼规则》第 30 条（b）款（6）项。《克莱顿法》第 13 条规定，在联邦反托拉斯案件的过程中，法院可以批准在全国范围内送达传票的申请。参见 15 U.S.C. § 23。

庭外取证的当事人应当在通知中写明记录证人证言的方法。除非法院有其他命令，证人证言可以声音、音像或速记的方式记录。以速记的方式记录庭外证言的，录取庭外证言的当事人而非通知录取其证言的人承担该项费用。参见《联邦民事诉讼规则》第 30 条（b）款（3）项。在法院诉讼中，如果一方当事人提供的庭外证言是由非速记方法记录的，当事人应该向法院提供这部分的抄本。参见《联邦民事诉讼规则》第 32 条（c）款。向法官或陪审团提供不出庭证人的证人证言的时候，在以音像记录更为重要或策略上有利的场合，反托拉斯局的执法人员应当考虑以录像方式录取庭外证言。如果反托拉斯局执法人员欲对一政府机关证人进行庭外取证，而不是让该证人出庭，那么，他必须在让证人出庭的好处与以录像录取庭外证言时可能引起证人的不安及自觉反对之间进行考量。

（2）实践中的考量。

当反托拉斯局决定向某个个人或法人代表进行庭外取证时，必须提前通知所有诉讼中的当事人。在实践中一种可行的方法是，在发出通知和送达传票之前，通知目击证人或他/她的律师录取证词的大致时间。当这种方法行地通的时候，在录取证词之前，反托拉斯局执法人员须尽力与证人见面，执法人员应尽可能地提前与被告通知的庭外作证的第三方见面。执法人员也可通过随身携带传票的方法,期望从庭外作证人那里得到文件,这应当给予庭外证人充分的时间收集材料。

录取证词的通知须提交到受理案件的法院及录取庭外证言的法院。当地法院的规则一般都规定,受理案件的地方法院的书记员收到经认证的通知的副本时,方可发出录取证词的传票。

如果向第三方送达了随身携带出庭的传票,那么,法院则须制作一份材料清单,附随在发出的传票里,或者传票中包含清单内容。参见《联邦民事诉讼规则》第30条(b)款。如果通知是发给一方当事人的庭外证人,该通知须附随《联邦民事诉讼规则》第34条所要求的在录取庭外证言时须出示文件的要求。参见 infra Section C. 4 (discussing Rule 34 document requests)。

4. 庭外取证的地点

(1) 规则的要求

如果当事人和目击证人就取证地点达成协议,可以在任何地方进行庭外取证。若没有达成协议,庭外证人应当在其工作地、居住地、经常营业地100英里以内的地方宣誓作证。参见《联邦民事诉讼规则》第45条(c)款(3)项(a)目(ii)。经当事人或庭外证人申请,为避免过重的负担责任或花费,法院可以发布命令的形式更换庭外取证的地点。参见《联邦民事诉讼规则》第26条(c)款(2)项。

(2) 实践中需要考虑的事项。

在进行庭外取证之前,反托拉斯局执法人员应当安排足够的空间以录取庭外证言,安排监督宣誓的官员出席,记录证词的法院记录人员参加(通常法院的记录人员就是被委任监督宣誓的官员)。

在进行庭外取证的美国地方检察官,或者反托拉斯局的地区办公室,如果他们其中之一在那个地区发现了取证地点,通常就将取证地点安排在那里。

5. 庭外取证的期限

当事人在证据发现计划会议中,应当考虑对庭外取证的时间进行限制。参见《联邦民事诉讼规则》第26条(f)款。法院也可以通过命令或当地法院规则限制庭外取证的期限。如果为公正询问所必需,或者如果是庭外证人或另一方当事人妨碍或延误询问,法院可以延长庭外取证的期限。参见《联邦民事诉讼规则》第30条(d)款(2)项。法院对这些延误或妨碍行为加以制裁。

6. 庭外取证的主持人

(1) 规则的要求

依据《联邦民事诉讼规则》第28条规定,庭外证言应在按照美国的制定法授予举行宣誓权的官员的参与下,在美国国内取得庭外证言,进行询问的地点就是庭处证言获取的地点,或者证言在审案法院任命的人员参与下作成。被任命人员可以举行宣誓并记录证词。

(2) 实践中需要考虑的事项。

根据实践情况来看,法院书记员应能够监督这些事情中的宣誓情况。在安排法院书记员做这项工作时,执法人员的费用应当参考《反托拉斯局工作指南》2570条第1款,"与诉讼相关的服务费用支付"。

7. 证人出庭要求

所有的证人,而不是诉讼当事人,应当用传票传唤。尽管《联邦民事诉讼规则》第37条第4款规定,当事人故意不参加庭外取证,法院可以根据申请,驳回请求或采取其他惩罚性措施,法院也可向当事人发出传票,作为警告。《联邦民事诉讼规则》第45条第1款特别指出,应在案件发生地而非起诉的地方进行庭外取证。空白的传票表格可以从任何地区法院的书记员处申请获得,律师也可能发出传票。律师必须查看当地法院规则以及咨询美国检察官办公室,确认特定的地区没有任何特殊的要求,如法院书记员的签名。若没有特殊要求,空白表格中应填上采取庭外取证的地区,是否只采取庭外取证措施,或者是否也要提交文件成果。随身携带出庭传票也可能向非当事方发出,该《联邦民事诉讼规则》第34条规定,可以向当事方索取文件。参见第四章第三部分中第四小部分。

律师可以像发出传票的法官一样签发传票。传票副本可由任何超过18岁的人送达庭外证人,虽然大多数证人的律师将会同意接受传票。若要求必须正式地送达传票,书记员应当咨询该地区的美国检察官办公室以安排传票的送达,庭外取证将根据传票的要求进行安排。参见《联邦民事诉讼规则》第45条(b)款。传票的送达应通知对方律师,并应提交受诉法院。

8. 庭外取证

一旦证人宣誓以及律师的出席被记录之后,下面的程序便是进行庭外取证了。

(1) 法律程序的放弃。

作为证据发现计划的一部分,当事人应当协议商定放弃有关庭外取证规则规定的某些程序,这些程序显然是不必要的。《联邦民事诉讼规则》第29条授权双方当事人可以书面协议约定,庭外证言将在何人参与下,何时、何地、依据何种通知、采取何种方式以及取证后是否同其他庭外证言一样被采用。证据发现计划中应包括书写书面协议的要求。如果证据发现计划中没有包括进去,这些约定中也能够规定庭外记录的抄本要被记录下来。

尽管《联邦民事诉讼规则》规定，如果不及时提出异议，庭外取证程序中的许多瑕疵将自动消除。清楚地记录以及在审理之前排除与程序相关的所有可能的异议以准备案件的审理，这种做法是比较可取的。当事人书面协议以放弃法律程序的情况限于以下方面：（1）对主持官员资格（在确认他或她是否是庭外证人或反方律师的亲属或雇员，或与案件是否有利害关系）及时间、地点以及庭外取证的通知的异议；（2）对完成过程中及主持官员要求重返庭外取证程序过程中的任何错误或违规行为的异议；（3）经公证，庭外证人在证词的文件材料中签字的协议；（4）在提交法院之前，各方律师同意在任何时候修改抄本的协议。与庭外取证程序相关的书面协议须写进证据发现计划。

庭外取证中的任何缺陷都可以在当时或将近结束时以协议的方式修正。

（2）询问的范围。

《联邦民事诉讼规则》第26条规定，可以询问庭外证人除保密特权外任何有关的事项，这些事项与系属诉讼标的事项相关，不论它是否关系到要求证据发现方的诉讼请求或抗辩。也可以询问庭外证人任何书籍、记录的存在、描述等等，以及任何知悉证据发现事项的人的住所。如果经合理推算的言辞很可能在开庭中采纳为证据，但不得以该信息在开庭审理中不被采纳为证据作为提出异议的理由。

证人提供传闻证据也是允许的。证人应当回答所有相关的问题，传闻证据的可采纳性须经审理决定。

（3）询问与交叉询问。

依据《联邦民事诉讼规则》第30条第3款的规定，在审理时，法官可以允许进行询问和交叉询问。主要的问题可能在直接询问中针对恶意证人、反方当事人、确认为反方当事人的证人提出。参见《联邦证据规则》第611条（c）款。任何当事人都可攻击庭外证人的可靠性，包括提出该证人的一方当事人。参见 Fed. R. Evid. 607。尽管对庭外证人的交叉询问应当限于直接询问的标的以及影响证人可靠性的事项，《联邦证据规则》第611条第2款授权法院自由裁量决定是否准许进一步调查与直接询问有关的附加事项。

（4）对证据的异议。

在庭外取证期间，对于证据的任何异议，应以"简明地和非争论和非建议性的方式提出"。参见《联邦民事诉讼规则》第30条（d）款（1）项。"仅在维持保密特权、实施法院对证据的限制或者提交申请［为一项保护性命令］时"，一方当事人可能授意庭外证人不要回答任何问题。Id. Rule 32（d）（3）（A）。对证人作证能力或证言的能力、关联性或重要性的异议，即使为在庭外取证开始前或在庭外取证过程中提出，该异议不应丧失，除非异议的理由如果在庭外取证开始前或在其过程中就可能避免或排除时则不受此限。

口头询问中询问或答复的形式、宣誓过程或当事人行为中发生的不规则以及其他任何如果被及时指出便可避免、排除或纠正的错误,对诸如此类具有更为正式性质的事项的异议,除非在庭外取证之际及时提出,均被视为放弃。参见《联邦民事诉讼规则》第32条(d)款(3)项(B)目。

当事人或庭外证人证据发现询问是以非善良地或不合理地干扰、阻碍或强迫庭外证人或当事人的方式进行的,可依据《联邦民事诉讼规则》第30第4款向受诉法院或录取庭外证言的法院申请命令,以终止录取庭外证言,或按照《联邦民事诉讼规则》第26条第3款的规定限制庭外取证的范围和方式。根据申请人的申请,当此种申请确有必要时,庭外取证可以被及时中止。法院将判给申请人以合理的费用,包括给予处于优势一方当事人的律师费。参见《联邦民事诉讼规则》第37条(a)款(4)项。

(5) 记录异议。

《联邦民事诉讼规则》第30条第3款规定,在询问期间所提出的关于参与录取证言的官员的资格、录取方式、提供的证据或当事人的行为以及对其他任何程序方面的异议,主持官员应当予以记录。有异议的证言应作为附有异议的证据来采用。

(6) 书证。

在使用一系列的数字标识和辨认标志之前,庭外取证期间取得的任何文件都必须提交给主持庭外取证的官员。被告在交叉询问期间也可以使用这些文件。将每一展示证据都标上证人的姓名,以及数字或字母等,如"艾伦一号",并将所有的展示证据副本都附上文字材料,这是很好的做法。既然地方法院规则或者习惯规则可能被采用,执法人员应当咨询当地法院规则以及法院书记员。参见 Chapter VI, Section B (提供了组织展示证据的一个更充分的讨论以及在询问中使用这些展示证据)。

9. 庭外取证的结束程序

(1) 修改副本及证人签名。

在庭外取证结束之前,只要庭外证人或当事人要求,他们就可审查记录和签名。对于执法人员来说,要求每个证人阅读由其提供的抄本和上面签名,是明智的做法。如果执法人员提出这样的要求,作证的证人要在官员发出获得抄本之后的30日内审查该抄本,如果作证证人对抄本的形式和内容进行了改变,要签署发生变化的声明并陈述理由。如果提出审查与签名的要求,官员将在证明书上予以陈述,列出在作证证人所允许的期间内进行的改变。参见《联邦民事诉讼规则》第30条(e)款。当事人可能希望在证据发现计划中达成一项协议,证人须在少于 30 日的期限内审查或签写抄本。作为一项习惯做法,当事人查阅庭外证言的抄本,讨论并同意修改之前已经签名的记录。如果庭外证人的更改与之前的证言相矛盾或做了实质性的改变,明确的做法是,在某种情况下,当事人可以新的陈述或改变为由,请求法院准许重启庭外取证程序,在证人宣誓之后询问证人。许多法院认为,书面证词抄本的改变不能替代原始的答辩,原始的答辩部分要保留,还能用于法庭审理;一些法院拒绝关键内容的改变。参见 8A 查尔斯·艾伦·赖特等人著,《联邦惯例与程序:民事第 2 版》第 2118 页(1994 年,第 2 版)。

  机械性的错误或者记录的不规则,如书记员转录证言或者为诉讼而准备抄本的方式,或者他或者她根据《联邦民事诉讼规则》第 30 条第 3 款或第 31 条第 2 款的要求所处理的其他庭外证言,可能被当事人之间的协议所修改。《联邦民事诉讼规则》第 32 条第 4 款第 4 项规定,当事人对处理方法的错误没有协议,在瑕疵已被查明或将被查明之后,当事人可以相当及时地申请终止庭外取证或庭外取证的任何一部分。法院将以改正错误的理由批准该项申请。

  为了方便,当事人应当在庭外取证过程中协定,如果庭外证人在他或她的证言被记录之后,不愿对该证言做任何实质性的改变,那么该证人可以在任何公众公证人面前签名。这样做事先排除主持官员将证言取回来的必要性。但是,庭外证言将被退回给主持官员,或者法院书记员,以便官员能够遵循《联邦民事诉讼规则》第 30(f)条。

  (2)主持官员的证明书。

  《联邦民事诉讼规则》第 30 条第 6 款(1)项要求,主持官员应确认证人已作正式宣誓,并且庭外证言是对证人证言的真实记录。除非之后的程序被取消,官员应将该庭外证言用信封密封,并签上诉讼的名称,做好"某某证人的庭外证言"的标记。然后立即提交到受诉法院,或者将抄本发送给法院安排接收的律师。影响公众起诉的任何保护性命令也应当在信封上作好标记。

  (3)法院的诉讼与审查。

  《联邦民事诉讼规则》第 30 条第 6 款(1)项规定,主持官员须立即将庭外证言提交到受诉法院或将抄本发送给法院安排的律师。若庭外证言没有被提交因此而成为该案记录的一部分,上诉审法院受理中间上诉时将不予考虑。参见《联邦上诉程序规则》第 10 条(a)款。然而,单纯的提交,也不能使庭外证言成为审判记录的一部分。并且,许多地区法院都采纳了同样的规则:为了避免文件工作负担,禁止提交所有副本。法院执法人员,应当像通常一样,查询当地法院规则。

10. 庭外取证的费用

录取庭外证言的当事人应承担记录的费用。参见《联邦民事诉讼规则》30（b）（2）。根据《美国法典》第 28 卷第 1920 条，录取庭外证言的一些成本可以被随后胜诉的一方当事人承担。《美国法典》第 28 卷第 2412 条逐条列举了在联邦法院中可能向败诉方收费的事项。

依据《美国法典》第 28 卷第 1920 条，允许收取的费用包括联邦法警的费用、庭外证言速记副本的费用以及证人的交通费。这些项目的成本由法院的自由裁量权进行判定。

根据《民事诉讼程序规则》第 37 条，胜诉方也要承担某些费用，包括对没有参加自己的庭外取证的当事人课以的处罚，对没有回答、躲避回答或不完全回答庭外取证中问题的当事人、庭外证人以及他们的律师的课以的处罚。

11. 法庭审理中庭外证言的使用

（1）《联邦民事诉讼规则》的应用。

《联邦民事诉讼规则》第 32 条第 1 款规定，只要《联邦证据规则》许可，庭外证言或者其中的部分，可以被用于庭审或者任何初步听证会，对抗任何出席过庭外证言录制或者提出异议的当事人，或者接到庭外证言合理通知的当事人。

庭外证言依照《联邦民事诉讼规则》第 32 条第 1 款下的规定用于以下方面：

①庭外证言可以被任何当事人用作反驳或者或者弹劾庭外证言作为证人所录的证词。

②一方当事人的庭外证言（包括根据《联邦民事诉讼规则》第 30 条第 2 款（6）项或第 31 条第 1 款的规定被指定为代表一方当事人作证的高级管理人员、董事或经理人及其他人的庭外证言），可以被对方当事人为任何目的所使用。

③若法院发现以下事项，任何人的庭外证言可以被任何当事人为任何目的而使用：

A. 庭外证人已死亡；

B. 庭外证人所在地方距离审理的法院 100 英里以外或庭外证人在国外，除非证人缺席的原因是由提供庭外证人的当事人所导致的；

C. 庭外证人因年龄、疾病、体弱或者被监禁而不能出庭或作证；

D. 提供庭外证人的当事人不能够通过传票通知使证人出庭作证；

E. 根据申请或通知，出现允许使用庭外证言之必要的例外情况。

在下列情况下，庭外证言不能用来对抗当事人：该当事人在接到录取庭外证言通知的时间不到11日，依据《联邦民事诉讼规则》第26条第3款（2）项迅速地提出了保护命令的申请，申请不录取证言或在另外时间或地点录取证言，并且这样的申请提出时庭外取证的时间还没有确定；该当事人证明，在收到送达通知后，虽经努力但未能找到律师代表其参加录取庭外证言。参见《联邦民事诉讼规则》第32条第1款第3项。

（2）《联邦证据规则》的适用。

《联邦证据规则》对庭外证言的适用规定要比《联邦民事诉讼规则》第32条第1款的规定更自由：

①一个非当事人的证人在庭外取证中的陈述可在审判中作为实质证据出示，如果庭外证人在审理时作证并就该陈述被交叉询问，并且该项陈述是：

A. 与他/她在法庭中的证言不一致。参见《联邦证据规则》第801条第4款第1项第1目；

B. 先前的陈述与他/她在庭审中的证言一致，并主动提出此项陈述是为反驳对其提出的伪造庭审证言、庭审证言受到不恰当的影响或受人指使而用的证言。参见《联邦证据规则》第801条第4款第1项第2目；

C. 根据《联邦证据规则》第801条第4款第2项规定的情况下，对方当事人所承认的陈述可以被采纳为实质证据；

D. 如果证人找不到，正如《联邦证据规则》第804条第1款定义的术语一样，如果当事人有机会及相似动机在他或她的庭外取证中通过直接询问、交叉询问或再次直接询问来制作证人证言，庭外证言在提出以对抗另一方当事人时将不能作为传闻证据而被排除。参见《联邦证据规则》第804条第2款第1项。

（3）庭外证言的部分使用。

如果一方当事人只提供庭外证言的一部分作为证据，对方当事人可以要求他提供与所提供的证言同时录制的其他部分证言，这样做是为审判公正的考虑。其他任何当事人，均可提供其他任何部分证言。参见《联邦民事诉讼规则》第32条第1款第4项、《联邦证据规则》第106条。

（4）证据可采性的异议。

《联邦民事诉讼规则》第32条第2款规定，如果庭外证人出庭作证，任何人可以在开庭审理时对任何庭外证言的可采性提出异议，要求排除该庭外证言作为证据。对该规则的唯一的例外是异议必须在庭外取证过程中提出。参见《联邦民事诉讼规则》第32条第4款第3项。

（5）庭外证言的使用或者录取效果。

《联邦证据规则》消除了这样一个观念：当事人请求某个证人作证或对其

录取庭外证言，就为该证人提供了担保并不准对其弹劾。

《联邦证据规则》第607条规定，任何当事人，包括请求证人作证的当事人都能在法庭上攻击证人所作证言的可信性。《联邦证据规则》第611条第3款规定，凡一方当事人申请恶意证人、对方当事人或与对方当事人利害相同的证人当庭作证时，通过诱致性问题进行询问，对证人进行庭外取证不会如在直接询问中一样限制当事人在一定范围内提问。

（三）询问的使用

1. 《联邦民事诉讼规则》的适用

根据《联邦民事诉讼规则》第33条规定，最多可以提出25个书面询问问题，包括："所有的不可分的附属部分"，关于特定类型的交流而询问的问题当作一个质询计算在内，即使质询要求时间、地点和出席的人员，以及内容都是根据每一个质询而分开的。参见《民事诉讼程序规则》第33条（a）款关于顾问委员会记录的规定。可以向任何当事人送达质询书。该限制可以通过当地法院规则、法院命令或当事人协定予以修改。参见《联邦民事诉讼规则》第33条第1款。

2. 询问的使用和形式

除非遭到反对，每一个询问都必须在宣誓之后分别答复并充分记录。若反对，应当陈述反对的理由。除非当地法院规则另有规定或当事人另有约定，质询书提交之后，答复和反对意见必须在30日内送达。

质询书只要针对的是直接获得合理地推出与诉讼相关的证据的可采纳性的信息，就是适当的。参见《联邦民事诉讼规则》第33条第3款、第26条第2款第1项。

在某种情况下，被送达当事人可以通过详细阐述的记录以确保询问事项得到答复，以及提供送达当事人检查、复制的机会，以此作为对询问事项的答复。参见《联邦民事诉讼规则》第33条第4款。通过引导反托拉斯局律师查看大量的商业记录甚至所有的商业记录，被告以此作为对质询书的答复将被拒绝，因为第33条第4款阐明，被告允许提供商业记录的选择权仅在"引出或查清答复的负担"对送达当事人和被送达当事人实际相同时才拥有。并且，第33条第4款要求，被要求答复的当事人应当详细说明记录以得出对询问事项的答复。这些对记录的具体说明应足够详细，以便于提出询问的当事人能够像被送达的当事人一样容易地定位并识别，从而从该记录中确定对询问事项的答复。参见《联邦民事诉讼规则》第33条第4款。

质询书要求对意见和争论进行阐明，且其应有作为限定争点及决定被告会否积极抗辩之用。这种质询书对于确定积极辩护的内容是什么及如何拟定积极辩护是重要的。在没有涉及积极抗辩的场合，反托拉斯局律师更好的做法是避免提出大量的具体的争论性的询问。法院可以命令对这种质询书在指定的证据发现程序结束之前或审理前会议或其他时间之前不必回答。参见《联邦民事诉讼规则》第33条第3款。

质询书是获得有关信息的重要工具，诸如公司高级管理人员的身份，在相关商业或地理市场的公司业务，可获取与诉讼标的相关的信息的个人姓名，后面第34条要求的文件的描述与地点，会议的日期与地点以及在起诉前尚未收集的具有实质性价值的信息。

3. 询问的异议

可对质询书的部分提出异议，对没有异议的部分应予以答复。见《联邦民事诉讼规则》第33条第2款（1）项。对质询书异议的理由应详细阐明，若没有及时阐明的，视为放弃异议，除非当事人未提出异议有充分理由而被法院原谅。见《联邦民事诉讼规则》第33条第4款（4项）。

当事人应书面填写保密特权请求并详细阐明。见《联邦民事诉讼规则》第26条第2款（5）项。主张保密特权的当事人应当"描述未提出或出示的文件、情报或物品的性质，而该描述既不泄露享有保密特权或采取保护措施的信息本身，又能使其他当事人知晓该信息已享有保密特权或被采取保护措施"。

法院在要求回答询问事项及要求对送达反托拉斯局的事项提出异议方面较为自由，该异议须基于已创造过分的负担或者证据发现程序中的证据将不被在庭审中采用这些因素而提出。

（四）出示文件的请求

1. 《联邦民事诉讼规则》的适用

依照《联邦民事诉讼规则》第34条规定，与案件标的相关并可采纳为证据或合理预计能促成可采纳证据的证据发现的非特权保护的文件，一方当事人无需法庭允许即可要求另一方当事人出示、许可查询和复制该指定文件。《联邦民事诉讼规则》第34条也允许将该要求送达至允许进入指定的地方或者其他的房产所在地，如工厂，目的是为检查、照相、调查或者一些其他的在《联邦民事诉讼规则》第26条第1款范围内的操作方法。执法人员也可聘请专家检查这些地方。

依照《联邦民事诉讼规则》第45条，可以通过传票传唤非诉讼当事人从而取得文件，并可要求其出席庭外证言的录取。该证言有助于证实或解释所出示的文件。

2. 出示文件要求书的使用

依照《联邦民事诉讼规则》第34条的规定，要求书应当逐条或分类表明将被调查的项目，并应当以合理的精确性记录各个项目。要求书还应指定进行调查或作出相应行为的合理时间、地点和方式。

被要求的当事人在收到要求书后的30日之内应当提交书面答复，除非法院命令或当事人同意另一时间。除非提出要求的当事人提出异议，答复须说明，若有与每一项目或分类相关的调查或复制请求，法院将准许。若针对该请求提出异议，异议的理由必须说明；若异议只是针对某一项目或分类的一部分，该部分应详细说明，其他部分应准许调查。

3. 起草要求书

许多在起草大陪审团随身携带传票和刑事调查部文件时应考虑的事项同样适用于《联邦民事诉讼规则》第34条所规定的请求书起草。见本书第六章第二部分。请求书应当尽可能具体，应当特别注意限制所请求文件的时间期限。在大多数情况下，一些文件可能通过调查阶段的利息和债息委员会的介入或合并前的提示程序获得。这可能限制需要被告证据发现文件的范围。

4. 顺从程序

（1）限制范围。

当事人律师通常通过协商试图限制文件请求书的范围。善意协议的这个特点在此类问题上胜于耗时的诉讼。公司文档系统的有关信息使得当事人律师可以达成协议，限制文件搜索的具体位置和具体文件。某些诸如销货发票或其他交易记录的文件可能被排除。依照《联邦民事诉讼规则》第34条请求书而达成的协议条款自始至终应当成为书面文件，反托拉斯局的执法人员应当保持其要求出示所有文件的权利，这些文件在达成协议之后即可以被请求出示。

（2）现场审查。

在被告方办公地点进行初步调查是处理大量的与答复文件请求书相关的文件以及排除大量无关紧要文件的办法之一。再者，被告方的雇员和律师可以回答问题并协助审查。

相反的，现场审查可能进行的过快而错失某些重要文件。更好的做法是使用现场审查以排除累赘的文件及明显不必要的种类的文件，而保留在以后需要更加认真地审查的文件。

（3）要求原件或副本。

执法人员应当要求提供原件以便检查或复制。尽管原件优于副本，但若被告方善意地尽力提供更好的副本，则两者在质量上并无显著差别。反托拉斯局的律师最好决定在其办公室接收递交的副本，并保留检查原件的权利。若被告同意对文件进行卷号和分类,这将更为有利。

(4)卷号和分类。

给文件卷号有助于其管理。在大多数案件中,由被告方给文件卷号,这种做法明显更好。被告方通常为组织自身的目的通常也乐于如此做。请求书应当说明反托拉斯局执法人员喜欢的卷号方式。文件应当卷号以使其区别于第二次请求书和刑事调查部文件。

(5)享有保密特权的文件;秘密性。

《联邦民事诉讼规则》第34条要求请求书应当以类似在大陪审团要求提供文件的传票或刑事调查部中使用的表格对所有享有保密特权的文件进行确认。

被告方也希望限制反托拉斯局使用包含具有竞争敏感性或高度保密性的信息的文件。在评估被告保护请求时,反托拉斯局的执法人员应当考虑政府对公开诉讼的偏好、被告所请求保护的信息的年代以及信息在该案中的重要程度。见美利坚合众国诉IBM,67 F. R. D. 40(S. D. N. Y. 1975)。在适当的情形下,反托拉斯局可以同意对文件的敏感的部分进行保护,并按照《联邦民事诉讼规则》第26条第3款的规定,向法院申请保护性命令。保护性命令应以保护当事人合法权益的必要为限,并且不可明显妨碍证据发现和审理程序的进行。反托拉斯局执法人员在同意申请保护性命令之前还应当经常咨询负责《信息自由化法》的部门。

在适当的情形下,反托拉斯局执法人员可以同意把相关文件披露给第三方的意向告知被告方。此类协议至少应当形诸书面,并特别注意避免经济学家、计算机执法人员或其他在反托拉斯局工作的合同制员工接触该协议。应当起草此类协议,以避免反托拉斯局受到程序之约束而明显地不能在开庭审理程序中或在对涉及政府案件重要的第三方当事人进行审前的庭外取证程序中使用这些信息。

此问题常在证据发现程序会议中出现。尽管在保护第三方当事人的秘密信息而不影响案件的公开审理的场合,反托拉斯局愿意提供此种保护,比如拟定与案件无关的秘密信息而使该信息免于公开,但是反托拉斯局习惯性地反对封存庭审记录或以其他方式限制公众接触庭审记录。见《联邦法规汇卷》第28卷第50章第9节、《美国法典》第15卷第30条,也见《美国律师手册》第1章第7节第100页。

(五)自认要求书

依据《联邦民事诉讼规则》第36条,当事人可以向任何其他当事人送达自认要求书,要求对方当事人对下列任何事项的真实性进行自认。这些事项不享有保密特权，与诉讼标的相关并且与对事实或适用法律的陈述或意见相关，包括对要求书所列文件的真实性以及附随诉讼文书发送的文件的真实性的自认。

第36条立法目的在于通过排除案件的争点和便于证明不能被排除的争点来缩短开庭审理的时间。对要求自认的事项予以否认的当事人，法院可命令其承担在庭审中证明该事项而产生的费用，包括律师费。见《联邦民事诉讼规则》第37条第3款（2）项。

要求自认的各事项应分别记载。若被要求自认的当事人在要求书送达后30日内未向要求当事人发送书面答复或异议，则视为自认各事项。但是，法院命令或当事人约定其他期限的除外。

依照第36条，自认的效力在于为未决诉讼确认事实或某一事项的真实性。自认不得为任何其他目的而使用，并不得在任何其他程序中以此对抗自认当事人。第36条还授权法院在适当的情形下可根据申请允许撤回或修改自认。该条规则并不要求自认人在答复自认要求时必须宣誓，而仅仅要求答复的当事人或他/她的律师签名。

第36条规定的自认要求书明显地要比起庭外取证、交叉询问和提供文件的请求等更常用的证据发现措施使用的少。然而，自认要求书明显地有助于在复杂案件中识别争点和限制争点。第36条规定的要求书作为完整的审前计划的一部分能最有效发挥作用，但法院对此类程序应进行严密的监督。

自认要求书可以和其他审前措施结合使用，比如意向说明书和对事实的书面协议。

（六）专家证言的披露

在开庭审理前90日（没有法院其他命令或当事人的书面协议）内，当事人必须出示将在开庭审理中作为专家证人的身份。见《联邦民事诉讼规则》第26条第1款（2）项。若提出证据仅在于否定或反驳另一方当事人使用专家证言所证明的同一个事实，则该专家证言的出示应当在另一方证据出示后的30日之内进行。

专家证言的出示应当附有一份由专家证人准备并签名的书面报告，该报告书包括"要表达的所有观点、根据和理由；专家证人形成其观点所考虑的数据或其他信息；被用来作为概要、或证明观点的所有证物；专家证人的资格证明，包括其在前10年内所有著作作品的清单；为该研究和作证所需支付的补偿；该专家证人在前4年内作为专家证人在法庭上或通过庭外证言为其他案件提供证言的清单。"见《联邦民事诉讼规则》第26条第1款（2）项（2）。专家证人的报告提交法院之后才可对其进行庭外取证。见《联邦民事诉讼规则》

第 26 条第 2 款（4）项（A）。当事人发现所提供信息不完整或不正确时，有义务随时对已经出示的专家证言（以及该专家提供的报告或庭外证言）予以补充或纠正。见《联邦民事诉讼规则》第 26 条第 5 款（1）项。除非法院有其他指示，此项补充纠正信息应当在开庭审理前 30 日内提交。见《联邦民事诉讼规则》第 26 条第 5 款（1）项和第 1 款（3）项。

（七）证人和物证的披露

除非法院有其他指示，当事人应当在开庭审理前 30 日内确认所有将在庭审中使用而非仅为弹劾目的而使用的证人和物证。见《联邦民事诉讼规则》第 26 条第 1 款（3）项。

（八）随时补充及纠正证据披露的义务

对专家证言而言，在证据发现程序或者书面形式已披露的信息不完整或不准确，以及经补充或纠正的信息尚经由证据发现程序或以书面形式被其他方当事人所知，当事人有随时告知其他当事人的义务。在回答质询书之前，若当事人发现有关信息资料的答复实质上的不完全或不准确，则应当修正提供文件的要求书或者自认要求书。见《联邦民事诉讼规则》第 26 条第 5 款（1）项（2）目。

（九）申请强制

若证据发现程序所指向的当事人或其他人不回答，推诿或回答不完整，则申请证据发现的一方当事人应当依照第 37 条第 1 款申请强制。上述规则的例外情形是，若当事人未按照第 26 条第 1 款提供最初的披露，则任何当事人均可申请强制。强制申请只能向受诉法院提出，除非该申请针对的是受诉法院管辖范围以外的非当事人证人。见《联邦民事诉讼规则》第 37 条第 1 款（1）项。强制申请中应包括申请人已经善意地协商地或试图通过协商解决纠纷的证明。见《联邦民事诉讼规则》第 37 条第 1 款（2）项（2）目。

若法院批准了强制申请，或者当事人申请提交后得到答复，则法院"应当"实施制裁，包括课加费用。如果"撤回强制申请"确为正当，或者如果申请者申请法院命令之前没有本着善意试图解决纠纷，则法院将不予以制裁。见《联邦民事诉讼规则》第 37 条第 1 款（4）项。

当事人无正当理由不按照第 26 条第 1 款（最初披露）或第 26 条第 5 款（1）项（专家证言）的规定披露的，除非此种不作为是无害的，否则该未披露的信息或证言不得作为证据使用。见《联邦民事诉讼规则》第 37 条第 3 款（1）项。

第 37 条还规定，当事人未能按照第 26 条第 6 款规定的要求善意地参加制定和提交证据发现计划的会议时，法院可要求其承担因未参加而造成的合理费用,包括律师费。见《联邦民事诉讼规则》第37条第7款。

四、磋商和作出双方同意判决

一般来说,在反托拉斯案中,足够的救济是指那些具有以下功能的救济:(1)停止涉诉违法行为;(2)防止违法行为的延续;(3)恢复违法行为未发生时的竞争状态。通常情况下,政府有权批准任何实现这些目标的合理和必要的救济,虽然以往反托拉斯案的救济被作为先例对其范围进行考察,但还是应该个案处理。

未将案件提交法院审判就获得有效救济的情况是经常可能发生的。本节介绍反托拉斯局根据《美国法典》第15卷第16节之1974年《反托拉斯程序和处罚法》(或《滕尼法》)进行磋商并作出双方同意的判决的程序。

(一)《反托拉斯程序和处罚法》

1974年12月21日颁布的《反托拉斯程序和处罚法》在2004年进行了修订。该法将反托拉斯局作出的双方同意判决置于公众的监督之下,反托拉斯局必须确保其完全遵守《反托拉斯程序和处罚法》的规定。

1. 竞争影响陈述

《反托拉斯程序和处罚法》的第一个重要要求是,政府向法院提交判决建议的同时提交竞争影响陈述,后者必须是独立的,它应阐述能让法院和公众根据案情对判决建议进行评估的必要信息,其目的是解释判决建议之所以恰当合理并符合公众利益的原因。由于竞争影响陈述的对象是法院和公众,它应采用叙述性语言,应避免术语与行话。一般而言,竞争影响陈述不能广泛地逐字引用起诉书和判决书内容,应尽可能使之易于理解并具说服力。

竞争影响陈述是反托拉斯局对所处理的案件、判决建议及其背景条件的阐释,因此,它不应该成为与辩护律师讨论或磋商的主题。除非部长助理特批,在提交给法院之前,不允许辩护律师接触竞争影响陈述。

《反托拉斯程序和处罚法》要求竞争影响陈述"书面陈述"一个确定的主题,最近提交的竞争影响陈述大多数遵循了以下的法定要求:(1)诉讼程序的性质和宗旨;(2)涉嫌违法行为的描述;(3)拟定最后判决的解释;(4)可提供给潜在私人原告的救济措施;(5)修改判决建议程序的描述;(6)反托拉斯局考量的最终判决建议的替代方案。虽然该法没有具体规定竞争影响陈述必须讨论哪些决定性文件,但其第七部分规定的决定性文件之清单通常被列入竞争影响陈述,因为它很便捷地表明了哪些是决定性文件或在更多情况下说明根本不存在任何决定性文件。参见 Massachusetts School of Law v. United States, 118 F. 3d 784 – 85 (D. C. Cir. 1997)(讨论什么是决定性文件)。一些竞争影响陈述还讨论了根据《滕尼法》进行司法审查的标准，但这些讨论不为《反托拉斯程序和处罚法》所要求，有时，它们可能更适于作为公示与评论期满后提交的判决之申请的总结。

竞争影响陈述对其性质宗旨以及涉嫌违法行为的描述必须比起诉书中的描述更具体。竞争影响陈述应说明被告的情况和涉及的贸易与商业，还应该足够详尽地描述被诉违法行为的本质。例如，在合并案中，应说明相关产业，双方当事人之间的关系及各自在产业中的地位，以及侵权行为。在非合并案中，竞争影响陈述还应该阐明被告的行为及其所致竞争损害的结果。

竞争影响陈述应以公众能理解的方式说明拟定的救济措施，判决建议的所有实质性条款都要予以讨论，还要阐述反托拉斯局批准救济措施的理由和该救济措施的竞争性预期效果。这些讨论应具有说服力的，也应是公正的。

竞争影响陈述还应该描述和评估实际考量的救济措施的替代方案。但这并不意味着要讨论磋商过程中的言语变换，除非这种变换大大改变判决建议的范围。同理，未采纳的被告建议也不必讨论，除非这些建议提供了比最终采纳的救济措施更广泛的救济。但是，一项替代建议即使满足以上两项标准之一，通常情况下还是不能作为实际考量的救济措施的替代方案，除非它还满足：（1）诉讼请求该方案的；（2）在磋商期间以书面形式递交给被告律师的；或（3）以终稿形式提交给部长助理审批的。在极少的情况下，不符合这3项标准的替代方案有可能存在的（例如，在延长与被告之间关于某一具体救济建议的磋商的时间的情况下）。在这种情况下，执法人员应与主任协商是否将该替代建议纳入竞争影响陈述里。对替代建议和反托拉斯局不予采纳理由的讨论都应该是公正的。

如果救济措施"符合公共利益"，法院必须批准政府已经批准的救济措施。参见 United States v. Microsoft, 56 F. 3d 1448, 1461 - 62（D. C. Cir. 1995）（引文省略）。为了作出这样的决定，法院被要求考虑：

- 这一判决的影响，包括停止受到指控的违法行为，执行和修改的条款，寻求救济的期限，实际上可以考虑的替代救济方法的预期影响，所使用的术语是否是模糊不清的，这一判决所带来的其他任何竞争性因素，法院实际上需要作出决定，双方同意判决是否符合公共利益。

- 这一判决对进入相关市场或者市场的竞争所产生的影响，一般公众和提出控告的个人从所指控的违法行为中所产生的特定损害，包括公共利益因素，即使有这样的损害，也是源自在审判时对这些问题作出的决定。《美国法典》第15卷第16条（e）(1)（A）和（B）。在考虑这些法律规定的因素时，法院的调查是必要的，作为受到限制的一方，当政府有权"在公共利益的框架下，具有与被告达成和解的广泛的自由裁量权"。见美国诉微软公司案，United States v. Microsoft Corp., 56 F. 3d 1448, 1461（D. C. Cir. 1995）；美国诉 SBC 公司案，United States v. SBC Commc'ns, Inc., 489 F. Supp. 2d 1（D. D. C. 2007）（根据《滕尼法》评价公共利益的标准。"双方同意判决提出的要求越详细，对反托拉斯法的执行效果的损害越大"。参见美国诉贝奇特尔公司案，United States v. Bechtel Corp., 648 F. 2d 660, 666（9th Cir. 1981）（引文省略）。至于判决要确保的充分救济，法院不可以"对于什么样的救济最有利于公共利益给出一个无限制的评价。"参见美国诉 BNS 公司案，United States v. BNS, Inc., 858 F. 2d 456, 462（9th Cir. 1988）（引自贝奇特尔公司案，648 F. 2d at 666）；也参见微软公司案，56 F. 3d at 1460－62。同时，根据《反托拉斯程序和处罚法》法院的角色仅限于审查与违法行为有关的救济，且已是美国已经提出了控告。美国哥伦比亚特区的地区法院最近在 SBC 通信公司案中确认了这一原则，"除非起草的起诉书起诉的范围如此之窄，以至于蔑视司法权力的存在，法院不能不对起诉书中涉及的公共利益作出决定。"489 F. Supp. 2d at 15。

在 2004 年修订版中，国会对于利用反托拉斯法执行中的同意判决保护现实的利益有清楚的表述，增加明确的说明，"此部分将不能被解释为要求法院进行证据方面的听证，或者要求法院允许任何人进行干预"。参见《美国法典》第 15 卷第 16 条第 5 款第 2 项。国会在此条款上用词所要表达的意图，与滕尼参议员在 1974 年制定的《滕尼法》时所作解释是一样的，"法院无处不在地进行强制性的审判，或者进行扩大化的诉讼，这样做对利益所造成的损害影响是暂时地，低于通过双方同意判决程序所达成的和解成本。" 119 Cong. Rec. 24, 598（1973）（参议员滕尼的陈述）。另外，法院在公共利益决定程序方面，不运用自由裁量权，在这点上，法院承认它的"审查范围保持在先例和《滕尼法》案件性质所禁止的范围内"。参见 SBC 通信公司案，489 F. Supp. 2d at 11。

竞争影响陈述还必须讨论可提供给潜在私人原告的救济措施，这个讨论要求简要，在大多数情况下是标准化的。

2. 材料和文件

《反托拉斯程序和处罚法》要求反托拉斯局提交拟定一个双方同意判决的同时，提交形成判决建议的所有决定性材料和文件。这些材料和文件有别于诉讼过程中所提交的支持诉讼的材料和文件。参见 Massachusetts School of Law v. United States, 118 F. 3d 784－85（D. C. Cir. 1997）。在大多数情况下，救济是在反托拉斯局的调查和所有证据的基础上确定的，很少有对某一救济的确定或拒绝采纳有特别影响力的文件。这些要提交的材料和文件，如果有的话，可能包括被告或其他人提交的材料和文件，对判决的形成具有决定性影响的其他政府机构或专家的研究，或者含有剥离条款的合同。如遇问题，执法人员应与相关的执行主任协商解释所涉案件的这项要求。

3. 《联邦登记》公告

《反托拉斯程序和处罚法》要求，在判决建议生效日之前的至少60日内，应将判决建议和竞争影响陈述公告于《联邦登记》，然而，提交材料给《联邦登记》和材料的公告会造成至少5个工作日的耽搁，由于向法院提出申请之前反托拉斯局没有公布的要求，因此通常要在60日的公告日期上至少增加5日。

《反托拉斯程序和处罚法》还要求，在作出判决建议之前，反托拉斯局必须在《联邦登记》公布所有收到的公众异议及反托拉斯局答复，这些公众异议是公告期内针对判决建议提出的。总的来说，反托拉斯局最好能对这些异议逐一作出简短答复，并且，如果可能的话，在公告期满之前提交并公布。如有难为之虞，例如，在临届期满时才收到异议时，那么，反托拉斯局应在公告期期满之后尽快将所有的异议及答复一并提交并公布。作为一项政策，反托拉斯局考虑自《联邦登记》公告之后，或者自报纸公告的最后一日起，有60日的评论期。

执行办公室将为《联邦登记》的公告作出必要的安排。《联邦登记》公告是标准化的，已由执行主任签名，并做好相应的准备。参见"联邦登记公告样本"。此为典型的要求剥离资产的合并案件的样本。对于民事非合并案件的通知是相同的，但是倾向于展示因控告案件的不同和拟议的救济不同而具有的多样性。执法人员能够从相关的特别助理那里得到《联邦登记》最近出版的通知副本。

4. 报纸公告

《反托拉斯程序和处罚法》也要求在报纸上刊登公告，该公告简要介绍判决建议，竞争影响陈述和提交异议的大致程序，公告必须在法律公告版面上刊登，而且，首次公告时间必须是在判决建议生效日之前的至少60日内。为了给有兴趣的人们在至少60日的时间内提交评论提供方便，反托拉斯局考虑在《联邦登记》公告发布之后，或者至少在报纸发布的最后一天之后，有60日的评论期限。报纸的公告应该简短，最多不超过由打字机打出的30行字数，目的是为减少公告的成本。参见"报纸公告样本"。与《联邦登记》公告的样本一样，同样的报纸公告是一种典型的要求通过资产剥离的合并案件。执法人员可能从相关的特别助理那里得到最近的公告副本。

执行办公室应把公告安排在哥伦比亚特区或案件起诉地区全面发行的报纸

上刊登，《反托拉斯程序和处罚法》对每一个案件都有报纸上刊登公告的要求。执行办公室还要安排刊登法院要求的其他公告。该办公室还应索取必要的公告刊登证明书，以备反托拉斯局向法院证明曾在报纸上刊登过公告。

由于在极少情况下，报纸可能并没有刊登公告或者刊登得不准确，执法人员应在拟刊登报纸版面上核对执行办公室发送的公告副本的内容，以确保公告的准确性，如果报纸上的公告不准确，应立即通知执行办公室进行更正。

如上所述，在《反托拉斯程序和处罚法》的最低要求之外，法院偶尔还可能要求在报纸上刊登额外的公告。当额外公告的费用似乎过大的情况下，执法人员在能够确定合理的费用之前应要求推迟公告的刊登。如果可能的话，可以寻求既能降低费用又能满足法院要求的替代公告刊登的其他方案。

（二）内部程序

通常情况下，反托拉斯局不会主动讨论和解问题，但是，一旦辩护律师提出和解问题，作为案件的一部分，如果部门负责人（主任）认为政府应当作出判决建议，那么，被指派承办该案的部门就可以着手准备判决的初稿了。

承办该案的执法人员及其主任必须将拟交辩护律师的任何书面建议提交给相关的执行主任，无论如何，书面建议草案在提交给执行主任和副部长助理进行审查之前，不得递交给被告。

判决建议的磋商由审判人员在其主任的直接指导之下组织进行的，在一些情况下，磋商将会相当简单，只参照最初的书面建议进行。但是，当磋商过程中遇到最初的书面建议未曾提及的问题时，审判人员应与其主任进一步协商，由主任概括分析新遇到的问题，说明分歧点所在，并建议适当的救济范围。

执法人员应明确告知辩护律师，判决建议最后由部长助理批准，而且，根据《反托拉斯程序和处罚法》，判决建议在正式递交给法院之前可以撤销或变更；另外，《反托拉斯程序和处罚法》第2条第7款要求各被告提交他们与政府之间的口头和书面交流的与判决相关的材料。还应当告知辩护律师，在起诉之前，不允许他们阅读法院卷宗，但判决建议除外。

在准备判决建议草案时，执法人员应当向反托拉斯局的工作成果文件库咨询反托拉斯局在其最近的判决中使用的形式和语言。一旦执法人员判决建议草案得到批准，执法人员应按照草案中所载的救济方案进行磋商。执法人员可以与相关主任进行非正式的磋商，以确定目前的反托拉斯局的实际做法和可替代的救济建议。"反托拉斯局的合并救济政策指南"对执法人员起草相关的救济非常有帮助。

不论是指执法人员的判决草案准备工作，还是指被告提出的判决建议，应该注意的是，反托拉斯局的判决方式标准规定，双方同意判决书提交法院10

年之后期满失效。因此,执法人员不应该对任何超过10年期的双方同意判决书进行磋商,虽然在某些情况下,这些超过10年期的双方同意判决书可能是适当的。

当最后版本的双方同意判决书提交批准时,主任应向相关的执行主任递交一份建议书,该建议书应包括所有必要的材料——同意判决的协议、双方同意判决书、竞争影响陈述、《联邦登记》和报纸上的公告和拟发的新闻稿等。《联邦登记》上的公告应由相关的执行主任签名,所有材料与双方同意判决建议一并提交审查。

在向法院提交判决建议书和相关材料之前的至少24小时,应通知主任办公室,以便新闻稿最后定稿发布。在向法院提交判决建议书时,应解释《反托拉斯程序和处罚法》的要求和遵守该法的程序,如果可行的话,进行口头解释,否则,在当地惯例许可的情况下,进行书面解释,该书面材料应附复印件给律师。应该强调的是,由于公告的要求以及在临届期满时才收到异议的可能性,公告期可能超过60日,还有,有效的判决书在公告期届满之前是不能作出的。法院不应该签署未达《反托拉斯程序和处罚法》所设要求的双方同意判决书。当该法要求都满足的情况下,执法人员应提交符合《反托拉斯程序和处罚法》规定的证明书。案件提交后,应立即电话告知主任办公室,并提供法官的姓名和案号。此外,判决书一经作出就应致电主任办公室。

(三) 双方同意判决书的清单

以下是一份符合《反托拉斯程序和处罚法》要求的有用清单,执法人员应参照之。

美国诉＿＿＿＿＿＿＿＿＿＿＿＿

民事诉讼 第＿＿＿＿＿＿＿号

1. 日期
2. 着手进行的磋商
3. 向法院提交的竞争影响陈述和判决建议
4. 给辩护律师发信,提醒其关于《反托拉斯程序和处罚法》第16条第7款关于诉讼材料的要求
5. 递交的竞争影响陈述和判决建议
6. 《联邦登记》
7. 在《联邦登记》上的公告
8. 报纸上的公告刊登及日期
①华盛顿邮报或华盛顿时报
②地区报纸

③其他报纸
9. 异议的最后日期
10. 异议（是或否）
11. 答复（是或否）
12. 在《联邦登记》上公布异议和答复
13. 向法院提交的异议和答复
14. 向法院提交的被告的交流材料
15. 完全遵守《反托拉斯程序和处罚法》
16. 遵守规定证明书和申请作出判决
17. 作出判决的日期

（四）双方同意判决书的标准条款

反托拉斯局使用许多双方同意判决书的标准条款，这些条款具有标准化形式内容，并覆盖许多事项，诸如同意判决协议的形式、判决书的序言、司法管辖权和适用条款、企业变更通知的规定、巡察条款、判决建议的期限和管辖权保留。反托拉斯局的判决书还包括，比如遵守规定的条款，由于被诉行为的性质和涉案产业与被告的具体情况的不同，这些条款可能在不同的判决书之间有点不同。

为确保反托拉斯局内判决书条款选择和措辞的一致性，执法人员应经常阅读反托拉斯局工作成果文件库中最近的相似案件的判决书。该文件库中还有最近的《联邦登记》和报纸公告，以及达成双方同意判决书过程中提交给法院的符合《反托拉斯程序和处罚法》规定证明书和其他诉状的副本样本。

（五）符合《反托拉斯程序和处罚法》规定的证明书

遵守《反托拉斯程序和处罚法》完成工作之后，执法人员应提交阐述如何遵守规定的证明书。该证明书可作为核查进度表，以确保实际上已经遵守，还可以作为遵守规定的法院记录。在适当情况下，执法人员不妨附信向法院解释遵守该规定证明书的意义。

在提交最后判决建议时，应就《反托拉斯程序和处罚法》第16节第7条所规定的义务提醒每个被告律师。如果被告没有值得上交的交流材料，律师应提交一份声明。由于遵守规定证明书证明完全符合《反托拉斯程序和处罚法》的要求，执法人员应确定已根据第16节第7条的规定提交了必要的文件。

由于情况因案而异，且反托拉斯局尚不能完全掌握遵守《反托拉斯程序和处罚法》的技巧，因此，在此期间，主任办公室与承办本案的部门、工作组和地区办公室应经常沟通，以防止发生错误。

（六）在某些民事诉讼活动中收集纳税人身份证号码

1996 年的《收债促进法》Pub. L. No. 104 – 134，Title III，ch. 10，§ 31001，110 Stat. 1321 – 358 规定，联邦机构应要求每个与该机构发生业务关系的人提供其纳税人身份证号码，"发生业务关系的人"由《收债促进法》来界定，包括那些被联邦机构征收罚款或税费实体。参见《美国法典》第 31 卷第 7701 条。司法部决定将该款规定适用于司法部起诉的诉讼案中的民事惩罚和赔偿。因此，在课以民事罚款的反托拉斯案件中，比如，根据《美国法典》第 15 卷第 18 节第 1 条第 7 款第 1 项的规定实施 1976 年 Hart – Scott – Rodino《反托拉斯改进法》的合并前公告条款，或在处以损害赔偿的案件中，比如，根据《美国法典》第 15 卷第 15 节第 1 条的规定的处以 3 倍损害赔偿的诉讼，反托拉斯局必须获得每个被告的纳税人身份证号码。

《收债促进法》还要求联邦机构应告知每个据上述规定提供其纳税人身份证号码的人，机构获取纳税人身份证号码是为了协助征收这些人对政府的任何欠费。因此，在任何由反托拉斯局起诉，并课以民事惩罚或赔偿的民事诉讼案中，不论是以双方同意判决还是以诉讼判决结案，TIN 信件的样本（或相似信件）将会发送给应该支付罚款或损害赔偿金的各当事方代表，除了下面两个可能的例外情况。

第一个例外是指，反托拉斯局已有当事方的纳税人身份证号码，并且当事方也已知道其纳税人身份证号码将用于协助缴纳他对政府的欠款。这种情况可能是，例如，在《反托拉斯改进法》的某些执法行动中，如果美国联邦贸易委员会曾获取过当事方的纳税人身份证号码（或要求当事人在提交合并前公告材料中上报其纳税人身份证号码），并通知当事人其身份证号码可用于适用《收债促进法》的目的。第二个例外是指，各当事方可能包括许多并不拥有纳税人身份证号码的外国个人和企业，在这种情况下，就不要求遵守纳税人身份证号码通知的要求。

（七）撤诉

反托拉斯局在《滕尼法》规定的诉讼期间很少发生撤销的情况，如在当事人放弃拟议的合并情况下才有可能发生。反托拉斯局根据《联邦民事诉讼规则》第 41 条的规定，通过提交通知的方法申请撤诉。即使当事人已经出庭，并且参与证据发现程序，当原告没有提出答辩或者申请简易判决，根据规则第 41 条发出撤诉通知是合适的。规则第 41 条也允许通过已经出席的当事人以签订撤诉契约的方式采取撤诉行为。

五、进行民事案件诉讼活动的程序和建议

(一) 简化和加速民事诉讼的推荐程序

反托拉斯局律师应在保证公正审判,并为双方当事人充分提供机会陈述案情的同时,在最大程度上努力简化民事诉讼活动。虽然以下的建议可能并不适于所有案件,但审判实践证明,这些程序在许多案件中很有用处。除此之外,工作人员处理个案时还应该考虑可以简化诉讼的其他方式。

比较好的做法是,案件的所有判决都交由承办该案的联邦地区法院法官作出。这将有助于法官在审判前至少熟悉案件的一些方面的问题。

然而,在许多情况下,联邦地区法院法官不妨任用一名基层司法官来负责某些审前事项,尤其是证据发现问题。依据地方规则,法院可以指定一个特别的基层司法官主持某些事项,如经双方当事人同意,该基层司法官的职权不受限于《联邦民事诉讼规则》第 53 条第 2 款。参见 28 U.S.C. § 636(b)(2); 28 C.F.R. § 52.01(a)。反托拉斯局可以在个案的基础上决定是否使用基层司法官,但司法部的政策鼓励这种使用。参见 28 C.F.R. § 52.01(b)。

关于选择和雇用基层司法官的问题,反托拉斯局律师应与行政办公室的工作人员进行协商。参见 Division Directive ATR 1304.1,《专家和顾问服务》;Division Directive ATR 2110.1,《专家证人的雇用》。

法院应严密监督并控制诉讼程序,这是遏制不必要的拖延以及滥用证据发现程序的一种方式。当证据发现要求不合理或辩护律师坚决反对证据发现请求时,反托拉斯局律师应当认真考量《联邦民事诉讼规则》第 37 条项下救济的适用。因为法院必须认识到审前拖延时间的弊端及对该状态的控制。

如果时间允许的话,工作人员应当尽可能寻求诉讼活动中客观案情下的协议。这可能会大幅度地限制审判阶段的证人人数和展示证据的数量。在合并案中,工作人员至少应该寻求关于管辖权、审判地、洲际贸易和市场份额的协议。时间上的限制可能会影响工作人员费时准备、审查或组织其他协议的谈判。

适当的情形下,还应该寻求司法公告,司法公告可以帮助工作人员(律师)对没有重大争议的事实尽快作出判断。参见 Fed. R. Evid. 201(b),(c),(f)。

在一些情况下,根据《联邦民事诉讼规则》第 56 条作出的部分或全部简易判决可以加快诉讼进程,体现在缩小、解决或消除问题,缩小证据发现的范围,缩短审判时间和提高结案率。在非合并民事案中,我们建议寻求简易判决以解决一些问题。

在合并案件中，工作人员应评估寻求或反对禁止令的利弊，该禁止令综合了预防性禁止令听证会和根据《联邦民事诉讼规则》第65条第1款第2项实体问题审理两个步骤。虽然这个综合将花费工作人员较长时间准备证据提交给法官，工作人员还是应该做此准备，以便必要情况下能够迅速获得预防性禁止令。如果工作人员在实体审理之后才申请预防性禁止令，法院在这两个程序上的准备时间可能比合并的听证会实际耗时更多。

审前应当精简庭审证据，工作人员应考虑提出防止偏见申请，还应该就他们能预计到的审判期间可能遇到的法律问题编写法官备忘录。

从证据发现程序的最早阶段开始，就应该考虑救济问题。当反托拉斯局在实体问题审理中胜诉时，证据发现的方式和审前活动重点应该放在拟寻求的救济上。反托拉斯局在民事诉讼中各行为的原因在于获得足够的救济，在非合并民事案中，救济可能是一个很困难的问题。以上信息证明了反托拉斯局应该早早就开始寻求救济。

（二）简易判决

在许多民事案件中，为了快速解决问题，反托拉斯局或被告都可能申请简易判决，在一定情况下，申请部分简易判决或申请全部简易判决都是合理的。《联邦民事诉讼规则》第56条规定了申请的时间和要求，在准备简易判决时也应该参考地区规则。

在提出一项简易判决申请前，工作人员应与其负责人协商。如果后者批准了该项请求，还应当送呈合适的执行主任和副部长助理批准之后，才可以正式提出申请。

经负责人审批的申请书副本及所附宣誓证词及展示证据送呈给合适的主任之后，工作人员才能把反托拉斯局申请简易判决的意图通知对方当事人。

简易判决申请的样本和摘要，无论是支持政府的申请，还是反对被告的申请，都可以通过特别助理从《信息自由化法》部门中获得，反托拉斯局的工作成果文件库中也存有这些资料。

（三）反托拉斯民事审判的方法和程序

本章阐述集中在作为所有反托拉斯民事案件中心的审前程序，至于审判活动本身，已有大量的手册和指南对审判方法和技巧进行了讨论。例如，第八章。其中最切实可行的是《司法部长辩护研究会指南》。该指南详细叙述了民事审判中使用的方法，其中的建议包括开场陈述、终结辩论、交叉询问和专家证人询问。此外，该指南还提供一系列的清单，并对认可实物证据和书面证据的模式提出了建议，其中包括为认可商业记录和摘要、对证人的质疑、异议、审判申请和反驳证据等打下基础。

《司法部长辩护研究会指南》还介绍怎样准备询问证人，怎样准备和协商并达成协议。指南还讨论直接询问政府证人和对预期的被告证人进行交叉询问的准备工作。

此外，对于该指南，审判工作人员应当参考第六章第二节有关具体审判技巧方面的内容，这些内容包括准备对政府专家进行直接询问和交叉询问提出的建议。该节还介绍了反托拉斯局为支持审判人员研究和审理案件能够提供的资源。

工作人员应经常与主管案件审判地的地区办公室、美国检察官办公室和案件审判地的法院书记员协商，以确定当地的诉讼程序。熟悉当地的习俗和惯例将有助于提高工作人员对案件的认识。在最后一次审前会议或在审前命令中，工作人员还应设法获得一个案件程序方面的明确说明。当地区法院或巡回法院考虑将共谋声明作为证据和专家证词作为法院采信的证据的方式时，地区规则和惯例就显得特别重要。在任何时候，工作人员在上诉案中都应及时提出申请或异议，以保护反托拉斯局的立场。

在起诉前，工作人员应该借鉴刑事调查部的书面证词、文件、访谈和声明等证据顺序进行注释。在起诉后，应继续注释物证和证据发现的结果。通过这一过程，案件的关键点将变得更多更精细，因为每一点又可以细分为好多点。注释工作应该在审判期间持续进行，通过对审判笔录和物证的不断消化，工作人员在审判后期对案情已有初步的认识，它将有助于工作人员编写辩论摘要和终结辩论。注释工作对上诉案件也特别有价值。

审判本身是基于已经进行的准备和分析工作，因此，尽可能完整地进行准备工作是很重要的，应记住，在法庭上，反托拉斯局不仅代表它自己，还代表司法部长和政府。

六、刑事诉讼

反托拉斯局提起的大量刑事诉讼，都是违反《谢尔曼法》第 1 条的刑事违法行为。尽管手册中的这部分并没有阐明与刑事审判准备工作相关的所有问题，我们从积累的经验中已经发现在反托拉斯刑事案件中的许多共同的问题和程序。在其他方面上，这部分提到反托拉斯局律师将推荐的方法运用于：（1）指导庭审前的证据发现程序；（2）提出或反对庭审前的申请；（3）准备庭审中的辩论要点摘要；（4）选择陪审团；（5）反对无罪辩护的申请及其他诉讼后的申请。这部分还讨论了反托拉斯局向法院提出的量刑建议。

本部分的材料仅在于为刑事诉讼问题研究提供常用的一般性的方法。审判人员也应参考：《信息自由化法》组，工作成果文件库，向司法部长办公室请求的反垄断局早期刑事案的起诉、摘要及抄本;《美国检察官手册》,第六章;本手册第二章;《反托拉斯局大陪审团行为手册》;《反托拉斯刑事诉讼手册》(美国律师协会,第2版,2006年)。

(一)起诉书的起草

在《反托拉斯局大陪审团行为手册》第七章中,有关起草起诉书的详细指导。此外,反托拉斯局在之前案件中使用的起诉书副本也可能在档案库、办公室文件夹、负责刑事部分的部门及《信息自由化法》组中找到。如果执法人员认为违法行为未受到恰当指控或者在起诉书中有需要解释的非正常事实,应联系司法部长办公室(DAAG)请求采取刑事措施。该办公室将有可能建议执法人员参考针对相似违法行为或事实的指控范本。其他关于特别指控事项的信息可以在《美国检察官手册》第9~12章中找到。

(二)起诉书的退回

反托拉斯局关于起诉书退回的政策和实践的讨论载于《反托拉斯局大陪审团行为手册》第七章第90~96页中。此外,执法人员应与美国检察官办公室或者地区法院的书记官办公室和案件将被退回的地区法院办公室执法人员咨询当地特殊的习惯性做法,如必须在起诉时完成的各种表格。

起诉书被退回后,执法人员必须立刻通报司法部长办公室,如果能获得案件卷号和法官姓名,也应一并提供。司法部长办公室将通知公共事务办公室,该办公室将负责发布新闻稿。在新闻稿于华盛顿发表前,执法人员不应向任何人发表关于起诉书的声明。此后,出版要求也应符合第六章第七部分中确定的政策。在起诉书退回之前,执法人员也可给相关地区的美国检察官提供一份即将发布的新闻稿副本。

司法部长办公室收到通报后,按惯例执法人员应当为被告通知辩护律师,告知他们起诉书已被退回,如果知道传讯时间也应一并告知。在辩护律师和被告从新闻媒体上获得起诉书消息前通知他们,以使他们感觉到受到了尊重。

在公开审判中,起诉书一旦被驳回,应立即向每个已事先同意在特定时间接受传讯的被告发送传票。见《联邦刑事诉讼规则》第9条。在发出传票前被告不同意接受传讯的案件中,美国执行官将向其发出并执行逮捕令。

(三)传讯

大多数地方法院规则都规定,将在起诉书被退回后某一确定的时间里进行传讯。但无论《联邦刑事诉讼规则》还是《快速审判法》都不要求在起诉后确定传讯时间。在传讯中,执法人员都当积极的做好准备,以应对可能提出的无罪申诉请求,发表关于保释和释放的个人看法,对诸如对被告进行摄影和录取指纹程序性事项采取措施。反托拉斯局遵守美国检察官和联邦法院执行官确定的程序，但无罪申诉请求除外。

如果执法人员希望提出无罪请求，在传讯之前他们应当通过所在部门或地区办公室负责人上报司法部长办公室，并申请提出处理建议。传讯期间，反托拉斯局将反对无罪申诉请求，但是在该案的审理是以另案的审理结果为依据的特殊情况除外。有关部门以及反托拉斯局的对于无罪请求的政策，见《快速审判法》《联邦起诉原则》（1980年7月）第33~35条，以及任何现行的反托拉斯局的政策陈述。

在传讯期间，法院可能会为审前申请确立一个简要时间表并确定审理时间。执法人员应当准备陈述其对于审前证据发现、审判和其他可以预料到事件的看法。在正常情况下，执法人员应当争取早日开庭，同时也应留意《快速审判法》《美国法典》第18卷第3161节第3条第1款规定的70日审理期限。未能按《快速审判法》规定的期限完成审理，即使部分原因是由于法院或者书记官办公室的过错，起诉也可能被驳回。

（四）审前证据发现及提出申请

很多地方法院规则都规定了刑事审前证据发现和提出申请的时间表。在一些地区，当地法院规则要求在传讯之后某一确定的时间应当举行非正式证据发现会议。由于这些会议的时间和加速完成审前程序的要求，员工应评估何种信息需要证据发现给被告，并尽快准备这些信息，以便其随手可得。一个替代性的程序就是谈判以达成推进证据发现程序进程的书面协议。该书面协议有助于为双方达成广泛的超出通常的证据发现程序所能取得的目标。参见 infra Section F. 4. c。了解更多关于指控和辩护的审前证据发现及提交申请，参见《反托拉斯刑事诉讼手册》（美国律师协会，第2版，2006年），第8~9章。

针对被告在审前证据发现程序中的特殊要求将可能包含在下列讨论的材料和信息中。

1. 被告的陈述

根据《联邦刑事诉讼规则》第16条第1款（1）项（A）和（B）目的规定，被告有权请求作先前陈述。该规则适用于4种类型的陈述：（1）实际上由其他的被告提供的通过他人所作，随后被告知道要提交给政府机构的作为回答质询的任何相关口头陈述，如果政府打算在法庭上使用这些陈述；（2）任何由被告提交相关的书面或者记录的陈述；（3）包含下面书面记录的其中一部分：实际上由其他的被告提供的通过他人所作，随后被告知道要提交给政府机构的作为回答质询的任何相关口头陈述；（4）与控告被告有关的大陪审团的任何证词。

在涉及公司的案件中，《联邦刑事诉讼规则》规定公司被告可获得上述任何政府主张的证人所作的陈述，即（1）在陈述时，其身份是该公司的董事、高级管理人员、雇员或与公司被告具有法律上联系的代理商；（2）在辩护时，个人卷入所指控的违法行为而因此作为与所涉违法行为相关的公司被告的董事、高级管理人员、雇员或者与公司被告具有法律上联系的代理商。

2. 被告的先前刑事记录

《联邦刑事诉讼规则》第16条第1款（1）项（B）目规定，被告应该获得其先前的刑事记录。执法人员应当要求联邦调查局协助以获得每位被告的先前刑事记录并与司法部长办公室核对以确定公司被告或个人被告过去的反托拉斯刑事记录。反托拉斯局执法人员应在联邦调查局与反托拉斯局的核对结束后应当向被告提供这些材料。

3. 文件和有体物

《联邦刑事诉讼规则》第16条第1款（1）项（C）目规定，被告可请求查阅政府掌握的准备辩护的材料，如书籍、纸张、文件、照片、有体物等，这些材料政府将在庭审中作为主要证据使用，或者这些证据来源于被告或者属于被告。法院将通过多种方式解释"辩护材料"文件的含义。依据该条款规定，每一个特定案件所依赖的事实，决定内容必须向被告披露。

依据该条款，执法人员通常在庭审前某一确定日期为被告提供将在庭审中出示的证据。当反托拉斯局依该条款将在庭审中出示证据时，反托拉斯局应当适用《联邦刑事诉讼规则》第16条第2款（1）项（A）目的规定，在庭审前的某个日期，为了互换所有的被告庭审证据而从被告律师处获得书面承诺。

被告律师常宣称他们在涉及政府的案件中，直到案件结束前都无法确定哪些材料将要在庭审中使用。反托拉斯局同样也面临这样的问题，如，在案件审理前，无法预测在庭审中将会使用那些材料。但是，由于常常要求反托拉斯局移交所有应当出示的证据，被告方也应当这样做。执法人员应主张被告方应向政府提供所有可能出示的证据，同样的，反托拉斯局也必须向被告方提供所有可能出示的证据。

被告方未能善意地遵守互相交换根据证据发现程序发现的证据条款的问题应当在庭审前提出。尤其是在被告计划提出大量的经济学专家证人或统计数据证据的相关场合。

应当指出的是，很多此类要求和潜在问题都可以通过预见而避免。例如，执法人员应提前知道其是否愿意"公开文件"的方法来进行证据发现还是严格遵守规则。这个判断将会被当地法院规则和习惯更改。根据案件的不同情况，可以在案件审理地法院、部门或地区办公室建立一个文件存放处，通过保护性命令控制接近该文件存放处，比如复制文件及进一步披露他们的内容，这尤其适用于有大量文件的案件。见《反托拉斯刑事诉讼手册》第 106~107 页。

另一个有用的方式是由反托拉斯局执法人员和被告律师签订书面协议，该协议说明所有庭审前通过证据发现程序发现的证据。此类协议可包括：关于事实的协议，如党派、工作职务、职位、州际贸易等；放弃某些诉讼请求以改为自诉；根据《联邦刑事诉讼规则》第 16 条第 1 款（1）项（A）目的规定，在讯问后的合理时间内，经过协商后披露所有的与大陪审团相关的抄本，《詹克斯法》和《布雷迪法》所要求的材料，或者庭审证人以及将出示的证据清单。这些协议往往因为相对确定性和避免法院不必的干扰而为开庭审理铺平了道路。然而，这些确定却很少能同时避免异议申请。

4. 关于检查和测试的报告

根据《联邦刑事诉讼规则》第 16 条第 1 款（1）项（D）目的规定，被告可取得身体或者精神检查或者科学试验或实验的结果或报告，这些材料是可为辩护作准备或是政府将在庭审中作为主要证据。在反托拉斯刑事调查和审判中，一般不使用这些材料。但是，在这些材料可以获得的情况下，政府应当依据《联邦刑事诉讼规则》第 16 条第 2 款（1）项（B）目的规定要求相互交换通过证据发现程序发现的证据。

5. 专家证人

根据《联邦刑事诉讼规则》第 16 条第 1 款（1）项（E）目的规定，被告可获得其所期望的专家证词书面摘要。这些证词，政府将依据《联邦证据规则》第 702 条、第 703 条或第 705 条在诉讼过程中使用，主要是在庭审中使用。摘要应当写明专家的资格、意见以及提出意见所依据的基础和理由。如果政府依该规则披露这些材料，其应当依据第 16 条第 2 款（1）项（C）目的规定要求互相交换通过证据发现程序发现的证据。

6. 继续披露义务

依据《联邦刑事诉讼规则》第 16 条第 3 款，双方当事人在庭审前都有继续披露以下证据的义务：即时通过证据发现程序发现的证据以及追加的证据，或者根据先前的《联邦刑事诉讼规则》第 16 条所要求材料，或者命令要求披露的证据。

7. 不属于证据发现的材料

除了《美国法典》第 18 卷第 3500 条的规定之外，《联邦刑事诉讼规则》第 16 条第 1 款（2）项规定由政府制作或为其制作的内部备忘录、报告或其他文件、大陪审团抄本，而不是那些在规则第 16 条第 1 款（2）项中规定的部分，以及其他不属于在审前证据发现程序期间披露的潜在的政府证人的其他陈述。

根据《詹克斯法》、《美国法典》第 18 卷第 3500 条规定，可以查阅政府证人的书面或记录陈述，该规则实际上也规定在《联邦刑事诉讼规则》第 26 条第 2 款中。《詹克斯法》所述材料仅在证人经过庭审质证后才出示。然而，在庭审之前，仍然会安排在某一合适时间为被告提供《詹克斯法》规定中的材料。政府证人的姓名、地址及先前犯罪记录也可以在庭审中出示。

根据《联邦民事诉讼规则》第 26.2 条第 1 款，在证人接受询问后，被告方也要出示自己掌握的该证人与作证事项相关的一切陈述。未能出示此类陈述可能导致证人证言的证明力受到攻击。见《联邦刑事诉讼规则》第 26.2 条第 5 款。该条规定并没有妨碍当事人自愿披露陈述，也可以通过协商签订契约的方式进行。见美国律师协会《反托拉斯刑事诉讼手册》第 7 章（第 2 版，2006 年）。

8. 特定事项诉状的申请

被告通常会按照《联邦刑事诉讼规则》第 7 条第 6 款的规定，提出特定事项的诉状。一般来说，被告提出的特定诉状之事项属于法院的自由裁量权范围。虽然我们对特定事项诉状的反应会针对一个个案而作出，但是，反托拉斯局常常反对这些特定事项的诉状，原因是起诉书已为被告提供指控他们的基本陈述。此外，法院也会毫不犹豫地否定特定事项诉状，这些事项最初打算是以证据发现程序方法进行设计的。见 United States v. Hester, 917 F. 2d 1083, 1084 (8th Cir. 1990)。一般来说，《联邦刑事诉讼规则》第 16 条的规定为被告提供了足够的信息以准备辩护，避免在庭审过程中遭遇证据突袭，保护被告免于因同一指控再次涉诉。

此外，反托拉斯局可以根据案件的相关信息准备一个自愿特定事项诉状。如果特定诉状是被告自愿提出的或者是根据法院命令提出的，被告有时会要求对特定事项诉状保密。反托拉斯局一般会反对对特定事项诉状进行保密。

执法人员应咨询反托拉斯局的工作成果文件库，索取反对对特定事项诉状的案例摘要和自愿提出的特定事项诉状样本。

9. 驳回起诉的申请

被告律师有很多理由提出驳回起诉的申请。包括：（1）起诉未按法律规定提出指控；（2）起诉或法律规定可能不合宪或者不明确；（3）起诉不能充分地控告被告；（4）应当驳回起诉，因为大陪审团滥用职权。驳回起诉书的申请仅限于起诉中控告的范围之内的主张，如，无管辖权、不能充分证明存在违法行为、起诉书或法律规定模糊不清。此外，被告可能会指出无足够的证据支持起诉或提出其他与大陪审团行为相关的事实性疑问或程序性问题。这些申请常常主张因证据不足而驳回起诉，因为他们涉及的事实问题在法院审判期间发生变化。反托拉斯局都对每一个被驳回的申请作出回应。执法人员应向反托拉斯局的工作成果文件库进行咨询以获得这些应对之策的样本。

10. 分离诉讼申请

被告,特别是共谋案件中涉及的很多被告,常常会按照《联邦刑事诉讼规则》第14条的规定提出分离诉讼的申请。在适用《谢尔曼法》的案件中,被告常常会申请分离诉讼,因为有证据证明在庭审中将会出现共谋作证的现象而使提出申请的被告人因此受到不公正对待。一般来说,在反托拉斯刑事案件中,所有被告均有共谋嫌疑,而每一被告明知存在共谋而有意地加入共谋的证据将会被采纳。

反托拉斯案件中被告同时受到其他罪行指控的,被告也可能会申请分离诉讼,如,邮件诈骗、无线诈骗、逃税(以贿赂的方式)、伪证等。在这些案件中,被告也可能声称该起诉是双重起诉。

反托拉斯局一般会反对分离诉讼的申请,原因在于某个共谋行为发生后,获得的证据涉及所有被告的行为,或者间接的犯罪行为完全与受到指控的反托拉斯的犯罪行为有关,被告并不会因此受到不公正待遇。执法人员应咨询反托拉斯局的工作成果文件库索取反托拉斯局应对此类申请的样本。

11. 庭审中确定证据顺序的申请

被告可以申请确定庭审中证据出示的顺序。按照《联邦证据规则》第801条第4款(2)项(E)目的规定,被告一般都会极力主张必须有证据证明存在共谋,并且在任何共谋者的陈述被确定无疑地证明他是一个共谋者之前应有独立的证据证明每个共谋者是该共谋成员之一。反托拉斯局一般都会反对此类申请,因为如果不能提供上述证据的话,将使在法庭上有秩序地出示证据存在困难。为应对此类申请,执法人员应当熟知保洁莉诉美国案,Bourjaily v. United States, 483 U.S. 171, 179–81 (1987)。在该案中,最高法院裁决认为,依照《联邦证据规则》第104条,审理法院在依照《联邦民事诉讼规则》第801条第4款(2)项(E)目的规定作初始判决时,可以考虑传闻证据,包括共谋者的陈述,并且不需要单独的证据来决定政府是否证明有共谋的存在。法院裁决认为,在该案中认定存在共谋的适当的证据标准是优势证据标准。见《联邦民事诉讼规则》第176条。

许多巡回法庭已经认可审理法院的自由裁量权,允许政府在有充分的独立证据的情况下提交在随后的审理中证明共谋存在的共谋陈述。执法人员应当熟悉巡回法庭在判定应对此类申请及在庭审时出示证据的最好方式的习惯性做法。

12. 其他防御性的审前申请

一般而言，在具体案件中可能会出现很多审前申请，例如，改变管辖法院的申请，使用电子监视器以获取信息的申请（见《美国律师手册》§9-7.000），依《快速审判法》提出的申请（见《美国律师手册》§9-17.000），扣押证据的申请，基于重复起诉的驳回诉讼的申请，以及其他被告常在审前程序中提出的申请。一般见《美国反托拉斯刑事诉讼手册》第10章（第2版，2006年）。

13. 政府提出的申请

在某些情况下，政府可能希望提出审前申请。其中一些典型的申请将在下面进行讨论。

（1）与辩护律师利益冲突的有关申请。

在很多情况下，辩护律师试图在庭审中代理一个或多个被告，以及代理一个政府证人。如果有必要，反托拉斯局应当尽力确认律师可能产生的利益冲突并提出适当的申请。在提出申请之前，执法人员应与代理助理司法部长办公室商讨刑事执行问题。一般而言，政府会要求举行一个听证会，在其中个人被告会被问及实际或潜在的利益冲突。见《联邦刑事诉讼规则》第44条第3及 United States v. Garcia, 517 F. 2d 272 (5th Cir. 1975)。在大多数情况下，反托拉斯局会主张同一律师不能同时代理公司和个人、同一公司中的两个人，或者同时代理被告和可能的政府证人。见《反托拉斯刑事诉讼手册》第42~47页、第124~29页。通过要求对该问题举行听证会，执法人员应当能够避免以无效的律师援助为由而提起庭审后的申请。执法人员也应当利用听证会的机会促使法院作出这样的裁决：辩护律师作为证人代表出庭的话，其所享有的律师——当事人的保密特权就被废止了。见 United States v. Shepard, 675 F. 2d 977 (8th Cir. 1982)。

（2）其他政府提出的审前申请。

为避免庭审中特殊的证据或程序问题，政府律师可能希望在开庭审理前通过防止偏见申请向法庭提出各种问题。这些申请可能用于在庭审前获取某几类证据的可采性的法院裁决，无论是证人证言还是书证，或者获取法院的命令，以阻止或者限制庭审中某些被告的行为。防止偏见申请特别有助于保证在庭审时有秩序地出示证据。裁决可帮助政府了解法庭在公开陈述场合对该问题的评述是什么及什么样的证据链可能被法庭所接受。该申请对于政府及被告在统计证据或者其他的专家证据的使用问题可能相当有用。详细论述请见《反托拉斯刑事诉讼手册》第121~146页。

（五）与刑事审判程序相关的问题

执法人员应当在庭审前考虑一些与审判程序相关的重要问题和证据。这些问题和证据使得执法人员对于庭审中可能出现的情况和可能上诉的事项有合理的预期。

1.《快速审判法》

反托拉斯局执法人员应当熟悉《快速审判法》《美国法典》第 18 卷第 3161~3174 条，以及每个地区为执行该项法律而制订的具体的当地计划。执法人员应当咨询当地美国检察官以确定当地的习惯性做法，同时应当对制定法中规定的期限有所认识。

2. 向被告披露材料

政府应当在庭审前或庭审时向被告公开出庭证人的先前陈述及指控材料。《詹克斯法》《美国法典》第 18 卷第 3500 条，涵盖了政府证人陈述的披露，而政府与指控材料有关的义务则规定在 Brady v. Maryland 案（373 U.S. 83 (1963)）及其后来的判例中。

（1）《詹克斯法》。

《詹克斯法》《美国法典》第 18 卷第 3500 条，详细规定政府应当向被告披露所有政府证人所作与诉讼标的相关的陈述，该陈述须在证人完成直接询问后予以核实。该法条实际上被《联邦刑事诉讼规则》第 26.2 条采纳并作了相应规定。执法人员应当知道法院无权发布依照《詹克斯法》所作陈述的审前披露命令。见 United States v. Feola, 651 F. Supp. 1068, 1139–40 (S.D.N.Y. 1987), aff'd mem., 875 F.2d 857 (2d Cir.), cert. denied, 493 U.S. 834 (1989); see also United States v. Presser, 844 F.2d 1275, 1283 (6th Cir. 1988); 见 United States v. Snell, 899 F. Supp. 17 (D. Mass. 1995)（甚至在《詹克斯法》的范围内质疑证据的发现也是该法明文规定的），see United States v. Snell, 899 F. Supp. 17 (D. Mass. 1995)。然而，实践中，特别在复杂的案件里，政府总是在对证人进行直接询问前披露这些材料以避免庭审中不必要的迟延，或者作为从被告方那里较早地获取互相交换通过证据发现程序发现的证据的一种手段。审判人员也应当咨询当地美国检察官办公室以确定有关披露《詹克斯法》规定的材料的习惯性做法。

法律将"陈述"定义为包括有被告签名或其他经被告认可或同意的书面陈述，对口头陈述同时逐字进行的记录，以及大陪审团认定的证人证言。除了先前的大陪审团认定的证人证言外在法律中定义的"陈述"，还包括任何庭外证言、经签名的陈述或与证词相关相类似的材料。在正常情况下，"陈述"不包括反托拉斯局的律师在记录证人证言前对证人的询问而得到的工作成果。

在提供证人以参加庭审时，执法人员应熟悉 Goldberg v. United States 案（425 U. S. 94）(1976)，在该案中，最高法院裁决认为，政府律师准备的任何与政府证人证言相关的经过证人签名的或者其他方式认可或者同意的书面记录都可依照《詹克斯法》的规定向法庭出示。至少存在另外一种情况，某位政府律师发表的对案件的评论，其在评论中以引号的形式将受到指控的证人陈述标明出来，法院也要命令其以逐字记录的证人陈述方式进行披露。结果，每个律师在进行询问时都小心谨慎，尽量避免制作没有必要适用《詹克斯法》规定的材料。

（2）辩护和控告材料。

辩护证据的披露始于 Brady v. Maryland 案，(373 U. S. 83)(1963)。根据该案，作为可出示的证据，证据在确定被告有罪、无罪或处罚方面必须是"有利的"和"重要的"。任何通过政府对其关键证人提出的宽大处理的承诺有关的指控证据，如，豁免证据，根据 Giglio v. United States 案（405 U. S. 150）(1972) 的要求予以披露。即使被告没有提出披露要求，也要披露该证据。见 United States v. Agurs, 427 U. S. 97, 107 (1976) . United States v. Payne, 63 F. 3d. 1200, 1208 (2d Cir. 1995)。司法部已经采用了 Giglio 案确立的政策，无论什么时候控告人要求来自调查机构如 FBI 这样的政府机构潜在的控告信息，该案所建立的程序必须被遵守，同样，也适用于司法部职业责任办公室和总监察办公室。从事刑事案件的调查或者控告的每个地区办公室或者部门的助理主任，必须在要求实施该项政策之前进行协商。

有利证据被定义为包括与定罪或量刑相关的实质证据或单独用于指控的证据。见 Kyles v. Whitley 案，(115 S. Ct. 1555, 1565)(1995)。有利证据必须被认为是关键性的，具有影响诉讼结果的"合理可能性"。若隐匿该证据将"损害获得审判结果的可能性"，则认为该证据具有"影响诉讼结果的合理可能性"。Id. at 1566 (quoting United States v. Bagley, 473 U. S. 667, 678 (1985))。此外，控告证据并不重要，当控告证据"对受到控告、已经显示其可靠性有疑问的证人而言，仅仅提供额外的基础。"见 United States v. Amiel 案，(95 F. 3d 135, 145) (2d Cir. 1996) (quoting United States v. ? Wong, 78 F. 3d 73, 79 (2d Cir. 1996))。控告证据只有在下面的情况下才是重要的，"证言受到攻击的证人提供的唯一的指控被告犯有某种罪行的证据，或者对证人可靠性存在的质疑损害起诉案件的关键因素。"Id. (quoting Wong at 79)。

在决定隐匿有利证据是否损害被告的正当程序权利时并不考虑公诉人的善意还是恶意。见 Brady, 373 U. S. at 87。疏忽、故意或者有意隐匿有利证据的可以被认定为违反法定程序。见 Giglio, 405 U. S. at 154。

审判人员应当咨询当地美国检察官办公室,以确定关于披露 Brady 案相关材料的习惯性做法。如果可行的话,每位审判人员也应当向被告提供政府证人的犯罪记录、辩诉交易及豁免信息。审判人员可从联邦调查局及副部长助理办公室索取犯罪记录以实施刑罚(在反托拉斯指控之前的案件)。以上信息应当在庭审之前转交给被告。

3. 庭审摘要

在刑事案件中,法院可能会要求一份阐明涉及政府案件的理论、政府证据的事实基础以及庭审中可能出现的各种法律问题的摘要。有时,摘要也可能在适当的地方列明政府证人及庭审中将出示的证据。如果案件涉及不同寻常的法律或政治问题,庭审摘要应当在提交法院之前先提交给司法部长办公室审查。关于提交给当地法官的庭审摘要,在形成和确定内容时也应当与当地的美国检察官协商。

4. 预先审查程序

联邦法院系统陪审团的选择由《联邦刑事诉讼规则》第 24 条规定。由于陪审团的选择方式在不同的地区,甚至同一地区的不同法官间而有所不同,审判人员应当咨询美国检察官以决定法官分派案件所使用的程序。执法人员也应与法官在审前会议中讨论陪审团的选择以决定特殊程序以及随后的质询方式。如果当地习惯不允许律师直接询问准陪审员,执法人员应当准备向法院提交预先审查申请。

当陪审团选择开始时,执法人员对陪审员名单所在区域不熟悉,应当询问有经验的美国检察官助理,帮助他们选择陪审员。《司法部辩护研究会指南》提供了有效的陪审员选择程序和方法。

5. 庭审程序

在刑事审判中公诉人的成功是基于在整个诉前准备程序中做了大量的工作和对随后的法庭程序的把握。《司法部辩护研究会指南》提供关于开场陈述、直接询问和交叉询问、专家证人、书证的使用、反驳证据以及终结辩论的范例和建议。还应强调的是当地美国检察官办公室可以提供关于当地习惯及法官审理案件的方式的有价值的帮助。关注法官掌控开场陈述、终结辩论、审判目标及陪审团听审之外的会议的方式是特别重要的。

关于在审理前准备的一般讨论,见《反托拉斯刑事诉讼手册》第十三章(第 2 版,2006 年)。

6. 对陪审团指示

根据《联邦刑事诉讼规则》第 30 条的规定,政府和被告都可以申请法院对陪审团发出指示。反托拉斯局一般提交一系列相对广泛的指示,这将提高法官采纳政府指示的可能性,同时减少上诉时被撤销的可能性。参考在地区法院所在地轮流出版的陪审团指示模式是明智的。其他的对起草陪审团指示有帮助的包括美国律师协会编辑出版的资料:《反托拉斯刑事诉讼手册》(ABA,第2版,2006)及年度增刊、《反托拉斯刑事案件中陪审团指示范例》(ABA,1984)、《1976—1980反托拉斯刑事案件中的陪审团指示》(ABA,1982)、《1964—1976反托拉斯刑事案件中的陪审团指示》(ABA,1978),1-2 Edward J. Devitt et al. 《联邦陪审团实践及指示》(5th ed. 2003),以及反托拉斯局在以前类似的案件中使用过的指示。尽管如此,应当知道,有些出版物专门向被告律师提供可供参考的指示,反托拉斯局执法人员应当对此类出版物中采用的明显支持被告主张的语言不要有压迫感。在指示的要求及形式上,执法人员应当向当地的检察官咨询当地的习惯及法官的特殊做法。

由于陪审团指示对于刑事案件的上诉证据的重要性,反托拉斯局的指示应当以判例法为基础,并且如果可能,应当采用上诉法院支持的语言。政府律师应当做好充分准备在与法院、被告律师的指示会议中同意适当的指示,该会议可在任何时候根据快速通知举行。这些会议对政府来说是上非常重要的,因为不良的指示会导致陪审团作出不可上诉的无罪判决。

《信息自由化法》组在每一案件的摘要卷宗中保存了一些反托拉斯局过去提议的指示副本。工作成果文件库也藏有精选的刑事案件中被提议的指示。执法人员也可联系司法部长办公室,该室可能知道其他案件中被提议过的特殊指示。

7. 申请无罪辩护、重审及中止判决

在涉及政府的案件结束时,审判人员应当准备反对被告依据《联邦刑事诉讼规则》第29条的规定提出的无罪申请。在案件呈交陪审团之前可更改第29条规定的申请。如果陪审团撤回有罪判决或者没有撤回有罪判决而是直接驳回指控,则被告应当在7日内申请无罪判决,但是法院延长该申请的时间除外。See Fed. R. Crim. P. 29 (c)。

一般来说,被告可以在有罪判决作出之后提出更改无罪判决的申请,并且依据《联邦刑事诉讼规则》第34条的规定申请重新审理。如果对起诉不能指控犯有某一罪行存在争议或者提出与法院管辖权有关的问题,被告可以依据《联邦刑事诉讼规则》第34条的规定申请中止判决。

这些申请可以要求以简报和口头陈述的方式提出。法院裁决此类申请时经常会发表看法,由于这些看法可能影响该案上诉的证据,因此,精心准备以应对此类申请是重要的。在提交审判后的简报之前,执法人员应当受到鼓励与上诉部的检察官进行协商。

地方法院裁决了所有的审后申请方可对被告作出有罪判决。

（六）量刑建议

1. 内部程序

在提交起诉书后，执法人员应当开始考虑对公司被告或个人被告的量刑建议。在提出建议之前，执法人员应熟悉手册中相关章节，独立的反托拉斯局量刑政策指令；2003 年 7 月 28 日和 9 月 22 日的阿什克罗夫特备忘录，关于控告、辩诉交易、量刑；相关的联邦控告原则，参见《美国检察官手册》第 9~27 条、第 710~745 条；《联邦量刑指南》。执法人员应咨询当地美国检察官办公室和缓刑办公室以确定当地政府在量刑建议方面的习惯做法和其他量刑事项。

被告经审理被认定有罪或者收到被告打算提起有罪或无罪判决申请的通知后，执法人员应当向审判长呈交一份量刑建议，详细说明分别为每一将被判刑的被告所建议的刑罚，及该建议所考虑的所有因素。这些因素至少应包括：被告在犯罪中所起的作用、合作的程度、已判刑或将判刑的被告的罪过、交纳罚金的经济条件和能力。执法人员应当详细说明依照《量刑指南》得出量刑幅度的过程，任何诉答变更或者其他适用于该建议的特殊规定。See infra Section F. 6. b。

在审查完执法人员的量刑建议之后，审判长将会将该建议与自己的决定一同转交给副部长助理以采取刑事措施。在适当的条件下，副部长助理和部长助理将会审查该建议并作出反托拉斯局的量刑决定。执法人员不得告知被告律师所提出的量刑建议。在建议呈交缓刑办公室和法院之前，如果辩护律师要求，执法人员可以告知该律师反托拉斯局最终的量刑建议。

如果量刑建议是在辩诉交易基础上制作的，执法人员应当确认进行辩诉交易的谈判应符合《反托拉斯局大陪审团实践手册》第四章，以及其他的反垄断局政策指令；2003 年 7 月 28 日和 9 月 23 日的阿什克罗夫特的备忘录；《联邦起诉原则》；《美国检察官手册》第 9~27 条、第 330~450 条。也可参见《反托拉斯刑事诉讼手册》第五章（第 2 版，2006）（为反托拉斯刑事案件辩诉交易提供了广泛的探讨）。

量刑程序不仅在不同的地区之间有所不同，而且在同一法院的不同法官之间也有所不同。为了准备量刑建议以供听审，执法人员应当咨询缓刑办公室和量刑法官助理，了解尽可能多的法官量刑程序及量刑表格应当填写的内容。《联邦刑事诉讼规则》第 32 条规定了联邦案件的量刑。第 32 条第 2 款详细阐述了缓刑办公室应当呈交调查和报告的情形。《联邦民事诉讼规则》第 32 条第 3 款（1）项规定了应当给政府在听审过程中提出异议的机会，除非当地美国检察官的政策不允许这样做,执法人员将充分利用该机会。司法部长办公室保存了所有的 1983 年 10 月 1 号之后被判刑的被告的数字化数据。为了准备提出异议,执法人员应当与该办公室联系以获取最近反托拉斯局案件的裁决、抗辩、罚金以及羁押期限的记录。《联邦民事诉讼规则》第 32 条第 3 款 (3) 项具体规定了法官在听审时应当采取的一系列行动以保证被告的权利。当以上事项完成之后,安排其中一个执法人员检查所有这些项目,若有遗漏,立即向法官建议,这样做是很明智的。

2. 量刑指南

所有反托拉斯局的量刑建议,不管是否包括辩诉交易,都必须符合《联邦量刑指南》,并且与该指南的量刑目标一致。虽然联邦最高法院在 2005 年 1 月在美国诉布克案中,将指南的强制性性质改变为咨询性的,See United States v. Booker, 543 U. S. 220 (2005),司法部的政策要求,为了维持指南在使用过程中的连续性和公平性,控告人继续要求法院在量刑时保持与指南的一致性。参见詹姆斯·B. 卡梅,《美国司法部与量刑有关的部门政策与程序 1-2》(2005 年 1 月 28 日)("卡梅备忘录");参见美国律师协会,《反托拉斯刑事诉讼手册》第十六章(第 2 版,2006),讨论了布克案在量刑方面的影响。

布克案改变了量刑指南的法律地位,因为法院认为,"通过强制性的规定提高了联邦量刑标准,违反了第六次修订的本意,此次修订要求法官基于对事实的判断而作出量刑决定(而不是像以前那样作有罪判决)……(这些事实)没有被大陪审团发现或者被告认可",但是,法院发现,如果指南以咨询性的形式被适用的话,就没有违反第六次修订的规定。因此,进行量刑的法院仍然被要求参考量刑指南,但是法院能够"根据其他的相关规定同样作出量刑判决"(以下引自《美国法典》第 3553 条第 1 款,量刑时考虑的因素:违法行为的性质和具体情境;被告的历史和特征;量刑时需要考虑违法行为的严重性,提高对法律的尊重,对违法行为给予适当的惩罚;量刑时需要充分考虑防范措施,保护公众免予受到被告进一步的侵犯;需要给予被告自新的机会;可能受到的量刑种类;需要给受害人提供补偿)。

为个人和公司制定的特殊的反托拉斯指控的规定包含在该指南的 § 2R1.1 中。其他类型指控的特殊规定也包含在该指南的第二章之中,以及适用于所有犯罪的一般规定,包括反托拉斯犯罪,也包含在该指南的其他各章之中。对公司和其他组织的所有犯罪的量刑的特殊规定,包括反托拉斯犯罪,规定在第八章之中。

指南的一个主要目标就是避免出现在全国类似的案件得出不同的判决的现象,这主要是通过为每种类型的犯罪设置固定的程序而实现的,这些程序能够在各个法院得到一致适用并且是一种可预测的方法。执法人员应当确保量刑建议与该目标一致，不论该建议是单方提出的还是辩诉交易的一部分。政府在建议中选择适当刑罚的考虑，常常受到《联邦量刑指南》中可得出的判刑期限和罚金数额范围的限制。

政府能够对量刑判决产生实质影响的几种方式之一，就是由于在调查或控诉他人过程中被告提供了实质性帮助而提交一份低于《联邦量刑指南》量刑幅度的申请。这样的诉答变更，关于个人的规定见该指南§5K1.1，关于公司的规定见该指南§8C4.1中，此类申请只能由政府提出。《联邦量刑指南》授权政府依据对被告合作的评价建议减轻处罚的幅度，在正常情况下，执法人员应当利用这个机会。然而，申请一经提出，法官并不受政府的建议的拘束，其拥有广泛的自主裁量权围绕被告合作情况决定减轻处罚的幅度。美国诉皮扎鲁案，United States v. Pizano, 403 F. 3d 991（8th Cir. 2005）；美国诉皮平案，United States v. Pippin, 903 F. 2d 1478（11th Cir. 1990）。由于这些申请可能会在《联邦量刑指南》规定的处罚之外大幅度地减轻处罚，故此类情形仅在被告的合作确实有价值和实质性的情况下才适用。依据《联邦量刑指南》规定，当被告正在被法庭判决有罪而适用量刑标准时，或者在没有辩诉交易的情况下正在被判有罪时，执法人员必须详细说明呈交给审判长的量刑建议中的有助于实质性偏离处罚或任何减轻或加重处罚的理由。

在很多反托拉斯案件中，适用《联邦量刑指南》得出罚金数额对无论是对个人还是对公司均超过了被告的承受能力，甚至是分期缴纳也有困难。《联邦量刑指南》规定（§5E1.2关于个人、§8C3.3关于公司）如果被告无能力交纳《联邦量刑指南》确定的罚金，法院可在确定罚金范围以下判处罚金。当出现公司被告不能完全缴纳《联邦量刑指南》确定罚金的问题时，执法人员应当咨询反托拉斯局的公司金融部门。在正常情况下，金融分析专家将会确定公司分期缴纳罚金所能承受的最高额，而不对公司的持续性经营产生实质性的影响。缓刑办公室和法院倾向于在此类场合倚重分析专家的建议。公司金融部门也可能在对个人被告作出类似决定时提供帮助。

在对与违法行为、违法者以及调查相关的特殊事实和情况的基础上的诸因素的考虑而进行一系列上下调整，最终依据《联邦量刑指南》确定量刑幅度。这些因素包括：公司影响商业的能力、被告在违法行为中的作用、被告是否试图妨碍调查、被告合作的性质及程度。法院和缓刑办公室常常依赖政府提供其需要的潜在事实，以支持其作出调整的判决。《联邦起诉原则》指出公诉部门的政策是"保证对被告有利的准确的事实。如果检察官希望偏离《联邦量刑指南》量刑，他\她应当公正地如此行为而不是为那些不真实的事实提供保证"。《美国检察官手册》§9-27.430。并且,检察官无权对法院隐匿相关信息,应当尽可能地向缓刑办公室提供所有合理的相关信息,这样才能准备一份准确、完整的陈述报告。

因此,政府律师及审判人员,必须尽可能公正和准确地陈述量刑事实,且禁止被告隐匿事实或者刻画显然错误的相关行为。然而,当存在善意的对事实的证明力的质疑时,执法人员可与被告讨论政府应当多大程度上向法院及缓刑提交该事实,以课处刑罚。执法人员可能需要谈判以确定事实对判决考虑限制的效果,《联邦量刑指南》规定(如§1B1.8)明确许可这些限制协议。执法人员也可在某些有权调整的事项上保持中立,如因为在犯罪中的作用而加重处罚,但是仍应当提供潜在事实以使法院可以作出自己的判决。执法人员可以协商限制某些事实的影响,况且该指南条款(如§1B1.8)明确允许这些限制的协议不列入量刑的计算中。执法人员必须反对量刑的调整,包括没有事实和法律支持的减刑,不管是被告提出的要求,还是法院根据 sua sponte 作出的决定。这样,控告人可以不同意与被告达成辩诉交易的方式表示"默示的抵制",以回应被告提出的没有事实与法律支持的量刑调整要求。参见2003年7月的阿什克罗夫特备忘录。

如果一个判决结果被强制性地降低到执法人员认为的指南适当的可调整幅度之下,执法人员必须反对此判决,并且确信这样的判决具有充分的上诉理由。如果判决的结果在指南可调整的幅度之下,根据司法部长助理的判断,没有达到法律判决的目的,反托拉斯局的上诉部门,与刑事执行办公室及其工作人员协商,向副总检察长报告,获得批准后提出上诉。执法人员应该将所有的被判决执行的量刑情况通过 ATR-CRIM-ENF 邮箱系统报告给刑事执行办公室、副司法部长助理、刑事执行主任和相关的高级顾问。执法人员应该报告他们建议的量刑标准、指南的量刑幅度,以及被告建议的量刑标准。此外,如果判决结果不同意控告人的建议,在指南的幅度范围之外量刑,如果审判法院拒绝考虑指南的量刑幅度,或者如果法院的判决结果将量刑降低为控告人建议的量刑之下提供了实质性的协助,执法人员应该通过他们的主任向相关的高级顾问提交布克量刑表格。参见卡梅备忘录第2～3页(2005年1月28日)。

3. 罚金的特殊规定

可能会出现这样的案件,即按照《联邦量刑指南》可能判处罚金的最高额超过了依《谢尔曼法》第一部分规定的最高额。然而,在某些特殊案件中,可以依据《美国法典》第18卷第3571条规定提高可适用的制定法规定的最高限额。该条文规定法院可以将罚金提高到依密谋或卡特尔(不限于被告)等犯罪行为获得总利润的2倍,或者是因被告的犯罪行为遭受损失的2倍,但是如果法院认为课加这样的罚金将会使审判过程导致不必要的复杂化或延长的除外。

另一与罚金相关的制定法是《美国法典》第 18 卷第 3527 条，该条规定了法院在确定罚金数额时应当考虑的一系列因素，罚金数额不得妨碍被告的偿债能力，并且详细阐述了有关课加罚金及缴纳罚金的一系列技术性规定。

(七) 受害人和证人的权利保护

1. 一般要求

涉及联邦犯罪的受害人、证人，不论是个人或者组织，法律授权他们可以从联邦检察官那里得到各种各样的服务或者帮助。第一部保护受害人权利的联邦法律是 1982 年的《受害人和证人保护法》（VWPA）。国会在后来的立法中修订与扩大了该法相关的条款，这些法律是 1984 年《犯罪受害人法》、1990 年《受害人权利和赔偿法》、1994 年《暴力犯罪控制和法律执行法》、1996 年《反恐怖主义和死刑执行法》、1997 年《受害人权利分类法》（clarification）、2004 年《所有法律公正实施法》（Justice for All Act）。另外，为了实施《受害人和证人保护法》，国会还授权司法部长制定与该法目的相一致的实施指南。国会也制定了一些指南性质的规定，包括为受害人提供服务的规定；关于保护、服务、主要案件的通告；与检察官的协商；为受害人和证人在法院设立单独的等待区域；财产的返还；通知雇员；对执法人员和其他进行培训。最新的版本见 2005 年 5 月的《为受害人和证人提供协助的司法部长指南》（以下简称 AG 指南）。

AG 指南对于反托拉斯局的检察官如何保护犯罪案件中的受害人与证人规定了详细的义务。所有的反托拉斯律师（和相关的辅助执法人员）在从事刑事案件的执法行动时，应该完全熟悉这些指南。AG 指南的第 1 条简述了刑事案件受害人的权利和司法部检察官的义务。

2004 年《所有法律公正实施法》在第 2 条第 2 款第 1 项规定，刑事案件中的受害人有两种机制保护他们的权利。第一，刑事案件中的受害人，或者代表他们利益的政府，可以要求联邦地区法院发布权利保护令。参见《美国法典》第 18 卷第 3771 条第 4 款第 3 项（"地区法院应该对受害人声称的权利立即采取行动并作出决定。如果地区法院否决了救济申请，申请人可以向上级法院申请向下级法院发布命令"）。第二，如果司法部的工作人员没有尊重受害人的权利，受害人也可以提出行政诉讼。司法部长必须采取行动，"调查与相关规定有关的起诉或者侵犯受害人权利的违法行为"，对那些"蓄意或者放纵忽视"这些权利保护的司法部工作人员给予纪律处罚。参见《美国法典》第 18 卷第 3771 条第 6 款第 2 项。

根据法律和 AG 指南的规定,在实施与保护受害人的权利有关的法律条款,以及为受害人和证人提供服务方面,执法人员享有的自由裁量权要受到限制。如,在许多反托拉斯的案件中,将赋予反托拉斯局的官员在必要时有权决定谁或者什么时候为受害人和证人提供服务。AG 指南也认识到,与检察官协商的权利在一些案件中必须受到限制。AG 指南的其他条款也要求执法人员根据个案进行判断,他们应该怎样执行才是最好的,既符合法律规定的目的,又满足了司法部的执法要求。

但是,司法部的官员或者雇员,在刑事案件的侦察、调查、起诉过程中,要按照法律的要求作出最大的努力,确保联邦刑事案件中的所有承受了身体上的、财产上的或者精神上的损害的受害人,得到了法律规定应该得到的协助和保护。另外,反托拉斯局,按照要求每年都要向司法部长报告,在上一年财政年度里提起的每个诉讼,根据法律授予受害人的权利;在保护受害人方面,他们是否尽了"最大的努力"。这也意味着每个地区办公室和反托拉斯局的每个部门,进行刑事执法行为时也必须按年度进行内部报告,在执行这些法律和 AG 指南的要求方面,是否进行了最大的努力。

2. 责任官员

根据 AG 指南,有关刑事案件完全由司法部的诉讼部门处理,部门主任负责案件,并决定谁、什么时候、在多大的范围内为受害人和证人提供应有的服务。这一授权可以委托。

为了在这一过程中予以协助,每个刑事部门和地区办公室将任命一位受害人－证人协调人。这位受害人－证人协调人负责以下事务:(1)保持司法部和反托拉斯局关于受害人－证人政策的一致性;(2)确保这些服务得以适当的方式提供;(3)必要时,保持与联邦地方检察官办公室的受害人－证人协调人的联络;(4)确保反托拉斯局呈送给司法部长的年度报告的记录是充分的,以及在上一个财政年度,在保证刑事案件的受害人享有了法律授予的权利方面作出了"最大努力"。

AG 指南进一步要求,司法部负责执行指南的每个部门要明确指派一个人,确保法律规定的受害人－证人协调人的要求在该部门内得到了实现。对于反托拉斯局,此人为法律政策部门的主任助理,专门负责解决与 AG 指南中规定的受害人和证人提供服务时所产生的问题,或者负责解决法律或者指南的其他条款或者要求应该进行讨论的问题。

3. 大量的受害人案例

虽然执行 AG 指南在受害人数量不多的情况下是简单易行的,但当受害人众多时,还这样做就遇到了挑战。反托拉斯局雇员为了在大案与小案中为受害人提供同样的权利与服务，应该考虑使用新的技术。责任官员应该用这些方法，在现有的条件下，尽最大可能通知给最大可能数量的受害人。如果责任官员实际上不可能为所有的刑事案件的受害人提供《美国法典》第 18 卷第 3771 条第 1 款所列的权利，检察官应该在尽可能早的阶段向相关的地区法院申请发布在最大的可能范围之内采取合理的程序实现这些权利的命令。《美国法典》第 18 卷第 3771 条第 4 款第 2 项。

4. 赔偿

国会继续扩大和加强了刑事赔偿。首先，国会在 1994 年制定了《暴力犯罪和法律执行法》，其中的一些条款规定，对于 4 类联邦犯罪，要求法院命令被告支付给受害强制性的赔偿（这 4 类犯罪包括：家庭暴力、性犯罪、性剥削和其他的犯罪行为如虐待儿童、电话销售诈骗），这些犯罪行为没有一个有可能被反托拉斯局提起诉讼。在 1996 年，国会通过了《受害人强制赔偿法》(MVRA)，再一次扩大了强制赔偿的犯罪范围。该法强制赔偿的范围为：(1) 暴力犯罪的受害人，《美国法典》第 18 卷第 16 卷；(2) 《美国法典》第 18 卷规定的侵犯财产的受害人，包括欺诈或者欺骗犯罪；(3) 《美国法典》第 18 卷第 1365 条定义的犯罪的受害人，与损害消费者的产品有关，参见《美国法典》第 18 卷第 3663 条第 1 款。反托拉斯局起诉的财产侵犯行为包括欺诈与欺骗。但是，这些侵犯行为不属于强制赔偿范围，如果法院发现，(A) 确认的受害人的数量是如此之大以至于实施赔偿是不可能的；(B) 决定与原因有关的复杂事实问题或者受害人的损失数量变得很复杂，或者延长审判程序达到了一定程度，需要提供给任何受害人的赔偿在负担上超过了审判程序所能承担的程度。参见《美国法典》第 18 卷第 3663 条第 1 款第 3 项第 3 目。

虽然没有一个法律条款授权赔偿直接适用于反托拉斯的违法行为，2004 年的《所有法律的公正审判》规定，受害人有权利"完全地和及时地获得赔偿"。参见《美国法典》第 18 卷第 3771 条第 1 款第 6 项。在辩讼交易中，当事人可以约定刑事案件的赔偿范围。参见《美国法典》第 18 卷第 3663 条第 1 款第 3 项。另外，《联邦量刑指南》要求法院根据《美国法典》第 18 卷第 3663~3664 条的规定，在假释或者监视居住（supervised release）的情况下，命令赔偿是合适的，除了法庭认定的犯罪事实不是《美国法典》第 18 卷或者第 49 卷所包括的之外，除非全部的赔偿已经实施，或者法院从记录的事实中发现，(A) 确认的受害人数量如此之大以至于实施赔偿是不可能的；(B) 决定与原因有关的复杂事实问题或者受害人的损失数量变得很复杂，或者延长审判程序达到了一定程度，需要提供给任何受害人的赔偿在负担上超过了审判程序所能承担的程度。最后，AG 指南认为，司法部雇员在刑事案件的每一个阶段的工作中必须对犯罪行为的受害人给予全额赔偿的必要性进行仔细的考虑。

反托拉斯局很少遇到既是违反反托拉斯法受到起诉的案件，又是一种完全的强制性赔偿的犯罪案件。根据《美国法典》第18卷第3663条第1款第3项的平衡标准或者相关的《联邦量刑指南》的规定，在正在寻求的赔偿范围内，在许多情况下，反托拉斯局在以下几个因素下不能直接发布赔偿命令（直接地或者在假释的情况下）：在许多刑事案件中，在审判时已经代表受害人提起民事赔偿诉讼，受害人的潜在所获数倍于实际的损害；反托拉斯案件的复杂性和对损失进行精确评估的困难；反托拉斯刑事违法行为的本身违法的性质，源自于违法行为的损害结果的证据就能确保有罪判决，受害人能够获得来自诉讼的救济；当法院不发布赔偿命令时，反托拉斯违法行为的受害人可能获得3倍损害赔偿（加上诉讼成本和律师费用）。但是，反托拉斯局律师在受害人不能够或者不可能寻求3倍损害赔偿的情况下，或者发布这样的命令不能不过度地使案件变复杂或者延长审判程序，应该考虑寻求发布赔偿命令，尤其是在被告没有充足的财产支付指南规定的刑事罚款和被告的违法行为损害赔偿的情况下，也应该考虑将赔偿作为辩诉交易的一部分。

七、上诉程序

地区法院作出最后判决后，即使反托拉斯局已在案件中胜诉，审判执法人员也应尽快联系反托拉斯局上诉部。审判执法人员认为有可能提出上诉，甚至在法院作出最后判决之前，就应该联系上诉部。应就以下方面联系上诉部：（1）如果可能的话，反托拉斯局应考虑提出上诉的任何中间禁止令，或者对方律师可能提出上诉的任何中间禁令；（2）包含非法情况下的刑事判决或民事判决。

（一）反托拉斯局在地区法院败诉后的上诉程序

如果反托拉斯局没能在地区一级法院胜诉，审判执法人员应卷写一份简明的备忘录，载明对案件重要事实的讨论，在地区法院的诉讼过程以及对上诉是否有正当理由的分析。如有存在提出上诉问题的话，应依据司法审查的适用标准进行分析。执法人员的备忘录应当交给反托拉斯局的部门、工作组或地区办公室的负责人审查，他们审查后应附上建议意见。备忘录的一份副本要送交上诉部主任，另一份副本送交相关的执行处长。所有的相关法院的命令和诉状应一并随附其后。最后，如果抄本有副本的话，应将其送交给上诉部承办本案的律师，若审判执法人员尚未获得抄本，如果法院已经命令提交抄本，执法人员应与上诉部承办案件的律师商量作出相应决定。

刑事或民事案件中如果有可提出上诉的问题，无论是建议还是反对上诉，上诉部律师在阅读审判执法人员的意见并取得局内其他有兴趣人士的建议之后，将起草一份备忘录给司法部副部长。在备忘录草案送交之前，审判执法人员还可以有机会对草案进行评论。这个备忘录草案，连同审判执法人员或其他人撰写的任何备忘录一起，将呈送给主管上诉部的副司法部部长助理。

反托拉斯局内最后审查备忘录的是主管上诉部的副部长助理，在某些情况下，也可能是部长助理。部长助理也可能征求其他副部长助理的意见。

在反托拉斯局决定是否上诉之后，上诉部应准备一份正式的备忘录，经副部长助理或部长助理签名后呈送到司法部副部长办公室。反托拉斯局的建议一般由司法部副部长的助手或司法部副部长助理审查，然后由他们依次向司法部副部长提出建议。在司法部副部长办公室里负责审查的人可以要求补充资料或与上诉部律师及相关的反托拉斯局执法人员会谈。

在审查过程需要耗费一些时间的情况下，上诉部或由上诉部要求审判执法人员向地区法院提出保护性上诉通知。因此，司法部应在《联邦上诉程序规则》规定的上诉期满之前作出是否上诉的决定。参见《联邦上诉程序规则》第4页。

（二）反托拉斯局胜诉情况下的上诉程序

无论是民事案件还是刑事案件，反托拉斯局在地区级法院胜诉的，或地区级法院发布任何令状可能导致相对方的上诉的，审判执法人员应立即通知反托拉斯局上诉部，同时，应将案件的总体情况告知上诉部，并提供所有有关诉状。如果有抄本的话，也应立即送交上诉部，审判执法人员还应该与上诉部指派承办本案的律师进行讨论。

审判执法人员如果收到了上诉通知书或已经知悉上诉的，应立即通知上诉部。

（三）准备上诉法院辩论摘要

一旦提出上诉，审判执法人员通常会被要求协助上诉部承办律师整理上诉记录和其他必要的记录，并确定哪些记录有必要附于附录中。审判执法人员通常还会被要求审查辩论摘要的草案。最后，在某些紧急情况下，还可能会被要求在上诉部的指导之下准备或协助起草辩论摘要或其他上诉答辩状。

一般而言，由上诉部律师在上诉部主任或某个主任助理的指导下负责巡回法院一级的辩论摘要和上诉答辩。

上诉部主任或某个主任助理以及上诉部承办律师就是负责本案记录事项的律师。因此，所有与上诉相关的问题以及审判执法人员和对方律师之间有关案件和上诉的所有对话都应该通知上诉部，审判执法人员收到的所有有关上诉的文件也应当立即转交上诉部。在上诉的早期阶段，这些文件往往只邮寄给审判执法人员。反过来，上诉部律师和对方律师之间的任何实质性会议也应当告知审判执法人员。

在正常情况下，反托拉斯局的辩论摘要和答辩摘要（如有的话）要与审判执法人员进行讨论，要送呈相关的执行处长和副部长助理，还要给上诉部主任或某个主任助理审查。最后，由主管上诉部的副部长助理批准。有时，在上诉过程中出现某些政策性问题或有某些冲突必须得到解决的情况下，部长助理，其他相关副部长助理，以及其他反托拉斯局内有关人员也有可能介入审查过程。

（四）通过反托拉斯局参与法庭之友活动

关于以法庭之友的身份参与一个私人的案件，上诉部欢迎反托拉斯局内的部门和地区办公室执法人员乃至第三方提出建议。建议的形式可以是一项备忘录，也可以是不太正规的通信。这些建议可关注的问题包括反托拉斯局所需要的法庭之友参与以及在影响反托拉斯局政策目标的领域内反托拉斯局的观点在哪些地方需要澄清、加强或者提升。在任何上诉法院——州或联邦——和联邦最高法院的法庭之友参与都必须经司法部副部长批准。

（五）最高法院的审查

一旦上诉法院受理上诉案件，司法部副部长可能向联邦最高法院申请或应对反托拉斯局胜诉官司中的相对方申请诉讼案件移送命令。在联邦最高法院对诉讼案件移送申请作出处理之前提出法庭之友申请，或者对案件的实体问题提出法庭之友辩论摘要的申请。上诉部律师在上诉部主任或某个主任助理的指导下，负责起草诉讼案件移送申请、反对诉讼案件移送申请的辩论摘要、对反托拉斯局案件实体问题的辩论摘要以及任何有关反托拉斯问题的法庭之友辩论摘要。

在联邦最高法院受理的案件中，多数的反托拉斯案件，由司法部副部长办公室审查辩论摘要，并在联邦最高法院进行辩论。在准备辩论摘要和辩论工作方面，上诉部和司法部副部长办公室密切合作，并且可能要求审判执法人员进行协助。

第五章　维护竞争

除执行反托拉斯法外，反托拉斯局还充当竞争维护者，以求促进那些受到政府规制的经济行业中的竞争。本章将阐述反托拉斯局在维护竞争活动中的主要政策和实践措施。

一、反托拉斯局作为竞争维护者的角色

竞争是美国经济的核心组织原则，而保持和促进竞争是反托拉斯局的努力方向。在大多数行业，市场力量是经济活动的调节器，其仅受反托拉斯法的限制。但一些重要的行业（如通信业、银行业、农业、证券业、交通业、能源与国际贸易是以上普遍原则的例外），在这些行业联邦法律已全部或部分地取代了市场规则的作用来决定产量和价格，甚至有时还免受反托拉斯法的适用。

除了那些联邦法律规范的行业外，各州及地方的经济法律还影响着另一些行业。一些显著的例子包括执业许可、保险、住房业、卫生保健、公共设施、银行的特定领域和不动产。反托拉斯局虽将主要精力集中于联邦法律规治，但也偶尔致力于消除不必要的阻碍竞争的各州的法律规定。

（一）反托拉斯局的分析模式

很多立法是大萧条时代的产物，其反应的经济假设前提和条件在今天已不再适用。而且，这些法律规定相对于市场力量产生的"规则"而言是既不完美又十分昂贵的替代品。因此，受反托拉斯法强制保护的作为自由市场竞争一般规则例外的情况应限于那些有确凿证据证明竞争没有作用或者是违反某些重大社会公益的情况。通过其维护竞争的活动，反托拉斯局力求促进以下 4 个目标的实现：

- 消除现有的不必要而且成本高昂的法律规定；
- 阻止不必要的新规定的出台；
- 在有必要进行规制的领域，通过倡导对竞争的限制最少而又符合正当立法目的的规范形式，将其导致的对竞争的歪曲降至最小程度；
- 确保各项法律规定设计合理以实现正当的立法目的。

在分析对于新的或持续有效的立法的需要时，反托拉斯局试图集中研究自

由竞争与拟议采取的立法方式相比,有哪些相对优势,同时,还要考虑以下几项基本问题:

● 在所涉及的市场或行业中的自由竞争的成本或不利之处是什么?

● 如果立法框架已建立,现有规定是否实现了立法目的,作为立法依据的对市场进行干预的经济基础和社会条件是否仍然存在?

● 现有的或拟采取的立法模式的成本和优势是什么?见审查反托拉斯法的程序的全国立法规制行业与无规制市场进行一下比较,见审查反托拉斯法和程序的全国委员会向总统和司法部长作出的报告,188(1979)。

● 如果现有规定被取消,由被法律规制的状况转向自由的、不受规制的市场的必要因素是什么?

● 如果立法是合理的,该特定立法模式对实现其目标是适合的吗?

提出这些问题需要那些倾向于选择立法规定的人向公众证明规定的益处要大于其反竞争的效果;而这样的益处是不能通过对竞争限制较少的其他方法来实现的;并且当确实需要立法规定时,该法律规定设计得当,会妥善地达到其立法目的而不会造成意料之外的后果。如果无法证明上述原则,进行立法改革及可能包括取消一些规定都将是必要的。

当某个产业正在实施放松规制时,维护竞争也是很重要的。促进竞争的规制在由垄断向竞争转型过程中可以扮演关键的角色。设计精当的规制在转向竞争的过程中,能够有助于决定竞争是否能够促进繁荣。

(二) 维护竞争的方法

反托拉斯局通过由其机构内设的经济分析工作组中的经济学家和各分部中具有所规范行业专业知识的律师间的合作来实施其维护竞争的方案,这些行业领域包括:计算机和金融、运输、能源、农业、卫生保健工作组、电信工作组和对外贸易。反托拉斯局实现目标的方法包括参与行政部门的政策制定工作组,为多种立法建议准备听证报告、出版所规范行业的发展报告、审查提交的许可及租赁申请以及对政府规范部门的程序进行干预。

1. 在行政部门中的活动

反托拉斯局在行政部门中的活动,例如,参与白宫和跨部门的工作组处理涉及电信、知识产权、海运、能源和出口政策方面的规范工作。无论是用非正式建议的方式还是正式提出意见的方式,司法部在此方面的角色是就拟议政策、立法和部门行为在竞争方面产生的影响为总统和其他政府部门提供建议。

根据《美国法典》第 40 卷第 559 条规定,除了不动产或者个人财产(不包括专利、工艺、技术或者发明)经过公平的市场估价少于 300 万美元之外,行政机构在将政府财产出售给私人部门之前,必须得到司法部长的建议。司法部长在收到相关的行政部门的通知之后，要在60日的时间内提出建议。如果收到了行政部门拟出售给私人部门的财产凭证，执法人员应该确保行政机构在出售财产的地方按照竞争的程序进行。执法人员应该为司法部长助理起草一封信给行政机构和总务官员（Administrator of General Services），提出拟议的财产处理是否与反托拉斯法不一致的建议。

2. 为立法和规制建议提供的证词和评论

反托拉斯局的官员例行对有关法律提案对竞争的影响提出听证报告。该种听证有时支持旨在减少和消除不必要的经济管制的法律，有时要求立法机构在对新的或继续立法的评估中考虑竞争因素。听证有时还反对将立法延伸至以前无立法规范的市场范畴。

同样地，反托拉斯局单独或者与联邦贸易委员会联合，对立法机关、其他的规制机构和政府官员，提交了要求拒绝拟议的限制竞争的法律或者法规的评论。如，反托拉斯局提交了拟在律师和非律师之间限制竞争进行立法的评论；反托拉斯局还提交了拟议的不动产企业倒闭限制竞争立法的评论；以及关于拟议的限制不动产经纪业务的限制性立法的规定。

3. 出版工业发展报告

反托拉斯局已出版了一系列有深度的关于各立法规制的行业竞争行为的研究报告，包括保险、奶制品市场、海运和各类能源行业。参见，石油管道行业竞争初步报告（1984）；煤炭行业的竞争（1983）；德克萨斯深海港授权许可证申请的反托拉斯建议（1979）（依据1974年深海港法律第7条）；外部大陆架联邦/州波弗特海石油天然气租赁出售（1980）；1985司法部提交国会的关于航空计算机储存系统行业的报告（1985）。这些报告的目的是使公众更好的了解立法的成本，从而推进改革。

4. 对管制机构程序的介入与干预

反托拉斯局在维护竞争方面的努力主要包括：提交建议、对联邦管制机构的程序进行干预使其将在执法时关注竞争事宜，并建议其在有必要继续管制时采用将反竞争降至最低水平的和最佳的管制模式。

在通讯领域，例如，在经济分析工作组的支持下，电信工作组参与到联邦通讯委员会的执法程序中。计算机和金融部门则在银行、财经、证券行业发挥维护竞争的作用，对如联邦储备委员会、证券交易委员会和期货交易委员会这些执法机构提交建议和参与其相关工作。

反托拉斯局的交通、能源和农业部门会广泛参与交通部、联邦海事委员会和水运委员会的各类事务，包括拟进行的合并和收购、谈判协议、合并协议、评估机构行为、各种规则制定和裁判程序，并提交相关建议。交通、能源和农业部门还通过建议、商谈及其他方式就各部门提出的与电力、州际天然气传输及其他与能源政策有关的竞争事务参与到联邦能源管制委员会、核能管制委员会、环境保护部门和内务部的立法程序中。交通、能源和农业部门还参与包括对各类农产品的生产进行规定的 USDA 市场规则的立法程序。

虽然反托拉斯局维护竞争的措施涉及经济领域中诸多被管制的行业，但在执法程序中产生的问题往往是类似的，如竞争是否有可行性、某个行业是否自然地形成了垄断、是否存在交叉补贴等，如果存在前述情况，该情况是否有益、规模经济是否至关重要、国内立法是否禁止美国公司在国外市场上与同类国外公司进行有效的竞争，以及特定的立法是否可能实现其立法目的。

5. 对联邦机构提交提议的程序

立法和/或经济部门有多种方法可以了解到反托拉斯局可能参与的立法程序。首先，每个部门应审查《联邦登记》公告和贸易新闻，以获知重大管制事项。有时，反托拉斯局被执法机构邀请参与制定规则的程序。法律或经济的专职人员均可领导提出恰当的提议的工作，但需要指定法律和经济的专职人员支持有关工作，并确保对立法程序提供重要帮助。

在准备提交立法提议时，法律和经济的专职人员应向司法部长副部长助理提交一份备忘录（"AAG 备忘录"）。该备忘录应说明立法事项的性质、介入理由、反托拉斯局在程序中的作用和提议中的观点概要。该备忘录还应描述反托拉斯局的一贯观点，如有关联性的话。该提议如果是有争议的议题，备忘录应附有与提议相关的新闻发布信息。新闻发布信息应包括立法事项的准确描述和反托拉斯局的意见。相关的例子见本书第 7 章。

因为大多数立法程序均有较紧迫的时间限制，提交提议的人员作出及时的准备是非常重要的。在不晚于提交日期前的两周，相关法律和经济部门的司法部长副部长助理即应收到该 AAG 备忘录和起草的新闻发布信息草稿。所提交的文件最终文本，必须于不晚于提交日期截止期前一周提交至司法部长副部长助理的代表。

法律和经济人员应知道有关禁止与政府部门进行片面接触的规定。许多部门的规定都禁止与外部当事人（包括司法部）进行接触（如交通部的规定，14 C.F.R. 第 300.2 款）并规定如果有此类接触应在公开记录中披露。律师和经济学家应该避免与政府部门进行违反法律规定的接触。经济学家应在进行任何接触前咨询首席律师。

6. 诉讼活动

那些以在法律规制行业维护竞争为其主要职能的部门还负责通过诉讼来在相关行业执行反托拉斯法。民事反托拉斯诉讼是对反托拉斯维护竞争职能的补充。《谢尔曼法》或《克雷顿法》规范下的案件可确保立法体系在没有必要的情况下，不保护或维护更广泛的反竞争行为。例如，反托拉斯局通过诉讼成功地确立了一个原则，即联邦海运委员会批准不需要获得而且也不适用于船运法律第 15 条规定的反托拉斯审查豁免。

本书在第四章中对诉讼活动进行了阐述，相关行业的诉讼活动应经相应的执行长官、司法部副部长助理的代表及司法部长副助理进行审查。

二、影响规制部门的程序

为确保反托拉斯局在各管理部门中维护竞争措施的一致性，以及对其各方面的努力进行协调，反托拉斯局的所有立法提案均需经相关的法律和经济部门的司法部长副部长助理进行审查。反托拉斯局参与立法程序开始时的每项提案，均应说明司法部对实体问题的意见或提出的重要政策问题，这类提案需经一名主管的司法部长副部长助理或在有些情况下由司法部长部长助理来审查及签署。除了诉讼事务应首先由相关的执行主管审查外，其他的所有的备忘录、提案和报告均需由所起草部门的主管直接提交给相关的司法部长副部长助理。

第六章 信息服务

本章的目的是简要描述反托拉斯局律师、经济学家和辅助律师业务的人员在实施调查和诉讼中可能获得的信息和技术服务，并为反托拉斯调查和案件提供可用资源指南。本章为反托拉斯局人员进行特殊问题的研究和获得数据服务、诉讼和技术支持、培训各种调查和诉讼技术提供一份有价值的清单。

一、反托拉斯局可提供的信息与技术服务

本节描述了反托拉斯局可获得的各种研究和技术服务，包括各部门和地区办公室、刑事执行办公室、《信息自由化法》组、反托拉斯局图书馆、经济分析组和它的公司融资部、信息系统支持工作组所拥有的资源和反托拉斯局的培训计划。

（一）部门和地区办公室的资源

反托拉斯局的每个部门和地区办公室均有重要资源可支持律师、经济学家和律师辅助人员，使其快捷高效地获取重要信息。每个部门和地区办公室都能得到报告反托拉斯领域最新发展的重要法律资料、美国法律周刊以及与各部门所负责的有关商品和服务专业有关的各种行业和贸易杂志。

从许多方面说，反托拉斯局的律师和经济学家的专业知识总和，就是反托拉斯局中最有价值的信息资源。

（二）刑事执行办公室

刑事执行办公室（OCE）掌握的诸多数据库存有关于案件和调查的大量信息。如经要求，可以获得已立案案件（包括刑事的和民事的）的研究资料，包括特定的被告的信息、起诉书、答辩书、判决、量刑、恢复原状、没收、处罚和赔偿金信息。财务年度统计摘要也保留在案。立案和结案的大陪审团调查及正式或非正式的豁免授权的信息也是可以获取的，但必须符合《联邦民事诉讼规则》第6条（e）款的要求。经常接到的要求是对数据库进行搜索，以确认反托拉斯局是否对特定的公司、个人或某个行业进行过调查或提起过诉讼。

（三）《信息自由化法》组

《信息自由化法》组为反托拉斯局提供两项重要服务。首先，它对反托拉

斯局遵守信息自由和保护隐私法律的工作进行协调。见下述本书第 7 章第 7 节。其次，该办公室的反托拉斯文件资料组（ADG）作为反托拉斯文件和其他相关事宜的官方文档管理人。该工作组对进行调查和审判的执法人员提供许多反托拉斯局先前诉讼和政策的资料，包括：

（1）大量反托拉斯案件的起诉书和答辩词，包括原审和上诉审的诉讼文件和全案文档，特别是那些在内部互联网（ATRnet）和公共互联网上找不到的较旧的资料；

（2）起诉书、控告书、起诉信息、辩诉交易、判决和履行义务的命令、最后的判决，以及一些法院命令和意见书；

（3）反托拉斯局提交给各管制部门的资料；

（4）反托拉斯局发出的民事调查令（向所有的不是联邦政府雇用的人员发出的民事调查令，必须提出《信息自由化法》的要求）；

（5）从 1968 年以来的所有的商务审查批复信和当年提交的所有与商务审查相关的公共文件；

（6）反托拉斯局的所有出版物；

（7）反托拉斯局官员作出的所有证词和公开演讲，尤其是那些在内部互联网（ATRnet）和公共互联网上找不到的较旧的资料。

反托拉斯局的所有人员均被要求向反托拉斯文件组提供所有的起诉书、控告书、起诉信息、辩诉交易、判决和履行义务命令、有实质意义的法庭命令、意见和最终的判决书的副本。这些材料应由负责有关案件的部门、地区办公室及时送到反托拉斯文件组。反托拉斯文件工作组保管的所有数据和资料均应提供给反托拉斯局的人员。多数情况下，需要资料的人通过电话、传真、电邮即可要求提供所需支持。

（四）图书馆系统和服务

反托拉斯局的人员可通过司法部管理部门的图书馆系统和反托拉斯局内部的资料收集部门获得图书资料服务。主要的反托拉斯局图书馆坐落在华盛顿"百年大厦"中。在城市中心楼里也有一个小的反托拉斯资料图书馆。它们是司法部管理部门图书系统的分支，司法部图书馆系统由司法部主楼中的主图书馆和诉讼部的诸分支图书馆组成。反托拉斯局支持在帕垂克汉瑞大厦和 7 个反垄断驻外办公室收集核心资料。

各反托拉斯局图书馆收集一般和特定事项的报告、论著和法律期刊，监管行业发展所必需的贸易、商业、统计方面的出版物，以及学术的经济刊物和专门论著。图书馆以参考、研究、在线数据查询、图书馆之间的借阅及文件信息检索、收集发行信息等方式为反托拉斯局人员提供支持。可以电子邮件、电话、传真或亲自前往的方式要求提供资料支持。如欲更多的了解其资源与服务，请浏览反托拉斯局图书馆在ATR内部网络上的主页。

大多数的反托拉斯局图书馆的资料，包括贸易与商业期刊，都可借阅。司法部图书馆系统没有的信息资料，可以到附近的图书馆查询或者通过图书馆之间的借贷方式来借阅。图书和期刊的挑选主要由图书馆人员负责，但也鼓励反托拉斯局的人员也推荐资料加入馆藏收集。主图书馆收集的资料和其他司法部分支图书馆收集的资料反托拉斯局的人员均可使用。司法部图书馆的在线目录可通过网络进行检索获得，并可通过其进入所有司法部图书馆系统。

（五）合并前申报工作小组

合并前申报工作小组保留着关于案件和调查信息的诸多数据。统计数据，包括每个财政年度的关于提交的案件、诉讼、输赢情况、处罚等情况的摘要都被保留下来。关于启动和结束调查的相关的信息也可查到。经常需要的资料是查询关于反托拉斯局是否对于某个公司、个人或特定行业进行调查或提交案件的数据。该单位还保留了所有依NCRPA和HSR法令提交文件的信息。关于清除的信息、决定以及包括清除系统的次数的统计等信息均可获取。

（六）经济分析工作组

经济分析工作组提供所有案件中与经济学内容相关问题的经济分析。经济学家负责对调查或案件中的经济学问题进行甄别，对案件中提出的理论提供支持，甄别及提供支持反托拉斯局意见的必要数据，为审判中与经济学有关的问题提供策略支持，以及为反托拉斯局参加的诉讼提供证词。更具体地说，经济学家还为拟调查的商业行为在竞争方面的影响进行评估；通过确定产品或地域市场划分来分析拟进行的并购，识别潜在的竞争者和估算竞争效果；分析与被指控价格协议和竞价操纵相关的证据；参与制定恢复竞争的必要措施；以及分析拟议中的同意书修正案的经济效果。

1. 统计服务

经济分析工作组的经济学家在统计学和计量经济学方面受过专业培训并经常运用这些理论工具。经济分析工作组也会雇用和经济分析工作组的经济学家们合作的专业的统计学家，其可以代表政府在审判中或在立法程序中作证及对被告方的统计学证据进行评析。统计学家的服务可以通过负责个案的经济学家或通过经济诉讼部门的负责人或其助理来进行安排。

2. 公司融资部门

公司融资部由财务分析师和相关辅助人员构成，该部的主要宗旨是为反托拉斯局提供在反托拉斯法执行工作中遇到的财务和公司方面的顾问和咨询。公司融资部可在下述领域提供支持：

（1）调查申请并购的公司的所谓"倒台公司"的诉求；

（2）参与公司分售的谈判和对分售计划的可行性、指定托管人和潜在的收购方等问题进行评估；

（3）分析申请并购的公司的"效率抗辩"；

（4）评估与赔偿金相关的财务事宜；

（5）决定公司支付罚款或者经济赔偿金的能力。

公司融资部可以帮助参与诉讼的执法人员准备反托拉斯局提供的财务方面的证人、为获取宣誓证词的程序提供帮助、为反托拉斯局的律师准备对财务证人进行交叉提问的工作推荐如投资银行等财务专家。此外，公司融资部可为分析并购交易的结构设计和财务事项提供支持；公司融资部还可提供财务或会计方面的宣誓证词或出庭作证。

①反托拉斯局执法人员可获得的资源。

公司融资部可从有关数据库中获得与财务及公司事务相关的各种信息。比如，公司融资部订购布卢姆伯格财务市场数据库，该数据库包括美国公司与外国公司的财务概况，包括财务报表、证券交易委员会的报告和新闻报道。公司融资部还通过互联网获取与财务及公司问题相关的信息。公司融资部还设有一个供专项课题研究使用的参考资料小型图书馆。公司融资部还可帮助执法人员获取与某些特定公司或行业的有关的公开信息。

②获得帮助的程序。

在财务或公司管理方面的证人在被对方律师提问前，应寻求对这类庭审提供帮助。即使准备时间很短，公司融资部也能提供有效的支持。在需要在规定期限内向法庭提交书面报告时，应尽快通知财务分析专家。要公司融资部提供支持的请求需经拟要求支持的部门和地区办公室负责人批准。此外，应将指定的财务分析人员列在所需案件的通讯名单上。这类请求可向经济诉讼部门的负责人或其助理提出。公司融资部的人员还可和反托拉斯局人员以非正式的方式讨论案件，及帮助反托拉斯局的执法人员理解这些比较复杂的问题，比如交易结构、交易融资，即弄清楚各方的动机和目的何在及收购价格中包含垄断费用的可能性等。

3. 专家证人

在反托拉斯局进行的调查中挑选预期使用的专家证人是通过法律部门、经济分析工作组和相关的部负责人和司法部长副部长助理之间合作进行的。如果调查中认为诉讼的可能性很大，首席律师、法律部的负责人或负责人的助理、经济分析工作组的负责人将共同讨论该项调查是否需要专家证人。

关于经济分析专家，经济分析工作组一般会提供一个最初的候选人名单。

讨论一般会集中在就该特定事项经济分析工作组的经济学家是否具有该特定领域的专业经验，以及外部的学者或专家是否具备更适合本案的专业资格。当达成多数意见后，经济分析工作组的负责人将联系候选人，讨论候选人的兴趣和时间可能性，如果候选人是一位非经济分析工作组内的经济学家，还需讨论其工作范围和合同费用。该负责人需准备一系列文件，包括填写完毕的 OBD-47 表格，以及由行政办公室提供的备忘录。给经济学家的这组文件需经相关的负责人和签发 OBD-47 表格的副司法部长助理批准（见机构指南第 2110.1 条"雇用专家证人"）。

对将出庭作证的经济学家在取证程序方面的问题须给予特别的注意。经济分析工作组内的经济学家可接触全部的资料和了解讨论情况，起草全面的经济学的备忘录和全程参加各类案件策划和执法决定。拟作证的经济学家（所谓"外部"经济学家）无论来自经济分析工作组内部还是来自反托拉斯局之外，向他提供的资料均将取决于案件的需要，而且必须受监控以确保今后在举证程序中使用时有适当的记录。专家证人对案件策划和执法决定的参与亦明显减少。

经济分析工作组保留着经济学家和其他专家在反托拉斯案件、执法程序及相关事项中提交的宣誓书、证词以及其他材料。相关内容按照案例类型列出，比如第 1 部分或第 7 部分，专家名称、案件、日期和材料类型。为确保档案的完整性，要求反托拉斯局的律师向经济分析工作组的负责人提供他们所获得的专家就反托拉斯审判或立法事宜中提供的证词、宣誓书及其他材料的副本。这些材料不只限于政府听证的证据，还应包括辩方当事人提交的证词及在民事反托拉斯诉讼和其他管制程序中提出的证据。关于上述文件的信息和如何获得它们的信息可通过电话向经济立法部门进行询问。

4. 经济分析工作组的政策分析和研究计划

经济分析工作组的经济学家从事直接与反托拉斯局反托拉斯执法以及保护竞争计划相关的研究，以及与竞争相关的反托拉斯局的政策分析研究。这些研究的重要成果可通过经济分析工作组的系列讨论论文来看到。讨论论文的清单和某些特定论文的复印件可打电话从经济立法部门处获得。

（七）信息系统支持工作组

1. 宗旨

信息系统支持工作组是行政办公室下面的部门，负责为反托拉斯局的信息技术基础设施的运营与管理，它为反托拉斯局的所有工作人员提供一套自动化工具、计算机服务和技术支持。信息系统支持工作组的主要任务是开发、执行和监管这种综合性的方法，以有效地和有效率地计划和管理所有的反托拉斯局的信息技术资源。

信息系统支持工作组在3个主要领域使用自动化的数据处理技术：诉讼支持、管理系统、办公自动系统。在每个领域都有高级信息技术专业人员一起工作，提供专业技术服务，以支持反托拉斯局的律师、经济学家、管理者在收集、组织与案件支持、经济分析和管理相关的信息。这些服务范围涵盖了从开发到维护一个值得信赖的网络设施，提供基本的计算机服务（如电子邮件、文件管理、互联网接入、文字处理和数据库的进入）到为反托拉斯局从事诉讼的执法人员提供最新的技术，让他们在法庭的听证和审判中使用，到准备管理和最终决定反托拉斯局的总体预算的财务报告。每个功能区域将在下面进行详细的描述。

2. 自动化的诉讼支持

信息系统支持工作组的诉讼支持人员可为每一个反托拉斯局的诉讼提供建议和协助。诉讼支持工作人员使用多种多样的自动化的诉讼支持服务。自动化的诉讼支持服务包括提供很广泛的服务与产品，帮助检察官获得、组织、开发和提供证据。通过使用高级计算机、图像管理和其他的技术，诉讼资料被有序整理，以便从事诉讼的检察官能够快速地找到资料所处的位置和利用信息。对多卷本的案件资料和复杂的信息进行必要的审查，使用计算机和高级技术设备是有效的。信息系统支持工作组设计的数据库允许反托拉斯局的工作人员利用数据和文献控制系统进行复杂的数据分析。诉讼支持工作人员能够提供广泛的支持，包括下列领域的服务：

（1）文献的获取；

（2）数据库的建立，诉讼支持工作组能够为客户建立与维护数据库；

（3）电子资料的获取与提供，自动化的支持技术通过获取电子资料，在证明固定价格和串通投标的调查方面尤其具有价值；

（4）数据库的利用，诉讼支持工作人员为利用系统的人员提供初级和高级培训；

（5）诉前支持；

（6）通过合同提供的其他可以获得的诉讼支持服务。

应在调查初期就和信息系统支持工作组联系。相关人员与其联系后，信息系统支持工作组将审查与调查相关的所有信息并提供一份支持计划。信息系统支持工作组直接与律师或经济学家一起列出信息系统支持工作组和/或私人合同方所需做的工作要点，并估算必要的成本和资源。有关部门、工作组或该外派办公室负责人可以批准较小的支持项目；大的项目要在工作开始前得到相关执行部门的主任或司法部长副部长助理的事前批准。更多的信息请查询反托拉斯局指南第2850.1条,"要求提供诉讼支持"。

3. 管理信息系统

反托拉斯局保存有几个自动化文件检索系统,设计这些系统的目的是提高反托拉斯局的工作和资源的有效管理,这些系统构成了反托拉斯局管理信息系统(MIS)。除了为内部管理提供支持外,这些系统还为反托拉斯局的预算要求和反托拉斯局就其执法行为回复国会和公开咨询的准备工作提供帮助。

反托拉斯局管理系统的两项主要功能是:(1)追踪反托拉斯局的调查和诉讼工作;(2)追踪反托拉斯局的资源分配情况。反托拉斯局管理信息系统的各数据库所追踪的各类事项包括:初步调查前的并购审查、联邦贸易委员会的清查要求、初步调查、民事调查、大陪审团案件、刑事和民事案件、上诉案件、判决修改和结案、商业调查、管制部门的程序、法庭文件、经济学的研究资料、立法联络行为、特定项目、公民控诉和国家合作研究和成果法律文件。除了就反托拉斯局的现有工作提供信息外,反托拉斯局管理信息系统数据库还包括了20世纪70年代晚期以来的调查和案例以及20世纪30年代中期以来的大部分起诉案件资料。

各部门和地区办公室人员在确保数据库准确及更新方面起到重要作用。但主管机关被要求启动初步调查或提起一份控诉时,有关执法人员必须向反托拉斯局事项追踪系统(MTS)提供相关事项的基本描述信息。所需信息包括:事项的名称、法官、法庭、指定的执法人员、被调查的对象、行业、被指控的违法行为、所在区域等等。当启动调查程序被批准或控诉被法院受理后,合并前申报工作组就会分配给该新事项一个司法部的档案号码和将该事项的基本信息卷入反托拉斯局管理信息系统数据库。然后,如任何与该事项相关的基本信息变更或该事项进入下一个阶段(比如由初步调查进入陪审团阶段),合并前申报工作组将要求有关执法人员为反托拉斯局事项追踪系统数据库提供最新的信息。

反托拉斯局的管理信息系统的第二个主要因素包括通过很广泛的执行安排和反托拉斯局履行的常规职能来追踪执法人员的分配情况。时间报告系统(TRS)允许执法人员报告正式工作人员的数量和反托拉斯局事务的日常工作基础上的加班时间。这些数据的准确性和及时性对于反托拉斯局向行政预算办公室和国会提交和阐明其年度预算时将起到重要作用。该信息将被反托拉斯执行计划负责人用于评估投入该特定事项的人力资源。国会和监管机构还发现这些信息在评估反托拉斯局的执法工作的效率和效果方面具有重要价值。

事件追踪和工作时间计算系统使对反托拉斯局的实际工作量的管理更加方便,除此之外,反托拉斯局还基于纯粹的行政管理的目的而使用数据库技术。

反托拉斯局人力资源和全职等值追踪系统（Full Time Equivalency Tracking System）为反托拉斯局对全体执法人员的工作量水准、员工费用、人员分配、人员提升计划等进行行政管理提供便利。此外，为保持与国会和监管机构之间的联系，与来自普通公众的反托拉斯相关的诉讼一样，通过通信与诉讼追踪系统进行追踪（CCTS），关于反托拉斯局行动的来自公众的信息要求在信息自由化法追踪系统（FTS）里进行追踪。这些系统既用来为反托拉斯局在这些领域里的行动提供详细的报告，也是统计意义上的简要报告。

4. 办公自动化计划

办公自动化工作人员（OAS）的任务是为反托拉斯局所有部门和人员提供一个安全的、可靠的、高效利用的 IT 设施，确保信息共享和满足项目的需要。办公自动化工作人员通过获取、开发、部署、运营和维持 IT 设施来达到这些目标，这些 IT 设施包括计算机平台、通讯网络、桌上电脑、通信、网络服务、培训和合同服务。办公自动化工作人员在以下 4 个主要功能区提供支持：（1）基础计算机服务和终端用户服务；（2）系统运营和管理；（3）系统工程开发；（4）其他申请和服务。这 4 个领域在整体上满足了反托拉斯局对计算机支持的需要。下面是对 4 个功能领域的简单介绍，以及他们怎样支持信息系统支持工作组和反托拉斯局的任务执行。

（1）基本计算机服务和终端用户支持。

为遵守司法部和国土安全部的计算机安全指南，办公自动化工作人员开发了一套标准的桌面计算机系统，当前包括 Windows 2000 操作系统、Outlook 2000 电子邮件收发系统、用于文件管理的 Interwoven's iManage WorkSite、Corel WordPerfect、微软办公系统（Word, Excel, 和 PowerPoint）、通过微软公司的 Explorer 浏览器和网景公司的 Netscape 浏览器接入互联网、自动化的研究工具（如 LexisNexis and Westlaw）、合计统计和时间报告系统。为确保计算机桌面系统的稳定性和安全性，应防范计算机病毒和修补管理软件以便在此环境下继续运行。此外，为使应用软件标准化，办公自动化工作人员为所有的反托拉斯局的用户提供使用范围广泛的软件包，以协助他们完成反托拉斯局的任务（如旅行准备软件和经济分析软件）。办公自动化工作人员还与用户订立了一个 3 年的硬件更新计划。另外，办公自动化工作人员在现有的软件系统内对应用软件的新版本进行评估，需要时对应用软件进行升级，确保反托拉斯局的工作人员使用最新的、稳定的、可靠的工具。

支持工作人员在每幢楼里通过一个集中化的办公帮助系统提供日常的技术支持，扩大了允许解决最简单问题的程序（如打印机卡纸）到影响反托拉斯局大部分工作人员的最困难的问题（如通信中断）。无论是在上班时间还是下班之后，呼叫任何一个办公帮助电话，总能够得到支持。

办公自动化工作人员在其坐落在自由式的正方形的办公楼里的培训中心为工作人员提供培训。培训层次包括从初学者到高级用户。

（2）系统操作和管理。

这一功能区包括所有的"密室"操作业务，实质上是可靠的、稳定的网络系统。系统操作工作人员负责其中的其他事情，维护服务器的运行应用程序，存储反托拉斯局的数据；确保通信线路、路由器、开关与所有的在华盛顿特区的机构和地区办公室连接并且有效运行；管理地址目录，决定谁可以进入什么样的数据库；维护电子邮件名单；履行数据备份，确保一旦数据丢失能够有效地恢复；维护在每一个华盛顿的机构和地区办公室所在的办公楼的计算机设备。

（3）系统工程开发。

系统工程开发（SED）工作人员负责确保反托拉斯局的雇员能够得到最稳定的反映"技术发展水平"的工具，满足反托拉斯局的所有任务的要求。系统工程开发工作人员有一个全功能的计算机实验室，反映系统的开发情况。每一个新的应用软件或者版本都要通过测试，确保应用软件能够正常运行、软件能够与标准的桌面系统很好地结合。

另外，为了评估应用软件，系统工程开发工作人员负责设计和开发反托拉斯局的标准基础设施建筑。系统工程开发工作人员始终如一地审查新的工具和产品。系统工程工作人员也与司法部的 JCON 项目管理办公室的工作人员密切合作，确保反托拉斯局的标准基础设施建筑符合部门关于结构和安全的要求。

（4）其他的应用和服务。

系统工程开发工作人员为反托拉斯局工作人员提供以上 3 个领域之外的其他服务。这些服务包括视听支持、远程接入、远程审判装备和为工作人员的工作调整提供计算机设备。提供视听支持服务的工作人员也与诉讼支持系统工作人员在模拟法庭里进行合作。需要视听支持时，用户应该呼叫桌面办公帮助系统。有关视听支持的更多的信息能够在 ATR 网站上找到。

远程接入允许反托拉斯局的工作人员通过司法安全远程接入（JSRA）网络，从任何地方的电话线或者高速互联网连接而从事自己的工作。每一个远程接入用户有一个 JSRA 标记，可以从任何一个遥远的地方安全地进入反托拉斯局的计算机网络。通过 JSRA，用户能够接收他们的电子邮件、通过电子管理的文件和累积数据库、工作文件和电子资料表以及他们的时间报告。为了达到远程接入的要求，工作人员应该通过与办公帮助系统联系，给出一个 JSRA 标记，如有必要，可在家用的电脑里安装软件和用户指南。

办公自动化工作人员也与行政办公室合作成为支持审判团队。除非审判地点位于地区办公室所在的城市，办公自动化工作人员将为每一个审判设立一个新的地区办公室。这包括装置能够获得声音和数据的通信线路，为反映工作人员的"家用"服务器而建立一个文件和应用软件服务器，将审判工作人员的数据转移至这个新的服务器中（包括所有的累积图像和数据库），为每一个审判的团队成员提供一台电脑，最为重要的，提供现场的桌面办公帮助系统的支持。

5. 信息技术安全

行政办公室在信息系统支持工作组内建立一个信息技术安全（ITS）小组，这个小组在职能上是独立的，为监督反托拉斯局的主要计算机环境和信息技术安全行为提供公正的审计服务，以确保《联邦信息安全管理法》和新的司法部的安全要求得到了遵守。

此外，为监督信息系统支持工作组管理的计算机系统，信息技术安全小组工作人员要将履行各种各样的与要求相关的情况，如安全意识的培训、IT职业培训、突发事件的反应、意外事件的应急方案、结构管理等，向司法部负责信息技术安全的副首席信息官报告。

（八）培训

反托拉斯局为反托拉斯局的律师、经济学家、法律辅助人员及其他人员每年提供众多的培训机会。培训计划组是业务办公室责任的一部分，全面负责反托拉斯局的培训课程。培训计划组发放日历和备忘录通知反托拉斯局人员可能的培训机会，提供培训计划的简要说明，并列出有关培训计划的日期。对参加培训课程感兴趣的反托拉斯局人员应和他们的负责人联系，在报名截止期之前提出参加的要求。

反托拉斯局的法律教育办公室（OLE）每年3次出版关于培训日程表，其中包括关于行政、职业发展、管理、监管、跨机构和其他与工作相关的培训课程的信息。大多数课程在法律教育办公室培训中心进行，并对反托拉斯局的律师和其他辅助人员开放。此外，反托拉斯局支持参加其他私人机构的培训并支付相关费用，只要这些培训对员工的本职工作有直接的帮助。反托拉斯局定期派律师参加国家审判研究学会（NITA）、美国律师协会、联邦律师协会、法律和商业组织、法律继续教育组织和法学院的相关课程。

1. 培训计划

反托拉斯局提供的培训计划可分为4类：

（1）会议、研讨会和讲座。

从1993年秋天以来，反托拉斯局已在内部提供了一些诉讼技巧、反托拉斯法、经济学及其他领域的重点培训课程。这些课程包括午餐时间的短时培训到为时数天的研讨会。反托拉斯局还通过信息系统支持工作组的支持在华盛顿及其他外派办公室提供使用诉讼支持工具的培训。对于西法部分的培训可通过反托拉斯局与西法联系来进行。如需安排在华盛顿特区的西法办公室的培训，可以拨打电话（202）8427577进行联系。

（2）国家审判研究学会。

自国家审判研究学会20世纪70年代早期建立以来，反托拉斯局就成为国家审判研究学会工作的积极参与者。反托拉斯局每年指定律师参加国家审判研究学会的地方和全国的课程。各外派办公室的执法人员常常被送到地方的国家审判研究学会在附近法学院开设的课程班去学习。国家审判研究学会的课程是严格的、有价值的和有收获的。有经验的出庭律师和法官作为讲授者，课程以一系列模拟审判的方式使学生参与其中。曾参加过课程的反托拉斯局的律师都对该课程给予很高的评价。培训机会优先赋予在反托拉斯局已有数年经验的律师、积极参与诉讼工作的律师和将继续留在反托拉斯局进行长时间工作的律师。

（3）联邦检察官办公室的特别助理。

多年来，在华盛顿的反托拉斯局律师们作为联邦检察官特别助理为弗吉尼亚州亚历山大市的弗吉尼亚北部辖区联邦检察官处理案件，及为哥伦比亚特区高等法院的华盛顿联邦检察官处理案件，他们任联邦检察官特别助理一般为期6个月。分配到外派办公室的律师也可以接受类似的工作机会。这些实际工作提供了获得审判经验的机会。尽管起诉工作并不包括《谢尔曼法》中的共谋罪，但从这类轮值中学到的技术可以直接应用到反托拉斯局的工作中。

作为一名亚历山大或华盛顿特区的联邦检察官的特别助理，其工作涉及刑事执法的全过程。在亚历山大联邦检察官办公室刑事部的特别助理，可参与在地方法院的轻罪起诉、大陪审团的工作、动议、诉讼、撤销假释、在联邦地区法庭的审判和在第四巡回法庭的上诉和抗辩。哥伦比亚特区的特别助理可对各种刑事轻罪进行起诉，参与从询问执行逮捕的警官到由法官和陪审团来裁决的审判过程。如果对担任轮值特别助理感兴趣，律师可以向他们的主管官员提出。鉴于特别助理轮值目的是加强反托拉斯局律师的审判经验，任何担任特别助理的律师在结束轮值后都被期待回到反托拉斯局工作至少18个月。

（4）国家辩护中心的法律教育办公室。

反托拉斯局的检察官可以参加由法律教育办公室在哥伦比亚特区和南卡罗来纳的国家辩护中心举办的培训课程。培训课程涉及民事和刑事审判实践，还有证据、大陪审团实践、监督技巧、白领犯罪等课题。另外，法律教育办公室通过它的司法电视网络提供电视课程。法律教育办公室的主要目的是培训美国助理检察官。但是，法律教育办公室也为来自司法部诉讼部门的检察官的培训课程留出了教室。当教室有空时，反托拉斯局的检察官，和来自其他部门的检察官一起参加培训课程的学习。法律教育办公室的课程通知发给反托拉斯局的每个部门和地区办公室的主任，由他派遣参加课程学习的检察官。

民事和刑事审判辩护课程提供的是审判辩护基本技巧的培训。课程方式包括讲座、研讨会和模拟审判。讲座侧重审判准备和技术方面的实践内容。研讨会和模拟审判则旨在提高技术和解决审判中的基本问题。在司法部辩护研究会提供的所有课程中，重点是辩护和审判实践技巧，而不是实体法知识。这些课程是为只有一点或根本没有审判经验的律师设计的，是由在联邦法院有经验的诉讼参与者或审判参与者主讲的强化式的讲座课程。

2. 独立的学习辅助资料图书馆

司法部及反托拉斯局设立一个收藏了各种培训资料的视听、DVD 和书面文献图书馆。可以在反托拉斯局的网站的培训资料网页上找到这些可以借阅的资料清单。反托拉斯局的检察官可以通过职业发展办公室获取这些资料。

法律教育办公室每年提供免费的录像演讲。这些录像演讲包括欧文·杨戈尔的《法庭辩护和证据发现技巧》系列。研究会定期地在华盛顿和其他拥有大量的联邦检察官成员的城市如纽约提供这些录像带。因为方便观看这些录像带，法律教育办公室获得了声誉。

3. 申请程序

培训机构和行政办公室通过备忘录方式定期公布面向反托拉斯局人员的培训计划和资料。培训要求应提前得到申请人的主管官员批准。见反托拉斯局指南第 1410.1 条，"员工培训"。

二、在反托拉斯调查中获取和使用信息与文献

多年来，反托拉斯局的律师和经济学家已在调查、分析反托拉斯事务及反托拉斯诉讼方面积累了大量经验。在工作中，反托拉斯局的律师和经济学家已发现一些资源和实际做法对于获得、整理和检索信息方面很有帮助。

开始时，调查一般需要快速收集有关被调查的公司、行业和所指控的违法行为的有关数据。下述第一部分阐述一些在反托拉斯局内部公开的资料。下述第二部分讨论在调查过程中可能得到的信息服务和技术支持。最后，在一个案件被批准之后，如未达成和解，执法人员将需要收集或检索有关提交给法庭的证据方面的服务。下述第三部门阐述在该阶段可提供给反托拉斯局执法人员的服务。

（一）最初的信息来源

当一名律师、经济学家或法律辅助人员最初收到一项声称某些行为或拟进行的交易可能违反反托拉斯法的控告时，他或她将立即在反托拉斯局内部获得一些信息资源。这些资源包括：（1）以前进行的反托拉斯调查或诉讼中所获得的资料；（2）通过图书馆、经济分析工作组和信息系统支持工作组获得的贸易和行业的数据。

1. 反托拉斯局以前的调查和诉讼

反托拉斯局对以前的调查和诉讼的官方记录是有关行业和公司信息的主要来源。可通过ATR网站从事项追踪系统中，或者通过与信息系统支持工作组联系，或者与合并前申报组联系，获得最近反托拉斯局对于特定行业所采取行动的报告。过去事项的详细记录，包括相关的在工作成果数据库中的副本，可以从ATR网站中获取。案件资料的文献副本既可以从ATR网站获取，也可以从反托托拉斯局的互联网上获取。相关事项的文件可从有关负责部门或地区办公室获得。有关已结案事项的文件可通过联系行政办公室下属的负责文件的部门从GSA记录中心中获得。

（1）调查档案。

事项追踪系统（MTS）数据库包含了非常广泛的可以搜索的数据元素，包括公司的名称、产业标识（标准化的产业分类（SIC）代码，或者北美产业分类系统（NAICS）代码），当前和历史上的调查和已决案件的违法行为的描述。反对这些和许多其他描述数据元素的质疑，通过ATR网站的"point – and – click"搜索工具就可以获得。一旦相关事项被找到了，详细的描述信息和与这些调查有关的关键文献有关系的全部文本能够被显示出来（如新闻发稿，公开或者不公开的备忘录）。为了获取与过去的调查有关的原始正本文件，工作人员得与处理该案件的部门联系，或者，如果这些文件已经交给了联邦档案中心，得与行政办公室的支持服务工作人员联系。关于当前调查和案件的其他信息，可以从相关的业务办公室的特别助理那里获取。

（2）诉讼档案。

《信息自由化法》组的反托拉斯文件工作小组（ADG）保存了数字化以前那段历史的商品、被告、违法行为类型和案件名称的目录索引。此外，工作小组还根据部门和日期保存了管制部门的备案资料，并收集了所有控告、刑事起诉信息和终局判决。最后，工作组还保留了所有反托拉斯局官员所作的讲话（如证词）、反托拉斯局出版物和商业评论。ATR网和反托拉斯局互联网均保留了大量案件的诉状副本。

2. 公共信息资源

除了反托拉斯局的内部文件，还可获得对调查开始阶段有价值的大量公共信息。可获得的对调查有帮助的公共信息包括：

（1）市场份额信息。

在一切并购调查和很多民事非并购调查的初期就应该确定基本的市场份额信息。市场份额信息可从各种公共信息渠道获得：

①美国商业部、统计局的报告——经济统计包括制造行业、矿产行业、零售贸易、批发贸易、金融和保险、房地产和租赁、建筑、公用事业、运输行业和其他行业的统计数据。该统计每5年进行一次——在以2和7为尾数的年度。在此期间的年度里，通过各种调查进行更新。

制造行业和矿产行业按6位数字的产品代码分类，称之为北美行业分类系统（NAICS）代码，制造业与矿产业最多有10位数字的分类代码。统计数据提供了每个标准行业分类代码中的企业或公司的数量，以及按照美国全国区域和更小的地理区域统计的运输值和销售值的数据。制造业的统计数据报道有在标准行业分类中的6位数标准行业代码的集中比例。在1997年，北美产业分类系统替代了标准行业分类（SIC）系统，并在2002年进行了修订。但是，SIC系统仍然在一些商业指南和商业数据库中作为分类信息使用。其他来自政府渠道的信息包括国家贸易数据库和STAT-USA数据库，这些可以在反托拉斯局的图书馆中查到。

②指南和在线数据库。标准行业分类有关市场份额信息的其他来源包括指南，如《美国制造业》《美国服务业》《美国金融、保险和房地产业》《沃德商业指南》《市场份额报告》（MSR）（市场份额报告可通过Nexis查询），这些指南以标准行业分类4位数代码系列或者以北美行业分类6位数字代码系列提供信息，根据销售额对公司进行排名。对于有关特定行业的一家公司的市场表现的原始信息，反托拉斯局有各种网上数据库可供查询。以航空业为例，反托拉斯局现可查询《航空业服务的背景信息清单》；就医院信息来说，反托拉斯局可查询《美国医院协会医院指南》；就银行贷款信息而言，反托拉斯局可查询在线联邦存款保险公司的数据库。根据多数6位数的标准行业代码而列出的公司名录，限于国家、市、县，有电话光盘和美国商业光盘的形式。市场份额的在线信息资源包括《目录》以及Lexis/Nexis数据库。大约130种《目录》文件可通过标准行业分类或产品卷码查到，一些文件可通过标准行业分类中7位数或8位数的标准行业代码来查询内容，全文的市场研究报告和股票交易分析也可以得到。

反托拉斯局的执法人员应与反托拉斯局图书馆和经济分析工作组协商决定

可获得和使用哪些数据库。《目录》和市场研究报告可以从反托拉斯局的图书馆获取。

（2）行业协会信息。

一些协会指南列出服务于特定行业或商业领域的协会，如国家贸易和职业协会，协会指南指协会百科全书和协会黄皮书。一旦调查被批准，将会联络相关协会，这些协会常常提供有助于决定市场范围、市场上的公司及市场份额的数据。反托拉斯局的图书馆既保存着这些指南的印刷本，也可以通过网络获取它们。协会的百科全书可以通过 LexisNexis 搜索获取。

（3）行业出版物。

有很多贸易期刊、行业年度手册、年鉴和指南包含了调查初期所需要的有用信息。反托拉斯局图书馆的人员可以提供有关具体行业的指南、年度手册、年鉴，并通过查询有关公司和行业的文章提供参考书目方面的帮助。参考书目来源包括在线数据库《目录》、Westlaw、LexisNexis、Newsbank、EBSCOhost。工作人员可能通过网络获得全文文本，在反托拉斯局图书馆找到印刷本或者缩微本，或者通过文献传递的方式获取。

（4）公司信息。

①一般信息。在线图书馆指南包括了一般的公司信息资源。关于公众公司的一般数据资源，包括公司管理人员、子公司、销售额和一般公司的发展历史等数据，这些信息资源包括：《十亿美元指南》《百万美元指南》《标准普尔指数公司》《公司联盟指南》《主要国际公司》和《摩根手册》。《摩根手册》对国内和外国公司进行了精要的描述，包括公司发展史、产品、工厂、股票价格和近期进行的收购的信息。这些指南可以在反托拉斯局的图书馆获取。《标准普尔指数公司》和《公司联盟指南》也可以通过 LexisNexis 获取，包括 LexisNexis 分析器，一个新的在公司信息方面非常有用的工具。互联网也是一个公司信息的来源渠道。公司的网页里包含有公司的经营理念、它在行业里的经营行为等信息。

②特定信息。Dun and Bradstreet 制作特定的关于国内和国际公司的商业信息报告，提供公众和私人公司的最新的经济和商业信息。可以向反托拉斯局图书馆的人员索要 Dun and Bradstreet 报告。地区办公室可以制作他们自己的 Dun and Bradstreet 报告，简单的摘要可以从 LexisNexis 上的 Dun and Bradstreet 图书馆上获取。

③证券交易委员会公告。证券交易委员会有关公众公司的公告，包括公众公司提交给证券交易委员会的 10—K 报告（年度报告）和给股东的年度报告，提供了有用的公司信息，特别是关于一家公司的市场、市场份额和行业地位的

信息。它们可为其他随后得到的文件和资料提供有用的对比。这些公告的文本可从 LexisNexis、Westlaw 以及证券交易委员会 Edgar 数据库获取（一个证券交易委员会网页上的数据库，包括证券交易委员会 1995 年以前的数据）。不能从在线网络获取的数据可以从普锐媒体公司（Primedia, Inc.）获取，通常是可在要求当天得到。通过普锐媒体公司获取这些文献，可以通过反托拉斯局的图书馆进行联系。图书馆还收集了从 1976～1995 年的所有福布斯 1 000 排行榜的公司的 10－K 报告和年度报告的微缩胶片。

(5) 法律信息。

关于公司诉讼的信息可从全文本的法律数据库、Westlaw 和 LexisNexis 获得，这些数据库反托拉斯局的工作人员都可以获取。公共记录数据库中的信息，可与在线图书馆指南协商获取。公共记录数据库，如 Choicepoint，所保存的记录，可以以公司的名义或者个人的名义进行检索。通过反托拉斯局图书馆可以检索 Choicepoint。联邦法院诉讼事件表系统，即 Pacer，能够以公司的名义检索，也能以 LexisNexis 法院诉讼事件表服务系统 Courtlink 进行检索。Dun and Bradstreet 商业信息报告包括扣押和判决的信息，该报告可以通过反托拉斯局图书馆和地区办公室得到。BNA 反托拉斯和贸易规则报告（"ATRR"）和 CCH 的贸易规则报告（"TRR"）可帮助调查者决定一家公司或一个行业是否曾是反托拉斯局、联邦贸易委员会、州政府或者个人提出的反垄断调查或者诉讼的对象。ATRR 可以从 LexisNexis 网上获取。TRR 可以通过 ATR 网站上的图书馆资源、反托拉斯局的图书馆、某些部门和所有的地区办公室获取。

(二) 在调查过程中获取和使用信息与文献

在要求授权进行初步调查之前，律师应已审阅了大量的公共信息并对拟进行的事宜形成法律理论。常常，在该阶段应向一名经济学家进行咨询。一经授权，调查重点将会转向有关交易或行为的特定的信息。执法人员将开始通过要求自愿提供信息的方式收集信息。一旦批准进行强制程序，该强制程序可用于目标公司、顾客、贸易协会和其他行业资源。在这个阶段，调查者必须不仅考虑应收集哪些信息，还要考虑如何对这些信息进行保存、索引和检索。在并购调查中，执法人员必须在指定时间内按照并购前通知规则进行公司额外信息的收集并发出 CIDs（见本书前面第三章第四部分）。

执法人员应开始对调查和诉讼程序中运作的策略进行考量。对于执法人员而言，一旦一个案件被提起，应尽早开始讨论可行的救济方式，既然作为实际问题，反垄断人员提交案件的目的是纠正或防止反竞争的行为。在民事和刑事调查中，执法人员还应评估代表政府要求损害赔偿的可能性。执法人员应决定是否存在重大的政府购买或是否因反竞争行为导致政府资金运用的效果不充分。从本质来看，调查计划应考虑执法人员所有可能的诉讼观点，以及在调查进行中的可得资源的有序使用。

经济分析工作组对每一件民事调查中提出的所有经济问题进行分析性考量，比如，产品或区域市场的定义、市场进入问题和竞争效果。在调查早期阶段，法律和经济执法人员的合作使经济学家可以协助设计在传唤程序、刑事调查、第二次问询和自愿要求及面谈和作证程序中的问题。大多数事项的副件都发给经济分析工作组负责人，在 PI 授权或大陪审团授权被批准时，通常由经济分析工作组指派经济学家研究。经济分析工作组还收到所有的 Hart‐Scott‐Rodino 文件的副本（没有附件），这些可在经济分析工作组内部审阅，其中的大部分文件会很快速转给经济学家处理。在并购调查中，执法人员一般有收集信息和准备案件的时间限制，所以被指派的律师和经济学家尽快进行联系是十分关键的。如果法律人员不知道负责本案的经济学家是哪些，可通过电话联系经济分析工作组负责人办公室来了解信息。

1. 从公司获得信息

无论是否由刑事调查局、大陪审团还是依据自愿要求按照并购前申报程序进行调查，通常有必要从被调查对象同行业的公司、有相关有用信息的人及可能是该行为的受害者（比如顾客）处获得信息。虽然这些技巧在并购案件和实施某种行为的案件中不同，但从公司获取信息的某些原则可适用于这两种类型的调查。

（1）注明独特的或特殊的行业惯例。

当调查者搜索上述的公共资源时，他/她应该寻找有没有已被发现的独特的或特殊的行业结构和行为特征。在《谢尔曼法》调查中有帮助的信息的例子包括：①产品定价的模式；②销售条款（比如，送货价、价格区间等）；③在公司管理结构中由谁负责定价及参加交易洽谈会议等；④交易如何达成（招投标、协商、价格清单等）；⑤影响该行业的经济因素。同样地，在并购调查中，执法人员应快速收集如下方面的信息：①相关市场信息，包括产品市场和地域市场；②有关公司占有的市场份额；③有关公司生产和拟生产的其他产品；④有关公司的财务状况；⑤最近似的可互相替代的产品；⑥交易的竞争效果；⑦能对市场形成基本了解的行业或市场研究。这些信息将帮助调查者起草更有核心观点的文件要求书。

（2）向经济分析工作组进行咨询以获得经济学方面的支持。

在草拟传唤程序、刑事调查、第二次问询书和自愿调查要求之前，调查者应向负责该案的经济学家进行咨询。这种在起草文件的早期阶段进行的合作使经济学家可以对起草文件中用最好的方式设计问题以获得最有用的信息、设计可行的救济方式和损失的可能性的估算等方面提供帮助。熟悉该行业的经济学家还可帮助律师加强有关特定行业实践状况或竞争行为的问题的设计。律师和经济学家之间在该阶段的合作将帮助收集到更有益的信息和进行更有针对性的调查。

（3）向公司财务部进行咨询。

当要求提供的文件清单需要包括大量的公司财务文件时，应咨询决定哪些信息是必要的、如何获得这些信息和如何设计这些要求以获得特定的数据，如这类公司财务文件或是有关某类行为的正当理由，或是有关存在结构性原因（如公司破产的抗辩或作为救济方案的资产剥离）。这些在并购调查中的第二次问询或刑事调查阶段可能特别重要。见本书前述第六章第一部分（提供对公司财务部门的更全面的探讨和获得支持的程序）。

（4）与诉讼支持工作人员协商。

当执法人员开始为传唤、民事调查令或第二次问询设计问题时，信息系统支持工作组的诉讼支持工作人员可以几种方式进行协助。协商将有助于检察官为数据问题和在文献实际提交之前对文献的获取、组织和修补制订计划。调查者应该与诉讼支持工作人员一起审查与文献或者数据制作有关的所有选择。即使工作人员仅参与了一小部分的文献资料的收集，为了控制和分析信息，诉讼支持工作人员能够提供电子资料库，能够帮助执法人员决定一个公司可以拥有什么类型的电子资料，以及反托拉斯局能够以最好的设计方案进入这个数据库。文献要求的这些类型能够变得非常专业化和技术性，因此，诉讼支持工作人员的专家意见应该在设计数据、文献资料或者质询要求时得到充分的利用。

（5）从大陪审团手册和以前的工作作品中获得信息。

反托拉斯局和公平贸易委员会已同意采用统一的可广泛使用的第二次问询表格。大陪审团手册和办公室的官方文件也能够提供给执法人员作为样本，让他们了解到反托拉斯局过去是怎样要求这些同样信息的。执行主任的特别助理也将了解有关被其他部门的检察官最近在民事调查中使用的信息问询情况。

反托拉斯局发布的所有民事调查令，包括每个民事调查令的附属计划，都可从《信息自由化法》组获得。特别助理通过审阅大量的民事调查令和第二次问询，包括以前可能进行过的与现行调查中特别事项的问询，也能知道问题的形式、定义、其他要求提供文件的策略。此外，反托拉斯局也可从以前的调查中了解到有关公司的信息。这些信息通过事项追踪系统和 ATR 网络得到修复。

（6）起草要求证物的文件。

向相关部门人员进行咨询和使用上述的资源可帮助执法人员起草所需要的

文件。执法人员通过审阅文件在有关行为和交易方面进行自我训练,要求提交文件的目的是尽快和高效获得那些可帮助执法人员对案件作出决定或进行案件准备(如必要)所需要的文件。此目的可以在一定程度上通过要求提交那些执法人员希望得到的文件获得实现。所有取得的文件都应被审阅,因而从执法人员的利益出发,他们不想取得超出他们就该案作出决定或准备该案所需范围的多余文件。需要再次提出的是,这是取决于执法人员对于行业和行业行为的知识积累,而具体化的问题并不总是可能或可行的。当需要用宽泛的语言来起草提交文件要求时,一旦执法人员了解了收到文件的人拥有何种反馈文件时,应尽可能地缩小最初的文件的要求范围。

(7)管理数据和文件证物。

反托拉斯局的检察官采用标准的语言要求当事人提交电子资料和文件。大多数检察官和被告当事人在关于电子证据的发现方案中涉及的时间、劳动力和成本是不确定的。造成这一混乱的部分原因是基于这样的事实,对于电子证据的发现没有统一的定义。诉讼支持工作人员将与各种各样的反托拉斯律师和外部的当事人协商,确保提供清楚的建议和程序指导。所有的关于电子证据发现技术的讨论应该由对必须作出反应的一致理解进化到提交数据和文件的形式。

真正的电子证据发现具有技术方面的特征,从开始到结束,都是以电子版的形式保存电子文件。在这一过程中,电子资料和文件以各种不同的文件形式从被告的计算机中收集起来,诉讼支持工作人员将这些数据和文件装载到软件中,以供执法人员审查使用。审查过程包括文件审查、评注、以贝茨方式编号、分类。如果在审查过程中的任何一个阶段,电子文件不得不变为纸质文件形式,这样做的好处是减少了真正的电子发现技术的使用。诉讼支持工作人员将在分析和报告这样的数据和文件时提供协助。

在收到第一份数据和文件时,如果以前还没有这样做过,聪明的做法是就有关指数系统与诉讼支持工作人员协商。诉讼支持工作人员在使用工具决定遵守证据发现程序方面也能够提供协助。为了确认关键文件,审查文件的收集情况是必须的。诉讼支持工作人员将以一种方式设计一个数据库,确保这个数据库是精确的、一致的,并根据案件说明书进行建设。诉讼支持工作人员也将协助那些希望直接从桌面计算机系统执行代码任务的执法人员。根据案件的要求、计划和文件的收集情况,诉讼支持工作人员可以为数据和文件的采集提供一个复合的选择。这些选择可能包括诉讼支持工作人员和案件执法人员都按照代码努力工作(客观代码对主观代码),代码来自于文件图像,代码基于客观领域,根据光符号识别而进行全文本的搜索。

数据和文件应该由文件工作人员安全地保存,或者存放在重要的储藏室。

参见反托拉斯局指令 ATR 2710.4,"保护敏感信息"。

2. 在调查中使用文件和材料

一旦执法人员获得了电子资料和文件,为了质询证人,他们应该开始收集这样的信息。执法人员能够使用诉讼支持工作人员为此目的而开发的数据库系统。

(1) 确定证人。

文件可以帮助确定潜在的证人。对证人可以通过被提交的他们所写的文件、他们在公司架构中的位置或他们的其他责任来甄别。为支持该程序,在民事调查中通常会询问公司所有现在和以前的相关雇员的姓名、现工作地址和电话号码。如果相关雇员离开公司,还要询问所知道的最后的家庭住址和工作信息。在刑事调查中,通常要询问相关的现在和以前雇员的最后的家庭住址、电话号码和社会保险号码。联邦调查局可帮助找到以前的雇员。

(2) 准备证人的豁免要求。

执法人员应使用文件体现的和问询过程中反馈的信息来准备证人豁免要求程序所需要的信息。刑事部的证人记录部门从通过部门记录收到一件豁免要求程序开始至少要有 10 个工作日的准备时间。如果提供的信息不完整,可能要花更长的时间。豁免要求表格,OBD-111 表格,要求大量的个人身份信息,比如家庭住址和工作单位、社会保险号码和出生日期。

通过要求公司提交文件获得的信息可帮助对豁免要求进行准备,从而在执法人员今后查找信息时节省时间;豁免文件程序迟延可迫使执法人员取消证人的开庭。反托拉斯局的律师发现在证人面谈或者出庭之前尽早地提出证人豁免是有帮助的。这使执法人员在证人实际作证之前可尽可能多地了解证人信息。它还使在反托拉斯局律师对证人或其法律顾问进行许诺或委任前获得豁免批准成为可能。

(3) 准备面谈和听证。

在民事和刑事调查中,在反托拉斯执法人员与证人面谈和录取证词前应该尽可能多地了解证人、证人所在公司、他或她关于调查问题的交易或行为有关活动的信息。在准备与证人面谈或听证时,执法人员应审查和评估所有与证人有关的文件资料,包括证人准备的、送来的和批注的办公日历、日记、电话记录、消费账户和公司文件。信息系统支持工作组的诉讼支持执法人员为支持该程序已建立了标准数据库。

使用诉讼支持系统来搜索以前证人的声明或证词以发现证人的表述中是否有矛盾也是极有帮助的。信息系统支持工作组还可提供帮助搜索以前所有证词文本的的系统。反托拉斯局图书馆也可以在发现以前的证人公开声明方面提供帮助。

在与证人面谈或听证期间使用电子资料或者文件时，这些文件应当总是被适当标注和作为附件被证人核实。这样，在记录中证人就对这份特定的文件进行了说明并认可其为证据，而且这一切都会记录在案。

(4) 为经济学或者财务分析而使用文件。

包含有要被经济学家或财务分析专家分析的信息的文件一旦收到即应提供给这些人。这样，他们可对案件发展提供帮助并在准备证人的问题和材料以及审查作证方面提供帮助。经济学家和财务分析专家在民事程序法律中被认为是反托拉斯的调查者。参见《美国法典》第15卷第1311条第4款。在该阶段，可以开始有关价格和市场条件的经济分析，以及决定是否存在固定价格或者串通投标案中联邦政府可能遭受的经济损失。如经审查，经济学家认为有关经济数据可通过数据程序技术被很好地分析，经济学家或者在经济分析工作组内与研究助理一起进行处理或者（通常是与律师一起）咨询信息系统分析工作组。

经济学家还将开始以图标形式表现相关信息。经济分析工作组和信息系统支持工作组可以和内部执法人员以及合同执法人员共同完成最后的文件。信息系统支持工作组可为获得司法部的服务或其他制表方面的支持提供帮助。执法人员在制表工作方面需预留至少几周的时间。参见《反托拉斯局指南》2510.1条"打印、制表和照相服务"。

3. 利用内部的法律资源

法律理论为进行调查和收集信息提供了框架。执法人员应对在整个调查过程中出现的法律问题尽可能早地进行研究。当案件涉及的理论特别复杂时，这样做是非常重要的。

在过去的数年中，反托拉斯局已积累大量的研究工作成果，而很多近期的工作成果也可在反托拉斯局工作成果文件保存部门获得。较早些的工作成果是打印出来的文件——如果是提交的文件，则可通过《信息自由化法》组获得，如果属非公开信息，可从反托拉斯局档案中获得。对于特别复杂的研究的支持请求可向上诉部的负责官员提出。该请求应是具体的，与某个很复杂的重要事项相关的，而且是应相当早地提出已预留足够的时间以使该项目得以完成。最后，上诉律师，或者相关的执行处长，或者业务办公室的特别助理，在类似的问题发生后，能够识别这种情况。

4. 利用公共资源

如前所述，在调查的初始阶段，同样可以获取公共信息资源。见"公共信息资源"。

5. 准备和恢复证词、面谈资料、电子资料和文件

当执法人员根据大陪审团或者民事调查令的书面证词要求对个人进行面谈或者取证时，执法人员应当开始收集信息，通过使用各种不同的数据库的特点，将信息整理成信息摘要的形式。在对该案件进行证据分析或起草证明、准备取证或审判时，数据和文件已经是处于可以恢复的状态。执法人员应将民事调查令获取的证词以电子版的形式在反托拉斯局的数据库中使用。诉讼支持工作人员可将格式说明提供给法院书记官。当法院书记官提出此种要求时，执法人员也可以要求考虑使用当场记录的手稿，手稿具有用于观察和注释证词的能力。

当执法人员开始使用计算机化的索引和恢复手稿时，法律辅助人员应在获得这些手稿和进行面谈时开始参考手稿和面谈备忘录，对文件进行摘要。使用由诉讼支持工作人员提供的工具，执法人员能够对证词进行摘要，在前面加上评论与日期，对证词的每一部分编上号码，在不用重新录入的情况下，将关键的证词摘要标识出来。这个系统也允许执法人员既可以为另外的证人准备更新，也可以在每一个调查阶段评估其调查结果。摘要、编号和恢复在调查的早期就要着手进行，在整个调查过程中都要持续地做下去，这样可以使一些特定的领域或者线索将会受到忽视的问题的可能性得以减少，有利于为案件的审判准备建议与证据。

（三）诉讼阶段可获得的信息服务和技术支持

当一项控告或起诉被提交后，执法人员首要的目标将从收集信息转向对法庭或陪审团组织和陈述的信息进行设计。在调查开始阶段所使用的系统应该继续在审判中使用。此外，在审判期间，有关人员对这些信息进行整理是明智的。由将进行秘密讨论的检察官监督这一程序被认为是最佳的人选。可能在诉讼中被引用的数据和文件证据，由诉讼支持工作人员使用特定的工具，根据证词信息将它们适当地组织好。

1. 准备经济和统计专家的证据

在调查过程中与执法人员一起工作的和为执法人员准备数据的经济学家和统计学家在审判阶段将继续发挥重要作用。经济分析组工作人员和外部专家可以作为证人（既可作为主控方证人也可作为反驳方证人），但是作为内部的经济分析组的经济学家在审判团队中将扮演一个综合性的角色。

（1）经济专家和统计专家证据的展示。

如果一个经济学家或统计学家准备在审判中作证，并使用某种表格、图表或其他视频支持手段如照片或幻灯，经济学家或统计学家与执法人员应一起准备相关的资料。制作这些资料的方法有很多种。包括通过内部表格文件包、使

用其他私人销售的产品和依靠其他部门的帮助来进行准备。咨询最近进行审判的执法人员和诉讼支持工作人员通常可以全面确定各种可能性。

(2) 对经济学家和统计学家证据的抗辩。

检察官和经济学家应该在证据发现程序中尽早地试图获得展示证据、备份数据和其他的相关信息，这些信息在对专家证据进行抗辩时会用到。这将确保有充分的时间进行研究与分析材料，尤其是依赖于计算机为基础的数据或者统计样本进行的抗辩。经济分析组，通过它的经济学家、统计学家和研究助理，能够协助执法人员开发这些信息，用于局面证词、交叉询问和其他的目的。

(3) 以计算机为基础的信息。

当反托拉斯局利用以计算机为基础的经济学或者统计学的信息，法律工作人员、经济学家和统计学家，以及诉讼支持工作人员应该尽可能地在早期阶段开发出一种提供这种信息的方法。使用诉讼支持工作人员数据库的工具，允许执法人员在每一个案件中，对事实进行分类，根据问题的重要性对他们进行组织。为了恢复与特定问题有密切关系的文件和数据，诉讼支持工作人员将协助执法人员实施各种各样的搜索。

2. 录音和其他的技术协助

如果执法人员或专家需要录音或其他技术支持，比如手书或者打字分析或指纹辨别，诉讼支持工作人员能够通过其自身的能力或者通过使用合同的卖方正常地提供这些服务。如果需要的支持是笔迹鉴定、打字分析或者指纹识别，执法人员或者专家应该寻求联邦调查局的支持。除非执法人员已经在调查过程中与联邦调查局进行了合作，寻求联邦调查局的支持应该通过负责刑事调查工作的副司法部长助理办公室，在适当的情况下，联邦调查局特别代表可以为他们的发现和分析作证。

3. 法庭/审判支持和准备

反托拉斯局统一地以电子文件的形式向法庭提交证据。电子法庭技术能够提高审判的管理水平，节约审判时间和相关的成本，改进事实调查，增进陪审团的理解，以及有助于在审判中向法院提出申诉权利。

为了在法庭上采取动议，对政府起诉的案件审理完结时提出的动议作出反应，为秘密讨论作准备，以及起草拟议的事实结果，审判后的简报，以及任何上诉摘要、索引资料必须能够很快地得到恢复。

起初，这些要求意味着通过扫描证据文件作成图像，在法院的监控器或者投影仪里播放。但是，反托拉斯局得到了大量的专家意见，建议通过视频会议提供录音证据、录像带的书面证据，甚至远程审判的证据。

诉讼支持工作人员与每一个审判团队密切合作，决定哪种视觉策略可以运用。诉讼支持工作人员与参加审判的律师合作,讨论怎样有效地提交证据,对法律辅助人员进行培训,使他们学会使用软件和法庭设备。诉讼支持工作人员与外部的图形制作商签订合同,由他们提供额外的支持。诉讼支持工作人员在法庭上提供现场支持。

4. 关于审判证人的信息来源

执法人员应该正式地要求 FBI 检查被告、所有的起诉方和辩护方的潜在证人以及所有的共谋者之前的犯罪记录。执法人员也应该要求事项追踪系统报告信息系统支持组与合并前申报组、刑事执行办公室协商,检查被告以前的被反托拉斯局起诉的案件情况,CCH 的贸易规制报告者可以为执法人员提供有关其他的被告卷入的反托拉斯案件的情况,包括私人提起的诉讼案件和联邦贸易委员会提起的诉讼案件。

第七章 反托拉斯局与其他政府部门以及公众的关系

一、联邦贸易委员会

反托拉斯局和联邦贸易委员会同时拥有强制执行《克莱顿法》第2条、第3条、第7条和第8条的法定权限。《联邦贸易委员会法》第五章的司法解释允许联邦贸易委员会也可对那些构成违反《谢尔曼法》的行为进行质询和处理,因此,在这个领域联邦贸易委员会与反托拉斯局在职能上有所重叠。这些重叠的反托拉斯强制执行权使得在两个机构之间的合作非常必要,以确保双方在反托拉斯调查当中都能高效地使用有限的资源,及对反托拉斯调查对象的公平。

传统上,重复调查可以在两个领域避免。第一,依据联合协定,反托拉斯局将所有依据《罗宾逊-帕特曼法》提起的民事案件的处理权让给联邦贸易委员会;第二,联邦贸易委员会通常将违反反托拉斯法的刑事犯罪案例如限价措施处理权让给反托拉局。(有关刑事案的转交程序将在下文讨论)这两个政府部门同时持行其余的反托拉斯法——特别是合并调查(《克莱顿法》第七章)和民事非合并调查(《谢尔曼法》第一章和第二章)。

(一) 核准

协调是通过"核准"程序完成的。这个程序是依据机构间协定建立的,被用来决定出现一个案件时,谁是最合适处理该案件的机构人选。第一个机构间协定是在1938年非正式制定的,并且自1948年开始,该协定已经在司法部部长助理和联邦贸易委员会主席之间的多轮意见交换的基础上,进行修订和正式化。在1993年12月2日,联邦贸易委员会和司法部联合发布"调查核准程序"的声明。除了解决其他许多问题,这些程序规定了解决那些"争论性事务"——即两个政府部门都要求核准的事务——的标准。在1995年3月23日,联邦贸易委员会和司法部联合宣布了《哈特-斯科特-罗迪诺合并前程序改进法》。这些改进包含了一个许诺,即每一方政府部门在解决或核准那些与HSR申请有关的事务时,必须在9个工作日之内做完决定。

这些政府部门一致同意下列情况需向另一方寻求核准对方：（1）在任何一方建议调查一项可能违反法律的事件时；（2）在任何一方收到要求该部门说明其是否有意对该案采取执法行动，所谓执法行动即反托拉斯局的商务审查或联邦贸易委员会的顾问意见程序。凡初步调查、商务审查，那些不是由于已发生的初步调查而进行的大陪审团起诉，和对已获得核准批准的事项进行扩张（如包括新的当事人或不同的行为）等均必须获得核准批准。任何一方政府部门在核准结果没有被批准之前，都不能开始调查程序。不过，在取得核准批准之前，还是可以收集有关公开信息，也可以向有关政府部门进行咨询。除自己主动接近一方政府部门的原告外，外界私人当事人在核准决定作出之前，不能与政府部门进行接触。同样，在原告花费大量时间和努力做陈述之前，就应当被告知核准程序尚未解决，尽管有些原告愿意不管怎样还是继续准备案件起诉（如果一项调查涉及不同当事人或行为，核准程序应该在扩展调查进行之前被批准）。

1. 核准程序
(1) 联邦贸易委员会申请核准。

在反托拉斯局中，核准程序里的相关拟议调查主要是由联邦贸易委员会联络官和合并前申报组处理。核准程序运行规则如下：当联邦贸易委员会希望调查某一特定的事件时，它会通过它的联络官提出申请，请求反托拉斯局为被提议的调查进行核准程序。这种要求会通过一张核准申请表进入电子资料库，只有反托拉斯局的合并前申报组，还有联邦贸易委员会才可以进入这个数据库。就一个通常性的调查而言，核准申请上会详细说明要调查的公司名称、包含的产品线、潜在的违法行为、所涉及地理区域和这些指控的来源。

反托拉斯局的合并前申报组会通过电子邮件，将联邦贸易委员会的核准申请发给各部门和地区办公室的主任，后者很可能会对被提议的调查感兴趣。部门主任可能反对调查的核准批准，对核准指出"异议"是通过给初步调查申请邮箱发一封初步调查申请备忘录。申请补充说明应该向反托拉斯局的联邦贸易委员会联络官提出，他将从联邦贸易委员会获取附加说明。主任们通知联邦贸易委员会的核准要求时应该表明他们的决定，并不能超过电子邮件里表明的反馈日期。如果没有主任反对，经过业务副主任和联邦贸易委员会的联络官批准，核准授权给联邦贸易委员会。核准了要求即意味着对联邦贸易委员会的调查没有反对意见，或者冲突立即得到了处理。

(2) 反托拉斯局的申请核准。

同样的，对反托拉斯局提出的调查在向联邦贸易委员会申请的核准程序也是由反托拉斯局的合并前申报组和联邦贸易委员会的联邦官负责。他们的部分职能是批准和监督由反托拉斯局实施的调查，执行主任最后负责校准。一旦初步调查申请备忘录、大陪审团申请备忘录或者简易格式的申请要求在 HSR 文件提交后不超过 5 个工作日（在现金收购的情况下或者 15 天的破产案件是 3 个工作日，或者对于一个 10 天破产案是 2 个工作日）。联邦贸易委员会处理反托拉斯局的核准要求，与联邦贸易委员会处理反托拉斯局的核准要求是一样的。

常规性的核准程序一般需要花费数日，一个非 HSR 案件通常要比 HSR 案件多花费几天。那些被视为有时间压力的案件能够获得更迅速的处理。假如案件需要迅速处理，那么案件事实（和理由）应该在附随 PI 申请备忘录的电子邮件中简要地说明，并且应该在电话里跟联邦贸易委员会联络官沟通好。除一些特别的情况外，核准申请只有在初步调查申请备忘录邮件已经发给了"初步调查申请"电子邮箱之后，才能被分程传递给联邦贸易委员会。一旦核准程序得到批准，初步调查得到授权，则合并前申报组将通过电子邮件通知相应的执行主任。

（3）在 HSR 案件中进行预核准接触。

因为联邦贸易委员会核准程序也适用于那些根据"哈特－斯科特－罗迪诺"法立案的事务，调查也可以不针对已经归档的当事人，在核准程序未获准之前，不可以询问立案当事人，即使仅仅为对有关立案进行澄清也不行。如果在核准未获准之前，对最初的 HSR 立案的文件的充分性有疑问的话，联邦贸易委员会的竞争局合并前办公室将会对立案的当事人方进行质询。这个办公室的职责是执行合并前通知计划，并且历来都负责对初始立案证据的充分性的认定。反托拉斯局律师应该将这些质询通过他们的部门主任提交给合并前办公室。除了为这有限的目的通过联邦贸易委员会合并前办公室联系立案方当事人之外，在没有获得第一次核准之前，不论司法部还是联邦贸易委员会的律师都不应当联系与合并相关的任何一方当事人、其他个人或公司。假如一方当事人跟司法部或联邦贸易委员会取得联系，则预核准接触政策要求另一方政府部门应该被提供参加任何会议和电话会谈的机会。因此，假如一方当事人在核准程序获得批准前联系反托拉斯局，会议和电话联络是可以的，但是联邦贸易委员会的联络官应该立即得到通知，这样才能保证联邦贸易委员会获得邀请参加会议或电话通话。类似的，反托拉斯局的部门主任们也可能会不时收到联邦贸易委员会联络官的联络电话，问他们是否对参加联邦贸易委员会安排的会议和电话感兴趣。如一方当事人在核准程序获准之前向反托拉斯局提交有关的材料，也应当鼓励该方当事人将这些材料提交给联邦贸易委员会。

2. 核准异议

核准异议通常出现在两个部门都对调查同一事件的核准程序提出申请的时候。有时候，两个部门会同时申请一项核准，但是更多的时候，在一个争议性的案件中一个部门是在得知另一部门已经开始准备核准后，才申请核准的。那些两个部门同时都申请核准的事件，也就是通常所谓的"争议性的事件"，这些事件的解决将在下文阐述。

在某些罕见的情况下，一个部门可能拒绝批准授权调查申请，虽然该部门自己不试图去调查该案。这种情况是有可能会发生的，例如，拒绝批准调查的部门已经正在进行有关的调查或者诉讼，而被提议的调查可能会干扰这些正在进行的调查或者诉讼，或者拒绝批准申请的机构已经检验过相关的行为并没有发现重大的非法行为的证据。在这样的情况下，联邦贸易委员会联络官通常会跟反托拉斯局的执法人员、部门主任、执行副主任和相关的个人讨论这个情况，表明联邦贸易委员会试图解决此问题。

3. 争议性事件的解决

一旦就某一事件发生争议，机构成员应该准备一份所谓的"争议性事件催询单"。这张"争议性事件催询单"记述了将被调查的合并和行为，并陈述反托拉斯局在与争议的产品相关的领域有什么样的专业知识。"争议性事件催询单"的样本从联邦贸易委员会联络官和反托拉斯局的内网（ATRnet）上获取。在准备催询单的时候，反托拉斯局的执法人员应与联邦贸易委员会联络官紧密配合。催询单的制作应该在一事件引起争议后的1日内完成。

"争议性事件催询单"在反托拉斯局和联邦贸易委员会之间同时互换，并且由各自的联络官来探讨各自部门的主张的实体理由。在大部分的案件当中，联络官也能够解决争议，争议的事件要么由反托拉斯局来执行（在得到业务执行副主任批准后）要么由联邦贸易委员会来执行。假如联络官们不能解决核准争议，它将"升级"至副主任和他（或她）在联邦贸易委员会中相对称的官员来解决。假如该事件在这个层面上经过讨论之后仍然得不到解决，这个事件将被"升级"至相关的副司法部长助理和联邦贸易委员会相对级别的官员来解决。在极罕见的情况下，如该事件在这个层面上的探讨后仍然得不到解决，部长助理将会跟联邦贸易委员会主席来进行协商解决。在一件争议性的案件得到解决之后，各部门将能通过电子邮件得到来自合并前申报组的通知。一名律师如果在任何时候想知道核准申请的状况，他或者她应该与联邦贸易委员会的联络官员联系。

4. 解决争议性核准的标准

解决争议性合并事件的标准在1993年的"调查中的核准程序"的条文中

有详细的规定。核准的首要基础是通过对有关产品在最近5年内进行的一次"实质性调查"所获得的专门知识,如果5年内没有任何一个机构进行过实质性调查,就以10年内的实质性调查为准。"实质性调查"是指任何颁发了特别命令的民事调查令(即发布了CIDs或二次要求书),并且相关文件被收到并得到了审查。得到了该"产品"的专家意见后,当先前被引证的实质性调查中涉及的产品跟在争议性调查中涉及的产品是同样的产品或为其替代产品,或其主要输入或输出产品生产时使用了同样的制造程序(其重要性依次降低),视为取得对该产品的专门知识。如果两个部门都至少有一个同属一个种类(即同样的产品)的实质性调查,优先的次序是(重要性):已诉案件;提请诉讼的案件;宣告控告或"首先处理"案件;二次要求的合并调查案件;民事行为调查案件。只有当没有一个部门有过相关的实质性调查,通常才会考虑非实质性调查(包括刑事调查)。这些程序在某些程度上是有弹性的,假如有任何一个部门有一项正在进行的调查或者现有的一项法令与即将展开的调查相互冲突,则为了避免冲突,事项的核准常常会获得通过。

解决民事非合并争议性事件的标准类似于那些用于合并事件中的标准。当注重专门知识时,他们也会更注重主动性:如果在一个领域里没有绝对优势的专门知识,该事项往往会被授予最早识别出潜在竞争性问题和开展被提议的调查的一方政府部门。

(二) 刑事介入

当一项事项摆到联邦贸易委员会面前,而委员会认为其中的事实涉及当事人刑事犯罪时,委员会将会发送一份书面通知给反托拉斯局,并且会在反托拉斯局提出相应的查看申请后将与调查相关的文件证据提供给反托拉斯局。刑事执行主任通过合并前申报组将该事项提交给相应的部门或者地区办公室,决定是否需要进行调查或者提交给大陪审团审理。决定应该由负责的部门在介入后的30日内作出,这样反托拉斯局才能及时将自己的立场告知联邦贸易委员会。

假如反托拉斯局决定一个案件应该被提交给大陪审团,它将申请联邦贸易委员会移交案件。另外,假如反托拉斯局决定不需诉至大陪审团,则联邦贸易委员会将继续它自己的调查。

(三) 信息交换和查看申请

在反托拉斯局和联邦贸易委员会之间的联络程序中也规定信息和证据在两个机构之间的互相交换,互换的范围由法律和内部政策共同来限定。假如联邦贸易委员会已经开始的一项调查,其中涉及的证据材料可能在反托拉斯局正在开展的一项调查中非常有用,则部门或地区办公室主任应该联系反托拉斯局的联邦贸易委员会联络官,后者将会安排反托拉斯局查看这些相应的文件材料。

假如，通过检验后发现，任何材料的复印件肯定能有助于调查，则联络官安排相应的复印。联邦贸易委员会申请查看反托拉斯局所属材料的程序，则是通过反托拉斯局合并前申报组来完成。假如有律师或者经济学家直接收到查看或者复印反托拉斯局所属文件的申请，则在反托拉斯局联络官完成事件核准程序之前，不应安排对有关材料的查看或复印。

二、联邦检察官

反托拉斯局和联邦检察官之间的关系是由美国司法部和反托拉斯局的政策控制的。例如，美国司法部政策规定，联邦检察官办公室应当密切监视固定价格和串通招投标或者在竞争者之间其他类型的共谋行动，这些共谋行动可能会构成违反《谢尔曼法》第1条的刑事犯罪。当联邦检察官办公室发现有可能构成违反反托拉斯法行为的证据的时候，应当与反托拉斯局的离该地区最近的地区办公室或者华盛顿特区的负责刑事执法的副部长助理办公室协商，来决定应由谁来调查和起诉该事件。大多数刑事反托拉斯调查都由反托拉斯局的地区办公室和诉讼部门来执行，因为他们拥有每个特定行业领域或市场的专门知识。

反托拉斯局可以将某个反托拉斯调查推介给联邦检察官，尤其是那些涉及地方的固定价格和串通招投标阴谋的案件。根据《司法部长的政策陈述》，联邦检察官被指派负责执行《谢尔曼法》第1条，对违反法律的那些"本质上具有本地特征，包含固定价格、串通招投标或者类似的行为，联邦检察官应当开展调查和行动，而负责反托拉斯局的副部长助理则可以给予他们特定的行动授权"。一旦联邦检察官办公室接受了举荐，它将主要负责对该事件的调查和起诉。

无论行动最初是由联邦检察官办公室本身发起还是受反托拉斯局的举荐，联邦检察官办公室的所有反托拉斯调查行动都服从于负责反托拉斯局的部长助理的管理。参见《联邦法典》第28卷§0.40。因此，反托拉斯局在调查的各个不同阶段的批准都是必须的程序，例如选任大陪审团成员、建议提起刑事起诉或者结束案件等。这些程序都在《联邦检察官手册》§7-2.000中得到了描述。

建立和保持与所有联邦检察官的良好工作关系是反托拉斯局的既定方针，反托拉斯局的各地区办公室主任们应当与自己职责所辖地区内所有联邦检察官保持联络。这些联络使得联邦检察官有非常便捷的途径去举报其他一些违反反托拉斯法行为的证据，并且从地区办公室主任处得到有关反托拉斯事务的信息和反托拉斯局的业务程序。而且，当反托拉斯局的律师正在进行的调查和诉讼属于联邦检察官管辖的权限范围内案件时，联邦检察官的紧密的联系给反托拉斯地区办公室在遵守当地法院规则、程序和惯例方面提供了现成的信息资源和支持。当反托拉斯局律师需要联邦检察官批准申请当地地方法院的免责条款或者需要其他的地方性援助时，这种联系也颇有价值。为了发展和保持与联邦检察官的良好关系，对于反托拉斯局律师而言通知联邦检察官所有在其辖区内的重大的反托拉斯局的活动就很有必要。例如，向联邦检察官提供和解释诉讼、信息、辩诉交易等就成为常规的惯例。

反托拉斯局律师对与联邦检察官保持工作关系有具体问题或疑难则应当与其地区办公室主任或者所工作部门的主任协商，或者在合适的场合直接跟刑事执行主任或负责刑事执行的副部长助理协商。

三、州检察长

反托拉斯局一直致力于与州检察长的紧密合作。两者之间的有效合作，可以通过充分有效地使用反托拉斯局的执行资源，从而有利于公众。跟各州的合作使反托拉斯局能利用"本地辩护律师"的优势，后者非常了解当地的市场。这也有利于促进统一执法和将双重调查的负担减少到最低程度。

这个部分阐述的目的，是要在州执法部门的合作与互动方面提供一些信息和指引。虽然反托拉斯局的政策是无论什么时候都有可能与州检察长合作，但这种合作却没有固定的模式或步骤。合作的性质和程度是根据每个案件的情况决定，要记住的是，首先保证有效地开展调查是最重要的。例如，在一个州内的调查如果是首先影响到了本地市场，那么这种调查就更加适合联合执法。其他的因素包括该州检察长的经验、兴趣和资源等。

（一）通过州检察长实施反托拉斯法

州检察长的职能和办公组织类似于司法部。州检察长是他或者她所在州的最高司法长官。他们通常代表自己所在的州提起民事诉讼；在民事诉讼中代表他们的州或者州政府部门出庭；处理刑事上诉；执行反托拉斯法、保护消费者和环境法规等。州检察长办公室掌握的绝大多数资源，是致力于在民事诉讼和刑事控诉中为本州做辩护。

在直接购买产品或者服务的情况下，州检察长有权提起联邦民事诉讼，以寻求《克莱顿法》第16条的禁止令救济，即《美国法典》第15卷第26条，以及《克莱顿法》第4条规定的损害赔偿，即《美国法典》第15卷第15条。参见夏威夷诉标准石油公司案，Hawaii v. Standard Oil Co., 405 U. S. 251, 261－64（1972）（根据《克莱顿法》第4条和第6条，认为州是该法规定的"人"，认为根据该法第4条，没有授权一个州对于对一个州的整体经济造成的损害提出赔偿请求的"国父诉讼")。此外,《克莱顿法》第4条C款,即《美国法典》第15卷第15条C款,授权州检察长代表所属州内的自然人以"国父之诉"提起损害赔偿之诉。州检察长也可以基于《克莱顿法》第16条和普通法,对于造成他们州的整体经济损害的行为,以"国父之诉"提起联邦禁止令诉讼,参见乔治亚州诉 Pa. R. R 公司案,Georgia v. Pa. R. R. Co.,324 U. S. 439,447-448 (1945)。

大多数州制定民事反托拉斯法律,一般适用于禁止限制贸易的联合和共谋行为。参见 State Laws, 6 Trade Reg. Rep. (CCH) 30,000. 这些法律一般授权州检察长代表其州内的自然人、州政府机构和协会、政治团体提起3倍损害赔偿之诉;民事惩罚;禁止令救济;律师的费用和成本赔偿。这些法律也授权州检察长针对个人和公司,在涉及反托拉斯调查时,颁发民事调查令,强制要求提供口头证词,披露文件,答复书面质询。州法律也常常明确要求,这些法律要被解释为与联邦反托拉斯法律相一致的法律。参见美国律师协会反托拉斯法部,《反托拉斯法的发展》第809~911页(第5版,2002年)。

习惯上,大多数州检察长会将那些悬而未决的州反托拉斯诉求在联邦法庭立案。大多数州不愿意在州法庭提出反托拉斯诉讼,因为大多数州法庭的法官都几乎很少或者根本没有处理反托拉斯案件的经验。

只有很少的州检察长办公室会有较多的刑事反托拉斯案件的起诉经验。许多州的反托拉斯条例根本没有关于刑事条文的总则规定。不过,每个州都规定有串通招投标犯罪和政府欺诈条例。

反托拉斯强制执行的标准在每个州都各不相同。多数州的反托拉斯审判律师既负责反托拉斯法执行也负责消费者权益保护。

多数州的反托拉斯团体直接由他们的州立法机构来提供财政资金。不过,有些州用来支持其反托拉斯机构的财政资金,至少部分是通过由因判决或和解而支付的律师费及其他费用组成的周转性基金提供的。

州检察长在全国检察长协会的支持下,经常组建工作团队和特别委员会来调整涉及几个州的调查和诉讼。参加多州调查的各个州通常签订"费用分摊协议",基于各自的人口数来分摊费用。涉及多州的调查和诉讼在专家证词的费用上,也会得到由全国检察长协会建立的基金支持。

1. 全国检察长协会

由50个州的总检察长和哥伦比亚特区司法长官,公司律师、波多黎各共和国司法部长、北部马里亚纳群岛和美属萨摩亚群岛、关岛、维尔京群岛等司法长官组成的全国检察长协会推动着州检察长之间在法律实施和管理政策研究、案件分析等方面的州际合作。美国总检察长是其中的名誉成员。

总检察长在43个州是由选举产生；在5个州（阿拉斯加州、夏威夷州、新罕布什尔州、新泽西州和怀俄明州）是由州长任命的；在缅因州，立法机关选举总检察长；在田纳西州，州最高法院任命总检察长；在哥伦比亚特区（美国联邦直辖区），由市长任命检察长，后者的职责与其他州的总检察长类似。

总检察长协会有专任职员，为首的是执行理事。负责向这些官员报告的是那些负责特定项目和特定地区（包括反托拉斯项目）的法律顾问们。

反托拉斯委员会作为总检察长协会的常务委员会，负责所有与反托拉斯强制执行相关的事宜（也就是采纳政策方针和决议）。全国检察长协会会长任命反托拉斯委员会主席，任期2年。

2. 全国检察长协会反托拉斯工作组

全国检察长协会反托拉斯工作组是由各州负责反托拉斯执行的律师组成的。该工作组的职责包括向反托拉斯委员会提出和推荐政策和其他因素的考虑。还组织全国检察长协会培训研讨会并协调跨州反托拉斯调查和诉讼活动。该工作组组长由反托拉斯委员会主席任命，任期2年，是各州在反托拉斯执行方面的首要发言人。

（二）寻求州检察长的援助

州检察长办公室能经常为反托拉斯局提供帮助，反托拉斯局经常寻求在州政府部门办公室的所属材料中的相关信息。凡是需要联络州政府部门的雇员，反托拉斯局律师都应该就联系州检察长办公室一事向指定为该州联络人的反托拉斯局律师咨询。州检察长作为州的最高法律长官，能够在从州政府办公室和州政府部门中取得信息方面提供巨大的帮助。

（三）向州检察长提供帮助和信息

1. 根据《克莱顿法》第4条F款的程序

依据《克莱顿法》第4条F款，即《美国法典》第15卷第15条F款，反托拉斯局有着给州检察长提供信息的法定职责，其提供信息的范围由法律界定，这将有助于他们决定是否就违反联邦反托拉斯法的行为提起损害赔偿诉讼。

反托拉斯局贯彻《克莱顿法》第4条，一直遵循以下的程序：

（1）通知州司法部的反托拉斯局就第4条F（a）款提起诉讼。

根据第4条F（a）款，即《美国法典》第15卷第15条f项（a）目，当反托拉斯局认为该州可能因为联邦政府提起的反托拉斯诉讼而有权获得损害赔偿金时，将会通报该州州检察长。在这种情况下，反托拉斯局在作出判断时会考虑其他相关因素：诉称违法行为的事实条件；在现有法律下该州作为潜在受害原告的姿态；诉称的违法行为对该州的可辨识利益可能造成的影响等。

例如，一个更加详尽的通知可能是合适的，即受到指控的联邦反托拉斯的违法行为已经发生了，可能造成特定州的限于居民、政府机构或者一般的经济实体的损害结果。

通过从事调查的执法人员的建议发给州检察长通知，由执行主任进行评估。部门主任将根据《克莱顿法》第4条F款（a）给所有受到影响的州发通知。对那些能够适用的州或者其他州，发送通知时，附上诉讼书、控告书和其他的开始采取行动的答辩文件给州检察长，并在信封上写上"根据《美国法典》第15卷第15条f（a），我们慎重地通知您，联邦总检察长根据反托拉斯法律针对（被告名）（主要经营地点或者总部所在地）已经提起了诉讼。现附上（起诉书或者控告书）副本。我们希望与您讨论这个问题"。

即使没有得到依第4条F（a）规定发出的具体的通知，州检察长仍然有从任何联邦民事和刑事反托拉斯诉讼中探求潜在的违反《克莱顿法》损害行为的自由，也可以根据第4条F（b）的规定，向反托拉斯局就现行的或者潜在的案件提出质询、调查文件和其他材料。根据第4条F（b）披露标准，这些数据可以提供州检察长查询。

（2）根据第4条F（b）给州检察长提供调查文件和其他资料。

①反托拉斯局的政策。

《克莱顿法》第4条F（b），《美国法典》第15卷第4条f（b），要求向州检察长披露任何调查文件和资料，只要这些资料可能涉及或严重关系到根据《克莱顿法》对该州已有或可能会有索赔的诉因。反托拉斯局应该从他们的文件材料中尽可能地披露信息以便于帮助州检察长最大限度地完成其法定职责内的反托拉斯局行动。因此，作为常规性的实践，依据第4条F（b）款的规定，在披露信息上适用自由主义的原则。可是，也有某些例外情况，因为制定法、判例法或者其他约束，还是有些不能披露或者至少在披露时有保护性的限制规定，这些也是很有必要的。反托拉斯局保有决定第4条F（b）款披露范围的自由裁量权。

这种自由裁量权推进联邦反托拉斯法所包含的整体政策。这些政策注重促进了联邦和州反托拉斯法的严格执行。不过有的时候，在立即披露调查文件和联邦执法优先权、必要性两者之间需要进行平衡。虽然说跟州检察长进行充分和开放的合作是反托拉斯局的一项政策，但在某些场合下，为了保护反托拉斯局诉讼和调查的完整性，它的工作成果以及深思熟虑的考虑，披露可能被延迟或者受到限制。正常情况下，反托拉斯局根据4F（b）的要求，将不披露工作成果或者详细的程序资料，当这样做时，可以在保护优先适用这些资料的能力方面达成妥协，或者可以在待决的反托拉斯诉讼中达成妥协。

②答复第4F（b）申请的程序。

依据第4F（b）条规定，提交接近反托拉斯局的调查文件和资料的申请应当向《信息自由化法》组主任提出，后者的职责就是负责答复这类申请。来自州检察长的申请可以是由州检察长本人或者他委任的代理人提出，后者应该是州政府部门的官员，例如，在州检察长办公室内负责反托拉斯执行的助理检察长。假如申请是由私人律师提出的，那么该申请不应也不会被认为是代表州政府的意见，尽管该州可能聘用该律师来考量或代表州政府提起反托拉斯索赔诉讼和提起本州的反托拉斯损害案时将这些意见予以保留。参见《美国法典》第15卷第15条g款（1）项。《信息自由化法》组将寻求担保，由美国政府披露的资料受到了来自州法律关于非自愿披露的保护，除了与反托拉斯诉讼之间的联系外，这些资料将不是自愿披露的。

FOIA组织的负责人针对根据第4F（b）条的规定提出的申请所作出的答复，将说明即将展开的披露的大概性质及其可能附加的条件，例如保护措施的安排、任何限制措施以及进一步的披露等等。一般来讲，FOIA组织的负责人给州检察长发送去相关的材料，例如一个案件中的控告或者申诉，以及一些很容易拿到的备忘录复印件，如先期质询的要求书或者大陪审团授权要求书等。信件当中也会告知州检察长，有关反托拉斯局要公布该州可能要求的相关非大陪审团案件材料的意向，以及反托拉斯局就披露大陪审团案件材料的立场，还负责该案的部门、任务组或地区办公室长官的姓名、地址、电话号码等。州检察长可以与上述人士联系以获得该案的进一步信息。该自由信息法工作组织将安排这些调查材料或其他披露。

（3）对披露调查文件和材料的限制。

针对依据第4F（b）条提出的申请，反托拉斯局将把所有相关的文件和材料提供给州检察长，当然，也有某些例外和限制规定。这些特定的例外和限制规定并非毫无遗漏的，其标准在某些特定的环境条件下是需要修正或扩展的。任何根据4F（b）条会影响到州检察长利益的此类的修正，都必须立即告知州检察长。

①大陪审团事项。

在反托拉斯局的公开调查里，根据第4F（b）进行的调查材料披露通常是不允许的。根据第4F（b）规定，公开文件材料的时机由反托拉斯局自由裁量，这点不同于对就这类材料的最终披露。在未结案之前公布调查文件可能会对调查效率产生潜在威胁。在实践中，反托拉斯局会拒绝公布在所有未决大陪审团调查案件中的调查材料。假如有一个州在调查进行过程中，要求法院命令公布大陪审团案件材料，反托拉斯局会反对这类申请。

②民事调查令材料。

根据 4F（b）条的规定，因民事调查令所获得的材料将不会被披露。法律中并没有对公布这类数据作出规定，除非得到该材料提供者的同意。《美国法典》第 15 卷第 1313 条（c）款（3）项。

③对材料提供者的保密。

根据 4F（b）条的规定，提供材料者的身份将不会被披露。这对保证与这些及其他提供者在将来的合作是很有必要的，特别是因为他们信赖政府对他们所作出的承诺，即他们的身份将不会被泄露。

④机密商业信息。

联邦法律保护机密的商业信息不会被披露。因此，根据第 4F（b）条，即使该信息是调查档案的一部分，其也不会被披露于各州检察长。

⑤合并前通知的信息。

反托拉斯局根据 1976 年《哈特－斯科特－罗迪诺反托拉斯改进法》中有关合并前通知的规定所获得的所有档案及材料，依法禁止予以披露的。因此根据第 4F（b）条的规定，此类材料将不会被披露于各州检察长（包括该案已被立案及其日期）。

⑥从其他机构获得的材料。

从美国国内税局及其他联邦调查机构获得的档案和材料，也经常受到法律的保护，禁止被披露于司法部之外。作为惯例，联邦调查机构往往要求反托拉斯局限制将这些机构所产生的档案或材料予以披露。因此，各州检察长对这些反托拉斯局以外的机构产生的档案或材料的查阅权会被拒绝，除非该披露不被法律禁止且获得有关机构的允许。

联邦调查局的某些材料及档案可以被披露，有些则不可。通常联邦调查局会开展或协助开展联邦刑事反托拉斯的调查。其获得的材料可能被纳入反托拉斯局的档案，并且这些材料根据第 4F（b）条的规定可以被披露。然而，根据第 4F（b）条规定，联邦调查局的原调查报告不会当然被披露，除非联邦调查局允许披露。各州检察长可直接请求或根据信息自由法让联邦调查局及其他调查机构披露这些数据。

⑦反托拉斯局工作成果。

根据第 4F（b）条规定，反托拉斯局通常不披露其工作成果分析及其他审议备忘录给各州检察长。这对于保证反托拉斯局内部交流的公正及效率，对于保持和促进其执法程序和其执法人员的建议、分析的公正性，是很有必要的。

通常，这些限制并不会导致将这些调查档案或资料完全屏蔽，只是会扣留特别的备忘录及这些备忘录的某些部分。这种拒绝决定只是对披露的时间及程度作些限制，而不是完全禁止披露。最后，反托拉斯局执法人员可以采取既协助国家检察官工作又不会危及或不适当地披露局内部商议的方式口头讨论与调查有关的事项。

(4) 对使用材料的限制。

除上文所述外，反托拉斯局并不会设法对各州检察长对根据第 4F（b）条的规定所获得调查数据的使用作出额外限制。在某些特殊环境下，如果有必要将调查数据继续保密，反托拉斯局会对调查信息添加其他限制。

(5) 为州的刑事执法而披露规则第 6（e）条材料。

《联邦刑事诉讼规则》第 6（e）(3)（E）(iv) 条，被《法律手册》第 108～458 条所修订（2004 年 12 月 17 日生效）。

该条款规定如下：

"(E) 法院可以授权披露——在何时、以何种方式，它直接服从的任何的其他条件——大陪审团事务。"

(6) 在政府的要求之下，如果它显示这些事项是可以披露的，违反州法、印第安纳法庭或者外国刑事法律的违法行为，为了执行法律的目的，只要披露是给相关的州、州机构、印第安纳法庭或者外国政府官员。

分享大陪审团的信息既是规则的目的也是司法部的政策（如 1985 年 12 月 9 日在一个备忘录里，从负责反托拉斯局刑事事务的部长助理到其他的负责其他反托拉斯事务的部长助理都是这样陈述的），无论什么时候这样做都是合适的。因此，这样的表述，"相关的州或者州所属的机构……官员"，可以理解为其公务职责包含执行州刑事法律的官员，而某些被披露的事件即关系到对该刑事法律的违反。然而，执行此政策必须谨慎，就像咨询委员会所指出的那样，"此处没有让联邦大陪审团作为州的一臂那样运作的意图"。

由此可见，公布或不公布这些信息的决定，会对联邦检察官与他们的州或地方的同事之间的关系产生重要的影响，并且该披露可能会涉及那些直指联邦大陪审团程序的核心问题。在此方面，负责刑事司的司法部长助理（他也是咨询委员会的成员）曾向咨询委员会承诺，在向法院寻求允许披露大陪审团信息之前，需要由负责对该已提交给大陪审团的事项有管辖权的负责刑事司的司法部长助理授权。在所有的案件中，这种被要求以书面形式的提前授权，是司法部的政策。这一要求的副本将被发送给所有的参与大陪审团调查的联邦调查机构。在涉及多个司法管辖权的案件调查中（例如税），申请应当向负责被调查的主要违法行为的反托拉斯局司法部长助理提出。

为了确保在提出这些申请时不违反大陪审团的保密原则要求，应在申请书的每一页页眉或页脚标注下面这些文字：
大陪审团信息：
联邦刑事规则的第6（e）规则限制披露。
另外，整个文件包的包装纸应为白色，在其左上角和右下角应打印或盖章标注"机密"字样。
反托拉斯局的律师在寻求披露反托拉斯调查中材料的有关许可令时，须向负责刑事执法的副司法部长助理提交一份备忘录，以便得到司法部长助理的批准。该备忘录应包含以下信息：
①大陪审团调查的标题及有关目标；
②大陪审团调查的起因；
③调查的基本性质；
④大陪审团调查的情形；
⑤寻求披露有关大陪审团事件的授权及为哪个州提出；
⑥寻求披露的信息的性质及摘要；
⑦潜在的州法下的违法行为的基本性质；
⑧披露对正在进行的联邦大陪审团调查工作或起诉状况的影响；
⑨根据第6（e）（3）（A）（ii）规则，该州先前在联邦大陪审团调查中参与（如果有的话）的程度；
⑩有关州对联邦大陪审团调查已知道的和认识到的程度（如果有的话）；
⑪州正进行的有关该请求披露大陪审团事项的调查或工作的状况（如果有的话）；
⑫其他可让该司法部长助理全面评价下段所列要素的必要材料。
该司法部长助理在决定是否授权披露信息时，须考虑下列所有相关因素：
①州对该信息确有实质需要；
②该大陪审团的召集缘于合法的联邦调查目的；
③披露可能损害正进行的联邦审判和调查；
④披露会违反联邦法律（例如，26 U.S.C. § 6103）和法规；
⑤披露会违反司法部的具体政策；
⑥披露会透露机密信息给未经适当背景审查的个人；
⑦披露会妨碍政府保护线人的能力；
⑧披露不当透露的商业秘密；
⑨存在获取所要披露的大陪审团材料中含有的信息的合理的替代手段。
在第6（e）（3）（C）（iv）规则下，不要求证明有对披露的"特殊需要"，但应有实质上的需要。需要起诉或调查正在进行或已完成的严重违反州

或地方刑法的行为，通常会被视为是实质上的。

如果请求被授权，该寻求披露许可的律师，必须在许可令中包括一条规定有关州官员遵行的进一步披露应只限于执行州刑事法律的需要。

任何否定披露许可请求的命令的副本，都应送到负责刑事执行的司法部长助理的办公室。

2. 对提供信息和协助的非正式请求

州检察长提出的提供信息和协助的请求绝大多数是非正式的。各州检察长办公室只有有限的反托拉斯资源，有时其会请求反托拉斯局的协助州检察官们发现非正式的咨询反托拉斯局的律师及经济学家是很有帮助的。反托拉斯局的政策是对来自各州检察长的对信息和协助的非正式请求尽可能提供帮助。与州执法官员分享信息对加强州反托拉斯执法是至关重要的。但是，在分享任何非公开的与州有关的文献之前，《信息自由化法》组的主任应该提出咨询意见。

（四）来自州检察长的指派与对州检察长的指派

反托拉斯局积极鼓励州检察长向反托拉斯局指派重要的刑事和民事案件。无论什么时候某个州将某一事项指派给反托拉斯局，该州通常应被告知随后的调查状况。提供信息给这些州会鼓励以后的指派。如果某些指派最终形成了执法行动，则该州检察长向反托拉斯局的指派应该得到大家的认可。

反托拉斯局的政策是把其可能影响主要是地方性的刑事或民事案件，指派给州检察长作可能的调查。当将该事件被指派给某州检察长时，应将该事件的尽可能多的信息传达给负责反托拉斯执法的官员。

（五）与各州检察长在合并调查中的合作

各州检察长在合并执法中变得越来越积极，他们对影响当地市场的且由国家或地方政府及消费者直接购买或消费的货物及服务交易更感兴趣。在实际情况允许时与各州检察长就影响当地市场的合并展开执法合作，是反托拉斯局的政策。

在合并案件的早期就与各州检察长合作，对反托拉斯局、州及当事人都有益。当事人愿意反托拉斯局和各州检察长协调他们各自的调查，这种情况并不少见。密切的协调可以使当事人避免应对重复调查所支持出的额外成本。另外，反托拉斯局和各州之间的密切协调，有助于使反托拉斯法的适用保持一致，减少反托拉斯局和各州检察长对同一合并得出不同结论的可能性。各州检察长可对联邦机构不愿管的交易有权提出控告并要求企业分离。参见加利福尼亚州诉美国商店案，California v. Am. Stores Co.，495 U. S. 271（1990）；纽约诉卡夫基因食品公司案，New York v. Kraft Gen. foods, Inc.，926F. Supp. 321（S. D. N. Y. 1995）。当有大量协调和合作时，这种控告发生的可能性就会降低。

1. 信息共享问题

《哈特－斯科特－罗迪诺反托拉斯改进法》（即 HSR 法）及《反托拉斯民事诉讼法》，对反托拉斯局与州执法机官员共享信息的能力作了重要限制，州执行官员要分享反托拉斯局收到的信息或者资料，要经过事先申请的强制程序。

两个上诉法院的判决禁止披露 HSR 法的资料给州检察长，参见利伯曼诉联邦贸易委员会案，Lieberman v. FTC, 771 F. 2d 32（2d Cir. 1985）；麦托克诉联邦贸易委员会案，Mattox v. FTC, 752 F. 2d 116（5th Cir. 1985）。反托拉斯局也处理 HSR 表格的申请，等待期限结束日期的确定，二次要求书的颁发，根据 HSR 法，作为保密信息接受二次要求书。

《反托拉斯民事诉讼法》，像 HSR 法一样，限制披露根据民事调查令获得的信息或者材料，《反托拉斯民事诉讼法》允许反托拉斯局将民事调查令的计划和民事调查令接受人的身份提供给各州。任何保密信息都不能出现在计划中，包括民事调查令接受人的家庭住址。

关于 1985 年上诉法院禁止披露 HSR 材料给州检察长的判决，全美检察长协会在 1988 年修订了"合并前自愿披露契约"（NAAG 契约）（1994 修订本）。NAAG 契约允许 HSR 合并的当事人将最初提出的 HSR 申请副本、二次要求书副本、二次要求书的答复副本提交给州联络官。各州同意将根据 NAAG 契约对收到的所有信息予以保密，除非它们与州控告的交易有关。为了与各州交换这些要求提供的信息，在等待期间，州不同意启动强制程序。根据 NAAG 契约，因为当事人拒绝自愿提供信息，州保留启动强制程序的权利。

另外，在 1997 年，反托拉斯局、联邦贸易委员会、全美检察长协会达成了一个关于促进州与联邦合并调查机构之间合作的协议。参见《联邦执法机构与州检察长之间关于合并调查合作协议》。在反托拉斯局向州检察长披露某些保密文件或者信息之前，该协议要求当事人（1）同意将提供给反托拉斯局的所有信息提交给各州；（2）给反托拉斯局提交一封信，将放弃 HSR 和民事调查令保密条款的权利扩大至必要时允许反托拉斯局和州检察长之间的交流。在协议 Exhibit 1B 有这种信的样本。

确保当事人顺从地提交弃权信给反托拉斯局，是州检察长的责任，而不是反托拉斯局执法人员的责任。反托拉斯局一般不喜欢查看那些不允许反托拉斯局分享和讨论其他的完全由州检察长参加调查的 HSR 或者民事调查令的保密材料或者信息的弃权信。从当事人那里得到所有的当事人已经提供给了反托拉斯局的信息，也是州检察长的责任，也不是反托拉斯局执法人员的责任。

一旦收到了来自当事人的弃权信，反托拉斯局将下列信息提供给指定的州联络官:(1)反托拉斯局发给交易当事人的二次要求书计划;(2)HSR等待期的有效日期。

但是,反托拉斯局不向州检察长提供根据强制程序从第三方处收到的信息或者材料,除非第三方同意披露。从第三方那里得到披露同意,是州检察长的责任,不是反托斯局执法人员的责任。

另外,遵守这些法律性的强制保密要求,当在合并调查中与州检察长合作时,反托拉斯局也必须采取适当的步骤,保护任何经法律认可的反托拉斯局的权利。作为一般规则,工作成果受到保护"在相同的问题或者其他问题上,只要让与人与受让人为了反对共同的对手参加了诉讼,他们在分享审判准备成果方面有很强的共同利益。"参见美国诉美国电报电话公司案,United States v. Amer. Tel. and Tel. Co.,642 F. 2d 1285,1299(D. C. Cir. 1980)。工作成果保护愿望甚至更强烈"当这样的共同利益转让给一方当事人时,是在保密担保的情况下进行的"。一个州公开的判决或者政府公开的法律可以这样措词,但是,如果反托拉斯局将这些文件提供给了州检察长,是否存在保密担保是不清楚的。在与州检察长分享保密信息之前,反托拉斯局必须确信反托拉斯局没有权利将这些信息透露出去,这些信息也不能以其他的方式披露出去。

如上所言,与州分享信息是受到严格限制的,尤其是缺少至少是来自合并当事人的弃权信的情况下,更应如此。对合并调查的反托拉斯局的执法人员,能够而且应该,自由地与州检察长就一些相关的公众信息资源进行直接交流。另外,反托拉斯局将能够经常地与州检察长分享更多的由反托拉斯局从第三方自愿提供而获得的信息。

2. 联合的或紧密协调的合并调查

在与州执法官员进行任何合作的努力之初,反托拉斯局的律师应该做的是与州的律师之间讨论可能进行合作的水平及性质。及早的讨论有助于避免州和反托拉斯局之间的误会,否则如果产生误会,不仅有害于调查,而且有损于反托拉斯局与各州检察长的关系。与州执法人员进行讨论时,反托拉斯局的律师应确定该交易中州的利益所在。如果州希望在调查中扮演积极的角色,以下问题应该考虑:沟通机制、证人面谈和民事调查令的书面证词的合作、当事人参加的会议以及文件的审查。

(1)面谈。

反托拉斯局的执法人员与各州执法人员联合面谈有许多好处。与各州执法人员联合面谈,可以避免重复的面谈,以节省州和反托拉斯局的资源。许多证人愿意州检察长和反托拉斯局执法人员联合与其进行面谈,以避免单独面谈浪费时间及费用。联合面谈也可以有助于避免潜在证人作出的不一致的陈述。进行联合面谈须取得受面谈人的事先同意。然而，在一些案件中，进行联合面谈并不现实也不可能。最好的调查方法，通常要考虑调查的需要及执法部门的利益。

反托拉斯局的执法人员和州检察长们应该建立基本的面谈规则。比如，州执法人员可能只愿意参与对某些证人的面谈，另一方面，他们又希望得到所有的通知，当有可能时，愿意参加所有的面谈、得到参与的机会。与此类似，反托拉斯局执法人员可能希望州检察长承诺将所有的面谈通知给他们，他们希望有机会参加所有与证人的面谈。对于谁应该是面谈中的主询问人，及是否在询问证人过程中及主询问人问完其问题后，给其他参加方提供询问机会，应事先达成协议。

（2）民事调查令要求的书面证词。

通过证人口头或书面的同意，州检察长已被允许参加民事调查令要求的书面证词的取证。州执法人员参加民事调查令的书面证词，可以避免根据州的民事调查令法律避免重复提供书面证词的可能。另一方面，有其他的律师在场，有利于证人作证时更加慎重周到。在邀请州检察长参加民事调查令的书面证词取证之前，执法人员应该与相关的执行主任商议，并考虑一些可以选择的方案，如提前与州检察长对问题进行审查，给州检察长提供抄本的副本，这是可在证人的书面同意下可能做到的事情。

根据《反托拉斯民事诉讼法》规定，在根据民事调查令获取书面证词，当证人拒绝同意州检察长参加取证时，由反托拉斯局的执法人员参加州的民事调查令的书面证词取证，是一种替代的方法。多数州的检察长在解释其州的民事调查令的相关法律时，允许反托拉斯局的律师参加而不需要得到证人的同意。只要民事调查令获取的书面证词对后面的反托拉斯局对交易的起诉有用，不管该州是否为诉讼一方，反托拉斯局的律师都可以参加州的民事调查取证。

（3）联合和解。

当事人可能希望同时与反托拉斯局和州一起达成和解协议。在这种情况下，反托拉斯局的执法人员和州检察长，应就该州参加和解协议讨论和救济范围与当事人事先达成谅解。

（六）与各州检察长在民事非合并调查中的合作

和合并调查一样，与州检察长合作的水平取决于个案情况，取决于州的支持需要、政府部门间合作对当事人带来的好处、任何对合作拖延将产生的成本及合作的复杂性。合并调查中的许多问题，包括分享保密信息，也会出现在民事非合并调查中。在调查的初期阶段，与州检察长进行讨论是很关键的。就像合并调查那样，反托拉斯局的律师应和他们的州同行讨论诸如沟通机制、联合面谈和民事调查书面证词的合作、与当事人的会谈、文件审查,以及调查的阶段进行情况等事项。

调查中应及早讨论的另一个问题是,该州是否打算寻求赔偿、民事惩罚或者律师费用。该州寻求这些救济可能会使联合和解的谈判变得困难。因为反托拉斯局通常是寻求禁止令救济,州必须就损害赔偿、惩罚或者律师费用单独谈判,将他们自己的判决包含其中。

(七)在刑事调查方面与州检察长的合作

如前所述,多数州的检察长主要关心的是反托拉斯民事执行问题,包括代表所属州内的自然人、州机关、机构及政治团体受到非法行为的损害而主张的民事赔偿。然而,越来越多的州检察长在最近建立了积极的刑事反托拉斯执法程序。

1. 交叉指定程序

作为反托拉斯局试图加强与各州检察长就刑事反托拉斯案件起诉问题的合作的一部分,反托拉斯局在1984年建立了交叉指定程序。该程序允许反托拉斯局通过委派州检察官以能在大陪审团调查中协助工作达到延伸执法资源的目的。和民事调查一样,州检察官常常对当地市场有特殊的知识,这在大陪审团调查中可能被证明是很有帮助的。该程序还向州检察官提供在刑事反托拉斯执法中获得经验的机会,该经验往往会有助于各州检察长负责的反托拉斯刑事执法。

被选定负责该程序的律师,将会根据《美国法典》第28卷第515条(a)款被任命为美国检察长的特别助理,且被选派给反托拉斯局。当检察长对特别助理有特别指示时,第515条(a)款会授权其负责各种刑事法律程序,包括联邦检察官根据法律负责的大陪审团诉讼。

特别助理最初会被任命6个月,在姓名和指纹检查基础上,由联邦调查局负责对其完成全领域的背景调查。根据背景调查结果,如果其符合要求,则其任期可被延长。

特别助理的工作是没有报酬的,他们只能从现有和州的雇佣关系中获得报酬。特别助理将会在地区办公室主任或者部门主任的直接领导下负责调查或起诉工作,或者这些部门的律师或者反托拉斯局的律师作为他们的领导也可以指派相关工作。特别助理可以在没有理由及通知的情况下被终止工作。每一名特别助理必须宣誓就职,且必须同意遵守司法部对受雇于该部门的律师的各种限制,即不可将其作为特别助理工作中获得的信息对未经授权的人披露,还要遵守《联邦刑事诉讼规则》中有关大陪审团材料披露的第6(e)条规则的规定。

参加某项特别调查的交叉指定的请求,应向负责刑事执法的副司法部长助理办公室提出,该副司法部长助理会与人事部协商将合适的表格发给州检察长。当填写完毕的表格(包括3个指纹卡)被交回反托拉斯局时,人事部会安排联邦调查局进行姓名和指纹检查。一旦完成此工作,申请人被告知其6个月的任期,前提是进行联邦调查局的全领域的背景调查。特别助理必须在任命书及宣誓就职书上签名,并将其返还给反托拉斯局。然后,将该任命通知与负责部门或地区办公室的主任会接到有关该任命的通知,并收到任命书和宣誓就职书的副本。这些应提交给调查工作正在进行区域的法院的书记员。负责部门和地区办公室的主任应向大陪审团请求签发给特别助理授权书,该授权书也应提交给书记员。完成全领域调查之后,特别助理的任期可以从原来的任期延长到1年。

2. 全国检察长协会与反托拉斯局的议定书

全国检察长协会与反托拉斯局在1996年就州检察长的交叉指定问题达成了一项议定书。参见"为增强州反托拉斯刑事违法行为控告的协定书"。签订该议定书的目的,是讨论几个重要问题,这几个问题可能会在州检察长交叉指定时出现,尤其是当该州可能提出潜在的民事3倍损害赔偿申请的案例恰好也是大陪审团调查涉及的案例的时候。

特别助理同时参加大陪审团调查和州检察长因同一事件提起的民事诉讼,很可能会出现《联邦刑事诉讼规则》第6(e)条规定的问题。检察机关同意根据议定书将针对大陪审团调查的同一事件提起的赔偿诉讼推迟到所有在区法院进行的起诉完成后。这里有一个例外,即州将提起的民事赔偿的诉讼时效将至。

民事诉讼和刑事诉讼同时进行,在多数环境下是不可避免的,因为《克莱顿法》及多数州的反托拉斯法对反托拉斯诉讼的民事3倍赔偿诉讼规定了4年的诉讼时效。参见《美国法典》第15卷第15条b款;参见《美国法典》第15卷第16条(i)款(在联邦政府提出的反托拉斯案件未决期间中止法律时效的计算)。相反,刑事诉讼的追诉时效则是5年。参见《美国法典》第18卷第3282条。当州检察长在大陪审团调查期间提起民事诉讼以待全其民事索赔主张时,协议要求州检察长指派其他人处理民事诉讼,并且确保负责及监督民事诉讼的执法人员不得接触与此相关的大陪审团调查中获得的信息。

同时进行的民事和刑事诉讼,给辩护律师提供了运用民事诉讼发现程序,来要求政府证人宣誓作证的机会。根据议定书所作的推迟提起民事诉讼承诺,使反托拉斯局获益匪浅,因为这可以阻止潜在的滥用民事诉讼发现程序的可能性。

反托拉斯局和州检察长根据议定书及早讨论有关问题，是共同努力行动成功的关键。反托拉斯局执法人员应该获得州检察长办公室负责反托拉斯执法的有关人员的承诺，即州将一如既往的遵守议定书。

3. 双重的和连续的控告政策（帕梯德政策）

在反托拉斯局作出是否将对某项事务进行调查、将某事项介绍给州提出起诉、对州正在进行的平行刑事调查的事项进行调查作出决策时，执法人员应该知道司法部的双重和连续控告政策（帕梯特政策）。这一政策对这样的问题进行了阐明，在什么样的情况下，联邦执法人员将提起控告，或者继续遵循州基于实质上的同样的法律或者其他的法律提出的刑事控告。对于相同的违法行为，当州政府已经提起了控告后，联邦政府再提出控告，不违反联邦宪法的规定。双重追诉条款（Double Jeopardy Clause）不能简单地适用于这种情况。参见阿倍特诉美国案，Abbate v. United States, 359 U. S. 187 (1959)；巴特库斯诉伊利诺伊案，Bartkus v. Illinois, 359 U. S. 121 (1959)。此外，国会已经明确规定，当州对某一特定的违法行为作出了有罪判决，或者在实体问题上宣告无罪，这将禁止后来的联邦执法机构基于相同的法律或者其他法律就此问题提出控告，但此种情况不包括违反反托拉斯法的违法行为这种类型。参见《美国法典》第 18 卷第 659 条、第 660 条、第 2117 条；《美国法典》第 15 卷 80a~36。

但是，自 1959 年以来，司法部开始没有遵循这样的政策，或者反托拉斯局在州提起控告之后，也没有基于实质上是相同的法律或者其他法律继续提起控告，除非存在必要的联邦利益（compelling federal interest）支持这种双重诉讼。这一政策是法院在帕梯特诉美国案确立的（"授权副总检察长在政府明确表示它的目的是避免针对一个交易行为提起连续的联邦诉讼之后，申请撤销两个联邦法院对唆使作伪证第二次作出有罪判决的两个判决，就如政府在较早时候宣布的，政府通常会避免进行重复的国家刑事诉讼"），Petite v. United States, 361 U. S. 529 (1960)，我们称之为"帕梯特政策"。帕梯特政策意味着，只有相关的司法部长助理才可以作出必要的联邦利益的裁决，不能确保司法部长助理之前为双重诉讼作出的授权通过撤销起诉将导致任何一个有罪判决失效的结果，除非它是后来作出的决定，存在必要的联邦利益的事实支持诉讼，以及没有获得以前的授权存在必要的理由。这一政策在第三章第七部分进行了详细的讨论，也可见《联邦律师手册》9~2.031。

4. 平行进行州的民事调查

某个州检察长在反托拉斯局进行大陪审团调查的同时针对同一事件进行民事调查的情况并不少见。反托拉斯局和州检察长尽可能协调各自的调查，对双方都有利。因为上面已经介绍过，如果民事诉讼会影响正在进行的反托拉斯局的起诉，反托拉斯局可能请求州检察长在大陪审团调查期间推迟针对同一事件所提起的民事诉讼。如果民事诉讼的诉讼时效将届满，反托拉斯局是不会提出此请求的。州有重要的理由保证其进行的民事诉讼不会影响反托拉斯局提起的刑事诉讼。刑事诉讼中的定罪及认罪可以构成认定《谢尔曼法》中民事责任的初步证据。参见《美国法典》第15卷和第16条（a）款。

　　反托拉斯局执法人员还应该确定州是否在考虑对可能的目标和政府证人要求提供民事调查令所要求的书面证词。因为多数州的民事调查令的法律规定州检察长有权给予证人作证豁免或强制其作证，州民事调查令要求的书面证词的大陪审团调查的可能目标，对反托拉斯局针对民事调查令取证的证人进行的随后起诉是可能是一个重要的与卡斯梯加（Kastigar）案有关的问题。参见卡斯梯加诉美国，Kastigar v. United states，406 U. S. 441（1972）。

　　根据州授权豁免的强制作证不能用于对抗联邦刑事起诉中的证人。墨菲诉沃特富朗特通讯案，Murphy v. Waterfront Comm'n，378U. S. 52（1964）（"反对自证其罪的宪法权利保护州的证人免受联邦法及州法的控告，也保护联邦的证人免受州及联邦法的控告"）。因此，当在联邦刑事诉讼中的被告根据州的豁免授权已经在此前作证时，反托拉斯局要承担证明责任，豁免证词并未影响其证据。参见 Murphy（378U. S. at 79）。

　　反托拉斯局的律师应该确保自己没有披露潜在对象的被豁免的民事调查证言；州也应要求不要向反托拉斯局披露任何证人的民事调查的书面证词。因为多数州的民事调查令法律包含有严格的保密规定，所以除非将证言用于州的诉讼中外，几乎不存在向公众公开披露证言的可能性。在大多数情况下，联邦刑事诉讼程序会先于州的民事诉讼程序结束，在州的程序中民事调查的书面证词可能会被披露。

　　让反托拉斯局执法人员与豁免证言绝缘，并未结束针对被告的有关使用证词的调查。美国诉诺斯案，United States v. North，920F. 2d 940（D. C. Cir. 1990）。法院在 North 案中发现，Kastigar 案是"无论什么时候，在诉讼中将一位证人作出的证词，由强制方式直接地或者间接地加上去，不用考虑怎样加上去的或者通过谁加上去的，他都会被暴露出来是强制作出的证词，都是违法的。"

　　州在对将要参加刑事审判中作证的证人进行面谈或者获取书面证词时，使用了被告的豁免证言，会产生类似 North 案情形的 Kastigar 案问题。在讯问证人过程中，州检察官可以披露被告的部分豁免证言，且证人可能用该披露的证言来形成其在随后的联邦刑事审判中的证言。证明州检察官在这种环境下讯问的证人没有有意更改他们自己的证言是困难的，也是耗费时间的。因此，反托拉斯局本着合作的精神，要求检察机关避免给予反托拉斯大陪审团调查的可能对象予以豁免。

州民事调查令在获取书面证词时与证人合作，可能也会出现问题。因为州民事调查获取的书面证词抄本是可以被发现的，合作证人的作证记录可能成为控告证人的证据。作为替代方案，州检察机关可能会在不作记录或者不对面谈进行转录的情况下与证人面谈。根据保护工作成果的原则，州检察官的记录会受到保护而不会被披露。如果政府证人乐意和检察机关合作，反托拉斯局执法人员应该考虑要求州检察机关在刑事诉讼结束前不要对证人进行民事调查取证。这类要求在过去得到了州检察长的同意，且取得了对各方都很好的结果。

5. 刑事指控和州检察长民事索赔的全面和解

州检察长关心的一个问题是，在某些情形下反托拉斯局会接受被告作出的要求被告支付大量的罚款的认罪协议，而这会使被告无能力支付对州的民事赔偿。在检察机关针对反托拉斯局采取刑事执法的行为寻求民事赔偿而该被告可能正在经受经济困难时，反托拉斯局应该和州检察长探讨两种选择的方案。一是反托拉斯局执法人员可以试图参与辩诉交易的谈判，要求被告给州支付一部分赔偿；另一个选择是达成全面的和解，包括与反托拉斯局达成的辩诉交易和与州达成的民事和解。反托拉斯局和州检察机关应决定被告有能力支付并可持续维持生存的刑事罚款及民事赔偿的最高额，然后决定刑事罚款和民事赔偿的相应数额。反托拉斯局在过去成功地谈成了辩诉交易中的赔偿条款并与州检察官达成全面的和解协议。

四、外国政府、国际组织及负责国际事务的行政部门

（一）背景与程序

由于贸易与商务的日益全球化，反托拉斯局的工作需要不断接触外国政府、公司及个人。与外国个人和实体的联系必须符合美国参加的各种国际协定的要求。另外，反托拉斯局律师与外国国民及实体的直接接触，可能会涉及该国的主权问题，在某些情形下，可能会触犯该国的法律。因此，国际事务方面经常会产生一些需要特别关注的问题，这些问题都应引起外贸部门的注意。

除了赋予司法部有关义务外，美国参加的许多国际协定（以及司法部维持的国际关系），也给在特别调查中获得协助及在国际反托拉斯事务中促进全面的合作提供了机会。保持与外国政府和国际组织的这些关系，以及国务院和其他负责国际事务的行政部门合作以确保司法部根据国际协定履行其职责，是反托拉斯局国际贸易部门的责任。

许多国家包括一些美国的重要贸易伙伴的国内法律或政策，可能会影响到

反托拉斯局从外国国民或实体获得信息。因为外国政府会施加各种要求,将反托拉斯局律师计划采取的任何可能引起国际问题的行动告知国际贸易部门是很重要的。

美国还参加了其他许多双边或多边国际协定,这些协定要求将反托拉斯局拟采取的行动通知与其利益可能因此而受到影响的外国政府。许多外国政府认为在很多情形下其利益会都受到反托拉斯局行动的影响。例如,当反托拉斯局寻求的信息和文件位于该国,当反托拉斯局进行调查或者在自愿的基础与他们的公司或者公民发生关系时;或者当反托拉局调查的行为部分或者全部发生在这些国家的管辖范围时。

将反托拉斯局拟进行的可能会影响到他国利益的调查及执法行动予以通知,目的是避免误解,以免影响到反托斯局将来执行反托拉斯法的能力。根据这些协定执行司法部的通知义务,是国际贸易部的职责。

根据反托拉斯局 ART3300.2 指令中的"涉及外国公司、个人或政府的反托拉斯行动的通知",任何负责可能涉及国际贸易事件的部门或地区办公室主任应让国际贸易部充分知情,以便其能履行各种职责。3300.2 号指令对将拟采取的行动事先告知国际贸易部作了详细规定。实质上有下列情形时,执法人员应该通知国际贸易部:

• 申请对涉及外国政府、外国公司或外国国民实质利益的调查(包括商业审查)、案件或竞争宣传的授权时。多数情况下,这些情形包括:(1)外国国民、外国公司或对某外国公司拥有实质利益的美国公司是刑事或民事非合并调查的对象或目标,或者是合并调查中的合并一方;(2)调查所涉及的行为全部或部分发生在美国境外;(3)所调查的行为全部或部分受到外国政府的要求、鼓励或赞许。

• 执法人员得知或有理由相信调查中有前款所列任何情形时。

• 对位于或可能位于美国境外的信息、文件或证据提出要求前(不管是否通过传票、刑事调查或自愿请求)。

• 从外国国民处(即使该外国国民在作出请求时位于美国)请求证据前。

• 在寻求到他国约谈证人或取证前。

• 向外国反托拉斯机构或其他外国政府机构寻求信息或合作前。

• 在向外国个人或公司、外国实体拥有实质利益的美国公司送发刑事调查通知书前。

• 与国外实体或个人、外国实体拥有所有者权益的美国公司讨论和解协议或协商认罪协议前。

• 当执法人员被外国个人、实体或政府及他们的代表联系时。

● 先前通知给外国政府的事项发生重大的变化之前。
（二）与国务院的联络
上面所提到的各种通知一般通过国务院传达给相关的外国政府。通知由反托拉斯局发给国务院的多边贸易办公室，再通过外交途径传出。该办公室也将这些通知发给负责该被通知国的外交部主管官员。这使外交部可以考虑该通知中所载的行动或拟议行动是否对外交政策有影响，并就这些问题咨询反托拉斯局。国际贸易部就此通知扮演着与国务院联络的角色。
（三）与国土安全部的联络
随着反托拉斯局调查潜在的外国目标和证人数量的增加，反托拉斯局已经并且正在要求美国国土安全部增加针对进入美国的外国人数量的边境监视。这一要求要经过反托拉斯局的刑事执行办公室协调。如果边境监视被付诸实施，一旦需要监视过境人员，刑事执行办公室应该得到通知，以确保边境监视被取消。

反托拉斯局国际执法行动的不断增加，也致使越来越多的外国个人因此成为反托拉斯刑事案件的被告。对于这些被告中的许多人而言，屈服于美国管辖权的一个重要诱因便是恢复到美国商业旅行的能力。然而，国土安全部的移民和关税执行局（ICE，以前的移民归化局 INS）认为违反谢尔曼法的刑事违法行为构成"道德败坏的犯罪，"参见《美国法典》第 8 卷第 1182（a）（2）（A）（i）（I），犯有该罪行的外国人可能成为被美国驱逐出去或拒绝入境的对象。反托拉斯局因此和移民归化局达成了一项"谅解备忘录"（MOU），现在由移民和关税局执行。根据该备忘录各方同意在各自的执法行动行中展开合作。该备忘录由助理司法部长与移民归化局专员在 1996 年签署，根据该备忘录达成的一项协议，即反托拉斯局可以要求移民归化局对合作的侨民在其认罪或签订认罪协议前提前裁决其移民身份。反托拉斯局律师如果考虑该谅解备忘录其条件是否适用，在双方律师进行讨论前，应咨询负责刑事的副助理司法部长的高级顾问、刑事执行主任或者负责刑事的副司法部长助理。
（四）双边合作的法律协助协议
在国际协议里，可能对反托拉斯局的律师有利的是双方合作的法律协议，在这些协议里，美国和外国在有关刑事法律执行事项时双方同意提供协助。为了获得外国广泛的法律协助，双边合作的法律协助协议（MLATs）设立了一个日常的渠道，包括从证人那里获得证词或者陈述，提供文件或者以法庭可以接受的表格形式提供其他的实物证据，执行搜查和没收。美国目前与近 50 个国家建立了有效的双边合作的法律协助协议；还有其他的一些国家已经签署，但还没有生效。

根据 MLATs，关于入境和出境事务的协助要求，反托拉斯局的国际刑事事务办公室（OIA）行动时要与国土安全部联络。为了在有关刑事执法事务上获得法律协助的目的，OIA 也维持与一些外国政府之间的关系。虽然一些签订协议的国家可以接受低于 MLAT 形式的要求，但是对于与美国签订了协助协议的政府，提出的协助要求不能像 MLAT 通常采取的调查信函形式（如从美国法院到外国法院的要求）。反托拉斯局的国际贸易部，在关于努力获得外国的证据方面，以及所负责协助想从外国获得信息的反托拉斯局律师方面，与 OIA 进行密切的工作合作。反托拉斯局的国际贸易部应提前将有关的协助要求发送给 OIA。

（五）与外国政府的双边反托拉斯合作及磋商

为了进一步实现反托拉斯局加强与外国政府合作以便促进我们的反托拉斯执法的目标，国际贸易部有义务争取和保持与外国反托拉斯执法机构的双边谅解。反托拉斯局在过去的几年里，已经和多个国家反托拉斯官员发展了紧密的双边关系。在某些情形下，已经就反托拉斯事务中的通知、商议及合作达成政府之间义务的谅解。

美国已经与澳大利亚、巴西、加拿大、欧共体、德国、以色列、日本和墨西哥达成正式的"双边反托拉斯合作协议"。除了对通知及协商设定义务外，这些协议还设想在各方之间交换涉及对方执法利益事件的信息。然而，这些协议不能超越包括保密法在内的各方的国内法。定期协商已分别与加拿大、欧盟、日本和韩国的反托拉斯官员举行；临时性安排的类似的协商也在与其他国家举行。美国也与其他国家的反托拉斯机构保持密切的非正式联系。与外国反托拉斯当局的关系，无论是否引起正式协定的签署，对协助执行法律的请求的实现往往是有帮助的。

1994 年《国际反托拉斯执法协助法》（IAEAA），即《美国法典》第 15 卷第 6201~6212 条，该法授权司法部和联邦贸易委员会与外国反托拉斯当局达成协定，且除其他事项外，还允许交换在其他场合属于保密性质的信息。在"2008 年 5 月 22 日批准的备忘录和命令"中，司法部长可以根据 IAEEA 委托授权给负责反托拉斯局的司法部长助理，对进行国际反托拉斯调查的法律协助要求作出回应与采取行动。在 1999 年，美国根据 IAEAA 与澳大利亚签订了反托拉斯执行协助协议。

（六）与国际组织的合作

1. 国际竞争网

在 2001 年 11 月，反托拉斯局和联邦贸易委员会联合世界其他国家的反托拉斯机构创办了"国际竞争网"（ICN）。ICN 是一家只专心于反托拉斯法实施的国际机构。它是一个反托拉斯的虚拟网络,设立的目的在于促进国际反托拉斯领域里的合作,在完善竞争原则的基础上,极大地促进各国反托拉斯机构在程序上和实体上的合作。成员自愿加入,网络对任何从事反托拉斯法实施的国家或者国际机构开放。ICN 目前有来全世界的 90 多个成员。ICN 既不设永久性的秘书处,也不承担任何的立法功能。ICN 召开年度会议,成员以项目、通过电话会议或者电子邮件的方式形成非正式的工作组。ICN 成员与非官方的顾问合作,并征求他们的意见,他们包括国际组织、协会和反托拉斯法的私人诉讼的代表。ICN 网站包含了大量有用的国际合作方面的信息,以及 ICN 在全世界怎样促进有效率的和有实际效果的反托拉斯执法。

2. 经济合作与发展组织

反托拉斯局与联邦贸易委员会及国务院,一起代表美国参加经合组织(OECD)竞争法律与政策委员会。该委员会及其工作组通常每年在经合组织总部巴黎召开 3 次会议,讨论其 28 个成员国共同关心的问题,其中包括反托拉斯执法合作、管理改革及分享某些实质领域的经验。反托拉斯局与美国贸易代表办公室、联邦贸易委员会、国务院及商务部一道参加经合组织有关贸易与竞争的联合委员会。

3. 联合国

反托拉斯局参加联合国的国际会议。这些会议包括联合国贸易与发展会议(UNCTAD)主持召开的竞争法与竞争政策专家会议,其主旨便是监测联合国大会于 1980 年通过的一个自愿参加的国际反托拉斯行为准则,并讨论竞争法与竞争政策的一般问题。该工作得到了外交部及其他美国政府机构的协助。该项工作在反托拉斯局内部现主要由国际贸易科负责监督,必要时和其他科合作进行。

4. 地区贸易协定

反托拉斯局参加了多个与地区贸易协定有关的谈判及工作小组。反托拉斯局根据北美自由贸易协定的第十五章,主持美国代表团参加关于贸易与竞争的工作小组,并与其他美国政府机构一起参加了与美洲自由贸易区和亚太经合组织有关的竞争政策工作小组。反托拉斯局在世贸组织于 1997 年成立的研究贸易与竞争政策相互作用事务的工作小组中,也发挥了重要作用。

(七) 在美国国际贸易政策与法规中倡导竞争

反托拉斯局通过国际贸易委员会,在有关制定及执行美国国际贸易与投资政策的几个部门间委员会上,在执法人员层面代表司法部长参加会议。除了经常参与机构间讨论外,反托拉斯局还不时参加美国政府代表团与外国政府谈判协议。这些活动通常由美国贸易代表(USTR)办公室及/或总统执行办公室的其他部门负责协调。美国贸易代表通过贸易政策审查小组（反托拉斯局代表司法部参见了该小组），在不同部门间做了大量工作。

反托拉斯局是倡导竞争的美国国际经济政策的基石。另外，反托拉斯局积极寻求在有关贸易谈判中就拟议的贸易协定在反托拉斯方面的影响提供建议。最后，反托拉斯局为美国贸易代表或其他机构的各种贸易政策选择在反托拉斯方面的影响提供建议，以确保其符合反托拉斯法。

五、联邦机构可能成为反竞争行为的受害者

在某些情形下，联邦机构有可能是违反反托拉斯法行为的受害者。参与采购的机构——例如国防部、住房与城市发展部、环境保护局等——可能受到串通投标或其他刑事阴谋的危害。类似地联邦机构也可能受到民事垄断违法行为的不利影响，特别是国防行业的合并可能对联邦政府的采购产生极大的影响。

（一）概述

反托拉斯局与某个有日常业务关系的机构联系之前，执法人员应该与反托拉斯局内的相关部门联系，与该部门一起联系那个机构。如，与国防部联系时，应该通过诉讼二部。为了处理国防部的额外信息，一般而言，当要求其他联邦部门提供信息时，那是在双方愿意的基础上以相当非正式的方式获得的。在这样的情况下，联邦机构是勉强自愿地提供信息的，执法人员应该与相关的执行主任或者副司法部长助理协商。

另外，如果调查涉及某联邦机构的采购，执法人员应考虑向该部门的监察长办公室寻求协助。监察长机构在过去被证明对收集及分析出价或定价数据，对约谈潜在的证人及帮助反托拉斯局律师了解某部门的采购制度及规章方面是很有帮助的。获得监察长的协助不需要特别的反托拉斯局程序，执法人员应直接与负责所涉及部门的监察长办公室一起作出一切适当的安排。

（二）国防工业的合并调查

负责国防工业合并反托拉斯方面的国防科学委员会小组，包括反托拉斯局和联邦贸易委员会代表，在1994年提交了一份报告，该报告创建了对国防工业合并进行调查的框架。参见国防部收购和技术办公室、国防部、国防工业合并反托拉斯科学委员会工作小组报告（1994）。该报告认识到国防部了解国防工业的情况，通过执行机构能够根据这点形成有关国防工业的合并观点。反托拉斯局对是否控告国防工业的合并并进行调查具有最后的决策权，它认为"由于国防部在这个领域拥有特定的专业知识和信息，如有关国家的安全问题，国防部的评估具有举足轻重的地位。"

在实际层面，该报告将国防部负责工业事务及设施的副部长（DUSD）办

公室确立为反托拉斯事务的中心联络点。该副部长同时使用自己的常设执法人员及国防部法律总顾问办公室选派的律师。对于任何国防工业合并调查,该副部长办公室会安排知情的国防部执法人员参加所有的讯问证人工作,并将信息提供给进行平行调查的反托拉斯局。反托拉斯局的执法人员在与国防部副部长就某事件进行联络前,应联系负责合并执法的主管。反托拉斯局执法人员应与负责调查工作的国防部执法人员发展强有力的工作关系,应寻求相应的豁免,以与国防部执法人员共享通过发现程序得到的保密信息。在大多数情形,国防部在完成了与反托拉斯局执法人员的审查及讨论后,会就某项拟进行的交易的竞争性影响及任何救济的最终观点通知给反托拉斯局。

在审查国防工业的 HSR 备案时,执法人员不应未经相应的副司法部长的同意而"提前终止"等待期,应给国防部机会转达有关竞争问题的担心。

六、国会和诸机构之间关系

立法政策负责保证反托拉斯局与国会关系的一致性,以及反托拉斯局与其他联邦机构就交易时影响到行政当局的立法项目的事项处理的一致性。

(一)立法项目

关于影响反托拉斯局立法项目的事务,立法政策部门对助理司法部长以及其他有政策制定权的高官提出建议。在确认对反托拉斯局有重要意义的立法事项时,立法政策将反托拉斯局的资源视作一个整体,并发展和清晰确立反托拉斯局关于未决立法的立场。

如果反托拉斯局的员工获悉某项立法可能会影响到反托拉斯局的政策意图或者反托拉斯法的实施,他们应该联系立法政策部。反托拉斯局的成员也被鼓励将可能的立法动议提请立法政策部主席的注意,立法政策部主席负责评估、确立并将这些动议提请反托拉斯局制定政策的高级官员。立法建议在被提交反托拉斯局外部讨论前,必须获得首席助理司法部长的批准。在没有首先咨询立法政策部主席以前,行使官方职能的执法人员不应就未决的立法事务提出观点或者讨论立法动议。

(二)证言和书面的立法报告

反托拉斯局经常被要求向国会作证,或者准备一份书面报告来说明行政部门对未决立法事项或者提出的立法动议的看法。法律政策部负责协调反托拉斯局对这些要求的回应。法律政策部主管与反托拉斯局高级政策官员紧密合作,对听证和书面报告的准备工作进行监督。在恰当时候,法律政策部将咨询其他部门以寻求协助。听证和书面报告都要得到首席助理司法部长的批准并被司法部核准;此外,听证和书面报告都要经过诸机构的审阅并获得管理预算办公室的最终核准。法律政策部负责取得所有必要的核准。

在审核立法建议时，律师以及经济学家应该仔细考虑该项立法对反托拉斯法及其实施可能产生的影响。一项立法建议对反托拉斯局操作的影响也应当被考虑到。书面的反馈以及报告应该依据立法的重要性和复杂性以及它对反托拉斯局的重要性进行定制。由于书面证词和立法报告常常会成为公共记录的一部分，在立法起草过程的各个阶段，保持谨慎是非常必要的。

（三）跨机构的核准和审批程序

在转交国会前，来自行政分支部门的立法建议或意见，包括证词和书面报告必须经过管理预算办公室的核准和审批。在立法建议的发起和审核过程中，反托拉斯局也参加管理预算办公室的跨机构审批程序。

如果有关立法材料最初由反托拉斯局内部起草，一旦这些材料被助理司法部长批准，立法部将这些材料转给司法部的立法事务办公室，然后该办公室将把它们转交给管理预算办公室进行核准和审批。

对其他机构提交给司法部审阅的立法提议，管理预算办公室会转发给立法事务办公室（立法事务办公室将这些提议记录在册）。如果指定要由反托拉斯局进行审核，则转交给立法部。在大多数情况下，立法部立即将这些立法提案转交给有关部门、工作组或者对这一事务实际负责的地区办公室进行审阅和征询意见。在交给恰当的部门或人员以前，这些被推荐的立法提议仅由立法部粗略地复核。在恰当的部门或人员收到这些立法提议以后，管理预算办公室的推荐要求被优先对待，立法部制定的内部审核的时间表需要得到严格遵循。

执法人员的意见，包括打算书面呈交给管理预算办公室的意见，都应当通过电子邮件发送给立法部。只要有可能，意见或疑问需要经部门领导核准。然而，对于那些需要在当天给予回复的立法提议，可能不适用这一要求。"没有意见"的回复也应该通过电子邮件发送给立法部以记录在案。

意见草稿不需要被作成正式的备忘录；然而，书面意见必须采用适合于直接转发给管理预算办公室核准官员的形式。考虑到管理预算办公室推荐的提议有严格的时间要求，除非预先安排，否则立法部不准备草稿的工作。

（四）与国会的通信

从国会发来的致大法官或者载明司法部中央邮政卷码 20530 的邮件，由司法部的邮件转发部进行筛选后输入整个部门的通信管理数据库。然后，它被转给司法部的执行秘书，在那里，每一个文件被分配一个文件号和特定的回函说明。指定由反托拉斯局处理的信件被转给立法部门，在那里，信件被下载下来，录入到反托拉斯局的通信和投诉管理系统并被分配给部门内部的某个恰当的科室、工作组或者地区办公室，以便拟出一个回函初稿。

回函初稿必须遵循由司法部长办公室设立的通信管制的相关要求，参见《DOJ 通信政策，程序和风格手册》，以及所有相关的司法部与反托拉斯局制定的有关与国会成员通信和保密信息披露相关的指南。参见反托拉斯局指示 ATR 3000.1，"就调查和案件与外界的沟通"。律师应遵守由立法部设定的内部回复的时间表以及在传输材料中所包含的对任何特定项目的回函要求。

在转交初步回函给立法部以前，执法人员应该就草拟的回复获得其部门、工作组或者地区办公室长官的核准，这些长官不仅要审核回函的内容，还要确保回函遵循了司法部的相关格式要求。

无论何时，当情况看起来额外的时间需要被用来准备回函，执法人员被期望能够通知立法部。此外，如果任何来自国会的函件被直接呈交给某个人或者反托拉斯局某个办公室，这些函件都应该被转给立法部进行处理。与国会的往来函件以及其他高级别的往来邮件的特定管理程序在部门指令 ATR 2710.1，"部门信件处理程序文件"中有说明。

（五）非正式的国会询问

反托拉斯局常常从国会执法人员以及国会其他方面收到非正式的询问。为了让反托拉斯局知晓其与国会有关联系信息的性质及范围，所有来自国会方面的电话、传真和电子邮件都应该被转给法律政策部的立法部。这些询问会被立法部的主任进行筛选，如果必要的话，将由反托拉斯局内部的合适人员处理。在没有事先取得许可的情况下，如果反托拉斯局的律师或者经济学家有机会与国会人员讨论反托拉斯局感兴趣的事务，立法部主任事后应该被告知此次交流的内容及性质。也可参见部门指令 ATR 3000.1，"就有关调查和案件与外界的交流"。这种情况应该是比较少见的，因为来自国会的询问通常会被转到立法部。

（六）资源

立法部保存了大量有关国会活动的立法文件。它的文档包括来自以前各届国会的档案材料以及反托拉斯局与国会联络的记录，例如书面证词，根据国会委员会要求准备的立法报告，与单个国会成员的通信往来。如果反托拉斯局的成员提出要求，他们就可以获得这些材料和其他立法资源。该小组的永久性档案是反托拉斯局参与到过去的立法动议中的有用记录，它们的使用是得到鼓励的。

立法部也能够接触到大量可利用的资源，而且在反托拉斯人员要求的情况下，这些资源也可以被它们利用。立法资源包括国会监督、国会记录、国会季度报告、每周卷纂的总统文档以及各种在线数据库。此外，该立法部可以查询司法部的通信数据库以获取成员与反托拉斯局通信的历史记录以及通信的统计情况。

无论何时他们需要信息或者对立法事务有疑问,所有的反托拉斯局的人员都被鼓励使用立法部的资源以及联络立法部的人员。

七、《信息自由化法》的要求和程序

（一）组织

自从 1966 年颁布了《信息自由化法》,5 U.S.C § 552,个人和公共利益群体、公司和其他实体均可以查阅各种政府记录,除非查阅这些记录被这一法律的某种例外情况所限制。1996 年对《信息自由化法》的修订明确了以电子形式保存的文档也在这一法律的涵盖范围以内。信息请求者在合理的限制下有权要求信息以他们所要求的形式提供。为了配合这一法律,司法部在它的各种组织机构内,包括在反托拉斯局,建立了信息自由法律小组。在反托拉斯局内部有关信息自由法律的最终决定由运营长官作出。与这一法律相关决定的司法部最终责任通常归属信息和隐私权办公室。反托拉斯局的信息自由法律小组由一个信息自由法的官员、律师助理以及支持人员组成。它是运营业务的一部分。

（二）程序

与反托拉斯局的工作相关的《信息自由化法》请求通常被移交到信息自由法律小组进行处理。应该提请注意的是,信息请求者将承担复印这些所要求的资料以及搜集和处理这些信息所花费的成本（如果有）。

负责处理被请求信息的反托拉斯局律师定期要被咨询。1996 年对该法律的修订对自由信息法律的请求回应时间给予了时间限制。因此,自由信息法律小组咨询的律师应该反应迅速并提供尽可能多的协助。

对于以电话方式或当面直接索取部门文档的信息请求者,反托拉斯局律师应该建议请求者联络反托拉斯局自由信息法律的官员。该请求应当以书面形式提出并要求对所要求的文档描述的尽可能详细、具体。收到这些电话的律师应该立即通知信息自由法律小组这一信息请求以便对这些信息请求加快处理。

（三）豁免

一般而言,根据《信息自由化法》,所有的政府机构的档案都应向公众开放,除了 9 类豁免信息根据《美国法典》第 5 卷第 522 条（b）款向公众披露之外。草稿和手写记录没有被执法人员散发或者没有放入官方档案里,一般不归入政府机构的档案里,因此公众不能提出出示这些文件的要求。这些豁免的申请是自由裁量的,豁免的信息范围可以向公众公开。信息自由法豁免的信息有:

1. 保密文件

根据《美国法典》第 5 卷第 552 条（b）（1）规定，涉及国家安全的文件属于保密文件，其标准与程序由相关的行政命令规定，此类文件豁免向公众披露。保密文件只有《信息自由化法》工作组的有相关安全授权的执法人员才能处理。

2. 内部人事制度和惯例

根据《信息自由化法》的规定，一个机构的"内部人事制度和惯例"可以不被披露，参见《美国法典》第 5 卷第 552 条（b）（2）。该项豁免被大多数法院解释为：（1）机构内部事务如披露对公共利益没有实质性的和合法的影响，例如获得停车位或者确定自助餐厅的营业时间，执法人员手册包括的内部调查、诉讼指导或者技巧；（2）更多的大量的内部事务的披露，可能导致对法律或部门法规的欺骗。

3. 被其他法令豁免的材料

该项豁免保护了被另一项法令专门豁免披露的信息，参见《美国法典》第 5 卷 552（b）（3）。与反托拉斯局事务相关的法令有：（1）《联邦刑事诉讼规则》第 6 条 e 款（大陪审团信息）；（2）《美国法典》第 15 卷第 18 条 a（h）（Hart‒Scott‒Rodino 合并前通知信息）；（3）《美国法典》第 15 卷第 1314 条（g）款（民事调查令材料）；（4）《美国法典》第 15 卷第 4305 条（d）款（《国家合作研究和生产法》诉讼材料）；（5）《美国法典》第 15 卷第 4019 条（受《出口贸易公司法》保护的商业或财务信息）。

不同法令所包含的范围各不相同。例如，实际发出的民事调查令通常不被保护，然而 Hart‒Scott‒Rodino 二次要求的信函以及大陪审团的传票通常是被保护的。应当注意的是，根据该项法令，出现在来往信函以及内部备忘中的有关信息摘录或者信息描述，它们的豁免程度与信息原文是一致的。

根据《联邦民事诉讼规则》第 6 条（e）款规定，保护的范围由巡回法院进行区分，禁止披露任何将揭露"发生在大陪审团里的事项"。大多数巡回法院，包括华盛顿特区的巡回法院，同意"针对披露任何和所有的已经为大陪审团了解的信息不适用本身违法原则"。波多黎各参议院诉司法部案，Senate of Puerto Rico v. Dep't of Justice, 823 F. 2d 547, 582 (D. C. Cir. 1987)；美国诉戴纳沃克公司案，United States v. Dynavac, Inc., 6 F. 3d 1407, 1412‒1414 (9th Cir. 1993)（解释了由巡回法院创立的各种各样的方法）。《联邦民事诉讼规则》第 6 条（e）款只保护将会披露大陪审团内部工作的信息，如"证人或者陪审团成员的身份、证词的内容、调查的策略或者指南、陪审团成员的询问和评议"。参见证券交易委员会诉碗柜产业公司案，SEC v. Dresser Indus., Inc.,

628 F. 2d 1368，1382（D. C. Cir. 1980）。因此，法院一般认为，创立"以独立法人为目的"的文件不受该条的保护，仅仅因为他们已经提交给了大陪审团，但是文件可能"说明大陪审团内部工作"的，可以拒绝披露。但是，在第六巡回法院，假如通过大陪审团传票获得的保密的非公开文件是受该条保护的，因此会被法院驳回。参见关于大陪审团诉讼，In re Grand Jury Proceedings, 851 F. 2d 860，866 - 67（6th Cir. 1988）（根据其他的豁免规定，注意到规则第6条（e）款不适用于可以被豁免的情况）。

仅当这些信息已经变成了公共档案的一部分时，法律豁免信息的副本根据《信息自由化法》才能被公布。

4. 保密的商业信息

《信息自由化法》豁免：（1）商业秘密；（2）从某人处所获得的保密的或者有特权的商业或者财务信息。参见《美国法典》第5卷第552条（b）（4）。这一豁免所包括的信息是联邦政府从外部获得的信息，但是也有极少的商业或者财务信息是政府提供的。这一豁免保护了那些提交了所有者的商业信息的人的利益，也保护了获得这些信息的政府的利益。

法庭对"商业机密"采用了狭义的定义，即"商业机密是指一项秘密的、有商业价值的限于制造、准备、混合或加工商品的计划、公式、程序或阶段，它可以说是技术创新或实质性努力的最终产品。"参见公民健康研究组诉食品药品管理局案，Public Citizen Health Research Group v. FDA, 704 F. 2d 1280, 1288（D. C. Cir. 1983），704 F. 2d 1280, 1288（D. C. Cir. 1983）。根据这一商业机密的定义，信息和生产过程必须存在直接的关系。

适用于豁免事项4的商业或财务信息保密的准则，通常取决于呈交者是否有义务提供信息是否自愿提供信息。信息呈交者被要求提供的信息通常必须发布，除非披露这一信息会有损政府在未来取得类似信息的能力，或者会对信息呈交者造成实质性的竞争损害。国家公园及保护局诉莫顿案，National Parks & Conservation Ass'n v. Morton, 498 F. 2d 765（D. C. Cir. 1974）. 498 F. 2d 765（D. C. Cir. 1974）。自愿呈交的商业或财务信息被划分为被保护的信息，只要它不是信息呈交者通常向公众披露的信息。Critical Mass Energy Project v. NRC, 975 F. 2d 871（D. C. Cir. 1992）（en banc），cert. denied, 507 U. S. 984（1993）. 975 F. 2d 871（D. C. Cir. 1992）（en banc），cert. denied, 507 U. S. 984（1993）。如果涵盖的范围不清晰，《信息自由化法》组将咨询反托拉斯局的律师和经济学家以确定商业或财务信息的性质以及它是否在该法律下被豁免。此外，根据司法部规章，《联邦法典》第28卷第16.7条的规定，在合适的情况下，该组还会咨询相关的信息提供者。

在适用这一豁免时，反托拉斯局信息的保密允诺应被考虑的，但不总是决定性的因素。在我们向信息提供人作出保密承诺前，信息自由法律小组总应先被咨询。参见第三章第 C 部分 E.7。保密信的样本，在确保是自愿提供商业或者财务信息的情况下，可以在反托拉斯局的内网上找到。

5. 民事特权

"机构内部或者机构之间的备忘录或者信件"，在民事法律上常常被视为特权，是《信息自由化法》豁免的第五类信息。参见《美国法典》第 5 卷第 552 条（b）(5)。NLRB 诉西尔斯和锐步公司案，NLRB v. Sears, Roebuck & Co., 421 U.S. 132, 149 (1975)。本豁免适用于法律不允许提供给一方的机构间或机构内的备忘录或信件，包括律师工作成果、审议过程、律师与客户间的特权及其他与发现程序有关的特权。

(1) 律师工作成果原则

律师工作成果特权用于保护律师在准备诉讼过程中起草的文件。该特权也适用于反托拉斯局其他雇员及在特定调查或案件中与律师一起工作的外部专家顾问起草的文件。与审议过程特权（将在下面讨论）不同，事实资料通常包含在律师工作成果特权里。参见马丁诉特别顾问办公室案，Martin v. Office of Special Counsel, 819 F. 2d 1181, 1187 (D. C. Cir. 1987)。终止一项调查或案件并不改变律师工作成果特权的适用性。参见联邦贸易委员会诉格洛利尔公司案，FTC v. Grolier, Inc., 462 U.S. 19 (1983)。

(2) 审议过程特权

审议过程特权（通常称为行政权）比较有限，因为它仅包括政府内部决策前和审议的沟通信息。该特权的目的是预防对机构决策质量的损害。该特权不包括解释已经作出的决策的决策后文件。另外，其通常不适用于纯粹的事实资料，除非其与分析交织在一起或者其清楚地反映了反托拉斯局的内部审议过程且不可能把事实部分分离出来。

(3) 律师－客户特权

律师与客户间的特权，包括律师与客户之间就有关法律问题，客户征求律师意见的保密性沟通。该特权很少适用于与反托拉斯局有关的文件。其可以适用于在特定情形下反托拉斯局与其他政府机构之间的通信。

6. 涉及侵犯个人隐私的材料

该豁免涉及诸如人事、医疗及类似的文件，如果将这些材料予以披露，会不当侵犯到个人隐私。在适用本豁免时，反托拉斯局必须平衡予以披露所带来的公共利益与披露会侵犯的隐私。

7. 调查记录

根据《美国法典》第 5 卷第 552 条（b）（7）规定，6 类调查记录得以豁免：

豁免事项 7（A）包括若干子部分，它们保护不同的调查记录。豁免 7（A）对非公开的调查或与正在进行的案件有关的文件予以豁免。该豁免也可被适用于与未结束的公开调查或案件有关的封闭档案。

豁免事项 7（B）免除那些可能会剥夺某人获得公平审判或公正裁决的权利的材料的公布。

豁免事项 7（C）免于公布那些类似于豁免 6 中已描述过的显示个人隐私的信息。

豁免事项 7（D）保护机密信息提供者的身份，但限于在合法的国家安全情报刑事调查中，还保护其提供的机密信息。在其他调查中，本豁免保护机密信息提供者的身份，但不一定保护其提供的信息，除非可以从这些信息判断出其身份。如果提供者要求不可泄露其身份的明确承诺或者其在可推断出的已获得保密保证的情形下提供了信息，则应对其身份予以保密。该豁免不仅适用于作为信息提供者的自然人，还适用于企业、贸易协会、国内或国外政府及其他法律执行机构。

豁免事项 7（E）及 7（F）分别保护机密调查技术程序信息及可能会危及执法人员生命和安全的信息。

8. 财务记录

《信息自由化法》豁免披露的事项大都包括或者与以下内容有关：询问、经营或者情况报告，这些内容是由机构提供的，或者是为了监管或者规制财务机构。《美国法典》第 5 卷第 552 条（b）（8）。

9. 地质和地球物理资料

《信息自由化法》豁免载有油井信息的记录，以及其他类型的地质资料。这一豁免一般不会与反托拉斯局的事务有关。

（四）其他记录

1. 个人资料

雇员个人资料不能根据《信息自由化法》予以披露。这包括手写的文件及其他私人使用且不是任何调查或案件的官方记录的一部分的文件、信息。参见反托拉斯指令 2710.1，"处理反托拉斯局文件的程序"；内务局诉司法部案，Bureau of Nat'l Affairs v. U. S. Dep't of Justice, 742 F. 2d 1484 (D. C. Cir. 1984)。

2. 法院保护令保护的记录

法院保护令的保护的记录是密封的，只有在法院的申请下才能被公开。只要法院的命令仍然有效,除非保护令清楚地禁止反托拉斯局披露记录,为了说明保护令的范围,《信息自由化法》组必须与法院联系,由法院发布保护令。参见摩根诉美国案,Morgan v. United States, 923 F. 2d 195(D. C. Cir. 1991)。

(五)反托拉斯局记录的维护及程序

反托拉斯局的律师、经济学家和律师助理应始终仔细审查放置于反托拉斯局正式文件里的材料,以确定它们是官方记录且被适当地放置于这些文件里。反应政府公务行动的电子邮件,应被打印出来并置于官方文件里。如果律师在记录被制作或置于文件里时,很清楚地认识到这些记录涉及免予根据《信息自由化法》予以公布的机密信息或材料,应在放置进反托拉斯局的文件里时在文件上标记"信息自由化法敏感信息"。这有助于负责实施《信息自由化法》的机构判断其是否符合某个豁免或者依据某些理由不适用该法。在根据上面提到的条件及期限订立了保密协议时,应将该协议以书面形式置于文件里,以使为《信息自由化法》目的而负责审查该文件者注意到该保密的有关情形及原因。

为了能和反托拉斯局根据《信息自由化法》披露与请求有关的且并不属于应豁免的或不是该法调整对象的信息的承诺保持一致,律师、经济学家及律师助理应熟悉反托拉斯局有关敏感信息和文件保存及销毁的指令。参见反托拉斯局指令 2710.4 条"保护敏感信息",及 2710.1 条"反托拉斯局文件处理程序"。

如果出现其他与适用《信息自由化法》或涉及该法的承诺有关的问题,反托拉斯局执法人员应与该局负责《信息自由化法》的机构商讨。

八、新闻媒体

反托拉斯局通常通过司法部的公共事务办公室与媒体交流。来自公共事务办公室的一名公共事务干事被指派处理所有的反托拉斯新闻事务,并通过司法部长助理、副助理司法部长及执行部主管与新闻官、整个办公室建立了紧密的联系。在合适的情况下,公共事务办公室可以联系有关部门、工作组或地区办公室主管或者律师,以获得关于某事的具体信息。被联系的主管或律师应提供明确的信息给公共事务办公室,并指出敏感的或不能被披露的信息及其原因。

(一)新闻稿

反托拉斯局与媒体沟通,主要是通过对重大事件的新闻发布,例如案件文件递交、商业信件的审查、同意决定、终止裁决、法规文件及反托拉斯局重要的行政或政策决定。举行新闻发布会宣布重大的执法行动。当发送对某项行动的建议和请求时,负责某特定事件的雇员律师,应在合适的情况下向负责执法行动的主管呈送已草拟好的新闻稿。新闻稿也应经过相应的助理副部长及副部长审查。如有必要,新闻稿要经过审查和修改,并将核准的副本发给公共事务办公室。负责反托拉斯局事务的公共事务办公室主管,决定是否还需要修改或说明,并和反托拉斯局内部的相应人员讨论该事。反托拉斯局的程序规定在第3000.1号反托拉斯局指令"就调查及案件与外部各方的沟通"里。

如果起诉书、民事案件及同意决定是公开提交的,律师应立即将该事通知相应的主管的办公室。该办公室会通知公共事务办公室进行有关新闻发布。处理该事件的律师不应要求公共事务办公室授权发布一项新闻声明。

反托拉斯局对于起诉书的返回、民事案件的起诉、同意决定终止案件、同意终止判决及签发商业审查信等,使用相对标准化新闻发布稿。新闻稿可以在工作产品资料库及反托拉斯局的网站上找到。如果需要协助查找类似案件的新闻稿样本,执法人员应和相应的特别助理联系。

(二) 新闻界质询及向新闻界发表评论

司法部及反托拉斯局的有关调查、起诉、正进行的诉讼及其他活动的法庭外公告,应降低到最小程度,要与司法部向公众履行告知义务相一致。司法部提供的评论由公共事务办公室处理。

因为引起刑事起诉或民事案件的指控,应该在法庭上而不是在报纸或广播上主张或进行,对这些指控的公共评论应根据对个人或企业权利的公平原则予以限制,且要减少对庭审前公众舆论引起偏见的可能性。

反托拉斯局的律师应熟悉反托拉斯局第3000.1号指令"就调查或案件与外部各方的沟通";《联邦法典》第28卷§50.2,"司法部执法人员有关刑事和民事诉讼信息的发布";以及《司法部媒体关系指南》。

下面总结了应适用的政策考虑:

(1) 有关调查、起诉及民事案件的信息应在法律或法院具体规则及命令设置的限制下,平等地提供给所有的新闻媒体。有关起诉、控告及其他诉讼文书基本情况的书面新闻稿通常按照前面介绍的那样准备和分发。

(2) 任何需要对某项特别调查或系列调查的评论的准备,应由公共事务办公室负责,该办公室会和相应的执行主任或副司法部长助理协调。律师不应自行向新闻界发布这样评论,也不应泄漏执法人员及其他参与调查过程人员的身份。实际上,每当反托拉斯局的律师或者其他代表收到媒体的质询时,他或者她应该将这些质询介绍给公共事务办公室。

(3) 在反托拉斯调查中,提及某个人或某公司的名称时,除了合并调查之外,应该遵循司法部的一般的"不承认"规则。

(4) 在涉及根据"哈特—斯科特—罗迪诺"法的合并前通知规则提交文

件的情形下,反托拉斯局不应该将此公司根据法律提交文件的事实予以披露。然而,如果司法部及联邦贸易委员会根据法律规定必须审查符合法定条件的某项拟进行的交易时,反托拉斯局将会确认对该交易的调查。反托拉斯局的律师不应再作进一步的评论。

(5)在另一人机构或者个人的推荐下,反托拉斯局已经进行了调查或者质询,这个机构或者个人已经公开地说,是他们的推荐引起了这样的结果,或者如果调查的事项得到了非常大的公开度,从事调查的司法部可以承认已经对一个特定的产业进行调查。对整个产业或者市场行为的调查可以让公共事务办公室、相关的执行主任或者副司法部部长助理知道("反托拉斯局正在某个产业里进行市场行为调查")。

(6)一般来说,正在进行的特定刑事调查不应该让外人知道。

一般而言,反托拉斯局和司法部的政策是,对所有人都保持公开、公正、得体及彬彬有礼反托拉斯局不愿意不当影响或损害任何被指控犯罪或有民事违法行为的人的权利或利益,因此,与新闻界的关系应建立在对此处所述的指南的常识性观点之上。

后 记

2007年8月30日，第十届全国人民代表大会常务委员会第二十九次会议通过《反垄断法》，该法自2008年8月1日始施行。《反垄断法》十多年的艰难立法过程，意味着其实施也会面临着不少的困难。要使这部法律在我国的市场经济建设和构建我国的竞争性市场秩序中发挥应有作用，有赖于广大执法人员与法律工作者作出不懈的努力。

借鉴他国的执法经验，无疑是我国实施《反垄断法》的重要途径。基于市场经济运行和市场秩序建构的共同原理，各国的反垄断法制度也具有相当的共通性，这点可以从各国的反垄断法律条文看出来。但各国的法律传统与政治制度的差异性，使得反垄断法的执行呈现出不同的体制特点与宽严尺度。作为世界上最早制定反垄断法的国家之一，也是执行力度最为严厉的国家，美国不仅为其他国家和地区的反垄断立法提供了丰富的素材，也提供了可资借鉴的执法经验。当然，美国的反垄断法执行体制也有自身的问题，如司法部与联邦贸易委员会的双重执法体制，美国人自己也表现出不满意，虽然经过近一百年的磨合，仍然存在执法职能交叉、需要不断协调的问题。美国反垄断执法机构一百多年的执法经验，值得我们学习与借鉴。

基于这样的理由，笔者一直想将美国司法部反托拉斯局的执法手册翻译成中文。我国《反垄断法》的颁布实施，提供了这样的机遇；因为法律制定之后，实施就成为关键问题，而我国的执法机构与执法人员，对于如何实施这部法律，还没有充分的知识积累与实践经验。当我将这一想法告诉有志于此事的几位反垄断法学界同仁时，得到了他们的积极回应。于是，在2008年夏末的某个周末，我们与知识产权出版社的编辑龚卫一起，在马甸的湖南驻京办事处有了一次聚会，也是本书的策划会。经过分工，大家分头行动起来。笔者的硕士同学杨丽君从美国回来不久，又有孕在身，但还是爽快地答应了承担译校的工作，即使她回美国生产期间，仍然没有停止译校，直到临产之前，令我十分感动。后面的大部分译校任务只好由笔者承担。黄晋也承担了部分译校工作。各章的翻译分工是：前言，文学国；第一章，文学国；第二章，文学国、董慧凝；第三章，黄晋；第四章，叶高芬、程然然；第五章，王敬毅；第六章，王敬毅；第七章，张初霞。

我们起初翻译的文本是1998年的版本，但美国司法部反垄断局已于2009年初发布了新的2008年手册新版本，此时除了其中的一章没有译完外，译者均完成了初译。笔者仔细对照了前后两个版本，发现新版本变动较大，增加了许多新的内容，笔者只好在进行译校的同时，进行内容的增减，并进行补译。这样做的工作量很大，也使笔者认识到译事之难。由于笔者的译事工作只能在下班之后与节假日进行，拖延了时日，影响了出版的进度。需要说明的是，2008年版本删除了1998年版本中的法规内容，只保留了《美国法典》里的相关条目。笔者认为，这部分法规对于中国读者来说，如果按照《美国法典》的条目去查阅，存在一定的困难，因此，还是保留了原版本的内容。

感谢商务部反垄断局副局长吴振国博士拔冗作序。感谢知识产权出版社编辑龚卫博士为编辑本书所付出的艰辛劳动。

鉴于译者水平有限，错误在所难免，欢迎读者与同仁批评指正。意见与讨论可至 wenxg@ cass. org. cn。

文学国
2012年1月30日